RUDOLF STEINER GESAMTAUSGABE
VORTRÄGE

VORTRÄGE ÜBER ERZIEHUNG

Zu den Veröffentlichungen
aus dem Vortragswerk von Rudolf Steiner

Die Grundlage der anthroposophisch orientierten Geisteswissenschaft bilden die von Rudolf Steiner (1861–1925) geschriebenen und veröffentlichten Werke. Daneben hielt er in den Jahren 1900 bis 1924 zahlreiche Vorträge und Kurse, sowohl öffentlich wie auch für die Mitglieder der Theosophischen, später Anthroposophischen Gesellschaft. Er selbst wollte ursprünglich, daß seine durchwegs frei gehaltenen Vorträge nicht schriftlich festgehalten würden, da sie als «mündliche, nicht zum Druck bestimmte Mitteilungen» gedacht waren. Nachdem aber zunehmend unvollständige und fehlerhafte Hörernachschriften angefertigt und verbreitet wurden, sah er sich veranlaßt, das Nachschreiben zu regeln. Mit dieser Aufgabe betraute er Marie Steiner-von Sivers. Ihr oblag die Bestimmung der Stenographierenden, die Verwaltung der Nachschriften und die für die Herausgabe notwendige Durchsicht der Texte. Da Rudolf Steiner aus Zeitmangel nur in ganz wenigen Fällen die Nachschriften selbst korrigieren konnte, muß gegenüber allen Vortragsveröffentlichungen sein Vorbehalt berücksichtigt werden: «Es wird eben nur hingenommen werden müssen, daß in den von mir nicht nachgesehenen Vorlagen sich Fehlerhaftes findet.»

Nach dem Tode von Marie Steiner (1867–1948) wurde gemäß ihren Richtlinien mit der Herausgabe einer Rudolf Steiner Gesamtausgabe begonnen. Der vorliegende Band bildet einen Bestandteil dieser Gesamtausgabe. Soweit erforderlich, finden sich nähere Angaben zu den Textunterlagen am Beginn der Hinweise.

RUDOLF STEINER

Die Erneuerung der pädagogisch-didaktischen Kunst durch Geisteswissenschaft

Vierzehn Vorträge
für Lehrer und Lehrerinnen Basels und Umgebung
gehalten in Basel vom 20. April bis 11. Mai 1920
mit Fragenbeantwortungen sowie einleitenden Worten
zu zwei Eurythmie-Aufführungen in Dornach
am 15. und 16. Mai 1920
und einem Anhang

1991

RUDOLF STEINER VERLAG
DORNACH/SCHWEIZ

Nach vom Vortragenden nicht durchgesehenen Nachschriften
herausgegeben von der Rudolf Steiner-Nachlaßverwaltung

Die Herausgabe der 4. Auflage besorgten Martina Sam und Walter Kugler

1. Auflage Bern 1945

2. Auflage, erweitert um zwei Fragenbeantwortungen
und zwei Ansprachen zu Eurythmie-Aufführungen
Gesamtausgabe Dornach 1958

3. Auflage, Gesamtausgabe Dornach 1977

4. Auflage, ergänzt um den Anhang,
Gesamtausgabe Dornach 1991

Bibliographie-Nr. 301

Zeichen auf dem Einband von Rudolf Steiner, Schrift von B. Marzahn

Printed in Germany by Kooperative Dürnau, Dürnau

ISBN 3-7274-3010-9

INHALT

ERSTER VORTRAG

Basel, 20. April 1920

Geisteswissenschaft und moderne Pädagogik

Meine sehr verehrten Anwesenden! Für die Veranstaltung habe ich den Herren Veranstaltern wirklich herzlich zu danken. Sie können sich ja denken, daß derjenige, der sein ganzes Sein einsetzt für die Verbreitung der sogenannten Geisteswissenschaft, auch mit einer gewissen Begeisterung an dieser Geisteswissenschaft hängen und den Glauben haben muß, daß diese Geisteswissenschaft innerhalb der universellen Bildung und der ganzen Zivilisation unserer Zeit eine bestimmte Rolle zu spielen hat. Daß dieser pädagogische Kursus zustande kommt, erscheint mir eine ganz besonders dankenswerte Tatsache, denn gerade an dem Erziehungswesen wird sich vielleicht die Geisteswissenschaft am besten und am ehesten erforschen lassen. An dem Erziehungswesen wird sich auch zeigen können, wie wenig diese Geisteswissenschaft die Angelegenheit einiger Schwärmer und Träumer oder irgendeiner Sekte ist, sondern wie sie etwas sein will, womit der gesamten Menschheit eine Art von Anleitung an die Hand gegeben wird. Daher, ich darf es wohl mit diesen kurzen Worten aussprechen, bin ich wirklich herzlich dankbar denen, welche diese Vorträge veranstaltet haben, und ich danke auch Ihnen, die Sie sie besuchen wollen und hoffe, daß wir uns im Laufe der nächsten Tage über wichtige Angelegenheiten der Menschheit werden unterhalten können.

Im heutigen Vortrag werde ich mir erlauben, eine Art von Einleitung, einen Hinweis zu geben auf die Richtung, welche das Thema, das ich mir vorgesetzt habe, nehmen wird. Nun bitte ich Sie, aus der Formulierung meines Themas durchaus nicht etwa den Schluß ziehen zu wollen, daß ich, wie irgendein unvernünftiger Radikaler es vielleicht tun würde, durch diese Themaformulierung etwa habe andeuten wollen, daß die Erziehungswissenschaft, so wie sie sich namentlich im Laufe des 19. Jahrhunderts und bis in unsere Tage herausgebildet hat, nichts tauge, und daß sie auf Geisteswissenschaft gewartet habe, um gewissermaßen erst geschaffen zu werden. Dieser Glaube lag ganz gewiß der Formulierung des Themas nicht zugrunde. Im Gegenteil, es ist eigentlich eine ganz andere Empfindung als Ausgangspunkt da für dasjenige, auf das ich in diesen Vorträgen aufmerksam machen möchte. Ich glaube durchaus, daß die Erziehungswissenschaft, welche gerade im Laufe des 19. Jahrhunderts so hervorragende Persönlichkeiten zu ihren Vertretern gehabt hat, deren Wirksamkeit ja hereinragt in die pädagogische Betätigung der Gegenwart, daß diese Erziehungswissenschaft gerade eine gewisse Vollkommenheit erlangen kann. Ich glaube, daß derjenige, der heute aus diesem oder jenem Grunde genötigt ist, sich in den verschiedensten Wissenschaften umzusehen und kennenzulernen, wie man diese Wissenschaften theoretisch und praktisch vertritt, wie sie hineingehen in das Leben, und der dann auch sich mit der Erziehungswissenschaft beschäftigt, daß der eigentlich mit dieser Erziehungswissenschaft im Vergleich mit den andern Wissenschaften – so sonderbar das klingen mag, ich möchte es als meine eigene Erfahrung aussprechen – das Urteil verbinden muß: sie enthält eigentlich, so wie sie heute gestaltet ist, die allersorgfältigsten Grundsätze, manche unanfechtbaren Formulierungen desjenigen, was eigentlich der Erziehungstätigkeit als Prinzip zugrunde liegen müßte, so daß man, wenn man auf das Wollen und auf das urteilsmäßige Durchdringen der Erziehungsnotwendigkeiten hinsieht, von dieser pädagogischen Wissenschaft eigentlich nur den allerbesten Eindruck erhält. Gerade davon möchte ich ausgehen, daß ich durchaus nicht unterschätze, um nur einen zu nennen, die Wirksamkeit eines solchen Geistes, wie es zum Beispiel *Herbart* ist.

Ich habe selber die Herbartsche Strömung recht intim kennengelernt. Ich bin ja die erste Hälfte meines Lebens in Österreich gewesen, bin in Österreich fast bis zum 30. Lebensjahre herangewachsen; und in Österreich war eigentlich die Herbartsche Pädagogik für das gesamte staatliche Unterrichtswesen, das dazumal Exner und andere geordnet hatten, tonangebend geworden. An allen österreichischen Universitäten wirkten für die Pädagogik Herbartianer, so daß mir im Laufe meines Lebens gerade die Herbartsche Pädagogik, ich möchte sagen, in ihren einzelnsten Bestrebungen entgegentrat. Aber auch, wenn ich die Betrachtung ausdehne von der Herbartschen Pädagogik auf andere pädagogische Strömungen, die aus der jüngsten Vergangenheit in die Gegenwart hereinragen, so möchte ich auch sagen: Es ist eigentlich auf den Gebieten des pädagogischen Denkens, Empfindens überall Erfreuliches zu verzeichnen. Das ist eine Strömung, ich möchte sagen, der wir gegenüberstehen, wenn es sich darum handelt, das Pädagogische als ein wichtigstes Glied unserer ganzen Zivilisation ins Auge zu fassen.

Das andere aber, das ist dieses, daß eigentlich – es war ja immer bis zu einem gewissen Grade der Fall, aber so stark doch nicht, wie heute – das Ganze der pädagogischen Kunst, des pädagogischen Denkens einer weitgehenden Kritik unterworfen wird. Wir sehen, wie von Laien und von Fachleuten wiederum das Pädagogische in einer herben Weise zuweilen bekrittelt wird, wie es auf der anderen Seite manchmal geschickt, manchmal auch nicht besonders geschickt verteidigt wird, so wie es nun einmal sich herausgebildet hat und wie es heute herrschend ist. Wenn wir sehen, was alles gesagt wird von Leuten, die etwa Landerziehungsheime gründen und die da von einer völligen Erneuerung des pädagogischen Wesens sprechen, wenn wir dann weiter verfolgen, wie weiteste Kreise an solchen Diskussionen Anteil nehmen, so müssen wir auch sagen: Indem die Menschen hinschauen auf dasjenige, was eigentlich erreicht wird durch das – ich sage es ganz unverhohlen – Großartige unserer Erziehungswissenschaft, so können wir wieder manchmal nicht ganz Unrecht der Kritik geben, die sich da geltend macht.

Zwischen diesen beiden Gesichtspunkten steht man eigentlich mitten drinnen. Dazu kommt ein anderer, ein viel umfassenderer. Und ich glaube wirklich nicht das Gebiet eines einleitenden Vortrages zu einem pädagogischen Kursus zu überschreiten, wenn ich auf dieses Sonderbare auch aufmerksam mache.

Wir sind in den letzten fünf bis sechs Jahren, wenn das auch in der Schweiz weniger bemerkbar geworden ist als in den anderen Gebieten Europas, wir sind durch eine schwere Zeit durchgegangen, jedenfalls – das wird auch jeder Schweizer ohne weiteres zugeben müssen – durch eine solche Zeit, von der sich die Menschen vor zehn Jahren keine Vorstellung gemacht haben. Man frage sich nur einmal, ob sich die Menschen vor zehn Jahren hätten träumen lassen, daß über Europa das kommen werde, was nun gekommen ist. Wir dürfen nicht vergessen, was heute, ich möchte sagen, wie ein Niederschlag der furchtbaren Kriegsnot sich ergeben hat: ein Chaos in den sozialen Verhältnissen über einem großen Teil von Europa. Und derjenige täuscht sich, der glaubt, daß dieses Chaos etwa bereits an einem Wendepunkt wäre und daß es nächstens besser wird. Wir stehen in bezug auf diese chaotischen Verhältnisse im Grunde genommen erst im Anfang. Und da muß man sich dann doch fragen: Liegt es denn wirklich nur an den äußeren Verhältnissen, daß wir in dieses Chaos sozialer europäischer öffentlicher Angelegenheiten hineingekommen sind? Muß man denn nicht bei unbefangener Betrachtung sich sagen: Es kann nicht an den Verhältnissen liegen, denn die Verhältnisse werden durch die Menschen gemacht; es muß an den Menschen liegen.

Sieht man genauer zu, so findet man auch sehr bald heraus, wie es an den Menschen liegt; wie es daran liegt, daß heute, in der Zeit, in der man am meisten schreit nach sozialer Gliederung unserer gesellschaftlichen Verhältnisse, so wenig eigentlich wirklich soziale, sondern zumeist antisoziale Empfindungen vorhanden sind. Und wirklich, kann man denn umhin, sich zu gestehen, daß dies alles herangezogen worden ist trotz aller Vorzüglichkeit der pädagogischen Grundsätze, trotz alles dessen, was in anerkennenswerter Weise geleistet worden ist und was vom besten Willen beseelt ist? Wir müssen sagen: Trotz allem haben wir nicht vermocht, die Menschheit der neueren Zeit dahin zu bringen, daß der eine dem andern wirklich verständnisvoll gegenüberstehen kann. Wir haben eine Zeit heraufziehen sehen, in der wahrhaftig die Menschen nicht gegeizt haben mit dem Lob, daß wir es so herrlich weit gebracht haben. Aber wir haben auch das Sich-selbst-ad-absurdum-Führen dieser Zeit gründlich kennengelernt. Da müßte es denn wenigstens in die Herzen einziehen wie eine Sehnsucht, zu prüfen, ob denn nicht doch gerade durch diese pädagogische Kunst dieses Geschlecht, das heute sich so in den Haaren liegt in Europa, herangezogen worden ist? Dies müßte doch sehr einer näheren Fragestellung unterworfen werden. Und sieht man etwas genauer zu, so findet man da: Es ist gar nicht anders möglich, als mit wirklicher Verehrung zu hängen an den großen Gestalten der Pädagogik des 19. Jahrhunderts, an *Herbart, Ziller, Diesterweg, Pestalozzi* und so weiter – Ihnen brauche ich ja die einzelnen Namen nicht zu nennen –, aber auf der anderen Seite muß man auch sagen: Ja, wir haben eine mustergültige Erziehungswissenschaft, aber es handelt sich beim Erziehen gerade mehr als sonstwo um noch etwas anderes als um eine vorzügliche Wissenschaft, es handelt sich gerade beim Erziehen darum, daß diese Wissenschaft übergehen kann in eine wirkliche Kunst; daß Pädagogik Kunst werden kann.

Wenn man die Sache einmal, nur um zu verdeutlichen, im Vergleich mit der Kunst betrachten will, so kann man sagen: Es kann eine vorzügliche Ästhetik geben, vorzügliche Kenntnisse, wie man es in der Musik oder in der Plastik oder Malerei macht, und diese Wissenschaft vom Malen, diese Wissenschaft vom Bildhauern, diese Wissenschaft vom Komponieren, sie kann großartig sein; aber es ist doch etwas anderes, diese Wissenschaft nun anwenden zu können. Ja, man kann sagen: Derjenige, der sie anwendet, der Bildhauer, der Maler, der Musiker, der hat sogar in der Regel eine rechte Antipathie gegen die Grundsätze, die ausgedacht worden sind. Bei ihm handelt es sich darum, daß diese Grundsätze überhaupt gar nicht ins Vorstellungsleben übergehen, sondern daß diese Grundsätze in seinen Händen, in seinem ganzen Wesen leben, daß sie in ihm lebendige Gestalt werden können. In der Erziehungswissenschaft liegt die Sache nicht ganz so wie in irgendeiner anderen ästhetischen Wissenschaft. In der Erziehungswissenschaft muß alles bewußter, muß alles viel mehr von Vorstellungen durchdrungen sein, als, sagen wir, in der Malerei oder Musik oder Plastik. Aber dennoch, was wir als richtig begreifen im Erziehen, das muß übergehen können in das ganze Wesen unserer Persönlichkeit, wenn wir pädagogische Künstler werden wollen.

Und gerade auf diesem Gebiete glaube ich, daß Geisteswissenschaft helfen kann. Und von dieser Hilfe, die durch Geisteswissenschaft der Pädagogik werden kann, möchte ich eben in diesem Kurse sprechen. Nicht, daß ich glaube, daß die Grundsätze der pädagogischen Wissenschaft reformiert zu werden brauchen, sondern ich glaube, um diese richtigen Grundsätze – sei es in einem einzelnen Falle der Erziehung, sei es der großen Klasse gegenüber – in wirklicher praktischer Weise anzuwenden, ist es notwendig, daß diese Grundsätze belebt und durchzogen werden von dem, was eigentlich nur Geisteswissenschaft geben kann. Geisteswissenschaft ist etwas, was einziehen will in alle Gebiete gegenwärtigen wissenschaftlichen Erkennens. Geisteswissenschaft ist etwas, das eine Auffrischung geben soll für alles, was von unserer Zeitkultur angestrebt wird; dieser Zeitkultur, die – wenn auch heute viele Menschen glauben, man sei bereits in einer Art Rückschritt zum Idealismus begriffen – ja doch hervorgegangen ist aus dem Materialismus, und die den Materialismus aus der letzten Hälfte des 19. Jahrhunderts noch voll in sich hat. Alle Zweige menschlicher Geistesbetätigung, ja man kann fast sagen alle Zweige menschlicher Kulturbetätigung, haben ihre heutige Gestalt durch diese materialistische Zeitgesinnung. Nicht in allem zeigt sich diese materialistische Zeitgesinnung in gleich schädlicher Weise: am meisten Einfluß in schädigender Weise muß Materialismus, wenn er da ist, im Erziehungswesen bringen.

Das ist, was ich heute einleitend nur andeuten will, was sich aber durch die ganze Haltung der Vorträge ergeben wird. Geisteswissenschaft wird heute vielfach verkannt, und deshalb habe ich schon nötig, wenigstens mit einigen Worten auf das hinzuweisen, wodurch sich Mißverständliches richtigstellen kann. Denn bevor ich in die Lage komme, Ihnen zu beweisen, was Geisteswissenschaft gerade für die rechte Anwendung einer vorzüglichen pädagogischen Wissenschaft leisten kann durch die Verwandlung des pädagogischen Wissens in pädagogisches Können, muß ich schon im einzelnen von Mißverständnissen gegenüber der Geisteswissenschaft sprechen. Und da möchte ich nicht in Abstraktionen sprechen, sondern möchte möglichst gleich konkret darauf eingehen.

Sie werden – wenigstens viele von Ihnen – gehört haben, daß Geisteswissenschaft es nicht so leicht hat wie die äußere Anthropologie der Gegenwart, den Menschen zu betrachten, den Menschen, mit dem wir es ja vorzugsweise in der Erziehung zu tun haben. Diese äußere Anthropologie der Gegenwart, die vereinfacht sich gewissermaßen die Probleme, welche uns in bezug auf den Menschen obliegen. Und man sieht dann, ich möchte sagen, so wie auf eine Art von Aberglauben herunter, wenn man hört, Geisteswissenschaft habe nötig, übersinnliche Glieder der menschlichen Wesenheit zu verzeichnen; in dem aufwachsenden Kinde schon zu sehen, wie sich nicht nur dieser Mensch im allgemeinen entwickelt, sondern wie sich zunächst – approximativ sei es gesprochen – vier Glieder der menschlichen Wesenheit entwickeln.

Man hat es leicht, aus unserer fortgeschrittenen Naturerkenntnis und der aus ihr gezogenen Weltanschauung heraus heute darüber zu lachen, wenn man hört, Geisteswissenschaft sage, der Mensch bestehe aus physischem Leib, aus Ätherleib, aus astralischem Leib und noch aus einem besonderen Ich-Wesen. Ich kann auch dieses Lachen ganz gut verstehen. Ich kann verstehen, wie man aus dem Mißverstehen heraus sich über diese Dinge lustig macht. Aber man macht sich eigentlich lustig auf Kosten einer wirklich gedeihlichen Fortentwickelung der Menschheit und auf Kosten einer richtig auf den Menschen hinschauenden Erziehungskunst. Wohl muß ich Ihnen recht geben: Wenn Sie hören, daß da oder dort in sektiererischer Weise sich Theosophen in

Zweigen zusammensetzen und nun irgend jemand, der es im Buche gelesen oder in den Vorträgen gehört hat, den Leuten vorträgt: Der Mensch besteht aus physischem Leib, aus ätherischem, astralischem Leib und dem Ich – so ist dies wirklich eine höchst unfruchtbare Wissenschaft, und es ist etwas, worüber man vielleicht sogar ein Recht hat, sich in einer gewissen Weise lustig zu machen. Denn wenn es dabei bleibt, daß Leute diese Dinge wie eine Art religiöses Bekenntnis sektiererisch verbreiten, so kommt für die Kultur der Menschheit, für das wirkliche Leben eigentlich nichts Besonderes dabei heraus. Heraus kommt erst dann etwas aus diesen Dingen, wenn man sie nimmt, ich möchte sagen, als Richtkräfte, um das Leben reicher zu betrachten, als man es betrachten kann, wenn man bloß den abstrakten Begriff des Menschen oder des heranwachsenden Kindes zugrunde legt.

Es ist gewiß, wenn wir beim Allerabstraktesten stehenbleiben, ein außerordentlich guter Grundsatz der Pädagogen, zu sagen, man müsse den Menschen nach seiner Individualität entwickeln, man müsse studieren, welche Kräfte nach und nach in der menschlichen Wesenheit beim sich entwickelnden Kinde herauskommen, und man müsse gewissermaßen dasjenige entwickeln durch die pädagogische Kunst, was da sich herausarbeiten will aus der menschlichen Wesenheit. Es ist dieses ein vorzüglicher Grundsatz, aber er darf nicht Abstraktion bleiben, er darf nicht so bleiben, daß man ihn nur ansieht als einen vorzüglichen Grundsatz und daß man nur den guten Willen dazu hat, ihn auch anzuwenden. Nein, der Grundsatz hat nur dann eine Bedeutung, wenn er wirklich ins Leben übergehen kann, wenn wirklich das Leben die Möglichkeit gibt, den werdenden Menschen vom ersten Lebensjahre bis zum Erwachsensein so zu betrachten, daß man die Kräfte, die sich herausarbeiten, wirklich sieht.

Wenn man nur denjenigen Menschenbegriff nimmt, den die heutige Anthropologie gibt, den Sie heute aus der Wissenschaft gewinnen können: dann merken Sie eben nicht, was eigentlich im Menschen zutage treten, was sich aus dem Menschen herausarbeiten will. Es sind bloß Richtlinien, die angedeutet werden, wenn man sagt: Der Mensch besteht aus physischem Leib, Ätherleib, astralischem Leib und Ich-Wesen. Denn dann sagt man: Du mußt die Art der Betrachtungsweise, an die man sich heute gewöhnt hat aus der materialistischen Naturwissenschaft heraus, nur für den physischen Menschen anwenden; du mußt aber noch andere Gesichtspunkte für die Menschenbetrachtung geltend machen. Du mußt den Menschen als ein viel komplizierteres Wesen ansehen, und du mußt dir einen Blick gewinnen, wie aus der Menschennatur sich auch etwas herausentwickelt, was nicht in den bloßen Naturgesetzen eingeschlossen ist, was wir durch höhere Glieder der menschlichen Natur allein umfassen können.

Was heißt es denn eigentlich, wenn wir sagen: Der Mensch besteht aus vier Gliedern? Sehen Sie, da deutet man auf etwas hin, was ja im Grunde genommen selbstverständlich jedem Pädagogen, der seine Psychologie kennengelernt hat, bekannt ist; was ihm aber so bekannt ist, daß noch nicht aus dieser Bekanntschaft fließt ein wirkliches tiefes Hineinschauen in die ganze menschliche Wesenheit. Bekannt ist ja, wieviel von Psychologen, auch von pädagogischen Psychologen, darüber diskutiert worden ist, daß wir das Seelische des Menschen zu sehen haben – sagen wir, um ganz vorsichtig zu sprechen – in einer dreigliedrigen Metamorphose als Denken, Fühlen und Wollen. Sie wissen, wieviel im Laufe des 19. Jahrhunderts und bis in unsere Tage herein darüber gestritten worden ist, ob der Wille das Ursprüngliche ist und sich das Denken gleichsam herausarbeitet aus der Willensnatur, oder ob das Denken zugrunde liegt oder das Vorstellen. Sie wissen, daß zum Beispiel in der Herbartschen Pädagogik ein gewisser Intellektualismus vorherrscht, daß der Wille gewissermaßen nur gilt als eine Art Resultierende aus den Vorstellungsbestrebungen und so weiter. Gerade wenn man unbefangen auf die ganze Art des Diskutierens über Denken, Fühlen und Wollen hinsieht, dann merkt man, daß diesen Diskussionen etwas fehlt. Das wirkliche Hineinblicken in die menschliche Wesenheit fehlt. Und gerade wirklich hineinblicken in die menschliche Wesenheit möchte Geisteswissenschaft. Sie möchte, daß man wiederum die Fähigkeit gewinne, diese menschliche Wesenheit in ihrer Totalität zu durchschauen.

Wir reden ja, wenn wir nicht grobklotzige Materialisten sind, davon, daß der Mensch nicht nur den äußeren physischen Leib hat, sondern eine Seele, und dem Seelischen sprechen wir eben das Denken, Fühlen und Wollen zu. Aber kennen Sie denn nicht die Diskussionen, die heute gepflogen werden und immer wieder und wieder darauf hinauslaufen: man könne sich eigentlich keine Vorstellung machen, wie das Seelische mit dem Leiblichen zusammenhänge, wie das Seelische auf das Leibliche, das Leibliche auf das Seelische wirke? Im Grunde genommen leiden an dieser Fragestellung alle Menschen, die es mit diesen

Dingen ernst nehmen. Aber sie kommen nicht darauf, daß vielleicht die ganze Fragestellung, so wie sie gewöhnlich gegeben wird, eine nicht ganz richtige ist. Sie kommen nicht darauf, daß vielleicht die ganze Betrachtungsweise einmal geändert werden müßte.

Gerade wenn wir das heranwachsende Kind ins Auge fassen, dann kommen wir dazu, einzusehen an der Entwickelung dieses heranwachsenden Kindes, wie Seelisches sich herausarbeitet in dem Leiblichen. Wer nur einen Sinn hat für äußere Gestaltung, wie sie sich so wunderbar, so rätselhaft auf der einen Seite, und so zum Menschensinn sprechend auf der anderen Seite, in dem Kinde ergibt, wenn wir es von Tag zu Tag in den ersten Lebenswochen, wenn wir es von Woche zu Woche, von Monat zu Monat, von Jahr zu Jahr in dem folgenden Leben betrachten – wer diese Umgestaltung betrachtet und einen Sinn dafür hat, wie das Seelische sich herausarbeitet, der muß die Frage stellen: Wie hängt denn eigentlich zusammen dasjenige, was wir an Seelischem entwickeln, mit dem Körperlichen in seiner äußeren Offenbarung? Denn offenbar ist es ja, daß im Körperlichen das Seelische drinnen arbeitet; gerade im Kinde sieht man es. Aber die heutige Wissenschaft ist nicht stark genug, ich möchte sagen, sie hat zu stumpfe Waffen, um nun an diese Fragestellung: Wie arbeitet das Seelische in dem Physischen drinnen? – in der richtigen Weise herantreten zu können. Gewisse Erscheinungen, sie werden einfach heute von der Wissenschaft nicht sachgemäß betrachtet. Und da sehen wir, indem wir die ersten Lebensjahre des Kindes durchlaufen, eine Erscheinung, die uns mit jedem Tag neue Rätsel aufgibt; wir müssen sie nur sehen.

Wir sehen diese Erscheinung, wie das Kind ungefähr am Ende des ersten Lebensjahres oder etwas später seine ersten Milchzähne bekommt. Wir sehen, wie diese Milchzähne wiederum ausfallen und vom siebenten Jahre an durch die bleibenden Zähne ersetzt werden. Diese Erscheinung, gewiß, sie wird nach allen Noten beschrieben von der heutigen Wissenschaft, aber was diese Erscheinung eigentlich bedeutet, worauf sie deutet im ganzen Entwickeln des Menschen, das zu untersuchen, dazu hat die heutige Wissenschaft eben nicht wirkliche Kraft. Und weiter, wir sehen, wie sich dann das heranwachsende Kind bis zur Geschlechtsreife hin entwickelt, wie dieses Eintreten in die Geschlechtsreife eine völlige Revolution im körperlichen und seelischen Leben des Menschen bewirkt. Wir wissen, indem wir an die Volksschule denken: gerade in die Zeit vom Zahnwechsel bis zur Geschlechtsreife ist das Wichtigste vom Volkserziehen in der Volksschule eingeschlossen. Aber die Wissenschaft und alles Leben hat heute nicht die Macht, einzudringen in das, was da eigentlich geschieht in dem Gebiet, das wir nun nicht einseitig das Leibliche und Körperliche und einseitig das Seelische, sondern das Seelisch-Leibliche des Menschen nennen.

Es läuft einfach darauf hinaus, daß wir uns eine genauere, eine intimere Beobachtungskunst der menschlichen Wesenheit aneignen. Beobachten Sie nur einmal intimer. Der menschliche Organismus kommt ein Jahr oder nach einer etwas längeren Zeit nach seiner Geburt dazu, aus sich herauszugestalten, aus seinem Ganzen herauszugestalten, wahrhaftig nicht bloß aus dem Ober- und aus dem Unterkiefer, sondern aus seinem Ganzen herauszugestalten die ersten Zähne. Das ist etwas, was sich vollzieht in dieser rätselvollen Wesenheit des Menschen. Aber das ist etwas, was sich noch einmal wiederholt durchschnittlich gegen das siebente Jahr hin. Da sehen wir aber, wie der Organismus eine viel längere Zeit braucht, um dies härteste Gebilde, den Zahn, aus sich herauszudrücken, als er gebraucht hat, um in der frühsten Kindheit die Milchzähne herauszudrücken.

Sehen Sie, man muß nun, indem man so etwas körperlich betrachtet, dies nicht bloß mit den Mitteln der heutigen Naturwissenschaft tun. Man muß zugleich sehen, wie während dieser Zeit mit jeder Woche vom Bekommen der Milchzähne bis zum Bekommen der bleibenden Zähne das ganze Wesen des Menschen auch im Seelischen ein anderes wird. Wie in dieser Zeit aus der menschlichen Wesenheit heraus andere Kräfte auch seelisch wirken als etwas später zwischen dem Zahnwechsel und der Geschlechtsreife. Man muß den Menschen ganz in seiner Totalität betrachten, und dann findet man, daß das ganze seelische Leben in einer anderen Weise sich vollzieht vor dem Zahnwechsel als nach dem Zahnwechsel. Und wenn man einen Sinn dafür hat, was eigentlich da herauskommt nach dem Zahnwechsel, so wird man sich sagen: Vernehmen wir das denkerische, das intellektuelle Wesen im Menschen, und versuchen wir dasjenige zu ergründen, was da bis zum Zahnwechsel hin und während des Zahnwechsels herauskommt an menschlichem, intellektuellem Wesen, an Vorstellungswesen! Wenn man unbefangen betrachtet, muß man eigentlich sagen: Da kommt viel heraus. *Jean Paul,* der auch viel über Pädagogik nachgedacht hat, hat nicht mit Unrecht darauf aufmerksam gemacht, daß die ersten Lebensjahre mehr Einfluß auf den Menschen haben als die drei akademischen

Jahre. Dazumal gab es nur drei. Es ist schon so, daß, wenn wir auf die Konfiguration des Intellektuellen hinschauen, die wichtigsten Jahre für die Gestaltung der Intellektualität des Menschen, für die Gestaltung der Urteilskraft, die ersten Lebensjahre bis zum Zahnwechsel sind. Man versuche nur einmal, sich einen wirklichen Beobachtungssinn anzuerziehen für dasjenige, was da seelisch anders wird. Man versuche auch zurückzudenken, bis wie weit das deutliche Gedächtnis reicht und versuche zu denken, wie wenig weit es hinter die Zahnwechselepoche zurückreicht, wie wenig also vor der Zahnwechselepoche der Mensch fähig ist, in sich anzusammeln festgestaltete Begriffe, die dann der Erinnerung einverleibt werden. Dann kann man geradezu sagen: je weniger der Organismus jene starken Kräfte, die er später nicht mehr braucht, um die harten Zähne zum zweiten Male aus sich herauszugestalten, anzuwenden braucht, desto mehr kommt er gerade in die Lage, dasjenige, was er intellektuell aufnimmt, zu festen Vorstellungen zu gestalten, die ihm in der Erinnerung bleiben.

Ich will Ihnen heute die Sache zunächst nur andeuten. Sie sehen aus dem eben Gesagten, daß zunächst dieses Kraften im Körper, das gewissermaßen wie in einer Kulmination in dem Hervorgehen der zweiten Zähne gipfelt, parallel geht mit dem Festsetzen derjenigen Kräfte in der Seele, welche die Vorstellungen, die sonst vergessen werden, umformen in festgestaltete Begriffe, die dann bleiben, die ein Schatz in der menschlichen Seele werden. Ich möchte das, was ich heute sagen will, zunächst nur als eine Frage hinstellen; in den nächsten Tagen wird es sich uns erweisen. Müssen wir doch danach fragen: Hat denn nicht vielleicht das Vorstellen gerade mit diesen Kräften, die im Zahnentstehen sich geltend machen, etwas zu tun? Ist es denn nicht gerade so, als wenn das Kind in den ersten sieben Jahren bis zum Zahnwechsel gewisse Kräfte körperlich verwenden müßte, die Seele in den Körper hinein ergießen müßte, damit die Zähne herauskommen? – Ist es fertig damit, dann geschieht eine Metamorphose, dann wandelt das Kind diese Kräfte um, und sie werden eigentlich seelische Vorstellungskräfte. Sehen wir denn nicht, wie die Seele, die vorstellende Seele in dem Zahnbilden arbeitet? – Und wenn das Zahnbilden, das heißt die Verwendung gewisser seelischer Kräfte in der vorstellenden Seele erschöpft ist, nachdem die Zähne herausgekommen sind, da machen sich diese selben Kräfte seelisch geltend.

Denken Sie nur einmal, wie wenig man geneigt ist, heute mit den

Mitteln der Naturwissenschaft auf solche Metamorphosen hinzuschauen! Wie sehr man sich heute den Kopf darüber zerbricht: Wie hängen Leib und Seele zusammen? Aber man muß doch erst hinschauen auf diejenigen Gebiete, wo das Seelische im Leibe tätig ist. Denkt man daran zu fragen: Ist es vielleicht das vorstellende Seelische, das ganz augenscheinlich in dem Bau der Zähne sich zum Ausdruck bringt? Sehen wir nicht da das Seelische im Leibe drinnen wirksam, und erkennen wir nicht, wie es sich dann erspart diese Wirksamkeit und in anderer Weise, nämlich rein seelisch herauskommt? Da handelt es sich wirklich darum, zu gesünderen Vorstellungen – die man schon früher gehabt hat, bevor der Materialismus in der heutigen Gestalt sich verbreitete – wiederum zurückzukehren, nämlich tatsächlich zu sehen, wie das Geistig-Seelische im Physisch-Körperlichen wirkt.

Es ist nämlich etwas höchst Merkwürdiges richtig: Der Materialismus hat die Eigentümlichkeit, daß er allmählich die Fähigkeit verliert, Materie und ihre Erscheinungen zu verstehen. Es ist nicht so, daß der Materialismus etwa bloß den Zusammenhang mit dem Geist verliert; nein, sein tragisches Schicksal besteht darinnen, daß er zuletzt gerade dazu verurteilt ist, das Materielle nicht zu verstehen. Wir haben den Materialismus heraufkommen sehen: Er hat keine Möglichkeit, hineinzuschauen in das Leibliche mit denselben Kräften, mit denen Sie später sich erinnern, mit denen Sie später in Gedanken tätig sind, mit denselben Kräften, die im Leiblichen in der Zahnbildung wirksam sind. Nicht, daß der Materialismus just das Geistige verkennt – er verkennt das Körperliche sogar noch stärker, indem er gar nicht sieht, wie das Geistig-Seelische an dem Körperlichen arbeitet.

Das will gerade Geisteswissenschaft bringen: Ein richtiges Verstehen dessen, was am Menschen arbeitet. Der Materialismus ist geradezu verurteilt, das Materielle nicht zu verstehen; denn das Materielle ist dasjenige, worin das Geistige fortwährend arbeitet, und die materialistische Betrachtungsweise kann nicht verfolgen diese Arbeit im Geistig-Seelischen des Menschen. Man müßte doch glauben, der größte Schaden würde angerichtet, müßte der Mensch zu denken aufhören, müßte der Mensch zum Tier werden, wenn der Materialismus das Geistige vollständig verkennen würde! Es kann ja kein Mensch zugeben, daß, wenn man denkt, man nicht in irgendeiner Geistigkeit drinnen ist! Aber das ist gerade das Schicksal des Materialismus, daß man das Physisch-Leibliche nicht versteht.

Nun ist es nicht so, daß man etwa an diesem abstrakten Grundsatz Genüge haben kann: Dieselben Kräfte, die im Vorstellen sind, arbeiten an der Zahnentstehung. Sondern, wenn man das weiß, dann beobachtet man das Kind in einer ganz anderen Weise, und vor allen Dingen, man beobachtet es nicht nur im Intellekt in einer anderen Weise, sondern man steht mit dem Gefühl, mit der Empfindung, mit allen Willensimpulsen in einer ganz anderen Weise zum Kinde. Sie werden in den folgenden Vorträgen sehen, wie diese Dinge, die wirklich vom Geistig-Seelischen aus eindringen, nicht etwa bloß abstrakte Grundsätze sind, sondern unmittelbar in der Gegenwart angewandt werden können.

Und weiter: Wir sehen dann gerade während der Volksschulzeit, jener wichtigen Epoche in dem heranwachsenden Kinde, wo das Gedächtnis schon wirkt, wo wir mit dem Gedächtnis schon rechnen können, wie gerade beim Kinde es so unendlich wichtig wird, daß es an dem Lehrer, an dem Erzieher eine Autorität fühlt, eine selbstgewählte, freiwillig gewählte Autorität empfindet. Es ist ein vollständiges Verkennen der Menschennatur, wenn man nicht zugibt, daß die Sehnsucht, eine Autorität neben sich zu haben, zu den Grundkräften und Grundempfindungen des kindlichen Lebens vom 6., 7. bis zum 14., 15. Lebensjahre gehört. Wir werden hören, wie das zu dem tiefstbedeutsamen Lebenselemente des Menschen gehört, daß er in dieser Weise eine Autorität, freigewählt durch seine Empfindung, außer sich und neben sich haben kann.

Aber wer einmal geschärft hat seinen Blick dafür, daß ein gewisser Zusammenhang besteht zwischen dem Seelisch-Geistigen und dem Leiblichen bis zur Periode des Zahnwechsels, der merkt dann für die folgende Periode etwas außerordentlich Wichtiges. Sehen Sie, wir brauchen eine gewisse Zeit, um als Menschen die ersten Milchzähne zu bekommen. Das ist eine kurze Zeit. Dann brauchen wir eine längere Zeit, bis wir sie auswechseln können gegen die zweiten Zähne. Wir werden hören im Verlaufe dieser Vorträge, wie die zweiten Zähne in einer viel innigeren Verbindung mit der Individualität stehen als die ersten Zähne, die mehr auf Vererbung von den Vorfahren beruhen. Aber wahrhaftig, nicht bloß mit den Zähnen ist es so, daß wir uns gewissermaßen aus unserer eigenen Natur heraus dasjenige noch einmal aneignen, was wir erst durch Vererbung bekommen haben, sondern es ist für etwas anderes auch so; es ist vor allen Dingen so mit der menschlichen Sprache. Und ich möchte hier gleich einleitungsweise auf etwas hindeuten, was natürlich in den Vorträgen erst näher ausgeführt werden kann: Das Geheimnis der menschlichen Sprachentwickelung verbirgt sich eigentlich in ihrem Wesentlichsten vor der heutigen naturwissenschaftlichen Denkweise, vor der gesamten heutigen Wissenschaft. Man weiß nicht, daß in der Tat gerade so, wie man die ersten Zähne erhält durch eine Art Vererbung von den Eltern, man die Sprache erhält durch eine Art äußeren Einflusses der Umgebung, durch das Nachahmungsprinzip, das aber zum organischen Prinzip wird.

Man lernt die Sprache in den ersten Lebensjahren von seiner Umgebung. Aber diese Sprache, die man da lernt, die das Kind bis zum 4., 5., 6. Jahre noch spricht, die verhält sich zum ganzen Menschen, wie sich die Milchzähne zum ganzen Menschen verhalten. Und was der Mensch, nachdem er die Geschlechtsreife erlangt hat, nachdem er 14, 15 Jahre alt geworden ist, eigentlich an der Sprache hat, was er da spricht, was da in ihm betätigt wird, indem er spricht: das ist gerade so ein zweites Mal angeeignet, neuerdings angeeignet, erarbeitet vom Menschen, wie das Zahnerhalteprinzip ein zweites Mal erarbeitet ist. Das zeigt sich äußerlich bei der Knabenentwickelung in dem Wandel der Stimme – bei der weiblichen Entwickelung geht es mehr ins innerliche Leben zurück, aber es ist auch vorhanden. Weil diese Kräfte beim Knaben im Kehlkopf anders arbeitend sind, zeigt sich das auch äußerlich. Das ist eine Offenbarung, wie nun auch gerade in diesen wichtigen Volksschuljahren im ganzen Menschen, nicht bloß im menschlichen Leibe und nicht bloß in der menschlichen Seele, sondern im menschlichen Seelen-Leib, in der Leibes-Seele, fortwährend von Jahr zu Jahr, von Monat zu Monat Dinge vorgehen, die zusammenhängen mit der innerlichen Aneignung desjenigen, was man als Sprache äußerlich schon in der ersten Kindheit aus der Umgebung her sich angeeignet hat. Wer das weiß, wie Seelisch-Geistiges arbeitet am Menschen bis zum 14., 15. Jahre hin, wer das in unmittelbar instinktiver Intuition an dem Volksschüler beobachten kann, bei dem wird diese Beobachtung unmittelbares Leben. Man sagt sich: Da ist der eine Schüler – Kehllaute bringt er in dieser Weise hervor, Lippenlaute in dieser Weise hervor, Gaumenlaute in dieser Weise; der bringt Gaumenlaute leichter hervor, der Lippenlaute und so weiter. Das wird eine ganz intensive Wissenschaft, aber eine Wissenschaft, die in allen ihren Einzelheiten in dasjenige hineinweist, was als Seelisch-Leibliches, Leiblich-Seelisches am Kinde sich heranentwickelt.

Und es werden einem einfach die Umgestaltungen der Sprache, auf die man gewöhnlich gar nicht achtet, zwischen dem 7. und 15. Jahre dasjenige, was seelisch gerade da in der Sprache so großartig wirkt, wenn man einen Beobachtungssinn dafür hat. Das entgeht einem, wenn man seinen Beobachtungssinn nur schärft an dem, was man heute ohne Geisteswissenschaft lernt. Denn wer hier beobachten kann, der findet nun das Folgende: In den ersten Lebensjahren bis zum Zahnwechsel sieht man, wie das Vorstellen sich gleichsam ausspart in dem Zahnwechsel, so daß, wenn der Zahnwechsel sich vollzogen hat, die Vorstellung dann sich gestalten kann! Während da das Vorstellen gewissermaßen sich aus dem Leiblichen zurückzieht und selbständig Seelisches wird, ist es später, zumeist schon vorher sich ankündend, aber namentlich vom Zahnwechsel bis zur Geschlechtsreife, der Wille, das, was wir Wille nennen, was sich zurückzieht aus der ganzen Organisation des Kindes und sich lokalisiert in der Kehlkopf- und Sprachorganisation. Ganz genau so, wie sich nach innen drängt das Vorstellungsleben und selbständig seelisches Element wird, so lokalisiert sich in dem, was aus der Sprache und ihren Organen im 14., 15. Jahre wird – bei manchen Kindern etwas früher natürlich –, das Willenselement. Man kann sehen in dem, was als Organ-Umgestaltung des Knaben im Kehlkopf eintritt – wir werden noch davon zu reden haben, was dem bei Mädchen entspricht – dasjenige, wohin der Wille kulminiert.

Mit anderen Worten, wenn man so geisteswissenschaftlich die Dinge betrachtet, so hören Vorstellung und Wille auf, solche Abstraktionen zu sein, wie sie gewöhnlich sind. Von diesen Abstraktionen aus kann man allerdings nicht die Brücke hinüberziehen zu ganz anders geartetem Leiblichem. Lernt man aber wirklich beobachten, und lernt man namentlich erkennen, wie ganz anders die Wesenheit eines Kindes ist, bei der man sieht, wie die Lippenlaute anders angeeignet sind als die Gaumenlaute, und anders als die Kehllaute und so weiter, dann lernt man auf diese Dinge hinschauen, dann lernt man erkennen, wie das Vorstellen in den ersten sieben Lebensjahren im Leibe arbeitet. Man lernt erkennen die äußere physische Offenbarung eines Geistig-Seelischen, und man lernt erkennen das Sich-Lokalisieren der Willensnatur in der Kehlkopfnatur, man lernt beobachten das Hineinschießen des Willens in die menschliche Sprache. Wille wird entwickelt, und Vorstellen wird nicht mehr Abstraktion, sondern wird etwas, was wir an den realen Vorgängen des Lebens beobachten. So wie wir beobachten die Fallkraft, die Schwerkraft an dem vom Berge herabstürzenden Wasser, wie wir die Schnelligkeit des Wassers beobachten an der Schwerkraft und ihren Widerständen, so lernen wir erkennen, wie sich das Leibliche von Woche zu Woche entwickelt gerade aus dem Geistig-Seelischen heraus, wenn wir erst beobachten lernen dieses Seelisch-Geistige in seinem Arbeiten im Leiblichen darinnen.

Sehen Sie in dem, was ich sage, einfach eine Anleitung, das Werden des Menschen so zu beobachten; eine Anleitung dazu, wirklich hineinschauen zu können in das, was im werdenden Menschen vor sich geht. Das ist die etwas unbequemere, komplizierte Art, wie Geisteswissenschaft von der menschlichen Wesenheit spricht – gegenüber der heutigen Naturwissenschaft, die eben einfach nicht berücksichtigt, daß dieser Mensch ein wunderbares Wesen ist, das zusammenzieht aus der ganzen Welt die Gesetzmäßigkeit, das in sich selber wiederum eine Welt, eine kleine Welt gegenüber der großen Welt enthält. Wenn wir sagen: Der Mensch besteht aus dem physischen Leib, er besteht außerdem noch aus dem Ätherleib – so bedeutet das: Du sollst beobachten lernen, wie du nicht bloß an dem Leichnam oder dergleichen äußerlich naturwissenschaftlich anatomisch, physiologisch verfolgen sollst, wie sich die körperliche Entwickelung in den ersten kindlichen Jahren bis zum siebenten Jahre hin gestaltet, sondern du sollst beobachten lernen, wie es ein Seelisch-Geistiges ist, und dieses Seelisch-Geistige, ob man es nun Ätherleib nennt oder wie man es nennen will, im Leiblichen arbeitet. Denn dadurch lernt man erkennen, wie es erst am Leibesgestalten arbeitet im Zahnbilden, das aus dem ganzen Leibe heraus kommt, und dann arbeitet in dem Grunde der Vorstellungen, so daß sie bleibend werden können, diese Vorstellungen. Und so können wir sagen: Beim Zahnwechsel wird eigentlich der Ätherleib erst geboren; bis zum Zahnwechsel wirkt er noch im physischen Leib drinnen; da gestaltet er dasjenige, was im Zahnwechsel kulminiert. Dann wird er frei und arbeitet in der Bildung von Vorstellungen, die erinnerungsmäßig bleiben können. Und später sprechen wir von dem selbständigen Ich, das vorzugsweise im Willen konzentriert ist, das sich aber auch in dem Werden der Sprache, in dem richtig geschauten Werden der Sprache ankündigt. Wir reden davon, daß der Wille erkannt wird, wenn man ihn nun nicht einfach bloß seelisch vergleicht mit dem Vorstellen, sondern wenn man ihm ansieht, wie er tätig ist an der Sprachbildung als an etwas ganz Konkretem. Wir erkennen in dieser Willensbildung die Ich-Entwickelung, die man für sich verfolgen muß, und mitten drinnen sehen wir dasjenige, was zwischen Ätherleib und Ich liegt, was gerade in der Sprache zum Ausdrucke kommt, was besonders beachtet werden muß in den ersten Volksschuljahren in der pädagogischen Kunst.

Wir sehen da, was das eigentlich Seelische des Menschen ist. Es lebt im werdenden Kinde so, daß, wenn das Kind nun zur Volksschule kommt und gerade unter dem Einflusse der Kräfte des Zahnwechsels steht, das Intellektuelle noch gar nicht herauskommt; aber das Willensartige schießt während der Volksschulzeit von Woche zu Woche, von Monat zu Monat in das Leibliche hinein, in dem es sich lokalisiert. Weiß man dies, so wird man im Volksschullehrplan dasjenige drinnen haben, was in der richtigen Richtung liegt, so daß es dieses Hineingestalten des Willens in den Intellekt fördert. Wenn man so versteht, was Wille, was Intellekt ist, und auch beobachten kann, wie bei manchem Kinde von Monat zu Monat, von Jahr zu Jahr der Wille, der sich lokalisiert im Sprechen, der Intellekt, der sich zurückgezogen hat in das Geistig-Seelische, zusammenwirken, erst dann versteht man, was man da zur leiblichen und seelischen Erziehung und zum Unterricht des Kindes tun muß; erst dann betrachtet man die Pädagogik als Kunst und erkennt, wie man erst das Material, die Menschennatur, verstehen muß. Wie der Bildhauer Ton oder Erz hat und dieses bearbeiten muß, wie man die Farben und so weiter bearbeiten muß, so muß der pädagogische Künstler verstehen, wie man den Willen hineinarbeitet in den Intellekt, wie man wirkt, um die richtige Ineinanderfügung, die richtige künstlerische plastische Gestaltung des Intellektes, der sich bis zum 7. Jahre geboren hat, durch den Willen vorzunehmen, der sich unter den Händen des Volksschullehrers entwickelt bis zur Geschlechtsreife hin.

ZWEITER VORTRAG

Basel, 21. April 1920

Dreigliederung des menschlichen Wesens

Es wird unter Umständen schwierig, aus dem heutigen Zeitbewußtsein heraus die besondere Artung der Geisteswissenschaft zu charakterisieren; denn es ist ja selbstverständlich, daß man eine Sache zunächst, wenn sie einem gegenübertritt, nach dem beurteilt, was man schon hat. Geisteswissenschaft, wie sie hier gemeint ist, ist von anderer Art als dasjenige, was man heute gewöhnt ist, Wissenschaft zu nennen; natürlich nicht dadurch von anderer Art, daß sie etwa durchaus überall über die Dinge andere Inhalte, andere Ideen konstatieren wollte, sondern dadurch, daß sie in einer gewissen anderen Art zum ganzen Menschen spricht. Und gerade durch diese andere Artung kann Geisteswissenschaft fruchtbar werden für die pädagogische Kunst. Soll ich mich ausdrücken darüber, wie diese andere Artung ist, so möchte ich heute zunächst vorläufig das Folgende sagen.

Wenn wir von irgendeinem Wissen heute vernehmen, so denken wir uns, wir erwerben irgendwelche Vorstellungen über dieses und jenes und tragen dann diese Vorstellungen, wenn wir ein mehr oder weniger gutes Gedächtnis haben, mit uns das ganze Leben hindurch herum. Wir erinnern uns an die Dinge, und wir wissen sie dadurch. Auf eine solche Verwendung im Leben ist eigentlich Geisteswissenschaft nicht berechnet. Gewiß, aus den Lebensgewohnheiten der Gegenwart wird ja auch Geisteswissenschaft vielfach so aufgenommen. Aber diejenigen, die sie so aufnehmen wie gewissermaßen eine Notizensammlung, die betrachten Geisteswissenschaft nicht im rechten Sinne. Sie betrachten etwas, was dem Leben viel näher steht als die gewöhnliche sinnliche und materielle Erkenntnis, in einer Weise, die dem Leben ebenso fernsteht wie die sinnlich-materielle Betrachtungsweise. Sehen Sie, wenn ein Mensch sagen würde: Ich habe gestern gegessen und getrunken, das ist einmal geschehen, also brauche ich das nicht mehr mein ganzes Leben hindurch, so würden Sie das selbstverständlich für einen Unsinn ansehen. Denn die Verbindung des menschlichen Organismus mit demjenigen, was dieser menschliche Organismus aus der außermenschlichen Natur zu sich nehmen muß, um zu leben, muß immer erneuert werden, und man kann nicht anders, als in diesen Prozeß des Aufnehmens, des neuen Verarbeitens immer wieder und wiederum einzutreten. So, in einer gewissen Beziehung, ist es mit Geisteswissenschaft. Geisteswissenschaft gibt dem Menschen innerlich etwas ihn Durchlebendes, das er eigentlich genötigt ist, immer wieder zu erneuern, damit es in ihm immer lebendig bleibt. Und daher ist Geisteswissenschaft etwas, was eigentlich dem im Menschen Schöpferischen viel näher steht als das gewöhnliche Wissen, und was daher tatsächlich von vielen Seiten her Anregung geben kann, um dieses wertvollste Material, das der Mensch nur als Künstler richtig in die Hand nehmen kann, den heranwachsenden Menschen, zu bearbeiten.

Es wird nicht gleich in den ersten Stunden so aussehen, als ob Geisteswissenschaft in dieser Richtung etwas unmittelbar Lebendiges wäre. Aber wenn Sie die Geduld haben, dasjenige, was zunächst aus den Lebensgewohnheiten der Gegenwart in einer mehr abstrakten Form vorgebracht werden muß, so zu betrachten, daß Sie bemerken, wie das allmählich wirkliches Leben wird, so daß wir nicht nur Kenntnisse daran haben, sondern etwas, was in jedem Augenblick, in jeder Stunde eine Schule der Lebensliebe zugleich ist, dann werden Sie eben sehen, wenn Sie Geduld haben, wie Geisteswissenschaft durchaus eine andere Richtung hat und wie diejenigen der Geisteswissenschaft selbst am meisten schaden, die irgend etwas einmal kennengelernt haben von dieser Geisteswissenschaft und es dann so behandeln wie irgendein anderes Wissen, es als eine Notizensammlung der Welt betrachten.

Ich habe dies vorausschicken wollen, weil gerade die Dinge, die ich werde heute genötigt sein zu sagen, zunächst schon in diesem Lichte zu betrachten sind. Ich habe gestern darauf hingewiesen, wie man zu wirklicher Menschenkenntnis den Menschen zu betrachten hat von den verschiedensten Gesichtspunkten aus, wie aber diese verschiedenen Gesichtspunkte gerade dazu führen, einheitlich zu überschauen das Körperlich-Physische und das Seelisch-Geistige. Ich habe gestern gesagt, daß man in der Geisteswissenschaft redet von dem physischen Menschen, dem ätherischen Menschen, dem astralischen Menschen und dem Ich-Wesen. Von diesen Gliedern der menschlichen Natur ist jedes wiederum in einer gewissen Beziehung dreigliedrig. Der physische Leib ist dreigliedrig; alle anderen Glieder der menschlichen Wesenheit sind auch dreigliedrig, so daß die verschiedensten sich durchkreuzenden Gesichtspunkte in Betracht kommen. Ich werde heute von einer ganz anderen Seite her die menschliche Natur zu beleuchten versuchen, und Sie werden sehen, daß sich in den verschiedenen Beleuchtungen zuletzt eine lebendige Charakteristik der menschlichen Wesenheit ergeben wird.

Wir können nämlich in ganz anderer Beziehung, als dies gestern geschehen ist, den Menschen wiederum betrachten von drei Gesichtspunkten aus: von dem leiblichen Gesichtspunkt, von dem seelischen Gesichtspunkt und von dem geistigen Gesichtspunkt. Ich betone eben ausdrücklich, daß das, was ich heute sage, von einem ganz anderen Gesichtspunkte aus gesagt ist und sich erst später mit dem zusammenfinden wird, was gestern erwähnt worden ist. Den Menschen können wir betrachten, sagte ich, vom leiblichen Gesichtspunkte aus. Da erscheint er uns sogleich als ein dreigliedriges Wesen. Wiederum vom seelischen Gesichtspunkte aus erscheint er uns als ein dreigliedriges Wesen, und vom geistigen Gesichtspunkte aus erscheint er uns ebenfalls als ein dreigliedriges Wesen.

Betrachten wir den Menschen zunächst vom leiblichen Gesichtspunkte aus. Da geht ja die heutige physiologische naturwissenschaftliche Betrachtung vielfach fehl und bringt es nicht zu einer wirklichen plastischen Ansicht von der Wesenheit des Menschen. Ich habe auf diese Dinge hingewiesen, ich darf sagen, aus einem dreißig Jahre lang andauernden Studium dieser Sache heraus in meinem vor zwei oder drei Jahren erschienenen Buche »Von Seelenrätseln«. Im Anfange habe ich hingewiesen auf diese naturgemäß gegebene Dreigliederung des Menschen vom Gesichtspunkte des Leiblichen aus. Ich werde zunächst diese Dinge wie berichtend anführen, um allmählich im Laufe der Stunde die Einzelbeweise für diese Sache beizubringen.

Wenn wir den Menschen zunächst in leiblicher Beziehung betrachten, so handelt es sich darum, daß wir erst hinsehen auf dasjenige, was der Mensch dadurch ist, daß er ein Wesen ist, das durch die Sinne die Außenwelt wahrnimmt. Aber Sie wissen ja auch, daß diese Sinne, die gewissermaßen an der Peripherie des menschlichen Organismus lokalisiert sind, sich nach dem inneren Menschen hin in den Nerven fortsetzen. Wer Sinnes- und Nervenorganisation ohne weiteres zusammenwirft mit der Organisation des übrigen Menschen, der betrachtet den Menschen durchaus nicht so, daß er ihm seiner Wesenheit nach durchschaubar werden könnte. Es ist ein hoher Grad von Selbständigkeit, von Individualisierung in dem, was ich nennen möchte den Nerven-Sinnes-Menschen. Und gerade weil man heute eigentlich den ganzen Menschen wie eine nebulose Einheit nur naturwissenschaftlich betrachtet, kommt man nicht darauf, diese fundamentale Selbständigkeit des Nerven-Sinnes-Menschen ins Auge zu fassen. Wir werden uns gleich noch besser verstehen, wenn ich die Sache weiter ausführe.

Ein zweites selbständiges Glied der menschlichen leiblichen Wesenheit ist dann alles dasjenige, was in unsern Organismus eingegliedert ist als – ich nenne es den rhythmischen, den rhythmisierenden Organismus des Menschen; was Atmungssystem ist und rhythmisch ist, was Blutzirkulationssystem ist und rhythmisches System ist, was Lymphgefäßsystem ist und rhythmisch ist. Alles das, was in rhythmischer Tätigkeit im Menschen ist, das ist ein zweites System der gesamten menschlichen Wesenheit und hat eine relative Selbständigkeit gegenüber dem Nerven-Sinnes-Menschen. Es ist, als wenn diese zwei Systeme einfach ineinander verbunden wären als selbständige und nur kommunizierten. Es ist keine solche Einheit im Menschen, wie sie aus unklaren Begriffen heraus die heutige Naturwissenschaft konstatiert.

Und das dritte ist wieder etwas, was relativ selbständig ist in bezug auf den ganzen Menschen; das ist dasjenige, was ich den Stoffwechselorganismus nennen möchte. Wenn Sie in bezug auf die Tätigkeit einfach den dreifachen Menschen betrachten, den Nerven-Sinnes-Menschen, den Menschen, der in gewissen rhythmischen Tätigkeiten lebt, den Menschen, der im Stoffwechsel lebt, dann haben Sie alles, was in der menschlichen Natur, sofern sie ein tätiger Organismus ist, vorhanden ist. Und Sie haben zugleich auf drei selbständige Systeme im menschlichen Organismus hingewiesen.

Sehen Sie, über diese drei selbständigen Systeme macht sich die heutige Wissenschaft ganz falsche Begriffe, indem sie einfach sagt: Seelenleben, das ist verknüpft mit dem Nervenleben. Wir können ja überall als eine Gewohnheit, die sich im Laufe der Zeit, man kann sagen, etwa seit dem Ende des 18. Jahrhunderts eingebürgert hat, sehen, daß das Seelenleben in einen gewissen Zusammenhang gebracht wird nur mit dem Nervenleben. Wir wollen, um einen gewissen Sinn zu verbinden mit dem, was ich gerade als die Dreigliederung des menschlichen Leibes angedeutet habe, die Zugehörigkeit des menschlichen Seelenlebens einmal zu diesem dreigliedrigen Menschen untersuchen.

Nun müssen wir sagen: Alles, was im menschlichen Stoffwechselleib konzentriert ist, was als Tätigkeit der Stoffwechselleib ist, das hängt zusammen unmittelbar mit dem menschlichen Wollen. Dasjenige, was Zirkulationssystem ist, hängt zusammen unmittelbar mit dem menschlichen Fühlen, und dasjenige, was Nerven-Sinnes-System ist, hängt zusammen mit dem menschlichen Vorstellen. Sehen Sie, hier macht sich die neuere Naturwissenschaft eben ganz falsche Begriffe. Sie sagt, das Seelenleben des Menschen hängt zusammen mit dem Nervenleben überhaupt, höchstens also mit dem Nerven-Sinnes-Leben. Denken, Fühlen und Wollen hängen zusammen unmittelbar mit dem Nervenleben, und erst durch die Nerven wird übertragen die Tätigkeit des Seelenlebens indirekt auf den Zirkulationsmenschen, auf den rhythmischen Menschen und auf den Stoffwechselmenschen. Dadurch kommt eine ganze Verwirrung in die Auffassung vom Menschen hinein. Man entfernt sich von der menschlichen Natur, statt daß man sich ihr nähert. Mit dem Nerven-Sinnes-Leben hat nichts anderes als das Vorstellen in unmittelbarer Art zu tun. Dagegen ist ebenso unmittelbar, wie das Vorstellungsleben verknüpft ist mit dem Nerven-Sinnes-Leben, das Gefühlsleben des Menschen unmittelbar verbunden mit dem rhythmischen System des Menschen. Gefühlsleben als seelisches Leben pulsiert zugleich in Atmung, Blutzirkulation, Lymphzirkulation und ist ebenso unmittelbar mit diesem System verbunden, wie das Vorstellungssystem mit dem Nervensystem. Und das Willenssystem ist unmittelbar verbunden mit dem Stoffwechselsystem. Immer geschieht irgend etwas im menschlichen Stoffwechsel, wenn eine Willenstätigkeit oder eine Willenskombination vorliegt. Das Nervenleben hat nicht die Beziehung zum Wollen, die man ihm gewöhnlich zuschreibt, sondern der Wille hat unmittelbar eine Beziehung zum Stoffwechsel, und diese Beziehung zum Stoffwechsel nimmt der vorstellende Mensch erst wiederum wahr durch das Nervensystem. Das ist die wirkliche Beziehung. Das Nervensystem hat keine andere Aufgabe, als vorzustellen. Ob vorgestellt wird irgendein äußerer Gegenstand, ob vorgestellt wird dasjenige, was durch den Willen im Zusammenhange mit dem Stoffwechsel geschieht, der Nerv hat immer die gleiche Aufgabe. Die heutige Wissenschaft unterscheidet sensitive Nerven, die da sein sollen, um von der Körperperipherie aus gewissermaßen die Eindrücke der Außenwelt zum Zentralorgan, wie man sagt, zu tragen; dann wiederum sollen motorische Nerven da sein, welche dasjenige, was vom Zentralsystem als Willensimpuls ausgehen soll, nach der Peripherie des Körpers zu tragen haben. Man hat, ich werde davon noch genauer reden, sehr geistreiche – geistreich sind sie ja, die Dinge –, sehr geistreiche Theorien ersonnen, um nachzuweisen, wie man durch Durchschneiden und so weiter von Nerven beweisen könne, daß ein solcher Unterschied besteht zwischen sensitiven und motorischen Nerven. Aber in Wirklichkeit existiert er nicht. Und viel bedeutungsvoller als alle im Laufe der Zeit geistreich ersonnenen Theorien über den Unterschied von motorischen und sensitiven Nerven ist die andere Tatsache, daß man allerdings den sogenannten motorischen Nerv zerschneiden kann, sein Ende zusammenstückeln kann mit dem Ende eines ebenfalls durchschnittenen sensitiven Nervs, und daß dies dann wiederum einen Nerv von einer Nervenart gibt. Das ist viel mehr sprechend als alles übrige, was sonst ersonnen worden ist, daß ein Unterschied in der wirklichen Funktion zwischen motorischen und sensitiven Nerven nicht gefunden werden kann. Er kann auch in anatomisch-physiologischer Beziehung nicht gefunden werden. Die sogenannten motorischen Nerven sind nicht dasjenige, was den Willensimpuls vom Zentralorgan zu der Peripherie des Menschen trägt, sondern diese motorischen Nerven sind in Wirklichkeit auch sensitive Nerven. Sie sind dazu da, sagen wir, wenn ich zum Beispiel einen Finger bewege, daß eine unmittelbare Beziehung zwischen dem Willensentschluß und dem Stoffwechsel des Fingers zustande kommt, daß der unmittelbare Einfluß, der vom Willen ausgeübt wird, den Stoffwechsel des Fingers ergreift. Diese Stoffwechseländerung, dieser Stoffwechselvorgang wird durch den sogenannten motorischen Nerv wahrgenommen. Und wenn ich den Stoffwechselvorgang nicht wahrnehme, dann erfolgt auch kein Willensentschluß, weil der Mensch darauf angewiesen ist, dasjenige, was in ihm vorgeht, ebenso wahrzunehmen, wenn er dadurch etwas wissen soll, sich beteiligen soll daran, wie irgend etwas in der äußeren Welt wahrzunehmen ist, wenn er daran beteiligt sein soll.

Es ist geradezu, ich möchte sagen, diese Unterscheidung von sensitiven Nerven und motorischen Nerven der bequemste Knecht des Materialismus, allerdings ein Knecht, der nur hat heraufziehen können in der materialistischen Wissenschaft dadurch, daß man einen billigen Vergleich gefunden hat in dieser neueren Zeit, nämlich den des Telegraphen. Man telegraphiert von einer Station zur anderen hin, und dann telegraphiert man wiederum zurück. Nach diesem Bilde des Telegraphierens stellt man sich ungefähr heute die Vorgänge vor von der Peripherie nach dem Zentralorgan und wiederum zurück durch sensitive und motorische Nerven. Das ganze Bild ist natürlich nur möglich in einem Zeitalter, in dem eben gerade die Telegraphie eine solche Rolle zu spielen hat wie im 19. Jahrhundert. Wäre die Telegraphie nicht da, so hätte man ja auch dieses Bild nicht gefunden, und man wäre vielleicht zu einer naturgemäßeren Anschauung der entsprechenden Vorgänge gekommen.

Sehen Sie, es sieht aus, als wenn man, ich möchte sagen, aus einem gewissen Radikalismus heraus, aus Kritikasterei dasjenige in Grund und Boden treten wollte, mit dem sich so viele Menschen soviel ernstliche Mühe gegeben haben. Aber glauben Sie nicht, daß das leicht ist. Glauben Sie nicht, daß einem das leicht wird. Ich habe mich als ganz junger Mann zu beschäftigen angefangen mit der Nervenlehre, und es war für mich etwas Erschütterndes, zu bemerken, wie gerade diese Nervenlehre der schlechte Knecht des Materialismus ist, weil dasjenige, was ein unmittelbarer seelischer Einfluß des Willens auf den Stoffwechsel ist, dadurch vermaterialisiert wird, daß man sich vorstellt, der materielle Nervenstrang trage den Willensimpuls vom Zentralorgan zu der Peripherie des Menschen, das heißt zum Muskel, zum Bewegungsorgan. Man zeichnet so die materiellen Prozesse in den Organismus hinein.

In Wahrheit ist bei einem Willensakt zunächst durchaus ein unmittelbarer Zusammenhang zwischen dem, was der seelische Willensimpuls ist, und irgendeinem Prozeß des Stoffwechsels. Der Nerv ist eben nur dazu da, um die Wahrnehmung dieses Prozesses zu vermitteln. Ebenso ist der Nerv nur dazu da, um jene Wahrnehmung zu vermitteln, welche bestehen muß für den Menschen, wenn zwischen seinem Fühlen und irgendeinem solchen Vorgang, der sich ausdrückt in Zirkulation, eine Beziehung entsteht. Das ist immer dann der Fall, wenn wir fühlen. Da liegt zunächst nicht zugrunde irgendein nervöser Prozeß, sondern es liegt zugrunde eine Modifikation unseres Zirkulationswesens. Bei irgendeinem Gefühl liegt immer ein Vorgang im, jetzt nicht Stoffwechsel, sondern im rhythmischen Gange der Zirkulationsprozesse vor. Und das, was vorgeht, was im Blute, in der Lymphbildung vorgeht, in dem Sauerstoffwechsel, was aber nicht ein wirklicher Stoffwechsel ist – der Sauerstoffwechsel ist schon ein Stoffwechsel, insofern gehört er aber zu den Willensvermittlern –, aber insofern wir es zu tun haben mit einem rhythmischen Prozesse der Atmung, gehört das zum Fühlen. Alles Fühlen ist direkt zugeordnet dem rhythmischen Prozesse. Und wiederum sind die Nerven nur dazu da, um dasjenige wahrzunehmen, was sich da unmittelbar abspielt zwischen dem seelischen Fühlen und dem rhythmischen Prozesse im Organismus. Nerven sind also auch da wiederum nur Wahrnehmungsorgane. So daß wir, ich möchte sagen, in dieser geisteswissenschaftlichen Untersuchung erst sehen, was es eigentlich bedeutet, wenn wir in Lehrbüchern der Physiologie oder auch der Psychologie immer wieder und wiederum finden mußten: Ja, man muß aus der Theorie heraus hypothetisch annehmen, der Mensch habe sensitive und motorische Nerven; aber anatomisch unterscheiden sich die beiden höchstens ein wenig durch ihre Dicke, jedenfalls nicht durch irgend etwas anderes. Spekulationen bei der Tabes und dergleichen, die man gemacht hat – auf die werde ich noch zurückkommen. Ich wollte heute nur eben andeuten zunächst, daß eine unbefangene Betrachtung des menschlichen Organismus diesen als einen dreigliedrigen uns zeigt: den Nerven-Sinnes-Organismus, der zugeordnet ist dem vorstellenden Seelenleben, dann den Organismus, der in Rhythmen lebt, zugeordnet dem Gefühlsseelenleben, den Organismus, der im Stoffwechsel lebt, im weitesten Sinne, zugeordnet unmittelbar dem Willensteil des Seelenlebens.

Nun können wir ja zur Verdeutlichung einmal ins Auge fassen das Leben, sagen wir, im Musikalischen. Dieses Leben im Musikalischen, es ist der allerbeste Beweis – zunächst einer von vielen, wir werden noch verschiedene kennenlernen, aber vielleicht einer der besten Beweise – für die besondere Zuordnung des Gefühlslebens zum rhythmischen Leben des Organismus. Dieses rhythmische Leben wird in seinem Zusammenhang mit dem Gefühlsleben wahrgenommen von dem Vorstellungsleben, das an den Nerven-Sinnes-Organismus gebunden ist. Wenn wir etwas Musikalisches hören, ja, wenn wir irgendwie uns einem Tonbilde hingeben, dann ist das allerdings scheinbar zunächst aufgenommen durch den Sinn. Aber diejenigen Physiologen, die etwas feiner beobachten können, merken, wie innerlich beteiligt ist an dem Verfolgen eines Tonbildes das Atmen, und wie wirklich unser Atmen etwas zu tun hat mit dem, was wir als dasjenige in uns erleben, was uns das Tonbild erscheinen läßt als etwas, das ästhetisch zu beurteilen ist, das in das Gebiet der Kunst zu versetzen ist.

Wir müssen uns nämlich klar sein, welch komplizierter Prozeß eigentlich in uns fortwährend vorgeht. Nehmen Sie einmal diesen unseren Organismus an. Dieser Nerven-Sinnes-Organismus, der zentralisiert ist im menschlichen Gehirn, er ist ja so zentralisiert, daß das Gehirn eigentlich nur zum geringsten Teil in einem gewissen festen Zustande ist; das ganze Gehirn schwimmt im Gehirnwasser. Ich versuche dasjenige, was da zugrunde liegt, durch folgendes klarzumachen: Es würde unser Gehirn, wenn es nicht im Gehirnwasser wirklich schwimmen würde, fortwährend auf die an der Schädelunterlage befindlichen Blutgefäße drücken und diese fortwährend zerdrücken. Unser Gehirn erleidet nämlich dadurch, daß es im Gehirnwasser schwimmt, einen fortwährenden Auftrieb – was man nach dem Archimedischen Prinzip den Auftrieb nennt, wie Sie aus der Physik wissen –, so daß von dem reichlich 1300 bis 1500 Gramm wiegenden Hirn eigentlich auf die Unterlage des Schädels höchstens 20 Gramm drücken. So daß also dadurch, daß das Gehirn einen mächtigen Auftrieb erleidet, auf die Unterlage des Schädels sehr wenig gedrückt wird. Aber dieses Gehirnwasser, das ist nicht minder beteiligt an unserem ganzen menschlichen Erleben als etwa das Feste des Gehirnes. Dieses Gehirnwasser, das ist nämlich in einer stetigen Auf- und Abbewegung. Es bewegt sich das Gehirnwasser rhythmisch auf und ab vom Gehirn durch den Rückenmarkskanal, strahlt dann aus in die Bauchhöhlung, wird bei der Einatmung zurückgestoßen in die Gehirnhöhlung, wieder herausgestoßen, und bei der Ausatmung fließt es wieder herunter. In fortwährendem Auf- und Abbewegen ist dieses Gehirnwasser, das heißt, seine Fortsetzung in den übrigen Organismus hinein, so daß eine fortwährende vibrierende Bewegung stattfindet, die im Grunde genommen den ganzen Menschen erfüllt und die mit dem Atmen zusammenhängt.

Indem wir irgendeiner Folge von Tönen gegenüberstehen, stehen wir ihr als atmende Menschen gegenüber. Fortwährend wird das Wasser aufwärts und abwärts getrieben. Und indem wir hören, schlägt innerlich der Rhythmus des auf- und absteigenden Wassers an dasjenige an, was da durch die Töne in uns im Gehörorgan als Sinneswahrnehmung figuriert, und ein fortwährendes Zusammenschlagen der innerlichen Vibrationsmusik unseres Atmens findet statt mit dem, was als Wahrnehmungsvorgang an unser Ohr schlägt. Darinnen besteht eigentlich das musikalische Erlebnis, in diesem Ausgleich zwischen der Gehörwahrnehmung und dem rhythmischen Atmungsprozeß. Und der schildert ganz falsch, der etwa das musikalische Wahrnehmen, das ja überall im wesentlichen durchzogen ist vom Fühlen, nur in Beziehung bringen möchte direkt mit den Nervenvorgängen. Die sind eigentlich beim musikalischen Wahrnehmen nur dazu da, daß wir dasjenige, was eigentlich vorgeht, tiefer mit unserem Ich verbinden, daß wir es so recht wahrnehmen, daß wir es ins Vorstellen umsetzen.

Ich habe nach allen Richtungen hin versucht, diesen Dingen nachzugehen. Es war in der Zeit, in der die europäische Menschheit sich noch mehr für solche Fragen unmittelbar interessierte. Da war, wie Sie wissen, der lebhafte Streit vorhanden zwischen der Auffassung des Musikalisch-Schönen durch *Richard Wagner* und die Wagner-Schüler und durch den Wiener *Hanslick*. Da konnte man das Problem des musikalischen Wahrnehmens nach allen Richtungen erörtert finden. Da wurde auch hingewiesen in diesem Zusammenhange auf diejenigen Versuche, die man machen kann, um hinter das musikalische Wahrnehmen zu kommen. Und gerade beim musikalischen Wahrnehmen drängt es sich auf, die unmittelbare Beziehung zu suchen zwischen den Zirkulationsvorgängen und dem, was eigentliches menschliches Fühlen ist, während gleichzeitig eine unmittelbare Beziehung zwischen dem Nervensystem und dem Vorstellen vorhanden ist. Aber diese unmittelbare Beziehung ist nicht zu suchen zwischen dem Nervensystem und dem Fühlen und nicht zwischen dem Nervensystem und dem Wollen.

Ich bin überzeugt davon, daß die falsche Hypothese von den sensitiven und motorischen Nerven, die in die Wissenschaft als der Knecht des Materialismus eingezogen ist, weit mehr, als man meint, schon die Denkweise der Menschen ergriffen hat und in der nächsten oder in der zweitnächsten Generation Gesinnung wird. Ja, ich bin überzeugt, daß diese materialistische Nervenlehre schon Gesinnung geworden ist in der Menschheit und daß wir eigentlich heute das, was wir in der Physiologie oder in der Psychologie so als Theorie hersagen, schon in unseren Gesinnungen haben und daß diese Gesinnungen eigentlich die Menschen trennen. Wenn man das Gefühl hat – und die Leute haben heute schon das Gefühl –, daß eigentlich der andere Mensch uns nur gegenübersteht so, daß wir selber auf ihn einen Sinneseindruck machen, er auf uns, daß er da abgeschlossen von uns in sich hat sein Gefühlsleben, das erst durch die Nerven vermittelt werden soll, dann richten wir eine Scheidewand zwischen Mensch und Mensch auf. Es ist ja wirklich so, daß diese Scheidewände zu merkwürdigen Anschauungen geführt haben, wenn man heute hört, daß Leute sagen: Ja, wenn ich einen anderen Menschen ansehe, so sehe ich, daß er die Nase mitten im Gesicht hat, daß er zwei Augen hat an derjenigen Stelle, wo ich weiß, ich habe auch zwei Augen. Er hat ein Gesicht so geformt wie ich; indem ich das alles sehe, ziehe ich den unbewußten Schluß: Da ist ein ebensolches Ich in dem Organismus drinnen wie in mir. – Es gibt heute schon Leute, die auch diese Theorie vertreten und das Verhältnis vom Menschen zum Menschen so äußerlich auffassen, daß sie meinen, aus der Gestalt des Menschen wäre erst ein unbewußter Schluß notwendig, um darauf zu kommen, daß der andere Mensch ein mit dem eigenen Ich gleiches Ich hat. Die Anschauung, welche nur das Nervenleben zusammenbringt mit dem Vorstellungsleben, dagegen das Zirkulations- und Atmungsleben zusammenbringt mit dem Gefühlsleben, das ganze Stoffwechselleben zusammenbringt mit dem Willensleben, die wird, wenn sie Gesinnung wird, wenn sie einmal wirkliches Erleben wird, die Menschen wiederum zusammenführen. Ich kann für dieses Zusammenbringen heute zunächst nur ein Bild gebrauchen.

Sehen Sie, wir würden ja wirklich geistig-seelisch als Menschen sehr voneinander getrennt sein, wenn wir geistig-seelisch so einander gegenüberstünden, daß wir eigentlich alles Fühlen und Wollen durch unsere Nerven in unserem Innern entwickelten und der ganze Mensch in seiner Haut abgeschlossen gedacht werden müßte. Da wird das Seelische sehr isoliert. Und ich möchte sagen: So fühlen sich heute die Menschen, und ein getreues Abbild dieses Fühlens ist der antisozial und immer antisozialer werdende Zustand Europas.

Aber es gibt auch eine andere Möglichkeit. Wir sitzen hier alle in diesem Saale zusammen; wir atmen die gemeinsame Luft zunächst, da können wir nicht sagen, daß wir jeder um uns herum unseren Luftkasten abschließen können. Wir atmen die gemeinsame Luft. Wer das gesamte Seelenleben an das Nervensystem heftet, der isoliert die Menschen. Wer zum Beispiel an das Atmungsleben wiederum zurückgibt das Seelenleben, der macht auch das Seelenleben zu etwas Gemeinschaftlichem. So wie diese Luft uns gemeinschaftlich ist, so ist uns und wird uns das Seelenleben gemeinschaftlich, wenn wir es an den Rhythmus-Organismus zurückgeben. Und wenn sich auch in unserer sozialen Ordnung die einen Menschen heute noch ein bißchen was Besseres kaufen können, die anderen was Schlechteres kaufen müssen, es kann doch nicht der reiche Mensch, damit er nicht dasselbe ißt wie der Arme, seine Nahrungsmittel vom Monde her, von einem ganz anderen Weltenkörper beziehen. In bezug auf den Stoffwechsel haben wir ein gemeinsames Leben. So aber wird auch unser Willensleben zu einem gemeinschaftlichen, wenn wir so ursprüngliche, unmittelbare primäre Beziehungen vom Willensleben zum Stoffwechselleben hin einsehen. Sie werden sehen, wie es von einer unendlichen Tragweite ist, daß man diesen Zusammenhang des Gefühlslebens mit allem, was rhythmisch ist in der menschlichen Natur und was rhythmisch den Menschen auch mit der Außenwelt zusammenschließt, einsieht und daß man auf der anderen Seite das Willensleben in seinem Zusammenhange mit dem Stoffwechselleben kennenlernt. Auch darinnen zeigt sich wiederum, wie Geisteswissenschaft gerade geeignet ist, die Materie und ihre Vorgänge wirklich kennenzulernen. Der Materialismus ist ja einmal dazu verurteilt, gerade von der Materie nichts zu verstehen.

Damit habe ich Sie zunächst präliminarisch – wir werden auf alle diese Dinge genauer eingehen – bekannt gemacht mit der Dreigliederung des menschlichen Leibeslebens in ein Nerven-Sinnes-Leben, in ein Leben des Rhythmus-Organismus und in ein Leben des Stoffwechsel-Organismus. In bezug auf das Seelenleben haben wir ja eigentlich die Dreigliederung schon gelegentlich des Leibeslebens besprochen. Wir können einfach die triviale Einteilung, die man gewöhnlich zugrunde legt, in Denken, Fühlen und Wollen, als die Gliederung des Seelenlebens betrachten. Aber man kommt dem Seelenleben ja nur schlecht bei, wenn man diese Gliederung, die eine durchaus berechtigte ist, in den Vordergrund stellt. Sie wissen ja, daß vielfach in den Psychologien wiederkehrt die Gliederung des menschlichen Seelenlebens in Vorstellen, Denken, Fühlen und Wollen. Aber daß eine wirkliche Anschauung des Seelenlebens dadurch ja eigentlich doch nicht gewonnen wird, das muß immer mehr und mehr für ein unbefangenes Betrachten der Menschennatur klar werden.

Nun gibt es eigentlich eine Erscheinung, oder sagen wir einen Erscheinungskomplex, der viel charakteristischer ist für das Seelenleben als die Abstraktion Denken, Fühlen und Wollen. Die Abstraktion Denken, Fühlen, Wollen ist, wie gesagt, gut, aber um lebendig das Seelenleben kennenzulernen, tut man besser, wenn man nicht gleich ausgeht von Denken, Fühlen und Wollen, sondern wenn man etwas, was im Seelenleben eigentlich ganz durchgeht, zunächst ins Auge faßt als eine viel primärere Offenbarung des Seelenlebens, nämlich, daß dieses Seelenleben immer lebt abwechselnd in Sympathien und Antipathien, in Lieben und Hassen. Wir merken nur gewöhnlich nicht, wie das Seelenleben hin- und herpendelt zwischen Lieben und Hassen, zwischen Sympathien und Antipathien. Wir merken es aus dem Grunde nicht, weil wir ja gewisse Vorgänge des Seelenlebens gar nicht in der richtigen Weise taxieren.

Sehen Sie, der Mensch urteilt. Das Urteil ist entweder ein bejahendes oder ein verneinendes. Ich sage: Der Baum ist grün. Ich verbinde die zwei Vorstellungen Baum und grün, ich verbinde sie in positiver Weise. Ich sage: Du bist gestern nicht bei mir gewesen. Ich verbinde zwei Vorstellungen respektive Vorstellungskomplexe in negativer Weise. Auch einem solchen Urteile liegt zuletzt für das Seelenleben etwas von Sympathie und Antipathie zugrunde. Das bejahende Urteil wird immer mit Sympathie erlebt, das verneinende Urteil wird immer mit Antipathie erlebt. Nicht als ob die Richtigkeit des Urteils auf der Sympathie und Antipathie beruhte, aber erlebt wird die Richtigkeit des Urteils durch Sympathie und Antipathie. Und wir können sagen: Ein Drittes zwischen beiden, zwischen Sympathie und Antipathie ist ja auch deutlich vorhanden. Das ist, wenn der Mensch die Entscheidung treffen soll zwischen Sympathie und Antipathie. Wir haben ja nicht bloß im Seelenleben Sympathie und Antipathie, wir haben deutlich ein skeptisches Hin- und Herpendeln zwischen beiden, das auch ein positiver Zustand ist. So finden wir auch da nicht so geschieden wie beim Leibe, weil wir es mit einem Prozeß zu tun haben und nicht mit unterscheidbaren Gliedern, aber doch auch das Seelenleben gegliedert in Sympathien und Antipathien und was zwischen beiden ist.

Deutlicher aber tritt uns die Gliederung wieder auf, wenn wir das Geistige im Menschen betrachten, das ja von der neueren Psychologie in ganz entschiedener Weise immer zusammengeworfen wird mit dem Seelischen. Aber wir werden sehen, daß man eine wirkliche plastische Einsicht in das Wesen des Menschen nur gewinnen kann, wenn man in die Lage kommt, diese drei Gesichtspunkte der menschlichen Wesenheit auseinanderzuhalten: das Leibliche, das da besteht im Nerven-Sinnes-Prozesse, im Zirkulationsprozesse, im Stoffwechselprozesse; das Seelische, das da besteht in den Erlebnissen von Antipathie und Sympathie und dem Hin- und Herpendeln zwischen beiden; und das Geistige, das nun auch uns ganz entschieden dreigliedrig entgegentritt. Auch das Geistige des Menschen tritt uns dreigliedrig entgegen, und zwar in drei deutlich voneinander geschiedenen Zuständen. Beim geistigen Erleben des Menschen haben wir deutlich zu unterscheiden zwischen dem wachen Erleben, das wir alle kennen als einen Zustand unseres Geisteslebens, der uns vom Aufwachen bis zum Einschlafen eigen ist, und dann haben wir einen anderen Zustand unseres Geisteslebens vom Einschlafen bis zum Aufwachen, das Schlafesleben. Und wir haben das dritte zwischen beiden, das wir in dem Momente des Aufwachens kennenlernen, das Traumesleben. Wachen, Träumen, Schlafen, das sind die drei Glieder des Geisteslebens. Wachen, Träumen, Schlafen. Nur muß man nicht bloß die triviale Vorstellung verbinden mit Wachen, Träumen und Schlafen, um zu einer wirklichen Erkenntnis des Geisteslebens vorzudringen, sondern man muß sich klar darüber sein, daß man sich Beobachtungssinn aneignen muß für die Art, wie sich der schlafende Geisteszustand zunächst auslebt. Da sehen wir ja, daß uns der Schlaf einmal entgegentritt dadurch, daß der Mensch bewegungslos wird, daß er unempfindlich wird für Sinneseindrücke und so weiter; aber wenn wir versuchen, zunächst einen anderen Gesichtspunkt geltend zu machen – wir könnten viele andere Gesichtspunkte geltend machen –, können wir uns ja auch dem, was für unser Leben Schlaf ist, in der folgenden Weise nähern.

Man glaubt gewöhnlich, daß wir, wenn wir zurückschauen auf unser Leben, auf einen geschlossenen Strom blicken. Wir setzen ja eigentlich unsere Rückerinnerungen wie in einer geschlossenen Strömung zusammen; das ist hingegen ein Irrtum. Sie erinnern sich an dasjenige, was Sie heute seit dem Aufwachen erlebt haben. Davor liegt die Zeit, wo Sie mit schlafendem Bewußtsein waren; da ist die Strömung der Erinnerung unterbrochen durch die ganze Schlafesdauer. Dann kommt wiederum das Tagesleben, dann kommt wiederum Schlafesdauer. Dasjenige also, was wir als einen einheitlichen Strom rückwärts so im Bewußtsein haben, das ist eigentlich immer unterbrochen von den Schlafzuständen. Und sehen Sie, das hat eine gewisse Bedeutung. Schon für das Bewußtsein selber hat es eine gewisse Bedeutung. Man kann geradezu sagen: Wir sind manchmal darauf eingerichtet, geradezu darauf eingestellt, da, wo etwas fehlt, das Fehlende so sehr wahrzunehmen als das Ausfüllende; nur machen wir uns das nicht immer klar. Wenn ich Ihnen hier auf die Tafel eine weiße Fläche zeichnen würde, so, daß ich immer schwarze Kreischen ausspare, so würden Sie hinschauen auf die weiße Fläche, aber eigentlich die weiße Fläche weniger beachten als das, wo nichts ist, wo die schwarzen Pünktchen sind, die ich nur ausgespart habe, wo ich nichts hingezeichnet habe. Wir sehen, wenn wir zum Beispiel eine Selterswasserflasche haben, wir sehen auch da gewissermaßen das Wasser, das das Dichtere ist, nicht gegenüber den kleinen Blasen, Luftblasen, die drinnen sind, den Kohlensäureblasen. Wir sehen also dasjenige, was nicht da ist, in dem Wasser drinnen. Und so empfinden wir, indem wir rückwärts empfinden, eigentlich nicht unsere Erlebnisse; die überschauen wir ja gewiß, wie wir hier das Weiße überschauen; aber unmittelbar wahrnehmen tun wir etwas anderes. Und was wir unmittelbar wahrnehmen, das erfordert, daß man sich darüber recht genau unterrichtet. Darauf kommt man nur, wenn man nun wirklich versucht, wahrzunehmen, worauf eigentlich unser Ich-Gefühl beruht. Allmählich – und ich werde Ihnen die Erscheinungen, die dazu führen, in den folgenden Vorträgen sorgfältig aufzählen – kommt man dazu, zu bemerken, daß diese Wahrnehmung der ausgesparten Schlafzustände eigentlich unser Ich-Gefühl vermittelt, daß wir unser Ich-Gefühl zerstören, indem wir nicht ordentlich schlafen. Das ist schon eine Folge davon, daß eingestreut sein muß in unserer Rückerinnerung diese Unterbrechung durch den Schlaf, damit wir zu einem geordneten Ich-Gefühl kommen. Und studieren Sie – wie gesagt, einzelnes werde ich noch erwähnen –, studieren Sie im Zusammenhange jene Störungen, die durch ein ungeordnetes Schlafleben im Ich-Gefühle auftreten, dann werden Sie es, ich möchte sagen, mit Händen greifen können, daß das Ich-Gefühl beruht auf diesen Aussparungen im Bewußtsein, auf diesen Lücken, die da im Ich-Gefühl auftreten. Ich sage nicht, die Ich-Vorstellung, ich sage: im Ich-Gefühl.

Nun, im Menschen lebt nicht allein das, was wir den Inhalt des Wachbewußtseins nennen können, sondern auch das Schlafesleben hat einen unmittelbaren Anteil an dem, was im Menschen lebt, es hat sogar einen noch viel größeren Anteil. Wer wirklich die menschliche Subjektivität beobachten kann, der findet, wenn er so richtig den Wachzustand sich zum Bewußtsein bringt, daß dieser Wachzustand eigentlich nur im Vorstellen faktisch vorhanden ist. Wir können unmöglich denselben Grad des Wachzustandes in dem menschlichen Fühlen suchen. Das menschliche Fühlen ist unmittelbar durchaus nicht in derselben Weise in unserem Bewußtsein vorhanden wie das menschliche Vorstellen. Das Fühlen hat vielmehr zu unserem Bewußtsein keine andere Beziehung als das Traumesleben. So sonderbar das klingt, so muß eben doch derjenige, der nun wirklich imstande ist, sich den Unterschied des

Vorstellens und des Fühlens rein als Bewußtseinsphänomen klarzumachen, er muß darauf kommen, daß dieselbe Art des Erlebens vorliegt, wenn wir die Träume, die im Bewußtsein sind, wahrnehmen, wie beim Fühlen. Wir werden darüber noch genauer sprechen, heute wollen wir die Sache zunächst skizzieren.

Dann ist aber dieselbe Art des Erlebens, die im bewußtlosen Schlafzustande im traumlosen Schlafe da ist, eigentlich beim Wollen da. Sie brauchen sich nur einmal zu überlegen: Sie heben Ihre Hand, Sie heben den Arm, und Sie haben ein Willensergebnis. Sie nehmen das Willensergebnis wahr. Der Willensimpuls, der unmittelbare geistige Impuls, der hat zu tun mit dem Stoffwechsel. Den ganzen inneren Vorgang, der sich abspielt zwischen dem Willensimpuls und dem Stoffwechsel, durchschauen Sie genau genommen ebensowenig, wie Sie dasjenige bewußt erleben, was vorgeht mit Ihnen, wenn Sie im bewußtlosen, im traumlosen Schlafe sind. Ganz gleichwertig sind die Bewußtseinserlebnisse der eigentlichen Willensvorgänge und die traumlosen Schlafvorgänge. Gleichartig sind die Vorgänge des Gefühlslebens und die Traumvorgänge. Denn das wirklich wache Leben besteht eigentlich nur im Vorstellungsleben. So daß wir nicht bloß schlafen, wenn wir in dem Zustande sind zwischen Einschlafen und Aufwachen, sondern wir schlafen partiell auch wenn wir wach sind; denn wir wachen nur in bezug auf unser Vorstellungsleben, wir träumen in bezug auf unser Gefühlsleben, wir schlafen in bezug auf unser Willensleben.

Sagen Sie nicht, da müßte das Willensleben unbewußt bleiben. Nein, es bleibt eben nicht unbewußt. Wenn ich hier eine weiße Fläche hätte mit vier ausgesparten, schwarzen Kreisen, so würde ich da, wo nichts ist, wo ausgespart wurde, gerade so etwas wahrnehmen, wie ich in meinem Bewußtsein auch die ausgesparten Inhalte, die Willensinhalte, die eigentlich im wachen Tagesleben verschlafen werden, wahrnehme.

Und jetzt denken Sie, sieht man nun plastisch auf den Menschen hin, so sieht man eigentlich in ihm ein Zusammenspielen deutlich voneinander geschiedener Verhältnisse, drei Geisteszustände. In seinem Vorstellen ist tätig der wache Geist; in seinem Fühlen ist tätig der träumende Geist; in seinem Wollen ist tätig der schlafende Geist. Wir müssen nicht nur Wachen und Schlafen voneinander unterscheiden lernen in ihren Wechselzuständen Tag und Nacht, sondern wir müssen Wachen und Schlafen auch voneinander unterscheiden lernen im wachenden Menschen, wie sie ineinander spielen. Diese Sache hat eine sehr praktische Bedeutung gerade für die Pädagogik, eine sehr, sehr praktische Bedeutung. Wir müssen fragen: Wie lerne ich entsprechend eigentlich das Wechselspiel von Willen und Vorstellen kennen, und wie lerne ich damit am besten, wie ich das Kind vom sechsten, siebenten Jahre an, wo ich besonders zu beachten habe dieses Zusammenspiel von Vorstellen und Wollen, am besten zu behandeln habe. Die Antwort lautet: Indem ich das Zusammenspiel von Wollen und Vorstellen an dem anderen Phänomen beobachte, an dem es in handgreiflicher Weise, in augenscheinlicher Weise auftritt, an dem Wachen und Schlafen. Studiere ich das Wachen und Schlafen, so habe ich etwas, womit ich Wollen und Vorstellen vergleichen kann.

Dieses muß im Anfange dieses Kursus aus dem Grunde erwähnt werden, weil durch Geisteswissenschaft unsere Psychologie erst einen wirklichen realen Inhalt erhält. Nehmen Sie heute psychologische Lehrbücher in die Hand, Sie finden Definitionen von Wollen, Definitionen von Denken – aber das bleiben mehr oder weniger Wortdefinitionen. Man muß diese Dinge real kennenlernen. Real lernt man die Dinge aber nur kennen, wenn man sie in der Welt wirklich aufeinander beziehen kann, wenn man zum Beispiel das Verhältnis von Wachen und Schlafen studieren kann, wie wir es tun werden, und wenn man damit zu gleicher Zeit ein Streiflicht wesentlicher Art auf das Verhältnis von Vorstellen und Wollen wirft. Dann dringt man ein in die wirkliche Welt. Das möchte eben Geisteswissenschaft tun. Diese betrachtet das geistige Leben wirklich nicht bloß aus irgendeinem subjektiven Bedürfnis heraus, weil das was Schönes ist für manche Leute, die sonst nicht viel zu tun haben, die eventuell, statt daß sie ihre anderen Kaffeeklatsch-Inhalte suchen, einmal auch den Kaffeeklatsch-Inhalt suchen: der Mensch besteht aus physischem Leib, Ätherleib, astralischem Leib und Ich. Es ist dies ja vielfach der Gesinnung der Menschen nach bloß ein Kaffeeklatsch. Aber es handelt sich darum, daß das nicht im Sektiererischen des Kaffeeklatsches steckenbleiben darf, sondern daß dasjenige, was durch Geisteswissenschaft in der Erkenntnis des Geistes geleistet wird, in Wahrheit dazu berufen ist, in das menschliche Leben wiederum so hineinzuleuchten, daß wir dieses menschliche Leben seiner praktischen Wirklichkeit nach behandeln lernen, während wir verlernt haben, es seiner praktischen Wirklichkeit nach zu behandeln. Und das Ergebnis dieses Verlernens ist ja das Chaos von Europa, sind doch die absurden Ereignisse der letzten fünf bis sechs Jahre. Es ist ein Zusammenhang zwischen dem Verlernen des eigentlichen realen Inhaltes der Welt und zwischen der Not unserer Zivilisation. Diejenigen, die glauben, man könne bei der alten Gesinnung verbleiben, die irren sich gar sehr. Insbesondere da, wo man am meisten an die Zukunft der Menschheit zu denken hat, weil man es mit dem zukünftigen Menschen zu tun hat, auf dem Gebiete der Pädagogik, da sollte zuerst gedacht werden an die Kräfte, die es uns möglich machen, daß wir der zukünftigen Generation etwas anderes mitgeben, als was diese Generation bekommen hat, die jetzt diese furchtbaren Zustände unserer Zivilisation herbeigeführt hat.

Da eröffnet sich schon der Blick, ich möchte sagen, von dem eingeschlossenen, aber eigentlich für die Entwickelung der Menschheit heiligen Schulland hinaus in die ganze große Entwickelung der Menschheit.

DRITTER VORTRAG

Basel, 22. April 1920

Menschenerkenntnis als Grundlage der Pädagogik

Sie werden gesehen haben, daß meine Bemühungen dahin gehen, einen Einblick in die Wesenheit des Menschen und damit in die Wesenheit des werdenden Kindes zu gewinnen, der es dann möglich macht, praktisch zu handhaben dasjenige, was notwendig ist, wenn man die Aufgabe hat, als pädagogischer Künstler das Menschenmaterial wirklich in gedeihlicher Art dem Leben entgegenzuführen. Sie können ja schon aus den Andeutungen, die ich bisher zu geben in der Lage war, ersehen, daß die Frage, die ich im ersten Vortrage aufgeworfen habe, in einer gewissen Weise sich schon jetzt, wenigstens teilweise, beantworten läßt. Diese Frage ist ja, wie ich glaube, für den gegenwärtigen Pädagogen von einer ganz besonderen Wichtigkeit. Es ist die Frage: Wie kommt es denn eigentlich, daß wir auf der einen Seite eine ausgezeichnete wissenschaftliche Pädagogik haben, das heißt, den Niederschlag der Prinzipien ausgezeichneter pädagogischer Genies, und daß wir doch über die weitesten Kreise hin berechtigte Kritiken der pädagogischen Kunst, der Handhabung dieser pädagogischen Wissenschaft in der Gegenwart haben? Es kommt dies daher, daß wir zwar aus den Prinzipien, welche aus einer gewissen instinktiven Intuition durch pädagogische Genies gegeben werden, die abstrakten Hinweise haben, wie man sich verhalten soll als Pädagoge; daß aber dieser Sammlung von Prinzipien in dieser abgelaufenen Zeit, in der unsere ganze Weltanschauung davon durchdrungen worden ist, dieser pädagogischen Wissenschaft nicht in gleichem Sinne eine wirkliche Einsicht in die Menschennatur gegenüberstand. Aus der Naturwissenschaft, wie sie getrieben worden ist – man braucht nicht ihre großen Fortschritte, ihre ungeheuren Triumphe zu verkennen –, läßt sich nicht eine pädagogische Kunst unmittelbar gewinnen. Dazu ist notwendig, daß man von ganz anderen Gesichtspunkten aus in das Wesen des werdenden Menschen eindringe. Und so kann man sagen, daß vor allen Dingen die Naturwissenschaft, die theoretisch geblieben ist, die einen Gegensatz geschaffen hat zwischen dem äußeren Leiblichen und dem Geistig-Seelischen, keine Unterstützung, keine Hilfe leistete für die ausgezeichneten pädagogischen Grundsätze, und daß daher diese pädagogischen Grundsätze bisher darauf angewiesen waren, von besonders veranlagten Pädagogen instinktiv angewendet zu werden.

Es ist ja ganz selbstverständlich, daß Leute, wie etwa Pestalozzi, wie Diesterweg oder ähnliche, mit einem grandiosen pädagogischen Instinkt auch eine instinktive Menschenkenntnis entwickelten. Aber wir leben schon einmal in dieser Zeit, in der es mit dem Instinkt in der Menschenkultur nicht weiter geht. Mit dem Instinkt konnte man in den mehr oder weniger alten patriarchalischen sozialen Formen des Zusammenlebens auskommen; wir leben gerade in der Zeit, in der alles immer mehr und mehr bewußt werden muß. Und so müssen wir auch bewußt Menschenkenntnis erwerben. Das aber ist nicht anders möglich, als daß wir näher aneinanderbringen die Betrachtung der menschlichen Wesenheit, gewissermaßen das Erkenntnismäßige der menschlichen Wesenheit, und die Handhabung, die Praxis, wie sie sich namentlich für den Pädagogen als so notwendig herausstellt. Wir können mit dem, was uns die Naturwissenschaft sagt über die Physiologie, über die Biologie des Menschen, nicht soweit etwas anfangen, daß wir unmittelbar daraus pädagogische Regeln machen können, daß wir unmittelbar daraus sehen könnten, wo minderwertige Begabung ist, wo bessere Begabung ist nach der einen oder anderen Richtung und wie diese Begabungen zu verwerten sind.

Damit das alles möglich werde, ist eine andere Menschenkenntnis notwendig als diejenige, die aus der gegenwärtigen Naturwissenschaft folgt. Einiges, was angestrebt werden muß zur Grundlegung einer solchen Menschenkenntnis, habe ich schon angeführt; anderes, was die Brücke schaffen soll zur wirklichen pädagogischen Kunst, müssen wir noch kennenlernen. Da möchte ich vor allen Dingen darauf hinweisen, daß erstens wir in der Zeit des Materialismus immer weniger und weniger in die Lage gekommen sind – ich habe es schon von verschiedensten Gesichtspunkten aus charakterisiert –, die physische Menschenorganisation wirklich zu verstehen, und auf der anderen Seite sind wir dazu gekommen, gewissermaßen als Mittel, um an den Menschen heranzukommen, kaum etwas anderes benützen zu können als die Sprache. Und dasjenige, was wir den Anschauungsunterricht nennen – wir werden sehen, daß dieser Anschauungsunterricht auf gewissen Gebieten des Erziehens und Unterrichtens etwas außerordentlich Gutes ist, das aber nicht in Einseitigkeit ausschlagen darf. Ebenso werden wir uns fragen müssen, ob denn die Sprache, die Verständigung mit dem werdenden Kinde für sich genommen ein Mittel ist, um wirklich an das Wesen des Kindes heranzukommen. Diese Frage können wir uns nicht anders beantworten, als wenn wir noch ein wenig weiter versuchen, in die Wesenheit des Menschen einzudringen.

Da möchte ich Sie auf Folgendes aufmerksam machen: Jeder, der so versucht, sich ein Bild zu machen von der menschlichen Organisation nach dem, was in den gebräuchlichen pädagogischen Handbüchern oder in den Psychologien zur Einleitung steht, um das Seelische, die pädagogische Kunst, mit Prinzipien auszugestalten aus der Naturwissenschaft und aus der Psychologie heraus, hat denn der nicht eigentlich so die Vorstellung, daß die menschliche Organisation eine Zusammenfügung von fest ineinander gehaltenen Gestalten sei? Man hat so die Anschauung: Da ist der menschliche Organismus, innerhalb der Schädeldecke ist so etwas wie eine Art festen Gehirnes, wenigstens eine Art festen oder halbfesten Gehirnes; da sind die anderen Organe, da sind Leber, Lunge und so weiter. Auch nach den Zeichnungen, die man bekommt, ja auch nach dem unmittelbaren Anblick, den man bekommen kann, wenn man oberflächlich zu Werke geht, auch durch den klinischen Anblick, macht man sich eine Vorstellung, als ob dieses Festumrissene, ich möchte sagen, Festgezeichnete der einzelnen Organe das einzige wäre, was den Menschen organisiert. Aber ich bitte Sie doch, darauf Rücksicht zu nehmen, daß der Mensch eigentlich zu 80 Prozent, gering gerechnet, ja eine Flüssigkeitssäule ist, daß er also im allergeringsten Maße in seiner Organisation aus Festem besteht. Kann man denn da eigentlich voraussetzen, daß man den Menschen wirklich beschreibt in seiner Organisation, wenn man ihn so beschreibt, als ob die einzelnen Organe scharf umrissene Gebilde wären? Der Mensch ist eine Flüssigkeitssäule. Der Mensch ist außerdem ausgefüllt von Gasförmigem. Auf das alles nimmt man sehr, sehr wenig Rücksicht. Man beschreibt auch so etwas wie das Nervensystem nur so, als ob man es zu tun hätte mit mehr oder weniger festen Strängen, oder wenigstens als das, was man von dem Festen ins Weiche hinüberschillern läßt. Bei dem hat man nicht das Bewußtsein, daß es überall eingebettet ist in Flüssiges oder gar in Luftförmiges; Luftförmiges, welches nur in Form von

Vibrationen, von rhythmischen Bewegungen im menschlichen Organismus ist. Wer sich bewußt wird, daß man es im Menschen – ich will jetzt absehen von dem Luftförmigen – zu tun hat mit einer Flüssigkeitssäule, wer sich bewußt wird, wie zum Beispiel das Gehirn eingebettet ist im Gehirnwasser, wer sich bewußt wird, wieviel von unserem Organleben mit dem Prozeß zusammenhängt, den ich gestern in einer gewissen Weise geschildert habe, daß das Gehirnwasser auf und ab pendelt unter dem Einflusse des Ein- und Ausatmens, der wird nicht bloß denjenigen Vorgängen im Organismus gewissermaßen einen Parallelismus zuschreiben für die geistig-seelischen Tatsachen, die fest umrissen sind, sondern er wird doch sich die Vorstellung bilden müssen: Während ich denke, während ich fühle, während ich will, sind es fortwährend auch die flüssigen Bestandteile des Organismus, die in irgendeiner Bewegung sind, die für sich Flüssigkeitsstruktur annehmen, diese Flüssigkeitsstruktur wieder auflösen. Man muß sich doch fragen: Warum sollte denn zum Beispiel der Vorstellungsvorgang nur zusammenhängen – er tut es nämlich auch nicht – mit irgendwelchen Vibrationen oder ähnlichen Vorgängen in den Nervensträngen? Warum sollte er denn nicht zusammenhängen mit Vibrationen innerhalb der flüssigen Bestandteile im Menschen? Diese Frage hat das materialistische Zeitalter der Naturwissenschaft gar nicht in der gehörigen Weise gestellt. Und für die Ziele, die sich zunächst die landläufige Naturwissenschaft stellt, kommt man gut aus mit dem, was die Naturwissenschaft zutage fördert. Denn, sehen Sie, groß ist eigentlich die Naturwissenschaft heute in ihren praktischen Resultaten auf dem Gebiete der Technik des Festen oder auch des Flüssigen, wo das Flüssige äußerlich im Raume vorliegt, oder auch des Gasförmigen, wie in der Dampftechnik, wo dieses Dampfförmige äußerlich im Raume vorliegt und zu bewältigen ist.

Wenn man da in das Unorganische hineintechniziert mit den Erkenntnissen der Naturwissenschaft, da muß man darauf Rücksicht nehmen, wie die Dinge gehen. Daher hat es auch die Naturwissenschaft im Zeitalter des Materialismus gerade auf diesem Gebiete so ganz besonders weit gebracht, weil sie auf Schritt und Tritt folgen mußte der Technik. Man braucht ja nur zu bedenken, daß, wenn irgend jemand nach unrichtigen mechanischen Prinzipien eine Eisenbahnbrücke bauen würde, es sich sehr bald zeigen würde, wie diese Eisenbahnbrücke, wenn statt einer Lokomotive zwei darüberfahren, einstürzen würde.

Solche Unglücksfälle haben wir erlebt. Da korrigiert die Praxis die falschen Prinzipien.

Je weiter wir heraufkommen in Gebiete, wo nicht mehr das Unorganisch-Technische korrigierend wirkt, desto weniger wirkt die Praxis auf die Theorie zurück. Ich brauche ja nur darauf aufmerksam zu machen, daß schließlich selbst die Medizin durchaus nicht in derselben Lage ist wie die Technik der unorganischen Welt. Bei einer Eisenbahnbrücke oder bei ähnlichem können Sie bald sehen, was es für eine Bedeutung hat, mit unrichtigen wissenschaftlichen Prinzipien zu hantieren. Wenn der Arzt den Menschen behandelt, so ist es heute noch nicht üblich, ihm nachzurechnen – es gibt auch gar nicht die Mittel, weil die Naturwissenschaft nicht geisteswissenschaftlich durchdrungen ist –, es ist noch nicht möglich, ihm nachzurechnen, ob er alles dasjenige getan hat, was zu der Gesundung des Menschen notwendig ist. Da wird die Sache schon ganz anders; da läßt sich nicht so ohne weiteres an der Praxis die theoretische Anschauung korrigieren. Nun – verzeihen Sie, daß ich auch diese Bemerkung mache, aber ich denke, sie ist gerade für den Pädagogen wichtig, weil für den Pädagogen das ganze Leben wichtig ist –, wenn man da nachgehen würde, sagen wir, auf dem Gebiete der Jurisprudenz oder des Wirtschaftslebens der Anwendung der Prinzipien, die die Menschen haben, dann würde man sehen, wie lendenlahm heute die Kontrolle durch die Praxis ist. Durch Gesetz soll verfügt werden, daß das richtig ist, was die offiziell eingesetzte Jurisprudenz macht. Das ist so in allen Ländern Sitte. Ob die Sache sich auch rechtfertigen läßt vor einer wirklichen Menschenerkenntnis, das ist heute ebensowenig die Frage wie zu Goethes Zeiten, als dieser seinem »Faust« die Frage von dem Rechte, das mit uns geboren ist, anvertraute.

Und schließlich, wie dasjenige zusammenhängt, was wir nach äußerlich ausgezeichneten pädagogischen Prinzipien in der werdenden Generation anstellen, mit dem, was dann erscheint, darüber haben die Menschen gar nicht einmal das Bedürfnis, sich Vorstellungen zu bilden. Aber gerade da möchte ich auf eines aufmerksam machen – ich habe es an anderen Orten schon wiederholt getan –, damit man wenigstens einmal den Seelenblick in eine entsprechende Richtung wende. Sie können sich heute unterrichten lassen von den schrecklichen Dingen, die in sozialer Beziehung im Osten von Europa, in Rußland, getrieben werden. Sie werden mit Entsetzen jedenfalls die Kunde von dem vernehmen, was da unter dem Einflusse der Theorien Lenins und Trotzkis im Osten von Europa getrieben wird. Und eigentlich macht man sich ja nur Gedanken über dasjenige, was heute getrieben wird. Was aus dem wird, was heute getrieben wird, in 20, 25 Jahren, welche Barbarei über Europa kommt als Frucht dieser Dinge, darüber wollen sich die Menschen heute noch gar keine Vorstellung machen. Aber gerade das Werdende zu beobachten in der Menschheitsentwickelung, das ist ja die Aufgabe des Pädagogen.

Nun gibt es ein Eigentümliches. Sehen Sie, in Zürich hat ein zunächst sehr braver, bürgerlicher Philosoph Philosophie gelehrt, *Avenarius.* Wieder später hat gelehrt ein Schüler des *Ernst Mach, Vogt,* mit dem damit zusammenhängenden Philosophen *Adler*; derselbe Adler, der dann den österreichischen Minister *Stürgkh* erschossen hat. Nun, von Adler kann man vielleicht nicht sagen, daß er solch ein braver Herr war wie der Avenarius; aber Avenarius war ein bürgerlicher, braver Herr. Aber er hat diejenige Philosophie, diejenige Weltanschauung vorgetragen, die durchaus aus dem Materialismus dazumal vorzutragen möglich war. Und wenn Sie heute nachforschen nach der »Staatsphilosophie« des Bolschewismus, so ist diese »Staatsphilosophie« des Bolschewismus die des Avenarius! Nach zwei Generationen ist dasjenige, was man als richtiggehende Philosophie in Zürich gelehrt hat, die Theorie geworden, die sich unmittelbar in die Praxis des Bolschewismus umsetzt!

Diesen Zusammenhang über Zeiten hinüber, den fassen die Menschen gar nicht ins Auge, weil sie sich gar nicht klar sind, was wird, wenn die Anschauungen der einen Generation vererbt werden auf die nächstfolgende Generation – ich meine nicht bloß durch die physische Vererbung – und dann auf die weitere Generation. Der brave, bürgerliche Avenarius hat eine Philosophie gelehrt, die nach verhältnismäßig kurzer Zeit tatsächlich zur Barbarisierung Europas führen muß. Es handelt sich darum, daß man nicht bloß nach abstrakten Urteilen sich richtet, wenn man einsehen will, was für die Menschheitsentwickelung irgendeine Anschauung wert ist, sondern daß man hineinschauen kann in die Art und Weise, wie Anschauungen wirken. Darauf zu sehen, was in 20, 25, 30 Jahren wird aus dem, was wir im Schulzimmer tun, das ist eine wichtige Pflicht aller Pädagogik. Denn alle Pädagogik hat die Aufgabe, sich bewußt in die Menschheitsentwickelung hineinzustellen. Das kann man nicht ohne eine gründliche Menschenerkenntnis.

Diese Menschenerkenntnis, die muß eine durch Geisteswissenschaft erneuerte Naturwissenschaft geben. Diese durch Geisteswissenschaft erneuerte Naturwissenschaft wird nicht ein Hirngespinst von Phantastereien sein, sondern sie wird gerade ein gutes Erkennen sein des menschlichen materiellen Organismus als physischen Träger des Seelen- und Geisteslebens.

Ich möchte Sie heute hinweisen auf eine wichtige Erscheinung unseres Seelenlebens, die Sie alle gut kennen und die sich, insbesondere wenn wir nunmehr immer weiter vorschreiten zu dem eigentlich Pädagogischen, als wichtig erweisen wird: die Erscheinung, wie dasjenige, was vorstellungsgemäß von uns verarbeitet wird, wenn wir als Kinder dazu das nötige Alter erreicht haben, im Laufe der Zeit gedächtnismäßig, erinnerungsmäßig wird. Sie wissen ja, daß zur Gesundheit des Seelenlebens in richtiger Art umgewandelt werden müssen die Vorstellungen, die gebildet werden als Ergebnisse der Sinneseindrücke, als Ergebnisse der Urteilskraft und so weiter – die Einzelheiten können wir noch schildern –, daß diese Ergebnisse dem Vorstellungsleben einverleibt werden müssen, dem Erinnerungsvermögen, dem Gedächtnis. Wenn wir äußerlich schildern, holen wir dann wiederum – sagen wir zunächst abstrakt – aus dem Seeleninnern heraus dasjenige, was wir an der Außenwelt oder im Verkehr mit unseren Mitmenschen vorstellend erlebt haben. Wir rufen es uns wiederum ins Bewußtsein zurück. Was geht denn da eigentlich vor?

Immer mehr und mehr ist die allgemeine Anschauung dahin gegangen, diesen Vorgang einseitig abstrakt als bloßen Seelenvorgang zu betrachten. Man hat gefragt: Was wird denn aus unseren Vorstellungen, wenn sie von der Seele aufgenommen werden? Was sind sie gewesen, wenn sie aufgenommen worden sind und wiederum zurückgerufen wurden durch die Erinnerung? Wie vollzieht sich dieser Prozeß? Man kann diesen Prozeß nicht studieren, wenn man nicht in intimer Weise hineinschaut in den Zusammenhang zwischen dem Seelisch-Geistigen und dem Leiblich-Physischen. Gewiß, es wird scheinbare Idealisten geben, die vielleicht sogar sagen: Ja, diese Geisteswissenschaft ist im Grunde ganz materialistisch; sie verweist überall auf die physischen Organe. – Nein, es wäre ein gewaltiger Irrtum, wenn man das glauben würde. Geisteswissenschaft erkennt im Gegenteil die große Macht des Seelischen an in der Bildung der Organe. Sie muß zuschreiben dem Seelischen eine größere Macht, als bloß in Abstraktionen zu arbeiten, sie muß zuschreiben dem Seelischen die Kraft, die Organe erst zu bilden; so daß sie vorzugsweise das Seelische zunächst aufsucht im kindlichen Lebensalter, wenn noch nachgeburtlich an der Bildung der Organe weitergearbeitet wird eben durch das Geistig-Seelische.

Ich möchte sagen: Ein allererster Anfang zu einer eigentlich vernünftigen Betrachtung des seelisch-physischen Lebens ist gegeben in Goethes Farbenlehre, in dieser viel verkannten Goetheschen Farbenlehre, über die man heute nur zu sprechen braucht in einem positiven Sinne, um sofort als Dilettant verschrien zu werden, die aber in – ich glaube recht kurzer Zeit anders dastehen wird vor den Augen der Physiker, als sie heute dasteht. Aber ich will heute nicht auf eine Würdigung der Goetheschen Farbenlehre eingehen, sondern will Sie nur verweisen auf das schöne Kapitel, wo Goethe am Anfange über die physiologischen Farben spricht, und auf das andere schöne Kapitel, wo er mehr gegen das Ende über die sinnlich-sittliche Wirkung der Farben spricht. Der mittlere Teil ist ja namentlich das von den Physikern Angefochtene. Der Anfang und das Ende – sie werden mehr beurteilt, auch heute noch, von künstlerischen Naturen, und die kommen leichter mit der Sache zurecht. Aber es wäre auch notwendig, daß man da für eine naturwissenschaftliche Grundlegung der Pädagogik einmal versuchte Hilfe zu gewinnen aus dieser Betrachtung, die Goethe gegenüber der Farbenwelt einhält.

Goethe macht da im Anfang ganz besonders darauf aufmerksam, wie eine lebendige Wechselwirkung besteht zwischen dem Organ des Auges und der Außenwelt; nicht nur eine lebendige Wechselwirkung, die so lange dauert, als wir das Auge irgendeinem Farbenvorgange in der Außenwelt exponieren, sondern auch noch nachher. Goethe behandelt ja ganz besonders die Nachbilder, die sich als Folge des unmittelbaren Eindrucks ergeben. Sie kennen alle diese Nachbilder, die sich im Sinnesorgane selbst, also in diesem speziellen Falle im Auge ergeben. Sie brauchen bloß eine Zeitlang das Auge zu exponieren, sagen wir irgendeiner grünen Fläche, von dieser grünen, scharf umrissenen Fläche weg auf weiß zu schauen, und Sie werden dieselbe Fläche in der Nachwirkung subjektiv rot sehen. Nachwirkungen ergeben sich. Das Organ steht eine Zeitlang noch unter der Einwirkung dessen, was es mit der Außenwelt erlebt hat.

Sehen Sie, das ist der elementare Vorgang, wie er sich in den Sinnesorganen abspielt. In den Sinnesorganen spielt sich etwas ab in der Zeit, in welcher das Sinnesorgan dem Vorgange oder den Dingen der Außenwelt exponiert ist, und es spielt sich nachher noch etwas ab, um dann abzuklingen. Aber schon äußerlich wird der Mensch doch eine gewisse Ähnlichkeit bemerken können zwischen dem, was sich im Sinnesorgan da in kurzer Zeit abspielt, und dem, was sich abspielt im menschlichen Organismus für das Erinnerungsvermögen, für das Gedächtnis. So wie das Rot dem Grün nachklingt kurze Zeit, so klingt nach aus dem Organismus heraus die Erinnerungsvorstellung der unmittelbar erlebten Vorstellung. Nur die Zeitverhältnisse sind völlig verschiedene.

Und außerdem ist noch etwas anderes verschieden. Das führt schon wiederum näher zum Verständnis der Verschiedenheit der Zeitverhältnisse. Wenn wir das Auge einem Farbeindruck exponieren und dann eine Nachwirkung haben, so ist es etwas ganz Partielles, es ist ein einzelnes Organ an der Peripherie des menschlichen Organismus, das die Nachwirkung hervorruft. Wenn eine Erinnerungsvorstellung aus dem Menscheninnern auftaucht, die wiedergibt etwas, was vor Jahren da war, dann ist der ganze Mensch – das kann man ja empfinden, das ist augenscheinlich – an diesem Wiederheraufholen beteiligt, dann tritt ein Nachklingen ein, an dem eben der ganze Mensch beteiligt ist.

Was geht da eigentlich im Innern des Menschen vor sich? Ja, das kann man nur verstehen, wenn man intimer eingeht gerade auf gewisse Wirkungsweisen im menschlichen Organismus, auf die ich hingedeutet habe im Beginne der heutigen Betrachtung. Ich will auch hier aufmerksam machen auf eine Tatsache, die in ein ganz falsches Licht gerückt ist durch die moderne naturwissenschaftliche Betrachtung. Das ist der Gang und die Aufgabe unseres Herzorganismus im ganzen menschlichen Organismus. Sie finden heute überall das Herz so geschildert wie eine Art von Pumpe, die das Blut nach allen Teilen des menschlichen Organismus hin pumpt. Gewissermaßen der Herzaktivität wird die ganze Blutzirkulation aufgebürdet. Daß das der Embryologie widerspricht, daß das feinere Beobachten auch des Herzstoßes und dergleichen Widersprechendes ergibt, auf das will man durchaus heute noch nicht in einer gehörigen Weise hinschauen. Es sind eigentlich nur wenige Leute, wie zum Beispiel der ausgezeichnete Arzt *Schmid*, der schon in den achtziger Jahren des vorigen Jahrhunderts eine Abhandlung über diese Sache geschrieben hat, und dann wiederum der Kriminalanthropologe *Moritz Benedikt*, die auf diese Sache aufmerksam gemacht haben; aber alles das ist nicht hinlänglich; ist nur elementar; es sind einige wenige nur, die eigentlich aufmerksam darauf geworden sind, daß die Herzbewegungen eine Folge der Blutbewegung sind, daß die Blutbewegung selber das elementar Lebendige ist, daß das Herz nicht pumpt, sondern daß das Herz selber in seinen Bewegungen unter dem Einfluß des lebendig beweglichen Blutes steht. Das Herz ist nichts weiter als dasjenige Organ, welches gewissermaßen die beiden Blutzirkulationen ausgleicht, nämlich die des oberen Menschen, des Kopfmenschen, und diejenige des Gliedmaßenmenschen. Da stauen sich diese beiden Blutbewegungen im Herzen. Aber das Blut ist nichts Totes, das bloß wie ein Wasserstrom gepumpt wird, sondern das Blut ist selbst innerlich lebendig und gibt sich selbst seine Bewegungen und überträgt diese Bewegungen auf das Herzorgan, das in seinem Bewegen bloß widerspiegelt die Bewegungen des Blutes. Ebenso aber, wie man sagen kann, es gibt einen Parallelismus zwischen dem mehr oder weniger festen Organ und zwischen den seelischen Vorgängen, so gibt es einen Parallelismus, ich habe das gestern ausgeführt, zwischen dieser Bewegung des Blutes und den seelischen Vorgängen.

Solch ein Organ wie das Herz, was hat es denn gegenüber dem Seelischen für eine Aufgabe? Ich möchte jetzt so fragen: wenn wir uns unter dem Einflusse einer wirklich richtigen Naturwissenschaft sagen, das Blut selber ist lebendig bewegt, und die Herzbewegung, die ganze Tätigkeit dieses Organes des Herzens, ist eigentlich nur eine Folge der Blutzirkulation, es stellt sich nur hinein in die lebendige Blutzirkulation, ja, was hat denn das Herz dann für eine Aufgabe?

Für ein unbefangenes Beobachten ergibt sich, daß, wenn man das Auge exponiert der äußeren Welt, die Erlebnisse, die das Auge beim Exponieren hat, nachklingen, aber bald verschwinden. Indem wir unsere Gefühlswelt entwickeln, steht diese Gefühlswelt im engen Zusammenhange mit der ganzen Blutzirkulation. Mit anderem auch noch, aber ich greife die Blutzirkulation heraus. Denken Sie sich doch nur einmal, wenn wir das Gefühl der Scham haben, werden wir rot; jeder Mensch weiß, es rührt davon her, daß das Blut nach der Peripherie hintreibt; wenn wir Angst haben, werden wir blaß: das Blut treibt nach dem Zentrum hin. So wie in diesem extremen Falle – und das kann in einzelnen Fällen studiert werden – der Kopenhagener Physiologe *Lange* hat ausgezeichnete Studien über diesen Zusammenhang der Blutbewegung, überhaupt der Vorgänge im Organismus und der Seelenvorgänge gemacht –, so wie man in radikalen Fällen beobachten kann, wie das seelische Gefühlserleben der Angst, der Scham auf die Blutzirkulation wirkt, so wirkt fortwährend das normale Seelenleben auf die Blutzirkulation. Unser Gefühlsleben ist fortwährend rege. Es beeinträchtigt nur die normale Blutzirkulation nach der einen oder anderen Seite hin, wenn es sich nach der einen oder anderen Seite ins Extrem gestaltet. Aber geradeso wie wir fortwährend atmen, so fühlen wir fortwährend; so wie fortwährend Blutzirkulation ist, so fühlen wir fortwährend, und Sie werden sehen, daß wir sogar im Schlafe fühlen, wenn wir diese Vorgänge weiter verfolgen werden.

Dasjenige, was im Blute zirkuliert, ist der äußerliche körperliche Ausdruck unseres Fühl-Erlebens. Unser Gefühlsleben wiederum verbindet sich mit unserem Vorstellungsleben. Nun, was wir da einprägen unserem Zirkulationsleben, das alles vibriert im Herzen des Menschen mit. Und das Herz ist eben – Goethe gebraucht den Ausdruck vom Auge, daß es ein inneres lebendiges Organ ist –, das Herz ist ebenso ein lebendiges Organ. Es hat nicht bloß die Aufgabe, dem Blute zu dienen, es ist etwas, was im ganzen menschlichen Organismus eine große Bedeutung hat. Während das Auge gewissermaßen nur für kurze Zeit sich dem äußeren Lichteindrucke anpaßt, macht das Herz fortwährend die kleinen Schwingungen mit, in die das Blut versetzt wird unter dem Eindruck des Gefühlslebens und des mit dem Gefühlsleben zusammenhängenden Vorstellungslebens. Nach und nach nimmt das Herz selber in die Konfiguration seines Vibrationslebens dasjenige auf, was insbesondere im Gefühls- und in dem damit zusammenhängenden Vorstellungsleben lebt. Und eines der Glieder, welches mitwirkt, wenn wiederum Erinnerungen an Erlebnisse zurückgebracht werden, ist das Herz. Alle Organe des Menschen, die teilnehmen an dem menschlichen Flüssigkeitsstrome im Organismus, die da eingeschaltet sind in den Flüssigkeitsstrom – wie eingebettet die Nieren sind in den Absonderungsstrom, wie eingeschaltet die Leber ist in den Verdauungsstrom und so weiter –, alle diese Organe vibrieren mit, indem mitvibrieren mit unserem Gefühls- und Willensleben die Zirkulation und das Stoffwechselleben. Und so wie aus dem Auge das Nachbild kommt, so kommt aus unserem ganzen Menschen differenziert, spezifiziert in der Erinnerung, dasjenige zurück, was wir erleben an der Außenwelt. Der ganze Mensch ist ein Organ, welches nachvibriert, und die Organe, denen man gewöhnlich nur zuschreibt, daß sie da physisch eines neben dem anderen lagern, die sind in Wirklichkeit dazu da, um dasjenige, was der Mensch auch seelisch-geistig erlebt, innerlich zu verarbeiten und es in einer gewissen Weise aufzubewahren. Wir werden schon sehen, daß das nur scheinbar eine materialistische Anschauung ist; wir werden sehen, wie das gerade dahin führt, den Menschen als Geisteswesen richtig zu erkennen. Aber schon heute können Sie, indem ich Sie auf das aufmerksam mache, ersehen, wie durch eine solche Anschauung der ganze Mensch nicht nur so erfaßt wird, wie es heute die materialistische Naturwissenschaft tut, indem sie nebeneinanderstellt die einzelnen Organe, sie nebeneinander zeichnet und dann ihnen sogar materielle mechanistische Wirkungen beilegt, wie dem Herzen als »Pumpe«, dem es gar nicht einfällt, eine Pumpe zu sein. Die geisteswissenschaftliche Anschauung zeigt, daß dieser ganze Mensch zugleich Leib, Seele und Geist ist, und wir eigentlich nur in der Vorstellung trennen nach diesen drei Gesichtspunkten, nach Leib, Seele und Geist. In Wirklichkeit sind Leib, Seele und Geist fortwährend im Menschen miteinander verbunden.

Machen Sie sich einmal bekannt mit demjenigen, was heute schon die Embryologie gibt, wie das Herz allmählich entsteht in den Organen des Blutkreislaufs, in dem Gefäßsystem des Blutkreislaufs, sehen Sie sich da an, wie das Herz nicht etwa ursprünglich da ist und von ihm aus der Aufbau der Blutkreislauforgane kommt, sondern wie der Blutkreislauf sich nach und nach bildet, und das Herz eigentlich zuletzt als das Resultat in der Embryobildung entsteht! Da können Sie es unmittelbar in der Embryologie ablesen, daß sich die Sache so verhält, wie ich es geschildert habe. So daß wir auf der einen Seite durch Geisteswissenschaft trachten, die menschliche Leber nicht nur als Leber zu betrachten, die menschliche Milz nicht nur als Milz zu betrachten, so wie sie uns erscheinen wenn wir in der Klinik den Leichnam sezieren, sondern daß wir versuchen die Frage zu beantworten: Was haben diese Organe im geistig-seelischen Leben für eine Bedeutung? Wir werden doch nicht das Auge bloß ansehen als ein bloßes physisches Werkzeug; ebensowenig aber sollen wir die anderen Organe ansehen als bloße physische Werkzeuge. Und während wir glauben, daß die Leber nur ein Verdauungsorgan ist, hat sie sehr, sehr viel zu tun gerade mit dem geistigen Leben des Menschen. – Ich werde Ihnen dies im einzelnen noch schildern, möchte Ihnen heute nur den methodischen Gang der Betrachtungen andeuten und etwas von der Richtung, in welcher dieser methodische Gang geht.

Die Sprache hat manchmal solche Dinge noch erhalten: Sehen Sie, die Alten, die noch ein Urwissen gehabt haben, ein instinktives Urwissen, die haben nicht immer so abstrakt die Dinge betrachtet wie wir. »Hypochondrie«, Unterleibsknorpeligkeit – daß eine scheinbar bloß seelische Anomalie im menschlichen Unterleibe ihre Ursache hat, das ist in diesem Namen angedeutet. Und die englische Sprache, die gegenüber den mitteleuropäischen Sprachen noch auf einer etwas früheren Stufe steht, sehen Sie einmal nach, hat etwas als »Spleen« bezeichnet: Sie wissen, wenn man von Spleen spricht, versteht man darunter etwas Seelisches. Aber »Spleen« ist auch die Milz, und das hat seine guten physiologischen Gründe; denn mit dem seelischen Spleen hat die Milz sehr viel zu tun. Wir werden darüber noch im einzelnen sprechen. Diese Dinge sind fast ganz verlorengegangen. Gerade dem Materialismus ist die Kenntnis der materiellen Organe, namentlich derjenigen des Menschen, verlorengegangen. Wie soll man denn überhaupt den Menschen behandeln, wenn man nicht in der Lage ist, einzusehen, was er physisch ist, indem er sich ja Stück für Stück aus dem Geistig-Seelischen heraus aufbaut, so daß nichts physisch ist, was nicht eine Offenbarung des Geistig-Seelischen ist!

Da ist auf der einen Seite ein richtiges Hinschauen auf das Physische notwendig, wenn wir eine richtige Grundlegung für eine Pädagogik haben wollen. Ja, sehen Sie, wenn ich über diese Dinge hier so sprechen muß, so kann sehr leicht das Vorurteil entstehen: da spricht einer, der eigentlich alles in der Welt, was nur mit harter Arbeit in der Wissenschaft herangearbeitet worden ist, umstürzen will. Leichten Herzens geschieht das nicht, des können Sie versichert sein. Es ist im allgemeinen viel bequemer heute, in das gewohnte Horn hineinzututen, als aus einer wirklichen Erkenntnis heraus sich gewissen Dingen entgegenstemmen zu müssen, weil man einsieht, daß gerade für einen wirklichen kulturellen Neuaufbau unserer dekadenten Zeit ein solches auf dem Gebiete des geistigen Lebens notwendig ist. Ich selber würde viel lieber die auch von mir ja in ihrem Geltungsbereich voll anerkannten Ergebnisse der neueren Naturwissenschaft irgendwie vortragen, als mich in einer gewissen Richtung gerade da, wo es sich um Menschenerkenntnis handelt, dagegen stemmen zu müssen.

Auf der einen Seite also ist dieses Stemmen notwendig, wenn man das Physisch-Körperliche ins Auge faßt; aber auf der anderen Seite ist es auch notwendig, wenn man die Praxis des menschlichen Verkehrs auffaßt. Und im Grunde genommen ist das Unterrichten und das Erziehen ja nur ein Spezialfall des menschlichen Verkehrs. Wir haben unterscheiden müssen das menschliche Leben bis zum Zahnwechsel und dann wiederum bis zur Geschlechtsreife, und ich habe versucht, Ihnen zu charakterisieren, wie anders die Kräfte sind in dem ersten menschlichen Lebensabschnitt als in dem zweiten. Das aber bedingt für beide Lebensabschnitte eine ganz verschiedene Art des seelischen Erlebens. Einfach dadurch, daß das Vorstellungsmäßige auf jene innere Verhärtung des menschlichen Leibes geht in der ersten Lebensepoche, die ihre Kulmination erlebt im Zahnwechsel um das siebente Jahr, ist für den Menschen in dieser Zeit das wichtigste Kommunikationsmittel in seiner menschlichen Umgebung das Prinzip der Nachahmung. Alles, was der Mensch in diesen Jahren vollzieht bis zum Zahnwechsel, vollzieht er aus dem Prinzip der Nachahmung. Es ist so unendlich wichtig, was die Umgebung eines Kindes tut in diesem Lebensalter; denn das Kind macht einfach nach. Es gehört zu den Kräften dieses Lebensalters, daß das Kind nachmacht. Und dieses Nachmachen hängt zusammen mit denselben Kräften, die die zweiten Zähne aus dem Kiefer herausholen. Es sind dieselben Kräfte und wir haben gesehen, es sind die vorstellenden Kräfte. Die vorstellenden Kräfte sind zugleich die gestaltenden Kräfte. Es sind die Kräfte, die im Prinzip des Nachahmens im Kinde wirken. Denken Sie sich, was das heißt, wenn man das einsieht nicht nur mit dem Verstande, nicht bloß intellektuell, wenn man das einsieht mit dem ganzen Menschen, mit der ganzen Seele, wenn man dafür volles universell menschliches Verständnis hat! Das heißt, ich weiß, wenn ich vor einem noch nicht siebenjährigen Kinde etwas tue, so tue ich das nicht nur für mich, sondern es setzt sich mein Tun in das Tun des Kindes hinein fort. Ich bin nicht allein mit meinem Tun. Wir werden sehen: ich bin nicht allein mit meinem Tun, mit meinem Wollen, mit meinem Fühlen, ich bin nicht allein mit meinem Denken oder Vorstellen, denn die wirken als Imponderabilien. Und etwas anderes ist es, wie wir sehen werden, ob ich mit einer guten Gesinnung neben dem Kinde lebe und das Kind neben mir aufwachsen lasse, oder mit einer schlechten Gesinnung. Da wirken Imponderabilien, die heute noch nicht gewürdigt sind. Wie man nicht würdigt den Zusammenhang des Geistig-Seelischen mit dem einzelnen physischen Menschenorgan, so würdigt man nicht, was zwischen Menschen lebt, als reale Macht: das Geistig-Seelische selber.

Und wiederum von dem Zahnwechsel bis zur Geschlechtsreife, da drängt sich, wie ich charakterisiert habe, der Wille so durch, daß wir beim Knaben das Erlebnis dieses sich durchdrängenden Willens in dem Stimmwechsel, in dem Mutieren der Stimme haben; beim Mädchen drückt es sich in anderer Weise aus; wir werden davon noch sprechen. Das, was da gerade in dem volksschulmäßigen Lebensalter in dem Kinde wirkt, das zeigt uns schon, daß es ein Willensmäßiges ist, daß da etwas ist, was vom Willen aus in den Körper hinein will, sich in den Körper festsetzen will. Da kann nicht mehr das bloße Nachahmungsprinzip – obwohl das, wie wir sehen werden, insbesondere pädagogisch bis zum 9. Lebensjahre wichtig bleibt und in den Lehrplan hineinwirken muß –, da kann nicht mehr bloß das Nachahmungsprinzip wirken, sondern es muß jetzt ein anderes Prinzip eintreten. Das ist das Prinzip der Autorität. Wenn ich neben dem Kinde, das ich zu erziehen oder zu unterrichten habe zwischen seinem 7. und 14. oder 15. Jahr, nicht als Autorität lebe, so ist das für das Geistig-Seelische dieses Kindes dasselbe, was es für das Physische wäre, wenn ich dem Kinde zwei Finger oder den Arm abschneiden würde, damit es sich körperlich nicht so ausleben kann in seinem Verhalten. Ich nehme ihm etwas, wenn ich ihm das nehme, was heraus will aus diesem Kinde: das Erlebnis älterer Menschen neben sich, die es erziehen und unterrichten als wirkliche Autoritäten.

Da kommen wir auf etwas, durch das wir uns in anderer Weise noch als durch die Anschauung und durch die Sprache verständigen müssen mit dem heranwachsenden Kinde; da kommen wir auf die Funktion der Liebe im Unterrichten und im Erziehen. Das gehört zu den Imponderabilien des Erziehungsumganges mit dem heranwachsenden Kinde, daß wir berechtigt sind, Autorität über das Kind auszuüben, und daß diese Autorität zu einer selbstverständlich wirkenden Kraft wird. Sie wird es nicht, wenn wir nicht in einer gewissen Weise durchdrungen sind von dem, was wir an das Kind heranzubringen haben. Wenn wir bloß trocken und gedächtnismäßig als Lehrer oder als Erzieher jenen gewissen Wissensschatz in uns tragen, wenn wir bloß aus Pflicht heraus erziehen oder unterrichten, dann wirken wir anders auf das Kind, als wenn wir mit innerer Wärme, mit Begeisterung an demjenigen hängen, was wir ihm zu vermitteln haben. Wenn wir in jeder Faser unserer Seele fortwährend arbeiten und uns ganz identifizieren mit diesem Wissensschatze, dann wirkt unsere Liebe zu dem, was wir in der Seele tragen, als ein ebensolches Verständigungsmittel wie Anschauungsunterricht und Sprache. Das sind die Imponderabilien, deren Bedeutung exakt einzusehen gerade eine geisteswissenschaftlich befruchtete pädagogische Wissenschaft uns möglich machen wird.

Davon wollen wir dann morgen weiter sprechen. Es werden sich insbesondere solche Fragen, wie sie mir heute schriftlich vorgelegt worden sind, in den folgenden Vorträgen beantworten. Denn gerade solche Dinge, wie ich sie gestern und heute aussprach, und ihr Zusammenhang zum Beispiel mit dem biogenetischen Grundsatz Haeckels – das ist in einer Frage aufgeschrieben –, das wird ganz klar und deutlich werden. Gerade in bezug auf das Beleuchten des Pädagogischen von solchen Seiten aus war die materialistische Zeitgesinnung ein großes Hindernis. Diese Dinge werden, ich glaube gerade durch den Gang der folgenden Betrachtung, in das richtige Licht gesetzt werden.

VIERTER VORTRAG

Basel, 23. April 1920

Der Erzieher als Bildner des zukünftigen menschlichen Seeleninhalts

Ich habe bisher versucht, Ihnen zu zeigen, wie man von der äußeren Seite her an den Menschen herankommen kann. Heute möchte ich mich unserer Aufgabe von der anderen Seite her nähern, von der Seite, die ich nennen möchte: die Seite des inneren Erlebens desjenigen, was ich an den drei vorhergehenden Tagen versucht habe zu erörtern. Es könnte scheinen, als ob die Anschauung vom Menschen, wie ich sie versucht habe darzulegen, zunächst nicht dazu führen würde, im Praktischen der pädagogischen Kunst eine Grundlage zu liefern. Allein, es wird sich hier gerade darum handeln, sich zuerst dem Wesen des Menschen von den zwei verschiedenen Seiten her, von der äußeren, wie wir es bisher getan haben, und der inneren Seite zu nähern, und daraus dann erst wirkliche Anhaltspunkte und nicht bloß Gesichtspunkte für die pädagogische Kunst zu gewinnen.

Da möchte ich Sie zunächst darauf hinweisen, daß nach und nach durch die Betrachtungsweise, die hier als Zukunft der Naturwissenschaft gewissermaßen geltend gemacht worden ist, der Mensch von außen her durchsichtig wird. Man kommt gewissermaßen durch die Betrachtung des Menschen dahin, aus der Tätigkeit der Organe, aus dem ganzen Wesen heraus dasjenige zu entdecken, was dann innerlich im Menschen erlebt wird, erlebt wird zunächst als Vorstellen, erlebt wird als Fühlen, erlebt wird als Wollen. Bei allem, was gegenwärtige Weltanschauung ist, hat man es auf der einen Seite zu tun mit einem undurchdringlichen, dunklen Menschenwesen, das man nicht durchschaut, das wie undurchsichtig vor einem steht; und auf der anderen Seite hat man es zu tun mit mehr oder weniger abstrakten inneren Erlebnissen von Denken, Fühlen und Wollen, deren konkrete Auslegung man durchaus nicht innerlich wahrnimmt, innerlich empfindet. Wir haben gesehen, daß der Mensch ein dreigliedriges Wesen ist. Sehen wir ihn jetzt nach den drei Aspekten Denken, Fühlen und Wollen innerlich an – wir werden schon sehen, wie sich die beiden Betrachtungen, die äußere und die innere, zusammenschließen.

Dasjenige, was wir heute gewinnen als unseren Vorstellungsinhalt, das ist im Grunde genommen etwas sehr, sehr Abstraktes. Durch diesen Vorstellungsinhalt können wir uns als Lehrer, als Pädagogen, als Erzieher auch dem werdenden Menschen nicht nähern. Es ist gewissermaßen eine Scheidewand zwischen uns und dem anderen Menschen. Sie ist da im sozialen Leben und bringt uns unser soziales Unheil. Sie ist da auch in so speziellen Gebieten wie im Unterrichten, im Erziehen. Durch die naturwissenschaftlich materialistische Entwickelung, die unser ganzes Denken angenommen hat und die auch in unsere Gesinnung eingeflossen ist, ist alles dasjenige, was wir über Seele, über Geist zu sagen haben, nach und nach zur Phrase geworden; und aus der Phrase heraus kann man nicht handeln, aus der Phrase heraus kann man sich zu dem erwachsenen Menschen nicht verhalten. Man kann sich auch dem Kinde gegenüber aus der Phrase nicht verhalten. Man muß zur Realität vordringen. Diese Realität, die wird uns nicht zuteil, wenn wir nur jenes abstrakte intellektualistische Verstandesleben haben, wie es durch die bisherige naturwissenschaftliche Richtung gepflegt worden ist. Durch diese kommt man zwar zum Geist. Alles dasjenige, was wir heute in unserer intellektualistischen Bildung als Verstandesinhalt haben, ist Geist, aber es ist filtrierter Geist. Es ist ein solcher Geist, der gewissermaßen gar nicht aus sich heraus kann, der nicht sich innerlich als wirklicher Inhalt erlebt, der daher – ich möchte sagen, wenn ich mich vergleichsweise ausdrücken darf – brutaler bleibt. Dieser Geist beherrscht unser Leben, dieser Geist, der in nichts eigentlich eindringt, dieser Geist, der in der Kunst die materielle äußere Form ausprägt, statt sie herauszuholen aus dem Material selbst, dieser Geist, der in bezug auf die sozialen Gestaltungen der Menschengemeinschaft äußerlich soziale Zusammenhänge aufdrängen möchte, statt sie aus dem unmittelbaren, lebendigen Menschen selbst herauszuholen. Da bekommt man eine ganz andere Stellung zum Geiste, wenn man sich an dasjenige hält, was Geisteswissenschaft geben kann. Denn sehen Sie, Geisteswissenschaft, sie ist viel wichtiger durch die Art, wie sie auftritt, als durch ihren Inhalt. Wenn Sie sich an das halten, was heutiges Wissen ist, so werden Sie finden, daß es gewissermaßen das wiedergibt, was schon da ist. Wir sind ja dadurch zum Naturalismus gekommen, der in der Kunst nur die Außenwelt abbildet, weil wir keine Erkenntnisse haben, die über diese Außenwelt zu einem selbständigen Inhalt kommen. Wir bewegen uns nur in dem Abklatsch der Außenwelt. Wir werden nicht darauf aufmerksam, wie aus den Quellen des Menschen heraufsprießen kann lebendiger Inhalt, denn dieser lebendige Inhalt kann dann nicht von etwas anderem kommen als vom Geiste selbst.

Nehmen Sie nun den ganzen Gegensatz zwischen dem, was Inhalt der Geisteswissenschaft ist und was Inhalt der gewöhnlichen Naturwissenschaft ist. Diese Geisteswissenschaft wird von vielen Menschen der Gegenwart, wenn sie so hören, was sie zu sagen hat, zunächst genommen wie etwas, ich möchte mich radikal ausdrücken, wie etwas Närrisches, ganz Phantastisches. Warum denn? Weil man nicht gewohnt ist, über die Welt so sprechen zu hören, wie Geisteswissenschaft spricht. Man ist gewohnt, über die Welt so sprechen zu hören, daß man vergleichen kann das Besprochene mit dem, was man draußen sieht, mit dem, was die Augen wahrnehmen, was sonst wahrgenommen wird. Geisteswissenschaft bringt Dinge, für die man nicht irgend etwas in der Außenwelt zunächst finden kann, für die man nicht etwas finden kann dadurch, daß man bloß mit den Sinnen beobachtet, sondern für die man nur etwas dadurch erwirken kann, daß man aus dem eigenen Geiste schafft. Man schafft ja allerdings aus dem tieferen Inhalte der Welt heraus, aber man muß eben produktiv aus dem Geiste heraus schaffen. Auf dieses kommt es an, auf dieses produktive Aus-dem-Geiste-heraus-Schaffen. Man wartet nicht, wenn man Geisteswissenschaft, wenn ich so sagen darf, studiert, bis einem entgegenkommt von außen ein Baum, ein Tier, das man im Begriff abbildet; man muß den Begriff in seiner inneren Lebendigkeit erzeugen. Wir werden gleich nachher Beispiele sehen, wie man gerade aus der Geisteswissenschaft heraus Begriffe innerlich erzeugen muß, wie sie dadurch ein lebendiger Inhalt werden im Menschen. So daß man sagen kann: unser intellektualistischer Verstand ist allmählich leer geworden. Geisteswissenschaft gibt diesem intellektualistischen Verstand etwas, wodurch er aus sich selbst heraus seine Leerheit erfüllen kann.

Wenn Sie heute zum Beispiel so etwas nehmen wie meine »Geheimwissenschaft« und Sie diese »Geheimwissenschaft« lesen wie irgendein anderes Buch, das heute von der Welt handelt, so werden Sie nicht zurechtkommen; denn man ist ja selbst bei künstlerischen Werken heute dazu gedrängt, daß man sagt: Ja, da wird etwas dargestellt, wo findet man so etwas in der Welt? Vom Drama, vom Roman selbst, also von

Phantasieprodukten verlangt man heute, daß sie sich ihrem Inhalte nach genau so oder etwa nahezu genau so in der Welt finden. Das können Sie bei dem, was der Inhalt der Geisteswissenschaft ist, zunächst gar nicht. Sie sind zu etwas anderem genötigt. Und deshalb findet sich so viel Gegnerschaft gegen die Geisteswissenschaft, weil man zu etwas ganz anderem genötigt ist, als dem gewöhnlichen wissenschaftlichen oder künstlerischen Produkte der Gegenwart gegenüber. Man ist genötigt, jeden Schritt, der gewissermaßen als von dem Verfasser eines solchen geisteswissenschaftlichen Buches getan, nachgezeichnet wird, in innerer Aktivität mitzumachen. Man hat nichts von der Lektüre eines solchen Buches, wenn man nicht seinen Inhalt sofort nach der Anleitung dieses Buches aus sich selber heraus produziert. Gerade dadurch stellt sich Geisteswissenschaft heute in der herbsten Weise gegen die Zeitbildung. Die Leute laufen heute am liebsten auch in solche Vorträge, in denen ihnen mit Lichtbildern oder auf eine ähnliche Weise vor die Sinne dasjenige gestellt wird, was sie eigentlich aufnehmen sollen. Oder die Leute laufen heute ins Kino, weil sie da etwas sehen können; sie geben nicht viel darauf, daß da auch ein paar Worte zur Erklärung stehen. Das heißt: man will passiver Mensch bleiben, will ein Mensch bleiben, der nur schaut, der nur hinsieht. Wenn man in dieser Weise die Gewohnheiten der heutigen Zeit auf sich wirken läßt, so hat man von einem geisteswissenschaftlichen Buch oder Vortrag gar nichts. Da enthält er eigentlich gar nichts, der geisteswissenschaftliche Vortrag oder das geisteswissenschaftliche Buch. Alles hängt davon ab, daß man innerlich dasjenige erarbeitet, was, ich möchte sagen, nur fadengezeichnet wird in dem Buche oder in dem Vortrage.

Es handelt sich also darum, daß der passiv gewordene Verstand unseres intellektualistischen Zeitalters aktiv wird. Geisteswissenschaft selber ist ein innerliches Tun, insofern man sich mit einer Vorstellungswelt beschäftigt, und unterscheidet sich dadurch radikal von dem, was man heute gewöhnt ist. Sehen Sie, auf diese innerliche Selbsterziehung kommt ungeheuer viel an. Denn dadurch wird die abstrakte Geistigkeit, die gerade der heutigen Verstandesbildung anhaftet, durchaus überwunden. Dadurch aber wird die ganze Geistes- und Seelenverfassung des Menschen eine andere.

Es war mir, ich möchte sagen, ergreifend, als ich gerade heute morgen einen Brief bekam von einer Lehrkraft unserer Stuttgarter Waldorfschule, die wir ja aus den hier geltend gemachten pädagogischen

Prinzipien begründet haben. Es ist Ihnen vielleicht bekannt, daß ich wochenlang vorher die Lehrerschaft dieser Waldorfschule durch einen seminaristischen Kursus vorbereitet habe; die Lehrer lesen den Kursus immer wiederum nach. In diesem Brief schrieb diese Lehrkraft: »Wenn ich immer wieder und wiederum diese pädagogischen Vorträge lese, so ist es mir, wie wenn ich in einer fremden Gegend mich befindlich plötzlich Heimatklänge hörte.« – Es ist ein Gefühl, das ich ganz gut verstehen kann. Der Mensch, der innerlichste Mensch heute fühlt sich fremd in unserer intellektualistischen Welt; und überwindet er sich wirklich so weit, daß er seinen aktiven, inneren Menschen in Tätigkeit bringt, wie er es tun muß bei jeder geisteswissenschaftlichen Darstellung, dann hat er etwas wie menschliches Urheimatgefühl, wie etwas von den Klängen aus der geistigen Welt heraus, aus der ja der Mensch eigentlich stammt. Und darauf kommt es an, daß man sich angewöhnt, das Geistige immerfort gegenwärtig zu haben. Worauf kam es mir zum Beispiel den Lehrern der Waldorfschule gegenüber an? Darauf kam es mir an, daß diese Lehrer abtun gewissermaßen alles dasjenige, was Normpädagogik ist, was dann so verwertet wird im Unterrichte, daß man sich erinnert, man solle dieses so, jenes so machen, die richtige pädagogische Wissenschaft sagt dies und sagt jenes und so weiter. Geisteswissenschaft ist gewissermaßen darauf hinauslaufend, daß man in jedem Momente eigentlich vergißt den geistigen Inhalt, den man durch die Geisteswissenschaft aufgenommen hat, und ihn jederzeit wiederum neu aufnehmen und in sich erzeugen muß. Man hat nicht wirklich die Geisteswissenschaft, wenn man sie als etwas hat, woran man sich erinnert.

Nehmen Sie es mir nicht übel, wenn ich hier etwas Persönliches vorbringe. Ich bin niemals imstande, wenn ich 30-, 40-, 50mal über dasselbe Thema rede, irgendwie den gleichen Vortrag zu halten. Ich kann dies ebensowenig, wie ich – verzeihen Sie den grotesken Vergleich – das wieder essen könnte, was ich gestern gegessen habe. Da steht man im Lebendigen drinnen. Und so steht man mit dem, was geisteswissenschaftlicher Inhalt ist, im Lebendigen drinnen. Man hat es immer fort und fort neu zu erarbeiten. So versuchte ich auch die Lehrer der Waldorfschule so vorzubereiten, daß sie gewissermaßen jeden Morgen mit jungfräulicher Seele ihre Schule betreten, um vor etwas völlig Neuem zu stehen, vor lauter neuen Rätseln. Das Vergessenkönnen, das nur die andere Seite des Verarbeitetwerdens ist, das ist es, was Geisteswissenschaft dem Menschen anerzieht, was das Ergebnis der Selbsterziehung durch Geisteswissenschaft ist. Sie werden sagen: Ich kenne ja auch ein paar Geisteswissenschafter oder Anthroposophen, die zählen mir doch an den Fingern her dasjenige, was sie gelernt haben. Ja, meine sehr verehrten Anwesenden, das ist ja noch die Unvollkommenheit der Anthroposophen. Ich habe es nicht verhindern können, daß auch solche Anthroposophen gegenwärtig hier sind, die müssen sich das also eventuell anhören. Es ist eine Unvollkommenheit, wenn man das anthroposophische Wissen als ein Gedächtniswissen hat, wenn man es nicht hat als einen Urquell des inneren Seelenerlebens, das jederzeit neu erschaffen sein will in der Seele. Das ist aber die Stimmung, in der man gerade dem Menschen gegenüberstehen soll, wenn man ihn unterrichten oder erziehen soll. Also darum handelt es sich, daß Geisteswissenschaft durch die Art, wie man sie verarbeitet, unsere Seele in eine Lebendigkeit bringt, die so verläuft, wie im Physischen der Verdauungsprozeß jeden Tag neu verläuft, so daß alles bloß Gedächtnismäßige schwindet gegenüber dem, was Geisteswissenschaft dadurch gibt, daß sie vom aktiven Verstande, nicht vom passiven Verstande ausgeht.

Das ist, was ich nennen möchte eine Befruchtung der pädagogischen Kunst schon auf dem Vorstellungsgebiete dadurch, daß man gerade Geisteswissenschaft einfließen läßt in sein ganzes Denken, in sein Vorstellen. Man kann nun auf der einen Seite sich dem Menschen innerlich von der Vorstellungs-, von der Verstandesseite aus nähern; man kann das aber auch von der Willensseite aus tun. Ich kann das ja hier nur schildern, aber die Ideen, die ich versuchen werde zu schildern, die sind geeignet, wenn man sie nur tief genug erfaßt, Feuer in denjenigen hineinzugießen, der Menschen zu erziehen oder zu unterrichten hat. Da möchte ich auf etwas hinweisen, was zusammenhängt mit der Frage, die mir gestellt worden ist.

Es ist gefragt worden, wie sich die Entwickelung des Kindes, so wie ich sie versucht habe wenigstens zunächst zu skizzieren, wie sich diese Entwickelung des Kindes bis zum 7. Jahre, dann bis zum 14., 15. Jahre verhält zu dem, was sich etwa für die Entwickelung ergibt aus dem biogenetischen Grundgesetz *Ernst Haeckels* heraus.

Sie wissen ja, dieses biogenetische Grundgesetz besagt für die äußere naturwissenschaftliche Betrachtung der Welt, daß sich, wenn wir beim Menschen bleiben, in der menschlichen Embryonalentwickelung die Stammesentwickelung wiederholt, daß gewissermaßen die Ontogenie eine Wiederholung der Phylogenie ist. Der Mensch ist in der Zeit von der Konzeption bis zu der Geburt nach und nach in einer solchen Entwickelung, daß er die verschiedenen Tierformen, von den einfacheren bis zu den komplizierteren, bis herauf zum Menschen eben durchmacht. Dieses für die naturwissenschaftliche Weltanschauung außerordentlich bedeutungsvolle Gesetz – ich kenne sehr gut seine Ausnahmen, seine Grenzen – aber gerade derjenige, der das kennt, muß es ein sehr bedeutungsvolles naturwissenschaftliches Gesetz nennen –, das hat man versucht, auch auf die geistig-seelische Entwickelung des einzelnen Menschen im Verhältnis zur ganzen Menschheit geltend zu machen. Man ist dadurch auf eine ganz falsche Fährte gekommen.

Wodurch würde man einen Parallelismus finden können zwischen der seelisch-geistigen Entwickelung des Menschen und zwischen diesem biogenetischen Grundgesetz? Doch nur dann, wenn man sagen könnte: das kleine Kind, wenn es seinen irdischen Lebenslauf beginnt, macht gewissermaßen Urzustände des Menschengeschlechts durch. Wächst es heran, so macht es Zustände späterer Entwickelungsepochen der Menschheit durch und so weiter. Es wiederholt die kindliche Entwickelung die Entwickelung des ganzen Menschengeschlechtes. So etwas kann man als ein Phantasiegebilde aufstellen, aber es entspricht dies keiner Wirklichkeit; und erst Geisteswissenschaft ist in der Lage, auf diesem Gebiete sich der Wirklichkeit zu nähern. Wenn man den menschlichen Embryo verfolgt von der ersten, zweiten, dritten Woche – soweit man es heute schon kann – bis zu seinem Reifwerden, so sieht man da die Andeutungen der aufeinanderfolgenden, immer vollkommener werdenden Formen, die Fischgestalt und so weiter. Wenn man dagegen im Kinde die ersten Entwickelungsjahre beobachtet, so sieht man nichts von einer Wiederholung von irgendwelchen Urzuständen der Menschheitsentwickelung, oder im weiteren Fortgang von folgenden Epochen der Menschheitsentwickelung. Da müßte man in die kindliche Entwickelung Kräfte und Vorgänge hineinträumen, wenn man so etwas finden wollte. Es war ein schöner Traum, als Leute, wie der Pädagoge Wolf oder andere geltend gemacht haben, Kinder machen gewissermaßen die Zeiten der wilden Barbarenzeit durch, dann gibt es gewisse Knabenzeiten, wo man die persische Kulturzeit durchmacht und so weiter. Schöne poetische Bilder können dabei herauskommen, aber Unsinn bleibt es, denn es entspricht eine solche Schilderung durchaus nicht einer wahren Wirklichkeit! Da muß man schon in der Lage sein, das menschliche Leben in seiner vollen Realität zu schauen, wenn man das Entsprechende im Geistig-Seelischen für das biogenetische Grundgesetz finden will. Und da zeigt sich der Geisteswissenschaft, daß man nicht an den Anfang des Lebens sehen darf, sondern an das Ende des Lebens blicken muß. Wenn man über das 35., 40., 45. Jahr hinaus ist und nun wirklich sich über diese Jahre hinaus bewahrt hat die Möglichkeit einiger Selbstbeobachtung, dann zeigen sich im Seelenleben des Menschen, im innersten Erleben des Menschen gewisse Rudimente. So wie sich in bezug auf äußerliche Körperlichkeit im Embryonalleben Rudimente der Stammesentwickelung zeigen, so zeigen sich merkwürdige innere Erlebnisse, die der Mensch hat nach dem 35., 40., 45. Jahre, wenn er zu wirklicher Selbstbeobachtung aufsteigt, zu der man vielleicht eben doch nur dadurch kommt, daß man jene Aktivität des Denkens, wie man sie sich aneignen muß, wenn man Geisteswissenschaft wirklich durchlebt, ausbildet. Da merkt man: im Alter treten innerliche Erlebnisse auf, die nicht ganz herauskommen, die wie Rudimente sich ausnehmen; die Leiblichkeit ist nicht mehr da, die uns die Möglichkeit bietet, das, was im Alter geistig-seelisch auftritt, wirklich herauszubringen; der Leib, die Leiblichkeit versagt. Wir werden, wenn wir uns nur durch unsere Leiblichkeit nicht beirren lassen, im Alter seelisch-geistig reich. Allerdings wenige Menschen merken heute in unserer intellektualistischen Kultur etwas von dem, was da im Alter des Menschen wie rudimentär in der Seele auftritt. Und wissen Sie, warum man es nicht merkt? Man merkt es nicht wegen unserer heute auf Intellektualismus gebauten Erziehung! Die macht uns im hohen Grade abhängig vom Leiblichen. Dabei merken wir nicht, wie, sobald als wir über das 35. Jahr hinauskommen, in unserem Seelenleben Dinge auftreten, die eben einfach durch die heutige Körperlichkeit der Menschheit körperlich sich nicht ausleben können, die aber innerlich erlebt werden können, wenn wir diesen Zeitraum des Menschenlebens nicht eigentlich seelisch verschlafen.

Das ist es, was sich einem so furchtbar auf die Seele legt, daß der größte Teil der heutigen Menschheit jene Alterserlebnisse, die den Menschen in ungeheuere Tiefen hineinführen können, einfach dadurch, daß er älter wird, mit vollem inneren Wachsein älter wird, geradezu verschläft. Heute wird ja ungeheuer viel von der Menschheit verschlafen! Eignet man sich den aktiven Verstand an, eignet man sich vor allen Dingen – wir werden gleich sehen, was eigentlich damit gemeint ist – das aktive Gemütsleben und Willensleben an, dann merkt man diese Rudimente des Seelenlebens im Alter. Und eine wirklich von der Geisteswissenschaft befruchtete Erziehungskunst, die wird es dahin bringen, daß wir tatsächlich diese Alterserlebnisse haben können. Dann wird man auch in der sozialen Lebensordnung wissen: solche Alterserlebnisse gibt es; dann wird man auch in einer anderen Weise dem Alter entgegenleben. Man wird gewissermaßen neugierig sein, was das Alter einem bieten kann. Ganz andere innere Lebenserfahrung wird im Menschen reif.

Aber woher kommt es denn, daß solche Alterserlebnisse, solche rudimentären Erlebnisse auftreten? Um das zu verstehen, muß man aus der Geisteswissenschaft heraus die wirkliche Entwickelung des Menschengeschlechtes ins Auge fassen. Diese wirkliche Entwickelung des Menschengeschlechtes ist ganz verfinstert worden durch unsere materialistische Anthropologie. Im Ausgangspunkte der Menschheitsentwickelung, glaubt man, wäre menschliche Wildheit. Das trifft nicht zu. Im Gegenteil, wenn wir zurückgehen ins 7., 8. vorchristliche Jahrtausend, so war über einem großen Teil der damals zivilisierten Menschheit ein Urwissen, allerdings instinktiver Art, ausgebreitet, aber ein Urwissen, vor dem wir heute in Demut uns beugen, wenn wir es erfassen können. Letzte Reste sind aufgezeichnet in den Veden der Inder. Aber das ist nicht das Ursprüngliche, das ist schon etwas Abgeleitetes. Mit ungeheuer trockener Intellektualität geht heute unsere Gelehrsamkeit an dasjenige, was die ersten historischen Überbleibsel sind aus dem Ägyptertum, aus dem Babyloniertum, aus dem Indertum. Aber dasjenige, was unsere Gelehrsamkeit nur in aller Trockenheit zutage fördert, das ist wiederum nur der letzte Rest eines instinktiven Urwissens der Menschheit, durch das der Mensch sich eins fühlte mit dem ganzen Universum. Wer heute wirklich Naturwissenschaft beherrscht, und dann sieht, was dieses Urwissen der Menschen, selbst in dem schwachen Abglanz, der historisch überliefert ist, war – Geisteswissenschaft kann dasjenige zeigen, was nicht historisch überliefert ist; Sie können darüber in meiner »Geheimwissenschaft« nachlesen –, wer wirklich hineinzuschauen weiß in dieses Urwissen, der weiß, daß es anders ausgesehen hat in den älteren Zeiten der Menschheitsentwickelung, als die heutige materialistische Anthropologie glaubt, die sich einbildet, daß sich der Mensch von selbst vom Wilden zu dem heraufentwickelt hat, von dem wir heute sagen: Wir haben's so herrlich weit gebracht. Nein, es weist uns die wirkliche Betrachtung der Menschenentwickelung dahin, daß es zunächst eine Periode vorgeschichtlicher Entwickelung gegeben hat. Wir kommen dabei bis ins 7., 8., 9. Jahrtausend vor der Entstehung des Christentums zurück, wo die Menschen ein Urwissen gehabt haben, das sie sich aber nur aneignen konnten dadurch, daß sie bis in ein höheres Alter herauf leiblich-seelisch entwickelungsfähig geblieben sind. Und dann blicken wir auf die erste, im Süden von Asien nach einer großen Weltkatastrophe, welche die Erde betroffen hatte, entstandene Kultur. Nur dadurch kommen wir dieser Urkultur nahe, daß wir auf die Eigentümlichkeit der Menschheit in der damaligen Zeit blicken. Das Parallelgehen der leiblichen Entwickelung mit der Seelenentwickelung bis zum 7. Jahre, dann wiederum bis zur Geschlechtsreife, das hört mit den Zwanzigerjahren auf, dann sind wir fertige Menschen für die heutige Zeit. Da dürfen wir nicht mehr glauben, daß wir uns in einer ähnlichen Weise über die Abgründe der Entwickelung hinüberheben, wie wir uns hinüberheben über den Zahnwechsel und über die Geschlechtsreife.

Das war anders in Urzeiten der Menschheit. In der alt-indischen Zeit haben sich die Menschen bis in die Fünfzigerjahre hinein physisch-leiblich so entwickelt, wie wir uns nur bis in die zwanziger Jahre hinein entwickeln. Durch diesen Parallelismus der physisch-leiblichen Entwickelung und der geistig-seelischen Entwickelung war das instinktive Urwissen vorhanden, das erlebt wurde von den Patriarchen der damaligen Zeit, von denen, die einfach alt geworden sind, und die noch solche körperliche Umwandlung, wie wir sie nur in der Geschlechtsreife erleben, bis über die Fünfzigerjahre hinaus mit dem seelisch-geistigen Entwickeln durchgemacht haben.

Dann kam die Zeit, die ich in meiner »Geheimwissenschaft« die urpersische genannt habe. Da kommen wir in das 4., 5., 6. Jahrtausend der vorchristlichen Zeitrechnung zurück, und da vollzieht sich die leibliche Entwickelung noch bis über die Vierzigerjahre hinauf. Und dann kommt die ägyptisch-babylonische Entwickelung, die bis ins 3., 4. Jahrtausend der vorchristlichen Zeitrechnung geht. Da bleibt der Mensch entwickelungsfähig bis in die Mitte des Lebens, bis übers 35. Jahr hinaus. Dann kommt diejenige Entwickelung, von der wir eigentlich historisch allein etwas Erhebliches wissen, es kommt die Entwickelung der griechisch-lateinischen, der griechisch-römischen Zeit, jene Entwickelung, in der der Mensch immerhin noch bis zum Anfang der

Dreißiger in seiner Leiblichkeit voll entwickelbar bleibt. Der Grieche lebte anders, auch noch der alte Römer lebte anders, als wir leben. Solche Wahrheiten der weltgeschichtlichen Entwickelung, man will sie heute nur nicht zugeben, weil man auf diese Dinge nicht die Aufmerksamkeit hinwendet. Der Grieche lebte noch so, daß er das Geistig-Seelische zugleich als ein Leibliches spürte. Wenn er den Blick hinauswendete in die Welt, so wußte er: ich schaue die Dinge nicht bloß an; er wußte gleichzeitig um den physischen Vorgang seines Leibes. Das hing davon ab, daß er viel länger entwickelungsfähig blieb, als wir körperlich-physisch entwickelungsfähig sind.

Sehen Sie, all das, was die Menschen einer früheren menschlichen Entwickelungsepoche noch im Leibe erlebt haben, das erleben wir im Alter nur noch geistig-seelisch, wenn wir es nicht verschlafen. Das sind die Rudimente. Während für das Physische im biogenetischen Grundgesetz der Anfang des Lebens als Wiederholung erscheint dessen, was in der Stammesentwickelung durchgemacht wurde, wachsen wir gerade heute hinein in das, was die Urmenschheit durchgemacht hat, indem wir die Rudimente im Alter betrachten. Dasjenige, was wir heute erleben, wenn wir am Ende der Vierziger-, Anfang der Fünfzigerjahre sind, als seelische Rudimente, das kann uns noch eine Vorstellung geben von der ersten indischen Urkultur, die bis ins 7., 8. Jahrtausend der vorchristlichen Zeitrechnung zurückgeht. Das, was wir in den Vierzigerjahren innerlich seelisch erleben, gibt uns einen Abglanz dessen, was die urpersische Zeit war im 4., 5. Jahrtausend. Dasjenige, was wir erleben in den letzten Dreißigerjahren ist ein Abglanz – nicht mehr leiblich, nur geistig – von dem, was die alten Ägypter, Babylonier ganz anders lebten und fühlten, weshalb sie auch ein ganz anderes soziales Leben führen konnten. Die Gelehrten beschreiben heute die Griechen so, daß sie ihnen im Grunde ganz fremd gegenüberstehen. Es ist ganz merkwürdig, was man eigentlich alles an Äußerlichkeit heute geleistet hat. Wir haben vor den Kriegsjahren gehört, wie da oder dort in der Welt »olympische Spiele« wiederum gefeiert werden sollen, olympische Spiele, in denen man die Äußerlichkeit nachahmt von etwas, das ganz darauf gebaut war, daß der Mensch über die Dreißiger hinaus noch eine leiblich-physische Entwickelung durchmacht, die er heute eben nicht durchmacht. Aus dem Leiblichen heraus floß dem Menschen ein Geistig-Seelisches bis ins hohe Alter hinauf in den früheren Zeiten.

So daß wir sagen können:

1. Kulturstufe: wirkliche Erlebnisse bis über das 48. Jahr
2. Kulturstufe: wirkliche Erlebnisse bis über das 42. Jahr
3. Kulturstufe: wirkliche Erlebnisse bis über das 35. Jahr
4. Kulturstufe: wirkliche Erlebnisse vom 28. bis zum 35. Jahr.

Die 5. Kulturstufe ist unsere heutige, ist unsere Gegenwart; in der leben wir drinnen seit der Mitte des 15. Jahrhunderts. Da bleiben wir entwickelungsfähig höchstens bis zum 27. oder 28. Jahr.

Allein diese Anschauung erklärt uns, wie die gegenwärtige Menschheit beschaffen ist. Diese gegenwärtige Menschheit ist so beschaffen, daß sie sich anders entwickeln muß als eine frühere Menschheit. Der gegenwärtigen Menschheit erstehen im Geistig-Seelischen keine Anschauungen mehr, wenn sie sich passiv der leiblich-physischen Entwickelung hingibt. Wenn wir von den Dreißigerjahren an nicht veröden wollen, sind wir darauf angewiesen, uns Anschauungen aus anderen Quellen heraus zu schaffen, als diejenigen sind, die wir bloß durch unsere leiblich-physische Entwickelung erhalten. Vorläufig geben sich die Menschen in bezug auf diese Dinge noch furchtbaren Illusionen hin.

Ich will Sie nur darauf aufmerksam machen, daß unsere religiösen Vorstellungen, auch diejenigen, wovon wir heute noch im Unterrichten leben, ererbte sind. Warum haben wir denn eigentlich diese Furcht vor irgendeiner Erneuerung der religiösen Vorstellungen? Weil man eben heute mit ungeheurer Scheu entgegenblickt dem Entgegennehmen aus geistigen Quellen. Man will bei dem Ererbten stehenbleiben, weil man gewissermaßen sich vor dem Nichts sieht. Das Gefühl ist berechtigt, denn mit 27, 28 Jahren stirbt heute beim Menschen das durch die Leibesentwickelung geweckte innere Geistesleben ab. Wir würden also verödet sein, wenn nicht die ererbten religiösen Vorstellungen wenigstens noch unbewußt und instinktiv in uns spielten. Und wenn wir nicht manche Vorstellungen aus alten Zeiten noch traditionell fortpflanzten, würden wir alle nach dem 28. Jahre veröden. Wir sind eben heute darauf angewiesen, anzuerkennen dies Gesetz der Menschheitsentwickelung. Sie werden merken, die Sache ist im übertragenen Sinne gemeint. Je weiter die Menschheitsentwickelung fortschreitet, desto jünger wird die Menschheit. Mit anderen Worten: diese Menschheitsentwickelung erreicht passiv nur immer jüngere Jahre, dann hört sie auf, in geistiger Hinsicht wirksam zu sein. Der Grieche erreichte noch die Dreißigerjahre in der Leibesentwickelung. Der heutige Mensch erreicht sie nur in seelisch-geistiger Entwickelung und innerlich in Anlagen, die er durch produktive Geistigkeit hervortreiben muß. Und je mehr die Menschen erkalten in bezug auf die traditionellen religiösen Vorstellungen und nichts anderes an ihre Stelle setzen wollen, desto mehr werden sie erleben dieses Erkalten. Die rein intellektualistische Bildung könnte nie und nimmer irgend etwas den Menschen geben für das spätere Alter. Sie ist im wesentlichen dasjenige, was mit dem Zahnwechsel auftritt, was in jungen Kindesjahren auftritt, was wir nur durch eine Anspornung des Willens dann weiter bringen können. Aber dasjenige, um was es sich handelt, ist, daß der Mensch heute in einer Menschheit lebt, die eigentlich nur bis zum 27., 28. Jahre entwickelungsfähig bleibt durch ihre Leiblichkeit und der die weiteren Entwickelungsimpulse für das höhere Alter durch geistige Quellen zugeführt werden müssen.

Wenn man heute so das soziale Leben betrachtet, dann sagt man sich ja allerdings, die Betrachtung nach Ideen zeige uns dieses Jüngerwerden der Menschheit, zeige uns dieses immer Unvollkommenerwerden der Menschheit nach einer gewissen Seite hin. Aber ich glaube, derjenige, der nun wirklich so etwas erfassen kann, der sich mit vollem Verantwortungsgefühl in die Menschheit hineinstellen kann mit einem solchen Wissen von der Entwickelung der Menschheit, in dem geht der Wille auf, der unsere pädagogische Kunst befruchten kann. Man sieht dann hin auf dasjenige, was man eigentlich zu leisten hat. Man hat aus geistigen Quellen etwas herauszuholen, was den Menschen Mensch sein läßt, auch wenn er über das 27. oder 28. Jahr hinauf sich entwickelt. Dieses Sichvertiefen mit Gefühl und Gemüt in die Entwickelungsimpulse der Menschheit, das ist der Sporn in uns, den wir zuerst brauchen. Man überschaut es heute nicht genügend. Wenn dem Menschen heute eingeimpft wird, die Erde habe sich herausentwickelt aus einem Urnebel mit den anderen Planeten, werde einstmals wiederum in die Sonne zurückfallen, und man wisse nicht, wozu eigentlich diese Menschheit da ist; wenn man heute in seine Gesinnung die ganze Entwickelung aufnimmt, von der die naturwissenschaftliche Weltanschauung spricht, da wird kein Wille daraus. Aus dieser Weltanschauung, die auf die wahre Wirklichkeit im Menschen hinblickt, wird Wille, denn man weiß jetzt, was man zu tun hat, man weiß, daß jetzt jene Erziehungsnotwendigkeiten beginnen, die vorher von der Natur selbst geleistet worden sind.

Man blickt zurück in die alten Zeiten und sagt: Ihr Griechen waret noch so glücklich, daß ihr aus eurer Leiblichkeit heraus über das 28. Jahr hinein Geistig-Seelisches in euch habt entwickeln können, ihr Ägypter, ihr Babylonier, daß ihr selbst noch bis in die Vierzigerjahre rein dadurch, daß Göttliches urkräftig in eure leiblichen Organe hineingewirkt hat, das wiederum habt herausholen können. Diese Möglichkeit, dasjenige, was die Natur selbst, das heißt die göttlichen Kräfte in der Natur geleistet haben, herauszuholen, die besteht für die heutige Menschheit nicht mehr, wird immer weniger bestehen für die zukünftige Menschheit. Wir Menschen müssen die Entwickelung in die Hand nehmen. Wir müssen immer mehr und mehr uns hineinfinden in die Aufgabe, aus den Menschen erst Menschen zu machen.

Da beginnt Wissenschaft unmittelbar Wille zu werden. Denn da, da zeigt es sich, daß wir eigentlich in jene Zeit der Menschheitsentwickelung erst eingetreten sind, in der gerade für die Erziehungskunst die neuen Aufgaben erwachsen. Deshalb war alle Erziehungskunst bis in die neueste Zeit instinktiv. Mehr als irgend etwas anderes war alle Erziehungskunst instinktiv. Dann gab es gute abstrakte Grundsätze, die ich hinlänglich schon auseinandergesetzt habe. Jetzt aber entsteht die Notwendigkeit, diese abstrakten Grundsätze von innen heraus zu beleben, weil wir es in der Hand haben, entweder diese abstrakten Grundsätze durch Belebung zu einer wirklichen Kunst der Menschenbildung zu machen, oder aber die Menschheit der Ödigkeit auszuliefern in der Zukunft.

Indem ich jetzt am Beginne desjenigen stehe, was ich eigentlich pädagogisch-künstlerisch erörtern will, sehen Sie, daß ich den Ausgangspunkt nehmen möchte nicht von einer theoretischen Erörterung, sondern von einem Gefühl. Ich möchte hier am Ausgangspunkt der Betrachtungen die Worte aussprechen, daß man bei einer Pädagogik nicht auszugehen hat von Grundsätzen, sondern von einem Gefühl. Wir müssen in diesem Moment von dem Gefühl durchdrungen sein: Der Menschheit Seeleninhalt ist in die Hand der Jugendbildner, der Erzieher gegeben. Sie ist es in gesunder Weise, wenn wir sozusagen die Zukunft der Menschheit in uns fühlen. Dies ist der richtige Ausgangspunkt, nicht wenn wir das oder jenes wissen, sondern wenn wir das fühlen, wenn wir das empfinden, wenn wir die ganze Aufgabe der Erziehung, wie sie zusammenhängt mit der Menschheitsentwickelung, fühlen und empfinden. Diesen Ausgangspunkt wollte ich heute als nicht einen theoretischen, sondern als einen empfindungsgemäßen vor Sie hinstellen. Ich möchte sagen, das, was ich heute vor Sie hinstellen wollte, hat man dann richtig erfaßt, wenn man alle einzelnen Sätze, die ich gesprochen habe, alle einzelnen theoretischen Wendungen, die ich gebraucht habe, vergessen kann, und auf seiner Seele lasten fühlt dasjenige, was die Aufgabe des Erziehers ist. Wenn man, in dieses Gefühl zusammengefaßt, das mitnehmen kann, was angeregt werden sollte durch diese Betrachtungen, wenn sich alles Gesprochene in einem Gefühl ablagert, werden wir aus diesem Gefühl die Einzelheiten der pädagogischen Kunst in den folgenden Betrachtungen entwickeln können.

FÜNFTER VORTRAG

Basel, 26. April 1920

Einiges über den Lehrplan

Die bisherigen Auseinandersetzungen sind ja, wie Sie wohl gesehen haben werden, nicht nur dem Inhalte nach verschieden von demjenigen, was man sonst heute als Anthropologie oder dergleichen hat, sondern sie sind der Art der ganzen Betrachtungsweise nach verschieden. Wer nicht jenes Gefühl entwickeln will, von dem ich am Schlusse des letzten Vortrages gesprochen habe, der wird nicht gleich einsehen, wie ein solches Erkennen vom Menschen, wie ich es ja allerdings nur nach verschiedenen Richtungen hin hier skizzieren konnte, anders zustande kommt, als das heute Geltende. Es kommt dadurch zustande, daß man gewissermaßen den ganzen werdenden Menschen, und zwar den leiblichen und den geistig-seelischen Menschen, in lebendiger Bewegung erfaßt. Durch ein solches Erfassen des lebendigen Menschen in Bewegung, durch ein solches Sichhineinversetzen in die menschliche Wesenheit erzeugt man in sich eine Erkenntnis, die nicht tot, die selber lebendig ist, und die vor allen Dingen geeignet ist, auf der einen Seite nicht haften zu bleiben am äußerlich Materiell-Physischen, und auf der anderen Seite doch nicht in Illusionen und Phantastereien zu verfallen. Und so kommt es, daß eigentlich so recht fruchtbar werden kann, was hier angeschlagen wird, erst in der unmittelbaren Anwendung, weil es seine besondere Eigenart in der unmittelbaren Anwendung zeigt.

Ich möchte da gewissermaßen episodisch eben erwähnen, worauf ich ja schon hingewiesen habe, daß der Versuch gemacht worden ist, die Denkweise, von der hier gesprochen wird, in der Stuttgarter Waldorfschule wirklich pädagogisch fruchtbar zu machen. Diese Stuttgarter Waldorfschule ist dadurch zustande gekommen, daß *Emil Molt*, der in Stuttgart eine Fabrik zu leiten hat, zunächst eine Schule, die wirklich rein auf geisteswissenschaftlich pädagogisch-didaktischen Prinzipien gebaut sein soll, für die Kinder seiner Arbeiter einrichten wollte. Diese Schule ist längst über diesen Rahmen hinausgewachsen, und man kann sagen, es ist dies der erste Versuch – allerdings wir stehen im ersten Schuljahr mit der Stuttgarter Waldorfschule, und wir haben die Kinder aller möglichen Klassen der äußeren Schule hereinbekommen; daher ist für den Anfang ein Kompromiß notwendig –, auf Grundlage geisteswissenschaftlicher Erfassung des Menschen eine solche Schule ihrem Lehrziele und ihrem Lehrplane nach zu gestalten. Daraus werden Sie auch sehen, daß es sich bei dem, was ich eigentlich hier meine, nicht darum handelt, etwa nur pädagogisch zurechtkommen zu wollen, wenn man an den Einzelnen, an das einzelne Kind herankommt, wenn man etwa auch kleine Klassen hat, wo man sich mit dem Einzelnen, wie man meint, genügend beschäftigen kann. Was hier vertreten wird, soll eine solche Durchdringung der Lehrerindividualität möglich machen, daß man durchaus auch vor großen Klassen bestehen kann, wenn man durch die sozialen Verhältnisse vor solche gestellt wird; und zwar, weil ein Erfassen des Menschen in lebendiger Bewegung zur Einsicht führt, daß das Herz nicht eine Pumpe ist, die das Blut durch den Organismus pumpt, sondern wie der Mensch innerlich lebendig ist und wie auch die Säftebewegung und die Herzbewegung ein Ergebnis dieser Lebendigkeit sind. Wenn man seinem Geiste die Konfiguration gibt, in dieser Weise zu denken, werden bestimmte Kräfte in der Lehrerindividualität in bezug auf die Entwickelung des Kindes sehend. Und dieses Sehend-Werden kann wirklich dahin führen, daß einem, selbst an einem Kinde aus einer sehr großen Klasse, mit der man sich nur wenige Monate beschäftigt hat, Bedeutendes aufgeht. Wenn man seinen Geist in diesem Sinne trainiert und dadurch einen starken Kontakt erzeugt, kommt dieser Geist dazu, gewissermaßen hellsichtig hineinzuschauen in die Individualität des Kindes. Also auf das kommt es an. Nicht so sehr ist Wert darauf zu legen, daß wir nun wissen, das Herz ist nicht die Ursache der Blutzirkulation, sondern das Ergebnis der Blutzirkulation; nein, sondern darauf kommt es an, daß, wer überhaupt in sich die Möglichkeit entwickelt, umgekehrt gegenüber unserem heutigen materialistischen Denken sich die Sache vorzustellen, wer diese Möglichkeit in sich entwickelt, so seinen Geist zu konfigurieren, der macht sich in einer andern Weise lebendig gegenüber dem werdenden Kinde und auch gegenüber einer ganzen Summe, einer ganzen Zahl von werdenden Kindern, und gerade dadurch auch gelangt man dazu, den Lehrplan aus der Natur des sich entwickelnden Kindes abzulesen.

Ich war ja allerdings in Stuttgart genötigt, da man ja natürlich nicht bloß aus reiner Pädagogik und Didaktik heraus so etwas wie eine Schule entwickeln kann innerhalb unserer heutigen sozialen Verhältnisse, in einer gewissen Weise einen Kompromiß zu schließen. Ich sagte: Sie haben die drei folgenden Etappen zu berücksichtigen: Völlige Freiheit in bezug auf die Durchführung des Lehrplanes durch das erste, zweite, dritte Schuljahr. Dann wollen wir die Kinder so weit bringen, daß sie die gleichen Lehrziele haben wie die Kinder äußerer Schulen. Dann wiederum nach dem zwölften Jahre, also der 6. Volksschulklasse, und dann wiederum, wenn sie abgehen aus der Schule. So daß bisher nur erreicht werden konnte, den Lehrplan, der nun einfach abgelesen ist dem Naturgesetze, in diesen Zwischenetappen durchzuführen, also in den drei ersten, in den zweiten drei Schuljahren und in der dritten Etappe, den zwei letzten Schuljahren. Das sind eben Dinge, die natürlich als Kompromisse mit den heutigen sozialen Verhältnissen geschlossen werden müssen. Aber innerhalb dieser Zwischenräume läßt sich immerhin schon einiges erreichen. Es läßt sich zum Beispiel auf dem gesunden Prinzip bauen, daß man nicht ausgeht vom Intellektuellen, wovon im Grunde genommen der heutige Unterricht zumeist ausgeht, also nicht einseitig von dieser einen Eigenschaft des werdenden Menschen, dem Intellekt, sondern daß man ausgeht vom ganzen Menschen.

Sehen Sie, da handelt es sich darum, daß man erst sich einen deutlichen Begriff von dem verschafft, was eigentlich der ganze Mensch ist. Heute haben die Leute die Meinung, daß man denken lernt, indem man den werdenden Menschen logisch anleitet zum Denken, weil man nicht beobachten kann, wie das Denken in der menschlichen Natur drinnen figuriert. Ich muß gestehen und darf es gestehen, ich habe die sechs Jahrzehnte meines bisherigen Lebens immer dazu verwendet, Menschenbeobachtung nach dieser Richtung hin zu treiben. Wer den werdenden Menschen beobachten kann, wer vergleichen kann den werdenden Menschen mit dem, was Mensch geworden ist, der sieht gewisse Zusammenhänge, die über die Lebensepochen des Menschen verbreitet sind, die sich, wenn man nicht den Blick dafür geschult hat, der Beobachtung eben entziehen. Ich möchte etwas anführen, auf das ich gern hinweise, weil es in einer gewissen fast sprichwörtlichen Weise hindeutet auf gewisse Zusammenhänge in der menschlichen Natur. Beobachtet man Kinder und sieht man, wie sie dadurch, daß die Umgebung in der richtigen Weise sich zu ihnen verhält, in einer berechtigten Weise den Erziehern oder überhaupt denjenigen Personen, denen gegenüber das berechtigt ist, ein Ergebenheitsgefühl entwickeln können, und verfolgt dann weiter, was aus diesen Kindern im späteren Leben wird, dann findet man, daß sich dieses Ergebenheitsgefühl immer mehr und mehr so verwandelt, daß aus diesen Kindern solche Menschen werden, die für ihre Mitmenschen einfach dadurch, daß sie da sind, daß sie zu ihnen sprechen, manchmal schon dadurch, daß sie überhaupt ihnen nur in irgendeiner Lebenslage einen Blick zuwerfen, zur Wohltat werden. Sie werden zur Wohltat aus dem Grunde, weil man dadurch, daß man verehren, oder, wenn ich sagen darf, daß man beten lernt, für spätere Zeit das Segnen lernt, daß man die segnende Kraft wirklich bekommt. Keine Hand kann segnen im späteren Alter, die nicht in der Kindheit verehren, beten, bitten gelernt hat. Es verwandeln sich eben metamorphosisch die Eigenschaften des Kindesalters im späteren Lebensalter in einer ganz gesetzmäßigen Weise.

Auf solche Dinge muß eben hingesehen werden. Für solche Dinge muß man sich den Blick erobern durch eine lebendige Wissenschaft, die Gefühl und Wille werden kann, nicht durch eine tote Wissenschaft, wie wir sie heute haben. So kann man sehen, wie man den ganzen Menschen erfaßt, wenn man dasjenige zunächst vermeidet, was ja natürlich sehr nahe liegt, an das Kind Konventionelles heranzubringen im weitesten Sinne des Wortes.

Nicht wahr, wir haben die Aufgabe, die Kinder schreiben zu lehren. Ja, aber so wie die Schrift heute ist, ist sie ein vorgerücktes Kulturprodukt. Sie ist dadurch entstanden, daß sich im Laufe der Menschheitsentwickelung aus einer Bilderschrift unsere heutige, rein schon bis zum Konventionellen abstrakte Schrift entwickelt hat. Wenn man versucht, ältere Schriften, ich will sagen, die ägyptische Bilderschrift, sich noch in ihrem ganzen Grundcharakter vor die Seele zu führen, dann sieht man, wie ursprüngliche menschliche Veranlagung davon ausgegangen ist, die Außenwelt nachzuzeichnen.

Schreiben und Nachzeichnen der Außenwelt liegen ja auch in einer gewissen Weise der menschlichen Sprachbildung zugrunde. In bezug auf diese Sprachbildung sind viele Hypothesen aufgestellt worden. Da gibt es – und damit sage ich nicht irgend etwas Nichtsnutziges, sondern die Dinge werden technisch in vielen Schriften so genannt –, da gibt es die sogenannte »Bim-Bam-Theorie«, die davon ausgeht, daß das Sprechen eine Nachbildung gewisser innerer Klangeigentümlichkeiten der

Umgebung ist. Da gibt es die »Wau-Wau-Theorie«, welche darin besteht, daß das Sprechen beruhe auf einer Art Nachbildung desjenigen, was aus dem Innern der uns umgebenden Wesen selber an Lauten und dergleichen hervorkommt. Alle diese Theorien gehen nicht aus einer genügend umfassenden Betrachtung des Menschenwesens hervor. Eine umfassende Betrachtung des Menschenwesens, vor allen Dingen eine wirklich geschulte Beobachtung des kindlichen Sprechens selbst zeigt, wie das Gemüt des Menschen ganz anders engagiert ist beim Lernen der sogenannten Selbstlaute. Die Dinge werden ja gefühlsmäßig gelernt. Aber schult man sich seine Beobachtung, so sieht man, wie alles Selbstlautliche, alles Vokalische dadurch entsteht, daß das Innere des Menschen in gewisse Erlebnisse kommt, die so sind, wie einfache oder komplizierte Interjektionen, Gefühlsausbrüche, innere Erlebnisse. Im Vokalischen lebt sich das Innere des Menschen aus. Im Konsonantischen zeichnet der Mensch äußere Vorgänge nach. Er zeichnet äußere Vorgänge nach durch seine eigenen Organe; aber er zeichnet sie nach. Es ist schon das Sprechen selber ein Nachzeichnen der äußeren Vorgänge durch das Konsonantische, und ein Tingieren, ein Durchmalen dieses Nachzeichnens mit dem Vokalischen. So ist auch das Schreiben ursprünglich so ein Nachmalen, ein Nachzeichnen.

Bringen wir deshalb an das Kind, so wie es heute ist, das heran, was nun schon unsere konventionelle Schrift geworden ist, so wirken wir doch nur auf den Intellekt. Deshalb sollen wir ausgehen nicht vom eigentlichen Schreibenlehren, sondern ausgehen von einem gewissen künstlerischen Erfassen derjenigen Formen, die dann in der Schrift, auch in der Druckschrift, zum Ausdrucke kommen.

Sehen Sie, da kann man ja natürlich, wenn man wenig Erfindungsgeist hat, so vorgehen, daß man zum Beispiel die ägyptische Bilderschrift oder eine andere Bilderschrift nimmt und dann versucht, aus gewissen Formen dieser Bilderschrift die heutigen konventionellen Buchstabenformen herauszubekommen. Aber das hat man nicht einmal nötig. Es ist ja nicht notwendig, daß wir uns ganz halten an den realistischen Gang der Menschheitsentwickelung. Wenn wir selber versuchen, in den heutigen Buchstabenformen solche Linien zu entdecken, die uns die Möglichkeiten bieten, in dem Kinde zur Übung zu bringen diese oder jene Hand- oder Fingerbewegung, wenn wir die Kinder diese oder jene Linien zeichnen lassen, ganz abgesehen davon, daß sie Buchstaben werden sollen, wenn wir die Kinder Rundungen, Eckiges,

Horizontales, Vertikales innerlich gefühlsmäßig durch den ganzen Menschen verstehen lernen lassen, dann werden wir das Kind zu einer auf die Welt hingeordneten Geschicklichkeit bringen. Und dadurch erreichen wir etwas psychologisch außerordentlich Wichtiges. Wir lehren zunächst noch gar nicht schreiben, aber wir richten ein gewisses künstlerisch geleitetes Zeichnen ein, das sich sogar bis zum Malen versteigen kann, wie wir es in der Waldorfschule machen, damit die Kinder zugleich ein lebendiges Verhältnis auch zur Farbe und zur Farbenharmonik in der Jugend erhalten, für die sie ganz besonders empfänglich sind im 7. und 8. Lebensjahr. Wenn man, ganz abgesehen von dem, daß zuletzt das Schreiben daraus werden soll, das Kind diesen künstlerisch geleiteten Zeichenunterricht genießen läßt, so merkt man, wie dadurch, daß ja das Kind genötigt ist, seine Finger, seinen ganzen Arm in einer gewissen Weise zu bewegen, nicht etwa bloß vom Denken auszugehen, sondern von der Geschicklichkeit auszugehen, daß dadurch das Ich dazukommt, den Intellekt als etwas, was wie eine Konsequenz erscheint des ganzen Menschen, in sich entwickeln zu lassen. Je weniger man den Intellekt dressiert, je mehr man darauf ausgeht, den ganzen Menschen zu behandeln so, daß aus den Gliederbewegungen, aus der Geschicklichkeit der Intellekt wird – und er wird –, desto besser ist es.

Man wird wahrscheinlich zunächst etwas paradox berührt sein, wenn man bei uns in der Waldorfschule in Stuttgart in den Handfertigkeitsunterricht kommt und da sieht, wie Knaben und Mädchen durcheinandersitzend stricken und häkeln und alle, nicht nur »weibliche« Handarbeiten machen, denn da sind es auch »männliche« Handarbeiten. Und warum dieses? Der Erfolg zeigt sich ja daran, daß die Knaben, wenn sie nicht künstlich davon abgehalten werden, ganz dieselbe Freude haben an diesen Arbeiten wie die Mädchen. Aber warum dieses? Wenn man weiß, daß unser Intellekt nicht dadurch gebildet wird, daß wir direkt losgehen auf die intellektuelle Bildung, wenn man weiß, daß jemand, der ungeschickt die Finger bewegt, einen ungeschickten Intellekt hat, wenig biegsame Ideen und Gedanken hat, während derjenige, der seine Finger ordentlich zu bewegen weiß, auch biegsame Gedanken und Ideen hat, hineingehen kann in die Wesenheit der Dinge, dann wird man nicht unterschätzen, was es heißt, den äußeren Menschen mit dem Ziel zu entwickeln, daß aus der ganzen Handhabung des äußeren Menschen der Intellekt als ein Stück hervorgeht.

Insbesondere ist dann der Moment von einer ganz besonderen erzieherischen Wichtigkeit, durch den man die Schriftformen herausspringen läßt aus dem, was man rein künstlerisch geleitet hat, und aus den Schriftformen erst die Formen, die dem Lesen zugrunde liegen. So daß also der Unterricht in der Waldorfschule ausgeht von einem rein Künstlerischen. Er entwickelt aus dem Künstlerischen zum Beispiel – neben anderem, ich will das alles nur illustrieren – das Schreiben, aus dem Schreiben heraus erst das Lesen. Dadurch entwickelt man das Kind ganz im Sinne derjenigen Kräfte, die nach und nach aus der kindlichen Natur wirklich heraus wollen. Dadurch trägt man in Wahrheit gar nichts Fremdes in das Kind hinein, und es ergibt sich ganz von selbst, daß man bis gegen das 9. Jahr hin es erreichen kann, daß das Kind das Zeichnen zum Schreiben und auch zum Lesen gebracht hat. Das ist von einer ganz besonderen Wichtigkeit, weil in den Fällen, wo man das gegen die Kräfte der Menschennatur, nicht mit den Kräften der Menschennatur erzieherisch entwickelt, man dem Menschen für das ganze Leben schadet. Verfährt man so, daß man genau dasjenige treibt, was die Natur des Kindes will, dann kommt man an den Menschen so heran, daß man in ihm entwickeln kann, was ihm dann für das ganze Leben fruchtbar werden wird.

Wenn wir von dem Äußeren mehr in das Innere gehen, ist es wichtig, zu sehen, wie das Kind zunächst im 6., 7., 8. Jahr gar nicht dazu veranlagt ist, sich schon als eine Ich-Wesenheit von seiner Umgebung zu unterscheiden, und man nimmt gewissermaßen der gesunden Natur des Menschen etwas weg, wenn man diesen Unterschied der Ich-Wesenheit von der Umgebung zu früh entwickelt. Beobachten Sie nur einmal Kinder, die sich in dem Spiegel beschauen. Beobachten Sie die vor dem 9. Jahre und im 10. Jahre, also nach dem 9. Jahre, und eignen Sie sich einen Blick an für die Physiognomie-Gestaltung. Dann werden Sie sehen, daß Ihnen einfach der Blick auf die Physiognomie-Gestaltung zeigt, daß mit dem Überschreiten des 9. Lebensjahres – ungefähr, selbstverständlich ist alles approximativ, für das eine Kind so, für das andere Kind so – etwas außerordentlich Wichtiges in der menschlichen Natur geschieht. Man kann dieses Wichtige so charakterisieren, daß man sagt: Bis zum Zahnwechsel hin entwickelt sich der Mensch eigentlich als eine Art Nachahmer. Es liegt im Prinzip, daß der Mensch seine Umgebung nachahmt. Wir würden nicht sprechen lernen, wenn wir nicht Nachahmer wären in dieser Zeit. Dieses Prinzip der Nachahmung geht dann noch in die folgenden Jahre hinein, bis ins 9. Lebensjahr etwa. Aber schon während des Zahnwechsels beginnt unter dem Einfluß des Autoritätsgefühls das Prinzip sich zu entwickeln, dasjenige gelten zu lassen, was die verehrten Persönlichkeiten der Umgebung als richtig anerkennen. Worum es sich handelt, ist, daß man wirklich dieses Autoritätsgefühl, und zwar ein berechtigtes, das in der Zeit vom Zahnwechsel bis zur Geschlechtsreife auftritt, dem Kinde gegenüber zu erhalten versteht; denn die menschliche Natur will das.

Alle Deklamationen unserer Zeit, man solle gewissermaßen das Kind selber schon über das urteilen lassen, was es zu lernen für richtig findet – auf das kommt ja manches heute schon hinaus –, alle diese Deklamationen berücksichtigen eben nicht das Bedürfnis der Menschennatur selbst, das in das ganze spätere Leben hineingetragen wird dadurch, daß der Mensch, indem er nur noch das Nachahmungsprinzip über das 7. Jahr ins 9. Jahr führt, dieses Nachahmungsprinzip mit dem Autoritätsgefühlsprinzip durchwirkt. Vom 9. Jahre an kommt dann dieses Autoritätsprinzip immer reiner und reiner heraus, und vom 12. Jahre an mischt sich wieder ein Neues hinein, nämlich das eigene Urteilsvermögen.

Es ist für alle Erziehungskunst von fundamentaler Bedeutung, daß man den Menschen, den werdenden Menschen nicht zu früh zum eigenen Urteil bringt. Gewiß, alles das, was man Anschauungsunterricht nennt, es hat eine gewisse eingeschränkte Berechtigung, sehr große Bedeutung auf einem eingeschränkten Gebiete. Aber wenn man den Anschauungsunterricht so verbreitet, daß man meint, man dürfe nur dasjenige an das Kind heranbringen, was es selber einsieht aus der unmittelbaren Anschauung, so weiß man erstens nicht, daß es Dinge gibt in der Welt, die sich eben nicht anschauen lassen und die man auch an das Kind heranbringen muß. Es gibt unanschauliche Dinge, zum Beispiel alle religiösen Dinge sind unanschaulich. Ebenso alle sittlichen Dinge sind unanschaulich. Man kann höchstens die Wirkungen der Dinge in der Welt anschaulich zeigen, nicht aber das eigentliche Unanschauliche. Aber ganz abgesehen davon, es kommt auf etwas anderes an. Wer nicht in der richtigen Weise zu rechnen vermag mit diesem Gefühl, etwas hinzunehmen, weil man einer Autorität gegenübersteht, etwas zu glauben, weil diese Autorität glaubt, wenn man darauf nicht die nötige Rücksicht nimmt, so nimmt man dem Menschen, den man erzieht, für das ganze spätere Leben etwas. Ich meine, man sehe hin auf dasjenige, was man erlebt. Wenn man, ich will gleich einen sehr späten

Termin annehmen, als 30–35jähriger Mensch sich zurückerinnert an irgend etwas, was man in der Schule beigebracht erhalten hat, so ergibt sich, daß man es dazumal nicht verstanden hat, aber weil man den Lehrer liebte, nahm man es auf. Man hatte das Gefühl, das man natürlich nicht exemplifizierte, aber das man erlebte, man hatte das Gefühl: Diesen Mann muß ich verehren, oder diese Frau muß ich verehren, die meint das, ich muß es auch meinen. An so etwas, was man nicht verstanden, sondern aus Liebe angenommen hat, erinnert man sich im 30. oder 35. Lebensjahre. Jetzt ist man reifer geworden. Man sieht das, was man herausholt aus den Untergründen seiner Seele, mit seinem späteren Menschen an, und man kommt auf folgendes: was man viele Jahre vorher aus Liebe aufgenommen hat, man nimmt es wiederum in den Horizont des Lebens herein und klärt sich jetzt darüber auf. Man muß nur beobachten können, was das bedeutet. Das bedeutet, daß aus einem solchen Wiederheraufholen dessen, was jetzt erst aus der eigenen Reife heraus verstanden wird, eine Steigerung des Lebensgefühls kommt, die wir brauchen, wenn wir für das Leben, für das soziale Leben überhaupt brauchbare Menschen werden wollen. Das würde den Menschen viel nehmen, wenn wir ihnen das Aufnehmen von Wahrheiten aus Liebe nehmen würden, aus hingebender Liebe in berechtigtem Autoritätsempfinden. Dieses berechtigte Autoritätsempfinden, dem muß das Kind ausgesetzt sein, und wir müssen mit aller Kraft unserer Seele in der pädagogischen Kunst darauf hinarbeiten, daß wir dem Kinde von seinem Zahnwechsel bis zur Geschlechtsreife die berechtigte Autorität erhalten.

Nun müssen wir uns aber klar sein darüber, daß die Tatsache, daß wir gerade die Volksschulzeit einteilen müssen in drei Epochen, uns ja die Grundlage für das Ablesen des Lehrplanes und das Ablesen der Lehrziele gibt. Erste Volksschuljahre: die Nachahmung wird durchwirkt vom Autoritätsprinzip. 9. bis 12. Lebensjahr: das Autoritätsprinzip greift immer mehr über, die bloße Nachahmung tritt zurück. 12. Lebensjahr: die Urteilskraft erwacht. Im 9. Lebensjahr beginnt das Kind schon auch im eigenen inneren Erleben das Ich abzulösen von der Umgebung. Aber dieses Ich ruft es vom 12. Jahre an zum eigenen Urteilen auf.

Auf diesem Gebiete hängt wirklich die Art und Weise, wie wir über das Leben denken und empfinden, gar sehr zusammen mit der Art, wie wir über das richtige Unterrichten denken. Sie haben vielleicht gehört von dem aus naturwissenschaftlichen Grundanschauungen hervorgegangenen Philosophen Mach. Er ist ein sehr ehrlicher, aufrichtiger Mann gewesen, aber ein Mann, der eigentlich auch ganz in seinem Lebenstypus dargelebt hat den materialistisch gesinnten Menschen der Gegenwart. Weil er so ehrlich war, ehrlicher als die anderen, so lebte er auch die innerliche Struktur des materialistischen Denkens besonders aus. Und so erzählt er mit einer gewissen naiven Aufrichtigkeit, wie er einmal, nachdem er sehr ermüdet war, hinaufsprang in einen Omnibuswagen. Nun, da kam er hinein und, merkwürdig, auf der anderen Seite, vis-à-vis, springt, wie er sich sagte, ein schulmeisterlich aussehender Mensch hinein, der auf ihn einen ganz sonderbaren Eindruck macht. Er kam erst darauf, nachdem er sich schon niedergesetzt hatte – das gesteht er selbst –, daß da ein Spiegel war gegenüber der Einlaßtüre, so daß er sich selbst gesehen hat. So wenig wußte er von seiner äußeren Gestalt! Das passierte ihm noch einmal: es war ein Spiegel angebracht vor einem Schaufenster, er begegnete sich selbst darin und erkannte sich nicht! – Es hängt das, daß dieser Mann so wenig Anlage hatte, körperliche Erkenntnismerkmale zu sehen, mit seinem fanatischen Vertreten eines gewissen pädagogischen Prinzips zusammen. Der Mann ist nämlich ein fanatischer Feind alles Wirkens auf die jugendliche Phantasie des Kindes. Er will nicht, daß man dem Kinde irgendwelche Märchen erzählt, daß man dem Kinde etwas anderes beibringt, als was naturalistischer Abklatsch einer äußeren sinnlichen Wirklichkeit ist. So hat er auch seine Kinder erziehen lassen. Das erzählt er mit naiv ehrlicher Offenheit.

Nun, man mag denken wie man will über den geistigen Gehalt der äußeren sinnlichen Wirklichkeit, aber Gift ist es für den werdenden Menschen, wenn er gerade in der Zeit zwischen dem 6., 7. und dem 9. Jahre nicht gerade auf märchenhafte Art die Phantasie entwickelt bekommt. Ist der Lehrer selber kein Phantast, so wird er zunächst alles dasjenige, was er an das Kind über die Umgebung des Menschen heranbringen will – das Kind unterscheidet sich ja noch nicht von der Umgebung, das tritt erst später, im 9. Jahre ein –, alles das, was er entwickelt über Tier, Pflanze, über die übrige Natur, er wird es dem Kinde in Märchenform beibringen. Wenn man nur einmal sich damit vertraut machte, welch gewaltiger Unterschied darinnen liegt, ob man dem Kinde Märchen liest oder man solche Märchen selber erst ausgestaltet! Ich bitte, lesen Sie noch so viel Märchen und erzählen Sie gelesene Märchen Ihren Kindern, sie wirken nicht so, als wenn Sie viel schlechtere Märchen selber ausgestalten und sie an die Kinder heranbringen, und zwar weil der Prozeß des Gestaltens in Ihnen – das ist ja eben das, was ich meine mit dem Lebendigen – auf das Kind nachwirkt, weil er sich wirklich dem Kinde mitteilt. Das sind die Imponderabilien des Umgangs mit dem Kinde.

Es ist von einem großen Vorteil für die Entwickelung des Kindes, wenn man versucht, gewisse Vorstellungen durch äußere Bilder dem Kinde beizubringen, sagen wir zum Beispiel: Ich will, und es ist das gut, dem Kinde schon möglichst früh eine Empfindung von der Unsterblichkeit der Seele beibringen. Ich versuche das, indem ich mit allen Mitteln, die sich mir dafür ergeben, darauf hinarbeite; ich versuche das, indem ich das Kind darauf aufmerksam mache, wie aus der Schmetterlingspuppe der Schmetterling ausfliegt und indem ich es darauf hinweise: so fliegt die unsterbliche Seele aus dem Leibe aus.

Nun gewiß, es ist ein Bild; aber Sie werden nur Glück haben mit diesem Bilde, wenn Sie dieses Bild nicht als abstrakte intellektualistische Ausgestaltung an das Kind heranbringen, sondern wenn Sie selber daran glauben. Und man kann daran glauben. Dringt man wirklich ein in die Geheimnisse der Natur, dann wird einem selbst dasjenige, was aus der Schmetterlingspuppe ausfliegt, das von dem Schöpfer selbst in die Natur hineingestellte Symbolum für die Unsterblichkeit. Man muß an diese Dinge selber glauben. Und ganz anders wirkt das, was man selber in dieser Weise glaubt und erlebt, auf das Kind, als dasjenige, was man nur intellektuell annimmt. Darum wird in unserer Waldorfschule versucht, alles dasjenige, was sich auf die menschliche Umgebung bezieht, in den ersten Schuljahren durch die Phantasie an die Kinder heranzubringen. Wie gesagt, der Lehrer, der nicht selber ein Phantast ist, macht auch die Kinder nicht zu Phantasten, mag er noch so phantasievoll über Käfer und über Pflanzen und über Elefanten und über Nilpferde erzählen.

Das sind die beiden Dinge, um die es sich handelt: künstlerisch zunächst vorgehen, mit wirklicher Selbsthingabe an das künstlerische Gestalten, sagen wir, des Schreibens, so wie ich es gemeint habe, es sich aus dem Zeichnen entwickeln lassend, und zunächst in diesen ersten Volksschuljahren auf die Phantasie wirkend. Alles ist schädlich, was man vor dem 9. Lebensjahre an naturwissenschaftlicher Beschreibung oder dergleichen an das Kind heranbringt. Realistische Beschreibungen eines Käfers oder eines Elefanten oder was immer, so wie wir es gewöhnt sind in den Naturwissenschaften zu geben, auch in der Naturgeschichte zu geben, es ist schädlich vor dem 9. Lebensjahre für das Kind. Da müssen wir nicht schon auf den realistischen Nachdenksinn wirken, sondern auf die Phantasie. Allerdings, wir müssen das können. Da müssen wir dann die Gabe haben, wenn wir einer ganzen Klasse gegenüberstehen, wirklich beobachten zu können. Mir erscheint es gar nicht einmal so schlimm, wenn die Klassen, wenn sie gut gelüftet sind, wenn sie gesundheitlich richtig sind, viele Schüler haben; denn dasjenige, was man Individualisieren nennt, das geschieht von selbst, wenn der Lehrer so wirkt, daß das, was er tut, aus der lebendigen Erfassung der Menschenwesenheit und der Weltwesenheit hervorgeht. Dann wird er so interessant für seine Schüler, daß die sich selber individualisieren. Die individualisieren sich schon; sie individualisieren sich aktiv. Man braucht sich nicht mit jedem Einzelnen zu beschäftigen, daß passiv individualisiert wird. Aber dasjenige, um was es sich handelt, ist eben, daß man durchaus versucht, die ganze Klasse so zu behandeln, daß dieser lebendige Kontakt mit dem Lehrer vorhanden ist, der sich ganz von selbst ergibt. Wenn man sich selber in seinem eigenen Seelenleben daraufhin konfiguriert hat, Lebendiges zu erfassen, dann spricht Lebendiges zu lebendig Empfangenwollendem.

Hat man sich dann angeeignet eine wirkliche Beobachtungsgabe, dann kann man auch einer großen Klasse gegenüber etwas wahrnehmen. Man kann sehen, wenn man das Künstlerische, das erst später verabstrahiert, verintellektualisiert wird, an die Kinder so heranbringt, wie ich es jetzt skizzenweise dargestellt habe, daß dann sich die Physiognomien, die wirklichen Physiognomien der Kinder ändern, wie wirklich kleine Varianten in der körperlichen Physiognomie auftreten, und daß zwischen dem 7. und 9. Lebensjahre das Kind sich innerlich so erfaßt, daß man sieht, es kommt in seine Gesichtsphysiognomie etwas Gesund-Aktives, nicht Nervös-Aktives hinein. Es ist von einer eminenten Wichtigkeit für das ganze Leben, daß das eintritt; denn durch dieses Eintreten eines gesund-aktiven Momentes in die Physiognomie, dadurch gelangt man dazu, im späteren Leben auch Weltenliebe, Weltengefühl, innerliche Heilkräfte gegen jede Art von Hypochondrie, überflüssige Kritikasterei und dergleichen zu entwickeln. Eigentlich ist es schrecklich, wenn man als Erzieher und Lehrer es nicht erreicht, daß die Kinder auch äußerlich rein der Physiognomie nach mit dem 9. Lebensjahre etwas anderes sind als vorher. Vor großen Schulklassen, meine ich, braucht man nicht zurückzuschrecken; dagegen müßte man schon anstreben – die Einwände hiergegen kenne ich wohl und sage sie erst, nachdem ich die Einwände berücksichtigt habe –, daß man den Lehrer am besten die ganze Volksschule hindurch nicht wechselt; die erste Volksschulklasse einem Lehrer übergibt und diesen Lehrer aufrücken läßt in seiner Klasse, soweit es nur überhaupt geht, am besten bis zum Schluß der Volksschule. Wie gesagt, ich kenne alle Einwände; aber dasjenige, was geleistet wird dadurch an intimem Zusammenwachsen mit der Schülerschaft, das wiegt alle Nachteile auf; denn dadurch gleichen sich auch diejenigen Dinge aus, die anfangs noch als Nachteile auftreten durch die ja notwendige Unbekanntschaft mit der ganzen Individualität etwa einer Klasse, die viele Schüler hat; die gleichen sich im Laufe der Zeit aus. Man wächst immer mehr und mehr zusammen mit seiner Klasse und lernt wirklich solche Dinge kennen, die sich beziehen auf so etwas, wie ich es eben gesagt habe. Denn leicht ist es nicht, darauf zu kommen, diesen feinen Umschwung in der Physiognomie des betreffenden Kindes zu bemerken.

Es handelt sich mir nicht darum, daß ich Ihnen theoretisch aus irgendeinem Grunde habe mitteilen wollen, man könne jede seelisch-geistige Kraft des Menschen so verfolgen, daß man sie in ihrem Zusammenhange mit dem Leiblichen sieht, sondern darauf kommt es an, daß es einem gar keine Ruhe läßt, wenn man einmal begriffen hat, daß der Mensch in dieser Weise eine Einheit ist, bis man es in jedem einzelnen Falle wirklich erschaut. Man schult sich durch diese Beobachtungsweise erst, zu beobachten, wie die Menschen anders werden, dadurch, daß man sie in entsprechender Weise entwickelt. Es darf ja vielleicht verraten werden, daß man sich sogar eine gewisse Beobachtungsgabe dafür aneignen kann, wie ein Mensch noch zuhört, wenn er alt geworden ist. Man kann ganz gut einfach an der Physiognomie ablesen, ob der ganze Mensch zuhört, das heißt, dasjenige aufnimmt, was er hört, mit Vorstellen, Fühlen und Wollen, oder ob er bloß mit dem Vorstellen oder bloß mit dem Vorstellen und Fühlen durchdrungen zuhört, oder ob er als Choleriker es vielleicht auf seinen Willen wirken läßt. Es ist für den Pädagogen unter allen Umständen ganz besonders gut, wenn er auch für das Leben überhaupt sich solche Beobachtungsgabe anerzieht; denn alles das, was wir überhaupt im Leben uns aneignen, hilft uns, wenn es sich darum handelt, Kinder weiter zu bringen.

Wenn man, wie ich bei der Waldorfschule, sehen kann, wie der Lehrer seiner Individualität entsprechend wirkt, so bemerkt man, wie jede Klasse zusammen mit dem Lehrer ein Ganzes wird, was etwas anderes ist als die Summe der Kinder oder Lehrer und Kinder, und aus diesem Ganzen geht dann dasjenige hervor, was Entwickelung der Kinder ist. Das kann bei dem einzelnen Lehrer wieder in der allerverschiedensten Weise sein und gleich gut sein. Man braucht durchaus nicht zu glauben, daß diese Dinge eindeutig sind, die ich hier vorbringe. Sie sind nicht eindeutig. Sie sind so, daß sie sich durchaus individualisieren lassen, und man kann sagen: Einer, der neunjährige Knaben und Mädchen unterrichtet, kann sie in einer gewissen Weise gut unterrichten. Ein anderer, der ganz anders unterrichtet, unterrichtet sie auch gut; denn da tritt auch eine vollständige Individualisierung ein.

So meine ich, daß es möglich ist, wirklich für die einzelnen Lebensjahre des Volksschülers aus der Natur des Menschen Lehrplan und Lehrziele herauszufinden. Daher ist ein so großer Wert darauf zu legen, daß der Pädagoge selber Herr in der Schule ist – wenn ich den Ausdruck »Herr« gebrauchen darf –, daß nicht bestehen irgendwelche Normen, nach denen man sich zu richten hat, sondern daß der Pädagoge selber Herr der Schule ist, daß er verwächst nicht nur mit der Methodik, sondern daß er verwächst mit dem Plane der Schule, daß er verwachsen ist, ob er nun in einem Jahr die erste oder die achte Klasse unterrichtet, mit der ganzen Konfiguration der Volksschule selber und in der ersten Klasse schon so unterrichtet, daß in dieser Art des Unterrichtens auch die Art gegeben ist, wie man dann in der achten Klasse unterrichten muß.

Nun, von diesen Dingen will ich dann weiter ausgehend übermorgen den Lehrplan im Detail charakterisieren und die Lehrziele für die einzelnen Jahre rechtfertigen. Es ist natürlich, daß heute, weil wir ja in einer materialistischen Kultur drinnenstecken, die auch auf unseren Lehrplan und unsere Lehrziele sich auswirkt, man diese Dinge nur wie ein Ideal für die Zukunft hinstellen, und sie dann verwirklichen kann, soweit es geht. Wenn einmal irgendwo eine Lücke ist, wie im Württembergischen Schulgesetz, kann man in diese Lücke gerade noch kompromißweise etwas hineinbringen. Aber solche Dinge müssen eben doch aufgenommen werden; denn ich glaube, sie hängen zusammen mit dem, was wir durchdringen müssen, damit wir über die Misere hinauskommen, die sich in den Ereignissen der letzten fünf bis sechs Jahre gezeigt hat.

SECHSTER VORTRAG

Basel, 28. April 1920

Eurythmischer, musikalischer, Zeichen- und Sprachunterricht

Um einiges, was ich später ausführen will, zu illustrieren, gehe ich heute von einer Verhaltungsmaßregel aus, die ich in unserer Stuttgarter Waldorfschule versuchte. Nachdem ich dem Unterricht in den acht Klassen beigewohnt hatte und mich überzeugt hatte, wie unterrichtet wird, wurde ich in einer Lehrerkonferenz darauf aufmerksam, daß der eine oder der andere der Lehrer mit diesem oder jenem Kinde nicht fertig wurde, und daß im allgemeinen dem, was man gern in einer bestimmten Zeit erreichen wollte, aus diesem oder jenem Grunde eine gewisse Anzahl von Kindern in der Schule nicht folgen konnte. Ich habe mir dann die Liste dieser zurückbleibenden Kinder geben lassen und mir aufeinanderfolgend gerade die Kinder einer jeden einzelnen Klasse kommen lassen, die sich als solche Schwächlinge in der damals verlaufenen Zeit des Schuljahres ergeben haben. – Da ich mich nur während der Weihnachtsferien in Stuttgart aufhalten konnte, war dies nur durchzuführen, weil sowohl die Eltern als auch die Kinder unserer Waldorfschule außerordentlich willig waren. – Es handelte sich für mich dann namentlich darum, mit dem betreffenden Klassenlehrer zusammen festzustellen, um was es sich eigentlich psychologisch oder vielleicht auch physiologisch handeln könne. Bei einer solchen Prüfung der Schülerfähigkeit muß man – und das möchte ich zur Illustration des Folgenden sagen – von etwas tieferen Prinzipien ausgehen, als diejenigen sind, die man heute anzuwenden pflegt unter dem Einfluß der sogenannten experimentellen Psychologie, gegen die ich auch nichts vorbringen will, wenn sie in ihren Grenzen bleibt.

Ich versuchte vor allen Dingen dies Prinzip zur Geltung zu bringen, daß man fehlerhafte Anlagen zuweilen prüfen muß an Dingen, die der eigentlichen Äußerung dieser fehlerhaften Anlagen sehr, sehr ferne liegen. Zum Beispiel nehmen wir den Fall: es stellte sich heraus, daß ein Kind, meinetwillen in der dritten Volksschulklasse, also ein acht- oder achteinhalbjähriges, wie es dort ist, durchaus nicht zu einer gewissen Aufmerksamkeit zu bringen ist. Wenn es aufmerkt, sagen wir, so kann man ihm etwas beibringen, das es übrigens vielleicht dann bald vergißt; aber es ist nicht möglich, das Kind in der richtigen Weise zu einem bestimmten Grade, zu einem wünschenswerten Grade von Aufmerksamkeit zu bringen.

Nun nahm ich ein solches Kind vor. Wie gesagt, die Kinder sind dort sehr willig durch die ganze Haltung unserer Lehrerschaft, die ja in der Art vorbereitet ist, wie ich es Ihnen neulich charakterisierte. Ich nahm also ein solches Kind vor und versuchte zum Beispiel folgende Prüfung mit ihm. Ich sagte: Nimm einmal schnell deinen linken Unterarm mit deiner rechten Hand. Oder nachher zeichnete ich ihm den Umriß eines Ohres auf und fragte: Ist das ein linkes Ohr? Ist das ein rechtes Ohr? Oder ich zeichnete irgendeine geometrische Figur, die das Kind eigentlich gar nicht zu verstehen braucht, neben eine andere Figur, und versuchte herauszubekommen, ob das Kind eine Empfindung hat dafür, daß die eine Figur zu der anderen symmetrisch gestaltet ist, und wie lange das Kind braucht, um dies festzustellen, nicht nach irgendeiner Uhr gemessen, sondern nach dem Gefühl gemessen.

Auf diese Weise konnte man sehen, daß solch ein Kind eine schnellere oder langsamere Begabung hat für unmittelbare Lebenstatsachen. Nach einigen Monaten kam ich wiederum an die Schule, und da stellte sich heraus – einfach indem solche Dinge berücksichtigt worden sind, indem mitten in den Unterricht hinein ähnliche Fragen an das betreffende Kind gestellt worden sind, daß zwei-, drei-, viermal so etwas mit ihm gemacht wurde –, daß schon eine gewisse Wirkung auf das Kind erzielt worden war. Eine gewisse Wirkung hat es nämlich immer auf das Kind, wenn man versucht vom Bildlichen auszugehen, aber von solchem Bildlichen, das sich an die eigene Körperlichkeit, an die eigene Leiblichkeit anknüpft, also nicht von etwas Bildlichem bloß auszugehen, das das Kind anschaut, das außer dem Kinde ist, sondern von dem Bilde auszugehen: erfasse mit der rechten Hand deinen linken Unterarm, oder dergleichen.

Diese Bildlichkeit, wo das Kind sich selbst in das Bild hineinstellen muß, das ist etwas, was dann fortdauernd auf das Kind wirkt. Wer mit Geisteswissenschaft nicht bekannt ist, kann nicht in der richtigen Weise die ganze Impression, den ganzen Eindruck, den ein solches Bild auf das Kind macht, von einem anderen, mehr abstrakten Bild, das nur äußerlich angeschaut wird, unterscheiden. Wir unterschätzen nämlich, wenn wir nicht von Geisteswissenschaft ausgehen, den Einfluß, den auf die ganze Entwickelung eines Kindes die Zeit hat, die das Kind verschläft. Es wird viel zu wenig in der Menschenbeobachtung ins Auge gefaßt, welch ein Geschehen vor sich geht vom Einschlafen bis zum Aufwachen. Nicht wahr, innerhalb unserer materialistischen Weltanschauung, in unserer praktischen Empfindung sind wir doch mehr oder weniger gedrängt dazu, wenn wir es auch bestreiten wollten, das Geistig-Seelische wie unmittelbar aus dem Körperlich-Physischen her sich ergebend anzusehen. Dadurch werden wir niemals darauf aufmerksam, daß tatsächlich während des Wachens vom Aufwachen bis zum Einschlafen wir es zu tun haben mit einem Zusammensein des Geistig-Seelischen mit dem physischen Menschen und daß wir es dagegen zu tun haben vom Einschlafen bis zum Aufwachen mit einem ganz anderen Wesen, das da im Bette liegt. Dieses Wesen, das da im Bette liegt, ist eigentlich seines höheren Geistig-Seelischen beraubt, und dieses Geistig-Seelische führt ein außerkörperliches Dasein vom Einschlafen bis zum Aufwachen. Aber wenn dieses Geistig-Seelische sein Bewußtsein auch erhält durch die Körperlichkeit – unser Körper ist notwendig, damit wir von unserem Seeleninhalte ein Bewußtsein haben –, so ist unsere Körperlichkeit nicht notwendig, um diesen Seeleninhalt zu erleben. Es geht in dem Seeleninhalt fortwährend etwas vor in der Zeit vom Einschlafen bis zum Aufwachen. Und das, was da vorgeht, das kann man ja allerdings nur studieren mit Hilfe von geisteswissenschaftlichen Untersuchungen. Da stellt es sich dann heraus, daß nur das Bildhafte, das heißt das, was entsprechende Gefühle erweckt, in unser Seelisches eingeht, und daß alles das, was wir nur an abstrakten Begriffen aufnehmen, was wir aufnehmen an unanschaulichen, unbeweglichen Begriffen, nicht an uns arbeitet vom Einschlafen bis zum Aufwachen, gar nicht eingeht in unmittelbarer Weise in unser Seelisches.

In gesunder Weise beim Kinde geht das Bildhafte nur ein, wenn es in irgendeiner Weise an die eigene Körperlichkeit gebunden ist, wenn die eigene Körperlichkeit damit verknüpft ist. Auf solch feine Unterschiede im Leben kommt außerordentlich viel an für eine Grundlegung der pädagogischen Kunst. Wir müssen geradezu rechnen lernen mit der Mitwirkung des Geistig-Seelischen in dem Zustande, den der Mensch vom Einschlafen bis zum Aufwachen durchmacht. Lernen wir das nicht reichen, in den Gesetzen von Wind und Wetter, in den Gesetzen von Pflanze, Tier und Mineral. Sie haben auch in noch älteren Zeiten gewirkt. Aber der Mensch lenkte nicht hin den Blick auf das, was ihm da äußerlich entgegentrat, denn er war innerlich inspiriert von den anderen. Er war abgelenkt von der äußeren Welt. Woher kam das?

Wie haben wir es zu verstehen, daß diese anderen Hierarchien, die, wie wir wissen, niedriger stehen als die Geister der Form, dem damals schon bestehenden Wirken der Geister der Form gegenüber ihren Einfluß in so beherrschender Weise geltend machten? Das hängt zusammen mit einer ganz bestimmten periodischen Entwickelung unserer gesamten Erde. Diese Dinge sind für den hellseherischen Blick, der mit Hilfe der Akasha-Chronik nach rückwärts schaut, ganz anders als sie sich ausnehmen für die Spekulationen, die auf Grundlage der heutigen geologischen Tatsachen gemacht werden. Wenn wir da zurückgehen hinter die Wirksamkeit der Geister der Persönlichkeit in der chaldäischen Periode, hinter die der Erzengel in der persischen und der Engel in der altindischen Periode, so kommen wir ja zu dem Zeitraum unserer Erde, in dem die atlantische Katastrophe am allerärgsten wütete. Wir kommen allmählich ganz in die atlantische Katastrophe hinein. Es ist die Zeit, auf welche hinweisen die Sintflutsagen der verschiedenen Völker, und in der Tat hat es damals anders ausgesehen, als die geologischen Hypothesen der gegenwärtigen Zeit es ausmalen. In der noch früheren atlantischen Zeit, da hat es wiederum ganz anders ausgeschaut. Der Mensch war ein verwandelbares Wesen. Das ganze Antlitz der Erde war vor dieser Katastrophe anders als es sich die Menschen jetzt träumen lassen. Nun können Sie sich denken, daß damals in noch höherem Maße geistige Hierarchien auf die Erde hereingewirkt haben.

Wir haben gleichsam eine Grenze zwischen den alten Einwirkungen in der atlantischen Zeit und denen in der nachatlantischen Zeit, eine Grenze, die ausgefüllt ist von der atlantischen Katastrophe, von jenen Vorgängen, die das Antlitz unserer Erde in bezug auf Verteilung von Wasser und Land total verändert haben. Solche Zeiten und ihre Veränderungen hängen zusammen mit großen Vorgängen in der Konstellation, in der Lage und Bewegung der mit der Sonne zusammenhängenden Weltenkörper. Und in der Tat wird aus dem Makrokosmosraum

301 Die Erneuerung der pädagogisch-didaktischen Kunst
durch Geisteswissenschaft
ISBN 3-7274-3010-9
4. Auflage Gesamtausgabe Dornach 1991

kennen, dann werden wir im Grunde genommen doch recht wenig für das spätere Leben durch die Schulzeit oder überhaupt durch die Erziehungszeit erreichen.

Aber erst dadurch, daß wir diese zwei Glieder der menschlichen Wesenheit zusammen schauen, indem wir es mit dem Kinde zu tun haben, erst dadurch werden wir aufmerksam darauf, wie sich in dem Kinde zusammensetzt dasjenige, was es scheinbar als eine ganz einheitliche Tätigkeit vollbringt. Wir müssen uns nämlich durchaus klar werden darüber, daß, wenn wir versuchen, irgend etwas an das Kind rein intellektualistisch heranzubringen, daß wir dann unter Umständen gerade bei dem einen oder bei dem anderen Kinde versagen. Wenn wir uns bemühen, dasjenige, was fehlt, also zum Beispiel die schnell sich erfassende Aufmerksamkeitskraft durch solches Bildliche zu unterstützen, dann bringen wir an das Kind etwas heran, was es vielleicht gerade im einzelnen Falle braucht.

Wenn man es aus den sozialen Verhältnissen heraus notgedrungen mit einer größeren Schülerzahl zu tun hat, kann man bei gutem Willen selbst bei großen Klassen dann in einer gewissen beschränkten Weise individualisieren – indem man zum Beispiel Schwächlinge herausnimmt und aufmerksam zu werden versucht auf dasjenige, was ihnen fehlt und was durch vielleicht fernliegende Kleinigkeiten abgeändert werden kann. Das hier Charakterisierte möchte ich allerdings nicht als mustergültig hinstellen, aber das Mustergültige muß in dieser Richtung liegen. Das Wesentliche ist, daß man durch ein solches Studium des kindlichen Lebens es dahin bringt, zu begreifen, wie scheinbar ganz einheitliche Tätigkeiten in der menschlichen Natur sich aus einer Zweiheit heraus ergeben, und das muß man beachten.

Ich habe vorgestern hier entwickelt, wie der Schreibunterricht ausgehen soll von dem Zeichenunterricht, vielleicht sogar von einem einfachen Malunterricht, der aber dann dienen wird für manches andere noch, das ich erwähnen werde. Ich habe in der Waldorfschule überhaupt den Versuch gemacht, und es scheint mir, daß schon gewisse Beweise für das Gelingen nach kurzer Zeit vorhanden sind, bei den kleinsten Kindern gerade überall von einer Art Künstlerischem auszugehen. Unsere Kinder in der Waldorfschule, die kleinsten, werden eigentlich schulmäßig kaum zwei Stunden des Tages in Anspruch genommen. Eine für die heutigen Verhältnisse große Zeit wird verwendet, damit gleich die Kleinsten fremdsprachlichen Unterricht erlernen. Und es ist

– ich weiß, wie viele Vorurteile dagegen sind – von einer ungeheuer tiefgehenden Wirkung in bezug auf das Lebendig- und Aufmerksam-Werden der Kinder, in bezug auf das Wachwerden der Seelen, wenn man versucht, ohne irgendwelche grammatische Pedanterie, bloß in einer Art sachlichen Konversierens, fremdsprachlichen Unterricht gerade an kleine Kinder heranzubringen. Französischen und englischen Unterricht bekommen unsere Kinder sofort, wenn sie in die Schule hereinkommen. Darauf wird eine größere Zeit verwendet als es sonst üblich ist. Das Weitere, und zwar der Nachmittagsunterricht, besteht fast nur darinnen, daß wir Musikalisches treiben. Dem eigentlichen Schulunterricht fügen wir aber schon das ein, was ich die zeichnerische Grundlage für das Schreiben nenne. Also die Kleinsten werden vor allen Dingen in der Weise zum Zeichnen angeleitet, wie ich es nachher charakterisieren werde. Den Nachmittag, mit Ausnahme von ein paar Religionsstunden, welche die Pastoren, die Geistlichen erteilen, wo man sich richten muß nach der Zeit, verwenden wir fast ausschließlich dazu, körperliche Übungen zu machen und Gesanglich-Musikalisches zu treiben. Da sieht man gerade, wenn man bei den Kleinsten gleich so anfängt, daß man wirklich den ganzen Menschen erfassen kann mit dieser Art der künstlerischen Grundlegung des ganzen Unterrichtes.

Durch das Musikalische werden vor allen Dingen die Kinder verinnerlicht. Nun haben wir die körperlichen Übungen so eingeteilt, daß wir teilen zwischen dem bloßen physiologischen Turnen und demjenigen, was wir die Eurythmie nennen. Dasjenige, was wir die Eurythmie nennen – Eurythmie kommt auch vom künstlerischen Standpunkte aus in Betracht, aber das werde ich ein anderes Mal auseinandersetzen, könnte ich vom pädagogisch-didaktischen Standpunkte nennen ein beseeltes Turnen. Das wird hinzugefügt zu dem bloßen physiologischen Turnen. Sehen Sie, das bloße physiologische Turnen – womit ich das Turnen meine, wie es heute getrieben wird –, das geht doch mehr oder weniger, wenn man es auch leugnet, von einem Studium der menschlichen Körperlichkeit aus. Gewiß, ich weiß, daß dagegen sich manches einwenden läßt. Aber im ganzen denkt man doch nur auch bei dem, was man Durchseelung des Turnunterrichts nennen könnte – die heutige Naturwissenschaft gibt ja auch keinen Anlaß mehr zu denken –, doch nur eigentlich an das Physiologische oder höchstens an das Psychologische. Die Eurythmie unterscheidet sich von dem dadurch, daß jede Bewegung, die das Kind macht, beseelt ist, daß jede Bewegung nicht nur eine körperliche Bewegung ist, sondern daß jede Bewegung ebenso der Ausdruck eines Seelischen ist, wie der Sprachlaut der Ausdruck eines Seelischen ist.

Da hat sich allerdings herausgestellt, daß wirklich durch die ganzen 280 Kinder hindurch, die wir in der Waldorfschule in acht Klassen haben, daß drei diesen Unterricht nicht mitmachen wollten. Sie wollten ihn nicht. Die anderen haben die größte Freude daran. Ging man der Sache nach, so fand man, daß diese drei die aktive Betätigung nicht liebten. Sie sind zu faul dazu; sie wollen lieber Bewegungen machen, die den Menschen bloß passiv in Anspruch nehmen. Sie wollen nicht hineingießen in die Bewegung dieses Durchseeltsein der Bewegung.

Eurythmie läuft zuletzt darauf hinaus, daß man, wenn man sie versteht, eurythmisierend, von Eurythmie ablesen kann genau ebenso ein Wort, einen Satz, wie durch die bloße Lautsprache. Es ist Eurythmie entstanden dadurch, daß – wenn ich den Goetheschen Ausdruck gebrauchen darf – durch sinnlich-übersinnliches Schauen die Bewegungstendenzen des Kehlkopfes, des Gaumens, der Lippen studiert sind, und daß nach dem Goetheschen Metamorphosenprinzip die Bewegung eines Organs übertragen ist auf den ganzen Menschen. Bei Goethe herrschte die Anschauung, daß die ganze Pflanze nur ein kompliziertes Blatt sei. Wir sagen: Alles das, was der Mensch an Bewegungen nach seinem Willen vollziehen kann, ist ein Nachbilden dessen, was nicht die wirklichen Bewegungen, aber die Bewegungstendenzen sind in den Sprachorganen, so daß immer der ganze Mensch zu einem lebendig bewegten Kehlkopfe wird.

Das ist etwas, was ungeheuer selbstverständlich auf die kindliche Natur wirkt; denn man muß nur bedenken, daß das Sprechen in Lauten ein Lokalisieren der menschlichen Gesamttätigkeit ist. Es fließt zusammen in dem Sprechen die Vorstellungstätigkeit und die Willenstätigkeit, und indem sie sich begegnen, werden sie Gefühlstätigkeit, Vorstellungstätigkeit und Willenstätigkeit. Die vorstellende Tätigkeit, die in unseren zivilisierten Sprachen zum größten Teile eine sehr abstrakte ist, die wird nun gelassen bei der Eurythmie, und es fließt alles aus dem ganzen Menschen aus dem Willen heraus, so daß der Wille eigentlich bei der Eurythmie in Anspruch genommen wird. Eurythmie ist das Gegenteil vom Träumen. Träumen bringt den Menschen in das Erleben der Vorstellungswelt. Er liegt ruhig da, und die Bewegungen, die er sich vorstellt, die sind nicht in Wirklichkeit da. Er mag große

Landpartien unternehmen im Traume – er bewegt sich in der Wirklichkeit nicht. Das ist alles in seiner Vorstellung vorhanden. Bei der Eurythmie ist das Umgekehrte da. Beim Traum ist der Mensch halb eingeschlafen, bei der Eurythmie stärker aufgewacht, als er im gewöhnlichen Leben aufgewacht ist. Er führt dasjenige aus, was gerade im Traume unterschlagen wird; er unterdrückt dasjenige, was im Traume die Hauptsache ist; er führt für alles, was Vorstellen ist, zugleich eine Bewegung aus. Diese Aktivität, sie paßt allerdings manchen Kindern nicht. Also, ich bin fest überzeugt davon, und ich muß sagen, die kurze Zeit, in der wir in dieser Weise die sonst für das Turnen vorgeschriebene Zeit zwischen Turnen und Eurythmie teilen, sie hat mich doch schon überzeugt davon – natürlich dem Grade nach, die Sache muß erst weiter ausgeprüft werden –, daß das bloße physiologische Turnen gewiß diejenigen Dinge teilweise erreicht, die man anstrebt, aber es trägt dieses physiologische Turnen nichts bei zu der Stärkung der von der Seele ausgehenden Willensinitiative, höchstens indirekt, dadurch, daß man lernt, gewisse körperliche Ungeschicklichkeiten leichter zu überwinden. Aber in positiver Weise trägt das bloße physiologische Turnen nichts zur Willensinitiative bei. Und ich kann nicht anders, als dieser Frage auch eine große soziale Bedeutung beilegen.

Sehen Sie, ich frage mich heute: Woher kommt es denn, daß wir, trotzdem wir durch die Not der letzten Jahre gegangen sind, heute vor einer Menschheit stehen, welche so wenig Verständnis hat für die um sich greifende Willenslähmung? Diejenigen, die hier in der Schweiz leben und niemals sich zum Beispiel Gegenden anschauen, wie man sie heute in Deutschland finden kann, die haben doch kein rechtes Verständnis für eine solche Erscheinung. Sie werden dieses Verständnis in fünf bis sechs Jahren oder vielleicht etwas später erwerben; denn dasjenige, was sich in einzelnen Gegenden Europas ergibt, wenn nicht Remedur geschaffen wird, wird sich über ganz Europa verbreiten – man hat in Gegenden, die noch wenig davon betroffen sind, keine Vorstellung davon, wie gelähmt gerade der seelische Wille zum Beispiel der mitteleuropäischen Bevölkerung ist. Das ist etwas Furchtbares. Wenn man sich Mühe gegeben hat, durch Wochen und Monate die Leute auf das oder jenes hinzuweisen und man dann mit dem einen oder anderen spricht hinterher, sagt er: Das mag ja alles recht sein, aber es ist schon alles ganz gleich! Das ist eine Rede, die ich oft und oft gehört habe im Verlaufe eines Jahres. Und ich kann nicht anders – ich habe mir viel

Mühe gegeben, auf die Gründe für solche Dinge zu kommen – als auch das als eine Folge der großen Lobhudelei – wenn ich mich des Ausdruckes bedienen darf, ich bitte aber, daß Sie mir ihn nicht übelnehmen – des bloßen physiologischen Turnens anzusehen. Das stärkt nicht die Initiative des Willens! Die Initiative des Willens wird gestärkt, wenn man Bewegungen ausführt als Kind, wo jede einzelne Bewegung eine seelische zu gleicher Zeit ist, wo Seele sich hineingießt in jede einzelne Bewegung.

Wenn man in dieser Weise versucht, künstlerisch und – wenn ich mich des Ausdrucks bedienen darf – künstlerisch-menschlich an die Dinge heranzukommen, da sieht man, was gerade die jüngsten Kinder von einer solchen künstlerischen Führung des Unterrichts in Wirklichkeit haben. Durch dasjenige, was sie als beseeltes Turnen durchmachen – das kann man ganz deutlich sehen –, wächst ihr Interesse für die Außenwelt. Es ergibt sich als eine ganz notwendige Folge, daß das Interesse für die Außenwelt wächst. – *Herman Grimm*, der Kunsthistoriker, hat mir in verschiedenen Gesprächen seine Verzweiflung darüber ausgesprochen, daß die Gymnasiasten, die an die Universität kommen und denen er Kunstgeschichte vortragen sollte, bei der Vorführung eines Bildes von Raffael nicht unterscheiden konnten, welche Gestalten hinten und welche vorne stehen, daß sie gar nicht den geringsten Begriff haben von irgend etwas, was im Hintergrunde, im Vordergrunde ist. Herman Grimm sagte mir oft: Ich bin ganz verzweifelt, wenn ich diese Schüler bekomme und ihnen dann Kunstgeschichte vortragen soll. – Bei solchen Kindern, die nun in den ersten Jahren schon lernen, mit bewußtem Seelenleben ihre eigenen Bewegungen zu durchdringen, würde dies, wie ich glaube, ganz und gar nicht möglich sein. Sie bekommen ein solches Interesse für die Beobachtung der Außenwelt, daß das ganz erstaunlich ist. Zu dieser Kultur des Willens hat man in der entsprechenden Weise hinzuzufügen die Kultur der Innerlichkeit, die entsteht, wenn man richtiges Musikalisches und Gesangliches an die Kinder heranbringt. Und beides muß im Einklang gehalten werden. Wir haben, um diesen Einklang zu erreichen, eben den Versuch gemacht, daß der Gesangs-, der Eurythmie- und der Turnunterricht durch dieselbe Lehrkraft erteilt werden. Wenn man dieses versucht, so findet man, daß durch das Eurythmisch-Turnerische das Verhältnis zur Außenwelt in bezug namentlich auf das, was vom Willen ausgeht, gestärkt wird, mit Initiative durchdrungen wird, und daß vom Musikalischen in jeder Form ausgeht die gemüthafte Verinnerlichung. Das ist etwas, was außerordentlich bedeutsam ist. Dann aber, wenn man in dieser Weise versucht, das werdende Kind zu studieren, dann wird man eben aufmerksam, wie namentlich beim werdenden Kinde Dinge, die einheitlich zu sein scheinen, aus zwei Quellen des menschlichen Erlebens hervorgehen.

Ich habe wirklich durch Jahrzehnte hindurch vor allen Dingen meine Aufmerksamkeit zugewendet dem primitiven Zeichnen der Kinder. Dem Zeichnen der Kinder kommt man nicht bei, wenn man versucht, die primitiven Formen, zu denen das Kind es bringt, bloß zu verfolgen, sondern um richtig zu verstehen, was eigentlich vorgeht in dem Kinde, indem es zeichnet, ist notwendig, daß man beobachtet Kinder, die aus irgendwelchen Umständen heraus schon mit dem 6., 7. Jahre Neigung haben zu zeichnen, dann wiederum, daß man beobachtet solche Kinder, welche durch irgendwelche Umstände nicht dazu kommen, vor dem 9., 10. Jahre zu zeichnen. Es ist ja nicht gut, daß es solche Kinder gibt, aber in unserem Leben hat es wirklich solche Kinder genügend zu beobachten gegeben. Es ist ein großer Unterschied in den Zeichnungen, die diejenigen hervorbringen, die etwa mit zehn Jahren zeichnen und noch niemals früher gezeichnet haben, gegenüber den Zeichnungen, die im 6., 7. oder im 8. Jahre hervorgebracht werden. Der Unterschied ist der, daß Kinder, welche im frühen kindlichen Alter irgendwie veranlaßt werden zu zeichnen – das wissen Sie ja alle, ich brauche das nur zu wiederholen –, in einer sehr primitiven Weise zeichnen. Sie zeichnen so, daß sie, sagen wir, einen Kopf zeichnen (es wird gezeichnet), Kopf, zwei Augen, einen Mund – sie zeichnen ja oftmals die Zähne – und dann gleich die Beine. Oder aber sie zeichnen: Kopf, sie zeichnen dann auch den Rumpf, machen da zwei Striche (für die Arme), und manchmal werden sie sich bewußt, daß dies noch etwas wie eine Hand hat oder dergleichen.

Nun, solche Zeichnungen können Sie ja verfolgen. Es ist ja auch da in den pädagogischen Handbüchern außerordentlich reiches Material gesammelt. Nun handelt es sich aber darum, daß man solche Zeichnungen aus dem ganzen Wesen des Menschen heraus verstehen lernt. Das ist heute außerordentlich schwierig, weil wir im Grunde genommen nicht umfassende Kunstanschauungen haben, weil wir den ganzen Prozeß des künstlerischen Hervorbringens des Menschen nicht in der richtigen Weise erfassen. Unsere Kunstanschauung ist beeinflußt von dem künstlerischen Schaffen, wie es sich herausgebildet hat in der neueren Zeit. Und eigentlich wird ja erst in den allerletzten Jahren in oftmals recht unzulänglicher Weise Front gemacht gegen dasjenige, was sich da herausgebildet hat – in oftmals recht unzulänglicher Weise, das sage ich ausdrücklich. Denn im Grunde genommen hängt unser ganzes künstlerisches Hervorbringen in irgendeiner Weise am Modell, das heißt, an der äußeren Anschauung.

Ich habe wahrhaftig in meinem Leben viel Zeit zugebracht in Ateliers und habe gesehen, wie alles beim heutigen Künstler, namentlich beim Bildhauer, beim Maler, vom Modell abhängig ist. Das führt dann dazu, daß man zum Beispiel glaubt, daß auch die Griechen vom Modell in ihrem künstlerischen Schaffen abhängig waren, und doch ist dieses nicht der Fall. Es ist nicht der Fall. Wer richtig versteht so etwas wie, sei es meinetwillen die Laokoon-Gruppe, sei es irgendeine einzelne Figur – wir haben ja solche natürlich aus der späteren griechischen Kunstzeit –, aber wer sich wirklich hineinversenkt in diese Dinge, der wird doch nach und nach dazu kommen, einzusehen die Unabhängigkeit gerade des griechischen Künstlers vom Modell. Gewiß, der griechische Künstler konnte gut anschauen, und er konnte gut behalten das Bild. Aber das allein genügt eben nicht. Der griechische Künstler schuf namentlich als Plastiker so, daß er von dem Fühlen des Gliedes, von dem eigenen Fühlen und Empfinden des Gliedes und seiner Bewegung im künstlerischen Schaffen ausging, daß er zum Beispiel einen gebeugten Arm mit einer geballten Faust innerlich empfand, und dieses innerliche Empfinden, also nicht dasjenige, was er bloß mit dem Auge anschaute an dem äußeren Modell, gab er wieder, sondern dieses innerliche Empfinden, dieses Fühlen der menschlichen Gestalt, das prägte er dem Stoffe ein. Es ist tatsächlich dieses innerliche Erfühlen des Menschen seit der Griechenzeit der europäischen Zivilisation verlorengegangen. Und man muß erst studieren den Übergang vom Erfühlen des Menschen, von seiner organischen Selbsterkenntnis, die beim Griechen da war, die schließlich in jedem griechischen Gedicht steckt, die in jedem griechischen Drama steckt, wenn man sie nur finden will – man muß den Unterschied zwischen diesem Erfühlen, dieser organischen Selbsterkenntnis des Menschen, besser gesagt Selbstanschauung des Menschen oder Selbsterfühlung des Menschen, und dem, was entsteht durch anschauungslose Nachahmung des Angeschauten, durch das Bauen auf das Modell erkennen können. Und gewiß, es floß beim griechischen Künstler dasjenige, was er wollte, zusammen. Man hat es ja leicht, nicht wahr, indem man sagt: durch die olympischen Spiele und dergleichen konnte der Grieche die Formen übersehen. Gewiß, das trug auch dazu bei; aber das Wesentliche des künstlerischen Schaffens war dieses innerliche Erfühlen, das Organ-Erfühlen. Und so war er schaffend ganz stark unabhängig von dem Modell, das höchstens für ihn eine Art Vorwurf war, an den er sich äußerlich hielt. Das Wesentliche war bei ihm dieses innerliche Erfühlen, diese organische Selbsterkenntnis.

Und ich muß sagen: sehe ich mir jetzt noch so primitive und schematische Zeichnungen eines Kindes an, so finde ich in jeder einen Zusammenfluß der kindlichen Anschauung und des kindlichen primitiven Sicherfühlens in den Organen. Man kann, ich möchte sagen, in jeder einzelnen Linie dieser kindlichen Zeichnungen auseinanderhalten: da versucht das Kind etwas aufzusetzen, was aus dem Auge stammt; da versucht es etwas hineinzusetzen, was aber bloß aus dem innerlichen Erfühlen stammt. Nehmen Sie sich eine ganze Anzahl von kindlichen Zeichnungen, versuchen Sie zu sehen, wie das Kind Arme und Beine zeichnet, dann werden Sie sehen, das stammt aus dem innerlichen Erfühlen; nehmen Sie an, wenn das Kind Profil zeichnet, das stammt aus dem Anschauen. Aus zwei Quellen des seelischen Lebens fließt das zusammen. Und die Sache wird interessant, wenn man dann Zeichnungen von Kindern nimmt, die bis zu einem gewissen Lebensalter nicht gezeichnet haben, die zeichnen mehr oder weniger eigentlich Intellekt. Die kleinen Kinder zeichnen nicht Intellekt, die zeichnen Erleben, primitive Anschauungen verquickt mit dem primitiven Organ-Erfühlen. Ich glaube, man kann immer unterscheiden, wenn das Kind den Mund hinzeichnet, so ist der Umriß des Mundes angeschaut, wenn es die Zähne macht, da ist das aus dem innerlichen Organ-Erfühlen in irgendeiner Weise genommen. Wenn Sie aber ein Kind, das erst anfängt im 9. oder 10. Jahre zu zeichnen, verfolgen in seinem Zeichnen, so werden Sie sehen, das macht eigentlich manchmal viel schönere expressionistische Sachen als die Expressionisten; das zeichnet, das malt hin unter Umständen sogar, besonders gern mit dem Buntstift, malt hin dasjenige, was es sich einbildet, was es sich ausgedacht hat. Es ist manchmal ganz merkwürdig, wie Kinder irgend etwas, wovon man zunächst gar nicht weiß, was sie wollen, hinzeichnen und dann sagen: Das ist der Teufel, oder: Das ist ein Engel. Es sieht gar nicht irgendwie wie ein Engelwesen aus, aber das Kind sagt: Das ist ein Engel. Es malt seinen Intellekt, es malt das, was es sich eingebildet hat.

Es ist ebenso, wenn in den Jahren, in denen es darauf ankommt, zwischen dem 6., 7. und 9. Jahre, nicht gepflegt wird das innerliche Organempfinden, dann überwuchert sogleich der Intellekt. Und dieser Intellekt, der ist im Grunde genommen der Feind des intellektuellen menschlichen Lebens und auch des sozialen Lebens, wobei ich durchaus nicht für die Verdummung der Menschheit sprechen will. Aber es kommt darauf an, daß wir eben den Intellekt in seiner parasitären Natur erkennen, daß wir ihn erkennen so, daß wir ihn für vollkommen nur ansehen, wenn er aus dem ganzen Menschen sich ergibt und nicht einseitig auftritt. Aber man wird nur etwas erreichen nach dieser Richtung, wenn man den künstlerischen Zeichen- und Musikunterricht – ich will über all diese Dinge noch einiges später sprechen – unterstützt zu gleicher Zeit durch andere Zweige des Unterrichts, vor allen Dingen durch den Sprach- und auch durch den Rechenunterricht.

Sprachunterricht – sehen Sie, erst muß man den ganzen Sinn des Sprachunterrichtes kennenlernen. Ich muß sagen, eigentlich ging mir der Sinn des Sprachunterrichts auf, als ich Gelegenheit hatte zu verfolgen, was sich ergibt, wenn dialektsprechende Kinder mit anderen Kindern, die nicht Dialekt sprechen, in der Schule zusammensitzen. Gerade die Beobachtung der dialektsprechenden Kinder und die Führung der dialektsprechenden Kinder ist ja außerordentlich wichtig und auch interessant. Der Dialekt, jeder Dialekt hat nämlich eine gewisse Eigentümlichkeit. Er geht noch aus dem hervor, was ich innerliches Erfühlen des Menschen nennen möchte, genau ebenso, wie es ein innerliches Organ-Erfühlen gibt, das nur unter unserem heutigen Intellektualismus sehr zurückgegangen ist, so ein innerliches Erleben, das doch den ganzen Menschen im Grunde genommen in die Sprache hineindrängt. Aber bei unserer abstrakt gewordenen sogenannten gebildeten Umgangssprache – Schriftsprache nennt man es manchmal –, da ist kein rechter Zusammenhang mehr zwischen dem innerlichen Erleben und zwischen dem, was sich im Laut oder in der Lautfolge äußert. Gewisse feine Unterschiede, die da bestehen in dem Verhältnis des anschauenden Menschen zu seiner Umgebung, die kommen in dem Dialekt wunderschön zum Ausdrucke. Von denen verspürt man in der gebildeten Umgangssprache nichts mehr. Wenn ich zum Beispiel als Knabe gehört habe: Himmlitzer – ich wußte gleich, das ist irgend etwas, was dem

Laute ähnlich sein mußte. Himmlitzer – versuchen Sie nun einmal zu fühlen das Wort Himmlitzer. Es ist in gewissen Dialekten der Blitz oder auch das Wetterleuchten; es liegt in dem Laute das durchaus drinnen, in der Lautfolge. Die Sprache zeichnet da. Sie zeichnet auf innerlich musikalische Art. Dieses enge Zusammenhängen des innerlichen Gefühlserlebnisses mit der Sprache ist eigentlich im Dialekte unendlich viel stärker als in unserer gebildeten Umgangssprache.

Dann kommt aber noch etwas in Betracht. Es ist doch eine eigentümliche Erscheinung, daß, wenn wir vergleichend die Sprache studieren, wir darauf kommen, daß die eigene Logik der Sprache gerade bei primitiven Sprachen größer ist als bei gebildeten Umgangssprachen. Man würde das Gegenteil erwarten. Es ist – allerdings nicht bei den Negersprachen, aber das sind wirklich primitive Sprachen – ich werde darauf auch noch mit einem Worte zurückkommen –, es ist bei gewissen primitiven Sprachen eine merkwürdige innere Logik in der Sprache, die dann gar viel abstrakter, einfacher wird, wenn die Sprache mehr zivilisiert wird. Und so ist auch im Dialekt tatsächlich mehr innere Logik als in der gebildeten Umgangssprache, und man kann sehr, sehr viel erreichen; wenn man, sagen wir, in der Dorfschule ganz aus dem Dialekt heraus zu arbeiten hat, dann muß man natürlich mit dem Dialekt beginnen, dann muß man mit den Kindern den Dialekt reden, dann muß man versuchen, dasjenige zum Bewußtsein zu bringen, was unbewußt schon in der Sprache darinnen ist, und das ist eigentlich die Grammatik. Die Grammatik sollte im Grunde genommen ganz lebendig gelehrt werden, so lebendig gelehrt werden, daß man die Voraussetzung macht, sie ist ja schon da, wenn das Kind spricht. Es ist ja schon alles da, wenn das Kind spricht. Man läßt das Kind Sätze aussprechen, die ihm ganz liegen, deren inneren Zusammenhang und innere Plastik das Kind fühlt. Und dann beginnt man damit, das Kind aufmerksam zu machen, wie das bewußt werden kann, was es unbewußt vollzieht. Das braucht man durchaus nicht zu einer pedantischen Analyse zu machen, aber man kann die ganze Grammatik dadurch entwickeln, daß man einfach das Leben der Grammatik, das schon da ist, wenn das Kind sprechen gelernt hat, daß man dieses Leben zur Bewußtheit heraufholt.

Ja, man kann diese Voraussetzung machen, daß eigentlich die ganze Grammatik schon im menschlichen Organismus drinnen steckt. Macht man ernst mit dieser Voraussetzung, dann kommt man dazu, sich zu sagen: Indem du zur rechten Zeit in lebendiger Art herausholst die bewußte Grammatik aus dem unbewußten Üben der Grammatik, arbeitest du einfach an der Herstellung des Ich-Bewußtseins des Kindes. Und mit dieser Erkenntnis im Leibe, möchte ich sagen, muß man gegen das 9. Jahr hin, wo das Ich-Bewußtsein normalerweise richtig erwacht, alles hinorientieren, ins Bewußte heraufheben dasjenige, was unbewußt unten steckt im kindlichen Organismus. Dann erreicht das Kind diesen Rubikon der Entwickelung mit dem 9. Jahre in einer normalen, in einer günstigen Weise, dann hebt man in der richtigen Weise herauf das Unbewußte zum Bewußten. Dann arbeitet man mit den Kräften im Kinde, die sich entwickeln wollen, nicht mit Kräften, die man von außen in das Kind erst hineinbringt. Und diese Art, Sprachunterricht zu treiben an dem, was das Kind schon aussprechen kann, und die Unterstützung dieses Sprachunterrichts durch einen lebendigen Verkehr, den man entwickelt zwischen den die gebildete Umgangssprache sprechenden Kindern und den dialektsprechenden Kindern, indem man das eine an dem andern sich abmessen läßt gefühlsmäßig, nicht in abstrakter Art, gefühlsmäßig das eine Wort, den einen Satz, den Dialektsatz in den anderen hinüberleitet, ein solcher Sprachunterricht läßt einen, wenn man ihn während 1½ Stunden erteilt hat, gehörig schwitzen. Auch die Lehrer, die in dieser lebendigen Weise in der Waldorfschule zu unterrichten haben, haben genug, wenn sie morgens 1½ bis 1¾ Stunden in dieser Weise unterrichtet haben. Wenn man in dieser Weise den Sprachunterricht treibt mit der Erkenntnis im Leibe, daß man eigentlich die Bewußtheit, das Selbstbewußtsein dadurch erzeugt, dann arbeitet man mit dem Künstlerischen, das man in dem Zeichnen und musikalischen Unterricht gelegt hat, zusammen, dann sind das zwei sich gegenseitig unterstützende Prozesse.

Dies möchte ich zunächst einmal über das Zusammenarbeiten des Sprachunterrichts mit dem künstlerischen Zeichnen und musikalischen Unterricht sagen.

Es hat mich eigentümlich berührt, als ich in den Handbüchern der neueren pädagogischen Literatur gefunden habe, wie da behauptet wird, daß der Zeichenunterricht durch den Sprachunterricht beeinträchtigt wird, weil der Sprachunterricht den Menschen – überhaupt das Sprechen – zur Abstraktion treibt. Man verlernt das Sehen, man verlernt das Verfolgen desjenigen, was in der Außenwelt an Formen und an Farben vorhanden ist – so wird behauptet. Das ist dann nicht der Fall, wenn man den Sprachunterricht nicht in abstrakter Weise, sondern so treibt, daß man ihn auch aus dem innerlichen Erleben herausholt. Dann unterstützen sich beide, und dann wird dasjenige, was Heranerziehen des Selbstbewußtseins ist bis gegen das 9. Lebensjahr hin, Stück für Stück sichtbar werden daran, daß es übergeht in ein Durchdringen der äußeren Anschauung mit einem künstlerischen Gefühl auch für die äußere Form.

Und da lasse ich auch noch in der Waldorfschule die folgende Unterstützung gewähren, weil eben ganz aus dem Künstlerischen heraus gearbeitet werden soll. Es dürfen bei uns die Lehrer nicht zufrieden sein, wenn die Kinder einen Kreis zeichnen können, ein Quadrat zeichnen können, ein Dreieck zeichnen können, sondern es müssen unsere Kinder den Kreis, das Dreieck, das Quadrat fühlen lernen. Sie müssen den Kreis so zeichnen, daß sie das Runde in der Empfindung haben. Sie müssen das Dreieck so zeichnen lernen, daß sie die drei Ecken in der Empfindung haben, daß sie schon, indem sie die erste Ecke andeuten, die Empfindung haben: da werden drei Ecken. Ebenso zeichnen sie das Quadrat so, daß sie empfinden das Eckigwerden, das das Gefühl, die ganze Linienführung vom Anfange an durchdringt. Ein Kind bei uns muß lernen, was ein Bogen ist, was eine Horizontale ist, was eine Vertikale, Gerade ist, aber nicht bloß für das Anschauen, sondern für das innerliche Verfolgen mit dem Arm, mit der Hand. Das soll gemacht werden auch als Grundlage für den Schreibunterricht. Es soll bei uns kein Kind ein P schreiben lernen, ohne daß es erst ein Erlebnis hat über eine Vertikale und über einen Bogen; nicht bloß, daß das Kind eine abstrakte Anschauung nach außenhin laufend, von der Vertikalen und von dem Bogen hat, sondern eine gefühlsmäßige Anschauungsweise soll es haben, ein gefühlsmäßiges Erleben der Dinge.

Indem man nach und nach alles bloß Intellektuelle aus dem Künstlerischen, aus dem ganzen Menschen herausarbeitet, wird man auch ganze Menschen heranziehen, Menschen mit wirklicher Initiative, die wiederum Lebenskraft im Leibe haben, nicht Menschen, die, wie bei unserer Bevölkerung sich jetzt herausstellt, nachdem sie ja die große Prüfung durchgemacht hat, mit 30 Jahren eigentlich nicht wissen, wo sie stehen. Es ist in dieser Beziehung zum Verzweifeln. Wenn man berufsmäßig – wenn ich mich des paradoxen Ausdrucks bedienen darf – Menschen kennenzulernen hat, dann kann man folgendes Erlebnis haben: Man hat zum Beispiel zu prüfen 26-, 30jährige Menschen, ob sie wohl zu dieser oder jener Anstellung kommen. Ja, da wird man nicht mit ihnen fertig heute – das ist eine sehr ausgebreitete Tatsache –, wenn man an sie herantritt mit der Zumutung, sie sollen Initiative entwickeln, insbesondere diejenigen Menschen, die in die praktischen Berufe hineinsegeln. Es wird einem gesagt: Ja, jetzt verlangen Sie dies und jenes von mir, aber ich will erst nach Indien, oder ich will erst nach Westamerika gehen, um dort die Usancen meines Berufes kennenzulernen. Das heißt, der Mensch will sich zunächst hineinsetzen ganz passiv. Er will nicht aus seiner Initiative heraus etwas haben, sondern er will sich in die Gelegenheit bringen, daß die Welt aus ihm etwas macht. Ich weiß, indem ich dieses ausspreche, sage ich für viele Menschen etwas Schreckliches. Aber ich deute zu gleicher Zeit damit etwas an, was einem von dem fertigen Menschen aus durchschauen läßt alles das, was die Erziehung und der Unterricht aus diesen Menschen in den letzten Jahrzehnten nicht gemacht haben, nämlich Menschen, die, wenn es nötig ist, im gehörigen Lebensalter wirklich Initiative, bis in die Seele hinein Initiative entwickeln können. Es ist ja natürlich leicht, zu sagen, man soll die Initiative heranerziehen. Es handelt sich darum, wie man das macht, daß man den Unterrichtsstoff, daß man das Erziehungsleben so gestaltet, daß sie nicht gegen die Willensinitiative, sondern im Sinne der Willensinitiative wirken. Das ist es, worauf es ankommt.

SIEBENTER VORTRAG

Basel, 29. April 1920

Erziehung als Problem der Lehrerbildung

In diesen Vorträgen handelt es sich mir im wesentlichen darum, zu zeigen, inwiefern die Geisteswissenschaft, deren Aufgabe ich Ihnen angedeutet habe, die pädagogische Kunst befruchten kann. Nun ist es ja selbstverständlich nicht möglich, ein ganzes System der Pädagogik in vierzehn Vorträgen zu entwickeln. Ich habe ja in den ersten einleitenden Betrachtungen schon darauf hingewiesen, daß ich eigentlich eine Erneuerung der Pädagogik als Wissenschaft nicht als etwas unmittelbar Gefordertes ansehe, weil wir an pädagogischen Grundsätzen und Prinzipien eigentlich alles mögliche Gute haben. Ich glaube, daß vor allen Dingen nottut eine Erfrischung der pädagogischen Kunst. Und Geisteswissenschaft ist durchaus geeignet, zu dem, was in vieler Beziehung als eine ganz ausgezeichnete pädagogische Theorie vorliegt, gerade die pädagogische Praxis anzuregen, weil Geisteswissenschaft als solche den lebendigen Geist erfassen will; und die Erfassung des lebendigen Geistes ist zu gleicher Zeit eine Quelle der Willens- und Gemütsanregung, die insbesondere bei der pädagogischen Kunst notwendig ist. Und Geisteswissenschaft ist ferner ein Quell wirklicher Menschenerkenntnis, einer solchen Menschenerkenntnis, die aufgeht in dem Umgange mit dem Menschen überhaupt, und namentlich auch mit dem heranwachsenden Menschen, mit dem Kinde. Also darauf bitte ich Sie recht sehr zu achten, daß ich mich nach dieser Richtung hin an mein Thema zu halten gedenke. Gerade in Anknüpfung an dieses Thema sind ja schon eine ganze Reihe interessanter Fragen gestellt worden, die besonders auch in den heutigen Vortrag eingereiht werden sollen. Vorerst aber möchte ich das eine bemerken: Selbstverständlich muß jedem Unterrichten parallel gehen, gleichgültig ob es durch die Notwendigkeit der Verhältnisse mehr auf den Intellekt oder mehr auf andere Seelenkräfte orientiert ist, eine Heranbildung des Menschen eben in gemüthafter und vor allen Dingen auch in moralischer und religiöser Beziehung. Allein sobald wir schon das Gebiet der Gemütsbildung ins Auge fassen, und noch viel mehr, wenn wir das Gebiet ins Auge fassen der ethischen und sittlichen Bildung und der religiösen Bildung, dann haben wir es zu tun mit einem Behandeln des ganzen Menschen. Immer wenn wir auf Gemüt oder Wille durch den ganzen Menschen wirken wollen, müssen wir rechnen mit den Umwandlungen, die der Mensch im Laufe seines Lebens erfährt, die er schon erfährt eben als Kind, und die er auch im weiteren Leben erfährt. Umwandlungen des weiteren Lebens sind es ja, zu denen wir die nötigen richtigen Impulse gerade während der Unterrichts- und Erziehungszeit geben müssen.

Aber es ist unmöglich in bezug auf das Moralische, in bezug auf das Gemüthafte oder namentlich in bezug auf das Religiöse an den Menschen heranzukommen, wenn wir uns nicht den Zugang zur Menschenseele und zum Menschengeist im Verlaufe der anderen Erziehung und des anderen Unterrichts erst verschaffen. Es ist ein großer Fehler, zu glauben, daß wir unmittelbar Regeln aufstellen können, dahin lautend, man solle dies oder jenes in gemüthafter, in religiöser, in moralischer Beziehung bei dem Menschen heranziehen. Da verhält sich die Sache eigentlich ganz anders. Da verhält die Sache sich in folgender Weise:

Gewinne ich, insbesondere bei Kindern, wie wir sie bisher ins Auge gefaßt haben bis zum 9. Lebensjahre hin ungefähr, durch die ganze Art meines Unterrichtes ein entsprechendes Verhältnis zu dem Kinde, so daß ich durch dieses Verhältnis eine Beziehung zu seiner Seele habe, die mehr durch das Kind angeknüpft wird als durch mich, dann wird das Kind sich anregen lassen von mir in moralischer, in religiöser Beziehung. Gewinne ich ein solches Verhältnis nicht, unterrichte ich in einer Weise, die mir das kindliche Gemüt verschließt, dann wird das Kind auch für die beste moralische Lehre und die besten religiösen Impulse für mich unzugänglich sein. Das wird in dieser Eigenart, wie ich es angedeutet habe, eben bis zum heutigen Tage viel zu wenig berücksichtigt. Und gerade auf diesem Gebiete nützt es schon nichts, wenn wir uns in der Gegenwart, um uns ein wenig über die Kulturschäden unserer Zeit einzuschläfern, Illusionen hingeben. Wir geben uns aber dadurch hauptsächlich Illusionen hin, daß wir unter dem Einflusse stehen von Bekenntnissen, gegen die hier durchaus nichts vorgebracht werden soll sonst, die eigentlich nur nach der einen Seite des Lebens hin mit der Ewigkeit der Menschenseele rechnen.

Wir sehen eigentlich immer nur hin darauf, daß wir dem Menschen ein gutes Verständnis und ein gesundes Fühlen übermitteln in bezug auf das Durchgehen durch die Todespforte, in bezug auf das Weiterleben der Seele nach dem Tode. Es könnte scheinen, als ob ein solcher Hinweis zunächst ein theoretischer wäre. Er ist es nicht. Denn ob man über eine solche Frage des Lebens die eine oder die andere Ansicht hat, davon hängt, ich möchte etwas extrem ausgedrückt sagen, jeder Handgriff des Lebens ja ab, alles was wir tun, alles was wir sagen, und namentlich wie wir es tun und wie wir es sagen. Nun sind die Bekenntnisse, die nach der einen Seite hin auf die ja selbstverständlich in ihrer Art absolut richtige Ewigkeit der Seele jenseits des Todes nur hinweisen, eigentlich alle aus einem gewissen Zählen der Menschen auf den Egoismus der menschlichen Natur hervorgegangen. Dies ist vielleicht nur nicht genau ausgesprochen worden, aber in Wirklichkeit haben sich diese Bekenntnisse unter dem Egoismus des Menschen ausgebildet. Nicht wahr, das, was ich jetzt sage, hat gar nichts zu tun mit dem Inhalt der Anschauung über das Fortleben der Seele nach dem Tode. Dieser Inhalt ist ja selbstverständlich für Geisteswissenschaft vollauf gesichert. Wenn wir aber zum Menschen im allgemeinen oder zu Kindern insbesondere über dieses Fortleben nach dem Tode allein sprechen – es muß ja selbstverständlich darüber gesprochen werden –, aber wenn wir allein darüber sprechen, so reflektieren wir auf den Egoismus der menschlichen Natur, die eben fortleben will, wenn der Leib der Erde übergeben wird, die nicht vernichtet sein will. Aber damit schließen wir den Menschen in einem gewissen Sinne doch von seinen irdischen Lebensaufgaben ab. Wir schließen uns insbesondere als Erzieher und Unterrichter von der eigentlichen Aufgabe der Menschheitsentwickelung ab, wenn wir unter dem Einflusse einer solchen einseitigen Anschauung denken und handeln. Denn sehen Sie, ebenso wie wir hinschauen sollen auf das Leben, das jenseits der Geburt liegt, müssen wir hinschauen darauf, wie das irdische Menschenleben, das wir beginnen mit der Kindheit, dann weiterleben bis zum Tode, wie dieses irdische Menschenleben die Fortsetzung eines übersinnlichen Lebens ist; wie dasjenige, was in uns lebt als Seelisch-Geistiges, aus einer übersinnlichen Welt herabsteigt, sich verbindet mit demjenigen, was aus der Vererbungsströmung als unsere Leiblichkeit gebildet werden kann. Und es ist sehr bedeutsam, so auf das heranwachsende Kind hinzusehen. Jedes Kind ist ja, wenn man es unbefangen betrachtet, ein Rätsel, das zu lösen ist, insbesondere für den Erzieher. Wenn man in der Art hinblickt auf das heranwachsende Kind und sich sagt: Dasjenige, was sich da hereingestellt hat in das Erdenleben, das ist die Fortsetzung eines geistigen Lebens, und wir haben die Verantwortung, in der richtigen Weise zu lenken dasjenige, was die Geisteswesenheit wollte, indem sie sich verkörpert in einem irdischen Menschen; dann, dann wird uns erst jenes Gefühl der Heiligkeit überkommen, ohne das man nicht erziehen und unterrichten kann, jenes Gefühl, das Rätsel lösen will, indem es sich gegenüber weiß dem heranwachsenden Menschen. Dem Leben, wie es hier in der physischen Welt abläuft, die Aufgabe einer Fortsetzung eines geistigen Lebens zu geben, das ist etwas Bedeutsames, wenn es uns durchdringt.

Und damit weise ich als auf ein bedeutsames Beispiel darauf hin, wie sehr der Unterrichter oder Erzieher anders handeln wird, wenn er diese oder jene Gesinnung hat. Selbstverständlich kommt für das äußere soziale Leben dasjenige in Betracht zunächst, was der Mensch als Handelnder ist. Aber indem wir dem werdenden Menschen, dem Kinde gegenüberstehen, stehen wir der innerlichsten Menschennatur gegenüber. Da kann gar nicht anders gewirkt werden, als daß Gesinnung auf Gesinnung wirkt, und da kommt etwas an auf dasjenige, was als Impulse der Gesinnung zugrunde liegt. Ist diese Gesinnung vorhanden, so gibt sie ein bedeutsames Verantwortlichkeitsgefühl gegenüber der Erziehungs- und Unterrichtsaufgabe. Und ohne dieses Verantwortlichkeitsgefühl kommen wir eigentlich in der Praxis des Erziehens gar nicht aus. Von dem muß alles durchdrungen sein. Und insbesondere möchte ich, daß Sie die heute scheinbar weit von einem solchen Betrachten abliegenden Ausführungen doch so betrachten, daß Sie gerade von diesem Gefühle, das ich jetzt eben ausgesprochen habe, mit durchdrungen sind.

Wenn wir wirklich in richtiger Art darauf hinsehen, wie der Mensch, so wie ich es gestern ausgeführt habe, seinem ganzen Wesen nach seine Tätigkeiten aus zwei Quellen herleitet, so werden wir auch den Blick hinlenken können auf den Unterschied, der da besteht zwischen dem, was der Mensch mitbringt ins Leben herein und demjenigen, was gerade durch dieses physische Leben ausgebildet werden soll. Die eine Quelle, von der ich gestern und an den vorhergehenden Tagen gesprochen habe, weist mehr auf dasjenige hin, was der Mensch hereinbringt in das physische Leben aus einem überphysischen Leben. Und die andere Quelle weist mehr hin auf dasjenige, was der Mensch aus diesem

Leben hier schöpfen soll. Wenn ich darauf hingewiesen habe, wie mit dem Zahnwechsel eigentlich geboren wird das Intellektuelle, und wie dann mit der Geschlechtsreife der Wille gewissermaßen hineinschießt in die menschliche Wesenheit, so habe ich damit durch zwei Gesichtspunkte, es gibt eben viele andere, charakterisiert die beiden Quellen. Indem wir uns an den Menschen richten und sein Intellektuelles ins Auge fassen, schauen wir allerdings mehr hin auf dasjenige, was er durch die Geburt ins physische Dasein hereingebracht hat. Indem wir uns an seinen Willen wenden, müssen wir uns bewußt sein, daß wir das an ihn herantragen, was er vorzugsweise aus dieser physischen Welt hereinzunehmen hat, um es seiner höheren Natur einzuverleiben. Hier in den Kämpfen des physischen Lebens, hier in alledem, was an Disharmonien und Harmonien mit der Welt sich durch das physische Leben entwickelt, da erzieht sich der menschliche Wille, da wird gewissermaßen der menschliche Wille. Dasjenige, was mehr als Intellektuelles aus der menschlichen Natur hervortritt, das müssen wir versuchen hervorzulocken aus dieser menschlichen Natur. Indem man das nur ausspricht, sieht man hin auf viele Mißverständnisse, die gerade im Aussprechen der pädagogischen Wahrheiten entstehen. Man will immer alle Dinge einseitig sagen, die eigentlich zweiseitig im Leben sind. Man will sagen: entweder müsse man alles aus dem Menschen herausholen, oder man müsse alles in den Menschen hineinstopfen. Beides ist natürlich unrichtig. Aber für alles Vorstellende im Menschen gilt in einem gewissen Grade, daß wir es aus der menschlichen Natur herausholen müssen. Für alles Willentliche gilt, wenn auch nicht ausschließlich, daß die Erlebnisse, die wir an den Menschen heranbringen, für ihn bildend, unmittelbar bildend sind. Den Willen holt sich der Mensch aus diesem Leben. Daher ist es für die Willensbildung so wichtig, wie wir selbst zu dem Menschen stehen, wie wir zu ihm stehen, so daß er uns nachahmen kann oder daß er so uns ansehen kann, daß dasjenige, was wir selbst sagen und was wir selbst tun, für ihn nach dem siebenten Jahre ungefähr Autorität wird. Es ist eben gewöhnlich in bezug auf das Leben nicht ein strenges Entweder-Oder richtig, sondern ein Sowohl-als-auch. Sowohl das eine wie das andere spielt ins Leben herein. Wir müssen vieles aus dem Kinde herausholen. Wir müssen das Kind in solche Umgebung versetzen, daß es sich selber möglichst viel, namentlich für seine Willensbildung, aus der Welt herausholen kann. Da sehen Sie schon, wie viel von dem, was man die Erziehungsfrage und die

Unterrichtsfrage nennen möchte, eigentlich eine Lehrerfrage ist, eine Frage nach den Qualitäten des Erziehenden und Lehrenden ist. Und da möchte ich denn, bevor ich in der Betrachtung weitergehe, von der ich gestern ausgegangen bin, da möchte ich dasjenige Element in Behandlung des ganzen Unterrichtens und Erziehens wenigstens von einer gewissen Seite her charakterisieren, das dieses ganze Erziehen und Unterrichten durchsetzen soll.

Auch da kann man wiederum sehr einseitig werden. Man kann – durch seine eigene Wesenheit veranlaßt – den Unterricht durchsetzen oder die Erziehung des Menschen durchsetzen mit einem ewigen Ernst, mit einem Lehrer- oder Erzieher-Antlitz, das nie lachen kann, das immer nur mahnen kann, das immer nur ernst sein kann. Und man kann wohl auch, wenn man gerade dazu veranlagt ist, wenig Ernst in die ganze Handhabung des Unterrichtens und Erziehens hineintragen. Das führt beides zu Erziehungsergebnissen, die im Leben sich als außerordentlich schädlich erweisen. Es ist ungefähr so, wie wenn jemand nachdenken würde – gegenüber der Natur macht man solches Nachdenken nicht, weil man eben die Absurdität bemerkt, aber beim Handhaben der geistigen Angelegenheiten bemerkt man nicht gleich die Absurdität –, es ist so, wie wenn jemand nachdenken wollte darüber, ob das Einatmen besser wäre als das Ausatmen. Es handelt sich gar nicht darum, ob das Ein- oder das Ausatmen besser ist, sondern darum, daß der Mensch einatmen und ausatmen muß, und daß, wenn er in der Zeit, wo er ausatmen sollte, einatmen will, das gegen seine Natur geht und umgekehrt. So wie ein strenger Rhythmus in dem Menschen ist, wonach er in der Minute durchschnittlich achtzehn Atemzüge macht, so ist das Ganze des menschlichen Lebens in einer gewissen Weise auf Rhythmus hin orientiert. Und ein Teil dieses Rhythmus – es spielen manche andere Dinge, wie gesagt, hinein –, aber eine Seite dieses Rhythmus ist die Abwechslung zwischen Humor und Ernst. Sehen wir einmal die physischen Ausbrüche des Humors und des Ernstes uns an, und versuchen wir sie nicht zu deuten, sondern aus der menschlichen Natur heraus zu erkennen.

Der Humor, der wenigstens in einem dieser Aspekte den Menschen zum Lachen oder Lächeln bringt – womit rechnet er denn eigentlich? Der Humor rechnet damit, daß der Mensch in einer gewissen Weise in dem Augenblicke, wo er zum Lächeln kommt, oder wo er auch nur wegen des humoristischen Eindruckes in der Seele lächelt, daß der

Mensch da von sich loskommt. Versuchen Sie einmal, die Sache denkerisch und empfindend auszuschöpfen; Sie werden finden, daß, indem wir übergehen zu dem Humoristischen, zu dem humorvollen Erleben, wir in einer gewissen Weise von uns loskommen, wir gewissermaßen antreten den Weg ins Träumen hinein. Wir gehen ihn nicht ganz. Wir verlassen ihn sehr bald. Wir bleiben voll bewußt, aber es ist der Anfang des Weges ins Träumen hinein, wenn wir uns in der Richtung des Humors bewegen. Und dieses Sichverlieren, das drückt sich aus – zunächst kann ja der Mensch dasjenige, was er an sich selbst leiblich-geistig erlebt, nur durch die paar Bewegungen in der Physiognomie seines Gesichtes ausdrücken –, das drückt sich aus durch das Lächeln. Im Lächeln, im Lachen, da ist es so, daß das Geistig-Seelische, dasjenige, was wir in der Geisteswissenschaft Ich und astralischen Leib nennen, in einer gewissen Weise sich herauszieht – allerdings so, daß sich der Mensch in der Hand behält – aus dem Physischen und aus dem Ätherischen. Der Mensch weitet sich seelisch-geistig, indem er das Humorvolle erlebt.

Und sehen wir auf das radikale Extrem des Ernstes, auf das radikale Extrem: das Weinen, das Traurigwerden – es ist ein Aspekt wenigstens des Ernstes, der Aspekt aber, der uns das enthüllt, was im Ernste überhaupt lebt – er ist ein Mehr-sich-zusammen-Pressen, es ist ein das Seelisch-Geistige inniger mit dem Physisch-Leiblichen-Verbinden, als es verbunden ist, wenn wir in gleichgültiger, weder humoristischer noch ernster Stimmung sind. Humorvolle Stimmung, ein Weiten des Seelisch-Geistigen; ernste Stimmung, ein In-sich-zusammen-Pressen der geistig-seelischen Natur mit der physisch-leiblichen. Wir könnten ja auch sagen, weil wir ja nicht uns pedantischen oder tantenhaften Lehren hingeben dürfen über diese Dinge, in dem Lachen wird der Mensch altruistisch, in dem Ernste wird der Mensch egoistisch.

Diese Behauptung wird Ihnen anfechtbar erscheinen. Gewiß, alle Behauptungen sind im Grunde genommen anfechtbar, weil sie nicht für die ganze Welt, sondern immer nur für ein beschränktes Gebiet gelten. Wenn ich sage: der Ernst macht egoistisch, so muß man natürlich sich klar darüber sein, daß man ja gut predigen kann, der Mensch soll den Egoismus bekämpfen; aber was kommt denn viel dabei heraus, wenn der Mensch den Egoismus – ich will jetzt etwas recht Radikales sagen –, wenn der Mensch den Egoismus bekämpft aus Egoismus, damit man ihn recht unegoistisch finde, recht selbstlos finde, damit er sich selber auch, wenn er über sich nachdenkt, die Wollust, selbstlos zu sein, verschaffen kann? Es ist viel besser, in solchen Dingen sich nicht Illusionen hinzugeben, sondern sich klar darüber zu sein, daß, wenn jemand so egoistisch ist, daß er einen Gefallen daran hat, viele Menschen zu lieben, wenn das seinen Egoismus befriedigt, das für ihn eine bessere Mitgabe ist, als wenn jemand so selbstlos ist, daß er wegen dieser Selbstlosigkeit alle möglichen Arten des Eigenlobes einernten will oder wenigstens sich beim Nachdenken über sich selbst sie sich selbst auch geben wird. Diese Dinge müssen so betrachtet werden, wie sie der Wirklichkeit der menschlichen Natur entsprechen, nicht wie man zur Erhöhung der seelischen Wollust sie deuten oder definieren will. Worauf es eben ankommt, ist, daß das Wechselspiel im Menschen zwischen humorvoller Stimmung und ernster Stimmung das seelisch-geistige Leben so unterhält, wie das physische Leben durch Einatmen und Ausatmen unterhalten wird. Und wie das Ausatmen eine Art Hingabe an die Außenwelt ist, wie das Ausatmen etwas ist, wo der Mensch sich fremder wird, das Einatmen etwas ist, wo der Mensch seinem Egoismus physisch frönt, so ist der Humor etwas, wo der Mensch in die Weiten zerfließt, und es ist der Ernst etwas, wo der Mensch sich in sich egoistisch sammelt. Zwischen diesen beiden Stimmungen muß insbesondere während der Unterrichtszeit das Leben des Kindes durch das Verhalten des Lehrers hinfließen.

Nun, es ist außerordentlich schwer, wenn man, ich möchte sagen, unter einer Art abstrakter Selbstverpflichtung das Schulzimmer betreten soll und sich sagen soll: du sollst nun abwechselnd humoristisch und abwechselnd ernst sein. Solch eine Aufgabe sich zu stellen, ist ja selbstverständlich ganz unmöglich, ist lächerlich, ist etwas, was gar nicht sein kann; denn es wird niemand von mir verlangen können, daß ich nach einem schweren persönlichen Erlebnis meine Unterrichtsstunde am Morgen mit humoristischen Dingen durchwürzen solle. Aber solch eine abstrakte selbstverständliche Pflicht ist dann nicht notwendig, wenn man zu dem Inhalte desjenigen, was einen begeistern soll für den Unterricht, auf geisteswissenschaftliche Art kommt; denn kommt man auf geisteswissenschaftliche Art darauf, so wird die Teilnahme an den einzelnen Stücken, in denen man lebt, objektiv, unpersönlich. Es ist einfach so. Wenn ich um 3 Uhr in das Schulzimmer komme und irgend etwas mit den Kindern zu behandeln habe und ich so, wie man an Geisteswissenschaft kommt, an meinen Stoff herankomme, wenn ich mich herangeschult habe an meinen Stoff, so wie man lernt, sich heranzuschulen an Geisteswissenschaft, so wird der Stoff mir etwas, wodurch ich alle Außenwelt unberücksichtigt lasse, worinnen meine eigene Stimmung verschwindet, wo ich so in Anspruch genommen werde durch die Objektivität des Stoffes, daß der Stoff mir im rechten Momente Humor und Ernst eingibt, und die Dinge machen sich von selber.

Das ist etwas von der Praxis, wie Geisteswissenschaft die pädagogische Kunst befruchten kann. Bis in die Haltung des Lehrers hinein kann sie die pädagogische Kunst befruchten. Geradeso wie, möchte ich sagen, wenn man nicht richtig atmen kann, der Arzt notwendig ist, um den richtigen Atmungsprozeß, wenn es geht, herzustellen, so ist notwendig für den Menschen, der als gesunder Mensch auf Kinder wirken soll, der heilsame Einfluß der geisteswissenschaftlichen Erziehung, um unter der Objektivität des Stoffes stehen zu können. Es ist denkbar, daß man noch auf dem Hingang zur Schule den Kopf berechtigterweise hängen lassen muß, nachsinnen muß über die schlimmsten Dinge, die einen betroffen haben; man betritt das Schulzimmer, man wird durchdrungen von dem, was heute die Aufgabe ist, und man spricht nicht selbst – nicht Leid und nicht Freude sprechen: die Dinge, um die es sich handelt, die sprechen, die bewegen unsere Finger, die bewegen unsere Finger dann, wenn sie mit der Kreide zeichnen oder schreiben oder sonst irgend etwas tun sollen. Dies zeigt, daß es in der Gegenwart gar nicht darauf ankommt, neue Erziehungsgrundsätze aufzustellen, sondern daß eine neue Geistesstruktur hervorgerufen werden muß, wodurch wir uns befähigt machen, wirklich unserer Aufgabe gegenüber unsere Subjektivität verleugnen zu können. Dies anzuerziehen oder wenigstens aus der menschlichen Natur hervorzuholen, wird gerade versucht bei den Lehrern der Waldorfschule. So daß tatsächlich schon in der kurzen Zeit, in der wir dort arbeiten, etwas von dem erreicht wurde, was ich etwa durch Folgendes charakterisieren möchte. Um möglichst diskret zu bleiben, werde ich so abstrakt als möglich charakterisieren. Ich habe es ja erfahren müssen, daß Menschen, die nach der einen oder nach der anderen Richtung mit meiner Auswahl der Lehrer nicht ganz einverstanden waren, mir sagten: Ja, der wird vielleicht nicht ganz taugen, der ist zu pedantisch. Ich habe mich nicht beirren lassen; denn es handelt sich nicht darum, wenn ein Mensch sonst in bezug auf seine geistigen, moralischen und gemütlichen Fähigkeiten in der richtigen Weise zu gebrauchen ist, zu sehen, ob er gerade etwas pedantisch ist, sondern darum, wie man es dahin bringt, die pedantischen Anlagen in der entsprechenden Weise in den Dienst der Menschheit zu stellen. Müßte man alle pedantischen Anlagen deshalb, weil sie an dem einen oder anderen Menschen da sind, einfach ausschließen, dann würden Sie sehen, wie wenig man mit dem Leben zurechtkäme. Wenn man Geisteswissenschaft lebendig aufnimmt, erleichtert das, ein bestimmtes konkretes Gebiet des Lebens unbefangen zu erklären, weil eben durch diese Geisteswissenschaft die subjektiven Eigenschaften der Pedanterie aufhören, besonders wirksam zu sein und es sich tatsächlich herausstellt, daß diejenigen, die als pedantisch etwa angesprochen worden sind, sehr anregend geworden sind im Unterrichten, nachdem sie sich nur eben aus geisteswissenschaftlicher Gesinnung heraus in den Unterricht hineingefunden haben. Es handelt sich eben durchaus darum, nicht aus dieser oder jener vorurteilsvollen Idee heraus zu handeln, sondern aus dem Leben heraus zu handeln. Das ist es, was wir in der Gegenwart brauchen. Der Sozialismus möchte die ganze Welt nach einer Theorie formen. Die Aufgabe der Gegenwart gegenüber der Menschheitsentwickelung besteht aber darinnen, aus dem Leben heraus zu wirken.

Alles, was ich heute gesagt habe, gehört gewissermaßen als die andere Seite zu dem hinzu, was ich gestern gesagt habe über Sprachunterricht, Eurythmieunterricht, Turnunterricht und so weiter. Denn dasjenige, was ich gestern gesagt habe, wird nur in der richtigen Weise geleistet werden von dem Lehrer, wenn er in dieser Weise sich dazu verhält, wie ich es heute charakterisiert habe.

Und dies führt mich dazu, auf eine ganz besonders interessante Frage zu kommen, welche mir gestellt worden ist, die ganz zusammenhängt mit dem, was ich jetzt eben ausgeführt habe. Eine zwölfeinhalbjährige Schülerin, auf die wurde gedeutet, die hat 2 im Betragen. Sie erzählte bei der Besprechung eines Aufsatzes: Ich hatte schon in der Privatschule immer ein gutes Zeugnis, aber immer eine 2 im Betragen. Dann bekam ich einen Lehrer, den ich sehr liebhatte, und da hatte ich nie eine 2; dann aber unterrichtete uns später sein Sohn, und die Sache mit mir ging wieder los und auch hier in der Schule bis in die jüngste Zeit.

Es ist die Frage mit einem tiefen Ernst gestellt, und ich denke, gerade solch eine Frage kann in bezug auf verschiedene Punkte, die heute besprochen worden sind, außerordentlich anregen. Denn sehen Sie, es ist schon zweierlei notwendig im Unterrichte und in der Erziehung. Das eine ist, daß wir die Kunst verstehen, aus dem Kinde möglichst viel herauszuholen; wir werden ja zuerst Vorstellungsgemäßes herausholen; das andere aber ist, daß wir die Möglichkeit haben, mit dem Kinde so zusammen zu sein, daß uns das Kind in seiner Art liebhaben kann.

Nun, es gibt alle die Dinge, die man mit Mühe sich anerziehen kann, auch in einzelnen Fällen als Instinkt. Das ist ein kompliziertes psychologisches Problem, auf das wir ja jetzt unmittelbar nicht eingehen können; aber es ist so, daß dasjenige, was wir mit Mühe in uns heranziehen können, für einzelne Menschen wie angeflogen ist, wie instinktiv da ist: sie werden von einer Kinderschar wie von selbst eben geliebt. Das ist etwas, was sehr schön sein kann, wenn es im einzelnen herauskommt. Aber gegenüber der Kultur- und Zivilisationsentwickelung handelt es sich darum, daß wir so etwas auch durch eine gewisse Selbsterziehung erreichen können. Und wir können es erreichen, wenn wir versuchen, uns zur Welt so zu stellen, wie wir uns stellen müssen, wenn wir Geisteswissenschaft treiben. Wir können ja eben, wie ich schon sagte, Geisteswissenschaft nicht treiben, wie wenn wir in einem Kino sitzen und schauen, wir können Geisteswissenschaft nur treiben, wenn wir innerlichst mittun. Ich sagte schon einmal: Lesen Sie meine »Geheimwissenschaft« und lesen Sie sie, ohne daß Sie innerlich erleben und Ihnen dasjenige, was gesagt wird, nur die Anleitung ist zu Ihren eigenen Gedanken, so bleibt Ihnen diese ganze Geisteswissenschaft Stroh. Sie bleibt daher vielen Leuten Stroh. Aber lesen Sie sie so, daß Sie sie nur wie eine Partitur betrachten, die Sie eigentlich erst haben, wenn Sie alle Einzelheiten selbst aus sich herausholen, dann entwickeln Sie bei diesem Herausholen eben Kräfte in sich, die sonst verschlossen bleiben in der menschlichen Natur, die nicht herauskommen.

Das sind gerade diejenigen Kräfte, die die Verhältnisse entwickeln insbesondere zu Kindern, die gewissermaßen die Kinder auf uns aufmerksam machen. Haben wir diesen Prozeß in uns durchgemacht des Heraufholens von geistigen Kräften in uns, so stellen wir ein Band unmittelbar von Seele zu Seele her zwischen uns und dem Kinde. Und dieses Band ist für die gemüthafte und für die moralische Führung, die Willensführung des Kindes von einer ungeheuren Bedeutung. Sie werden es kaum dahin bringen, eine Klasse, in der 40 Prozent Rangen sind, in moralischer und gemüthafter Beziehung unartige Kinder sind, zu beruhigen durch moralische oder gemütvolle Ermahnungen, die wie abstrakte Sätze aus Ihnen herauskommen. Sie können manchmal durch den Tonfall Ihrer Stimme oder durch die Energie Ihrer Stimme für kurze Zeit etwas erreichen. Aber im Wesen wird dadurch nichts erreicht. Aber versuchen Sie einmal Erfahrungen über das Folgende zu sammeln: Versuchen Sie es, sich vorzubereiten auf Ihre Schulstunden dadurch, daß Sie zu der gewöhnlichen Vorbereitung noch eine Art meditative Vorbereitung hinzufügen, etwas hinzufügen, was gerade mit dem Unterrichte, den Sie zu erteilen haben, nicht das Geringste zu tun hat, was aber etwas zu tun hat mit der eigenen Erhebung Ihrer Seele, was etwas zu tun hat mit dem Durchdringen irgendeines Stoffes, irgendeiner Empfindung, irgendeines Gefühls, das uns der Welt aufschließt. Wenn Sie am Abend eine solche meditative innere – ich darf mich des Ausdrucks bedienen – Beschauung durchgemacht haben und diese Beschauung dadurch beleben, daß Sie am Morgen wiederum an sie zurückdenken und sie gewissermaßen nacherleben, dann werden Sie eine Wirkung bemerken, wenn Sie in die Klasse hineingehen. Das sieht aus, als ob ich Aberglaube erzählen wollte, aber das sind Dinge, denen gegenüber man keine Theorien fassen soll, sondern die man beobachten soll. Man beobachtet sie, und man wird sie bestätigt finden. Darauf kommt es an. Es ist ja bei der Mehrzahl der heutigen Menschen nicht sehr viel Neigung vorhanden, solche Dinge zu beobachten. Aber wir werden uns eben bequemen müssen dazu, wenn wir aus der Misere der heutigen Zeit herauskommen wollen, zu einem solchen Beobachten; dann werden schon die entsprechenden Überzeugungen, die aus solchen Beobachtungen hervorgehen können, insbesondere für die pädagogische Kunst, sich der Menschheit auch erschließen. Haben wir es zu tun mit einer solchen Schülerin, wie diejenige ist, von der hier die Rede ist, so weist sie uns ja ganz deutlich darauf hin, daß in dem besonderen Fall, wo sie sagte, daß sie den Lehrer liebte, ihre Willenserziehung unter dem unmittelbaren Einflusse dieses persönlichen Verhältnisses stand. Aber alle Willenserziehung wird immer unter dem Eindrucke des persönlichen Verhältnisses stehen bei Kindern bis noch über die Geschlechtsreife hinaus. Man mag darüber philosophieren, wie man will, jede Philosophie, die etwas anderes sagt, als daß das persönliche Verhältnis für die Gemüts- und Willensbildung ein ausschlaggebendes ist, wird gegen das Leben sündigen. Das muß man eben Lebenserkenntnis nennen, welche sich nicht scheut, auf diese Dinge des Lebens einzugehen. Und wenn man die Dinge ernst nimmt, die entstehen können durch die Befruchtung der Erziehungskunst von seiten der Geisteswissenschaft, so werden sich einem manche Dinge aufschließen, die sich sonst durchaus nicht erschließen wollen. Da komme ich zu einer anderen außerordentlich interessanten Frage:

In jeder Elementarschule, besonders in Knabenschulen, findet man gewöhnlich wenigstens einen Knaben, der, ohne im geringsten schwachsinnig zu sein, sich doch bei jedem Fache seiner Studien außerordentlich dumm zeigt, der aber eine ganz merkwürdige Begabung für das Zeichnen, also auch einen gewissen Beobachtungsinstinkt und wirkliches Kunstgefühl hat. Das ist eine ganz richtige Beobachtung. Diese übrige Dummheit hängt fast immer mit einer Art moralischer Schwäche und mit einem grübelnden Egoismus zusammen. Er scheint sich nicht aufraffen zu können, um aus sich selber zu kommen. Welchen Aufschluß kann geisteswissenschaftliche Betrachtung über eine derartige Veranlassung geben? Wie soll der Lehrer einen solchen Schüler behandeln, um an ihm zwar auch die intellektuellen Fähigkeiten, vor allem aber die moralische Stärke zu entwickeln, die Kraft, seine eigenen Entschlüsse auszuführen?

Nun, diese Frage ist an mich gestellt worden. Wenn ich einer solchen Frage gegenüberstehe, dann habe ich immer gerade dann, wenn eine solche Frage so konkret, so individuell aus dem Leben herausgestellt ist, das Gefühl, in gewissem Sinne vor unübersteiglichen Schranken zu stehen. Versucht man durch Geisteswissenschaft in die Tatsachen der Welt einzudringen, dann hört eben der Hang zu mancher Oberflächlichkeit auf, dann gestattet einem die Gesinnung, die sich aus diesen geisteswissenschaftlichen Betrachtungen ergibt, nicht, die Dinge leichthin zu nehmen. Und zunächst hat man manchmal bei geisteswissenschaftlicher Betrachtung gerade gegenüber solchen elementaren Fragen, gegenüber denen mancher mit Theorien nur so sprudelt, alles mögliche zu sagen weiß, das allerbeklemmendste Gefühl. Man weiß, so sehr man auch herumspintisiert und herumphilosophiert, so kommt man doch nicht in die besondere Gestaltung dessen, was zur Antwort führt, weil das Leben die individuellen Tatsachen fast immer eben auch ganz individuell zeigt, mit den ganz besonderen Nuancen zeigt und man diesen Nuancen erst beikommen muß. Und sehen Sie, da wird man gerade bei Geisteswissenschaft im strengsten Sinne immer wiederum nur auf die Erfahrung geführt, um aus der Erfahrung heraus zu ringen mit der Beantwortung solcher Fragen.

Nun möchte ich Ihnen zeigen, wie man versucht, die Wege zu finden, um solch unübersteigliche Hindernisse ein wenig zu überwinden, wie sie dann vorliegen, wenn sie einem vom Leben selber gerade gegeben werden. Mir ist bekannt geworden ein Knabe – ich konnte dann auch ihn verfolgen als jungen Mann –, der eine merkwürdige Willensschwäche hatte, der es zum Beispiel durch seine Willensschwäche dahin bringen konnte, daß er an der Straße stand, sich vorgenommen hatte, in die Tram Nummer so und so einzusteigen, um dort und dorthin zu fahren. Wenn die Tram herankam, so konnte er nicht den Willen aufbringen, einzusteigen. Er hatte alle Gedanken, um seinen Weg mit Hilfe der Tramway zu machen, aber er konnte nicht einsteigen. Er stand noch da, wenn die Tram schon vorüber war. Mir wurde eben ein solcher Knabe, der dann junger Mann geworden ist, bekannt, ein außerordentlich intelligenter, fortgeschrittener junger Mann, und ich stand vor einem Rätsel zunächst. Das Rätsel löste sich in einer ganz merkwürdigen Weise. Ich wurde aufmerksam darauf, daß der Vater dieses Knaben, den ich nun auch kannte, die Ansicht hatte, es war seine Weltansicht, daß es eigentlich nicht zu den Seeleneigenschaften gehört, den Willen zu entwickeln. Es war eben eine Anschauung. Die Gedanken konzentrierten sich also darauf, gewissermaßen den Willen von den Seeleneigenschaften hinweg zu diskutieren. Nun hatte man den Weg: Der Vater war so geartet, daß diese seine Anschauung noch durchaus nicht Natur wurde, daß sie noch nicht die Organe ergriff. Beim Sohn war dasjenige, was beim Vater Gedanke war, habituell geworden. Dadurch war selbstverständlich auch die Möglichkeit gegeben, daß dasjenige, was der Sohn nun durch die Vererbung mitbekommen hatte, sich noch verstärkte dadurch, daß er immer hörte Gedanken, die vielleicht nicht gerade das aussprachen, daß der Wille nicht zu den Seeleneigenschaften gehört, aber die doch so waren, daß eben diese Anschauung dahinter steckte. Und so leben sich Menschen in das Leben herein durch sehr, sehr komplizierte Verhältnisse.

Erst dann, wenn man am individuellen Fall richtig geführt wird, ist man, möchte ich sagen, urteilsreif, die Sache in einer etwas universellen Betrachtung zu erfassen. Ich könnte natürlich noch manchen anderen Fall erwähnen. Man kann dann sehen, wie es in der menschlichen Natur liegt, wirklich mit einer gewissen Gliederung die drei Seelenfähigkeiten zu entwickeln: Vorstellen, Fühlen, Wollen. Aber es ist so, daß immer vom Fühlen etwas in unsere Gedanken übergeht.

Wir haben nie eigentlich ein ganz reines Denken, außer wenn wir uns streng dazu selbst erziehen und außer dem, wenn wir uns Idealen der Moral hingeben oder der Religion. Aber im gewöhnlichen Leben, im Denken über die Außenwelt, im Zusammendenken mit anderen Menschen haben wir immer nur Vorstellungen, die von Gefühlen durchsetzt sind. So daß wir sagen können: Unsere Vorstellungen sind gefühlsverwandt. Unsere Gefühle spiegeln dadurch gerade, weil sie von dem Vorstellen wieder angeregt sind, die Artung des Vorstellungslebens wider. Unser Wille ist auf der anderen Seite in einem Wechselverhältnis wiederum zum Fühlen. Es ist ein großer Unterschied zwischen Wille und Wille. Der Wille kann ein, ich möchte sagen, mehr neutraler Impuls sein, oder er kann von Gefühlswärme durchzittert sein. Aber dieses Verhältnis ist so, daß es bei gewissen menschlichen Veranlagungen dazu kommt, daß sich das Gefühl auf Kosten des Willens verstärkt, daß die Verwandtschaft zwischen Fühlen und Wollen so hervortritt, daß das Fühlen den Löwenanteil erhält und das Wollen zu kurz kommt. Bei solchen Menschen tritt dann in der Kindheit das auf, daß sie dasjenige, was eigentlich in den Willen übergehen soll, im Gefühl zurückbehalten; und dann begnügen sie sich mit dem Bilde der Handlung und schreiten nicht zur Handlung vor. Das sind die Menschen, von denen hier geredet wird. Wir müssen dann solche Kinder beobachten, inwiefern ihr Gefühl gerade auf dies oder jenes stark reagiert und müssen gerade bei solchen versuchen, nicht nur dem Zeichnen zu frönen, sondern vor allen Dingen das Kind auf das hinweisen, was den ganzen Menschen in Bewegung bringt.

Da möchte ich darauf hinweisen, daß gerade auf solche Kinder, die in dieser Art moralische Schwäche zeigen, ein beseeltes Turnen, wie ich es als Eurythmie geschildert habe, gesundend wirkt, vorausgesetzt, daß diese Eurythmie, bei welcher der Mensch nicht nur mit der Hand zeichnet, sondern sich selber in den Raum hineinzeichnet, den Kindern in der Zeit bis zum 9. Lebensjahr beigebracht wird.

Und so handelt es sich darum, daß man die Wechselwirkung der menschlichen Fähigkeiten ins Auge faßt. Dann wird man, wenn man lernt, das Leben zu beobachten, auch dazu kommen, die Einflüsse, die man auf das Kind wirken läßt, so zu gestalten, daß die Kräfte der Seele und des ganzen Menschen in das entsprechende Wechselspiel gebracht werden. Allerdings, da darf ich noch erwähnen, heute zum Schlusse, daß geisteswissenschaftliche Schulung eben, wenn sie richtig von dem Menschen gehandhabt wird, dazu führt, das Leben zu beobachten. In der Regel vergißt man die wichtigsten Tatsachen des Lebens, oder man findet nicht den richtigen Rhythmus zwischen Humor und Ernst. Man hat nicht den richtigen Rhythmus gefunden, wenn man über einen jungen Menschen, an dem die Tramway vorbeifährt, bloß lacht. Er ist gewiß ein Objekt des Humors, aber man muß von dem Humor zum Ernst übergehen können; dann gliedert sich eine solche Sache mit den anderen Tatsachen des Lebens zusammen, dann lebt die Seele in uns, die mit dem Leben zusammenwachsen soll. Und es wird keiner eine solche Betrachtung über einen Menschen, auch wenn er in dieser Weise dasteht, genügend ernst nehmen können, der nicht auch den nötigen Humor aufbringt. Aber er darf nicht bei dem einen oder bei dem anderen bleiben. Eine solche Lebensbetrachtung, die ist dasjenige, was insbesondere dem Erzieher und Unterrichter notwendig ist. Die ist aber auch dasjenige, was bei richtiger geisteswissenschaftlicher Selbsterziehung wirklich in uns herangebildet werden kann.

Davon werde ich mir erlauben, im nächsten Vortrag zu sprechen.

ACHTER VORTRAG

Basel, 3. Mai 1920

Zoologie- und Botanikunterricht vom 9. bis 12. Jahr

Es ist versucht worden, von verschiedenen Seiten her auf die Einrichtung des Lehrplanes, auf die Gestaltung der Lehrziele aus der Entwickelung des Menschen heraus hinzuweisen. Namentlich versuchte ich ja, die Zeit ungefähr vom 6., 7. Jahre, wenn der Zahnwechsel beginnt, bis zur Geschlechtsreife, bis zum 14., 15. Jahre hin als einen ganzen Lebensabschnitt zu charakterisieren und dann zu zeigen, wie wiederum in diesen Lebensabschnitt sich hineinstellt als ein kleinerer die Zeit bis so um das 9. Lebensjahr herum. Wiederum ist ein wichtiger Umschwung in diesem Lebensabschnitt so um das 12. Jahr herum. Diese drei Zeitpunkte, das 9. Lebensjahr, das 12. Lebensjahr und das 14., 15. Lebensjahr, also dasjenige, das ungefähr den Abgang von der Schule bedeutet, sie sollten bei der ganzen Einrichtung des Lehrplanes und bei der Gestaltung der Lehrziele eigentlich das Maßgebende sein. Und man wird sofort dazu kommen, diese Verfolgung der Entwickelung des Menschen als das Maßgebende zu betrachten, wenn man sich sagt: Es kommt ja wahrhaftig bei der Erziehung des Menschen darauf an, daß wir die Kräfte, die in der menschlichen Wesenheit alle veranlagt liegen, wirklich alle aus dem Menschen herausholen. Wir werden uns, wenn wir in der richtigen Weise so etwas anschauen, sagen: Eigentlich müssen wir den ganzen Lehrstoff und das ganze Erziehungsleben dazu verwenden, um diese Kräfte, die in der menschlichen Wesenheit verborgen liegen, wirklich zur Offenbarung zu bringen. Nicht handelt es sich darum etwa, die kindlichen Kräfte dazu zu verwenden, dies oder jenes aus den Einzelheiten des Wissens aufzunehmen, sondern darum, gerade dasjenige, was wir gewissermaßen als Wissensschatz an das Kind heranbringen, so zu verwenden, daß nur durch die Wirkung dieses Wissensschatzes die Kräfte aus der kindlichen Natur herausgeholt werden. Das werden wir nicht tun, wenn wir nicht Rücksicht darauf nehmen, wie anders die leiblich-seelische Kindesnatur geartet ist bis zum

9. Jahre, bis zum 12. Jahre und so fort. Wir müssen uns ja vor allen Dingen dessen bewußt sein, daß die eigentliche unterscheidende Urteilskraft, dasjenige, was den Menschen befähigt zu urteilen, selbständig zu urteilen, daß das im Grunde genommen erst mit der Geschlechtsreife voll auftritt, und daß es sich vorbereitet langsam von dem 12. Lebensjahre an. So daß wir sagen können: bis zum 9. Jahre entwickelt sich ja schon der Hang der menschlichen Natur unter Autorität sich zu entwickeln; aber es wirkt noch nach bis in dieses 9. Jahr herein das, was man den Nachahmungstrieb nennen kann. Dann verschwindet dieser Nachahmungstrieb, der Hang zur Autorität bleibt. Dann beginnt aber im 12. Lebensjahr ungefähr, noch unter der Leitung der Autorität, die noch weiter wirkt, der entscheidende Trieb, Urteile, selbständige Urteile zu entwickeln. Bauen wir zu sehr auf das selbständige Urteil schon vor dem 12. Jahre, dann ruinieren wir eigentlich die seelisch-leiblichen Kräfte des Kindes, dann ertöten wir vor allen Dingen das ganze menschliche Miterleben mit einem Urteil.

Ja, ein Mensch, der nicht ganz ausgetrocknet ist, für den ist es ja nicht gleichgültig, urteilend zu irgend etwas ja oder nein zu sagen. Je nachdem wir zu diesem oder jenem ja oder nein sagen müssen, empfinden wir Lust und Leid, Freude und Schmerz. Aber allerdings, so sehr es auch die Menschen im Felde des Egoismus empfinden, was sie zu beurteilen haben als lustvoll und als leidvoll, so wenig sind die Menschen heute dazu erzogen, das Ganze des Lebens und der Welt lustvoll und leidvoll zu empfinden. Aber dadurch geht einem als Mensch viel verloren. Und außerdem beeinflußt dieses Nichterlebenkönnen der Welt auch das ganze soziale Wollen. Daher ist wirklich nicht bloß auf die Heranbildung richtiger Begriffe im Lehrstoff besonderer Wert zu legen, sondern auch auf die Heranbildung einer richtigen Weltempfindung, eines richtigen Sichhineinstellens in die Welt.

Heute beherrscht die Menschheit ja fast einzig und allein *ein* Urteil in sozialer Beziehung. Sie sagen sich: Die Welt muß so eingerichtet werden, daß sie für alle Menschen eine Art irdisches Paradies darstellt. Was wollen denn schließlich die extremen, die radikalen Sozialisten Osteuropas anderes, als aus irgendwelchen Theorien heraus das soziale Leben so gestalten, daß eine Art irdisches Paradies entsteht – wenn auch in Wirklichkeit dann aus dem Paradies eine Hölle wird, das ist ja natürlich etwas, was auf einem andern Blatte steht. Woher kommt denn das? Man braucht nur ein anderes Urteil an die Stelle dieses

Urteils zu setzen und man wird merken, woran gerade dieses Urteil, das ganze irdische Leben durch irgendwelche sozialen Zwangsmaßregeln zu einer Art Paradies zu machen, krankt. Nicht um etwa vor Ihnen hier Nietzscheanismus zu treiben sage ich das Folgende, aber um damit etwas zu erläutern. *Nietzsche* hat seine erste Schrift unter dem Titel verfaßt: »Die Geburt der Tragödie aus dem Geiste der Musik«. Unter den mannigfaltigen, sehr anregenden Ideen – gegen die man aber sehr viel polemisieren kann – dieser Schrift ist auch diese, daß das Griechenvolk nicht jenes ewig heitere, lächelnde Volk war, als welches es von manchen Menschen dargestellt wird, sondern daß das griechische Volk auf dem Grunde seines Lebens Tragik hatte, Lebenstrauer, und gerade die Griechen es waren, welche empfanden, daß unser Leben zwischen Geburt und Tod, das Leben, das wir hier im Irdischen vollbringen, nicht ein restlos glückliches sein kann, daß des Menschen Aufgabe weiter liegt als dieses irdische Leben. Nietzsche meinte, die Griechen hätten das ganz besonders empfunden und hätten auch einen kräftigen Trost für die Disharmonien des irdischen Lebens gebraucht, den sie in der Kunst fanden. Nietzsche sieht geradezu die Entstehung der Kunst so an, daß er sich sagt: Die Kunst ist der Trost besonders bei dem griechischen Menschen gewesen über die irdischen Disharmonien, und insbesondere auch in der Musik sieht Nietzsche etwas, was über die irdische Disharmonie hinausführen soll. Es ist ja so, daß gewissermaßen ein Gegensatz besteht zwischen unserem trockenen, nüchtern rechnenden Denken und zwischen dem, was der Mensch erlebt, wenn er musikalisch erlebt. Es berühren sich ja da in einer ganz eigentümlichen Weise auch die Gegensätze. Denken Sie doch, daß man die Töne und Tonverhältnisse in Zahlen berechnen kann, dann haben wir Tonphysik, Akustik! Derjenige aber, der sich hingibt der musikalischen Welt der Töne, für den verbirgt sich das, was man da rechnen kann, vollständig. Das Intellektuelle wird gerade im Musikalischen vollständig zugedeckt. Das Intellektuelle schläft im Musikalischen. Das ist etwas, was Nietzsche ganz besonders empfand. Er nannte das das Tragische bei der Musik, durch das der Mensch sich hingegeben empfindet an dasjenige, was er sonst an der Welt empfinden müsse. Ja nun, Nietzsche ist eben ein Mensch gewesen, der durch seine besondere Organisation so recht empfunden hat dasjenige, was der Materialismus des 19. Jahrhunderts in die Menschheit hineingetragen hat. Wahrhaftig, dieser Pädagoge, der da träumte von Bildungsanstalten, die aus solch einer Idee hervorgehen könnten wie die, die ich jetzt gerade als die seinige charakterisiert habe, die sein könnten die Quellen eines wirklichen Lebenstrostes, wahrhaftig dieser Nietzsche, er hat manches von dem durch sein eigenes Leben verraten, wessen das 19. Jahrhundert bedarf. Er ist nur zusammengebrochen unter dem Erleben gerade eben der Disharmonien des 19. Jahrhunderts. Und wenn man gewissermaßen zwischen den Zeilen dieses Menschen liest, dem es sozusagen schicksalsbestimmt war, dasjenige tief innerlich zu erleben, worüber die anderen im 19. Jahrhundert mehr oder weniger im Seelenschlaf dahingegangen sind, dann, dann sieht man, wie er doch immer hinweist auf dasjenige, was seiner eigenen Erziehung und namentlich der Erziehung, die er hätte durch den Unterricht erhalten sollen, gefehlt hat. Man hat gerade bei Nietzsche das Gefühl: die Kräfte, die in ihm waren, sie sind unten, tief unten geblieben. Sie sind nicht herausgeholt worden. Das empfand natürlich ein so genialer Mensch noch viel tragischer als ein anderer. Man kann leicht sagen, daß da oder dort aufmerksam gemacht worden sei auf die drei Abschnitte im Leben des Kindes besonders zwischen dem 6., 7. und dem 14., 15. Jahre. Aber so richtig sind diese Lebensabschnitte niemals in den Dienst der Pädagogik bisher gestellt worden, und das muß besonders geschehen.

Im 9. Jahre erlebt das Kind wirklich eine völlige Umgestaltung seines Wesens, die hinweist auf eine bedeutsame Umgestaltung seines Seelenlebens, auf eine bedeutsame Umgestaltung seines leiblich-physischen Erlebens. Der Mensch beginnt von da ab sich abgesondert zu fühlen von seiner Umgebung. Er lernt unterscheiden Welt und Ich. Wenn wir richtig zu beobachten verstehen, so müssen wir sagen: Welt und Ich fließen mehr oder weniger bis zu diesem Lebensumschwung im menschlichen Bewußtsein zusammen. Vom 9. Lebensjahre an – natürlich ist das alles approximativ gemeint – unterscheidet der Mensch sich und die Welt. Dies muß durchaus beachtet werden bei dem, was wir als Unterrichtsstoff und Erziehungsleben vom 9. Lebensjahre an an das Kind heranbringen. Wir tun gut, bis dahin nicht allzusehr das Kind zu beirren mit der Schilderung, der Charakteristik von Dingen, die abgesondert vom Menschen sind oder abgesondert vom Menschen betrachtet werden. Wenn wir dem Kind eine Fabel erzählen, wenn wir den Kindern Märchen erzählen, so fabulieren wir über Tiere und vielleicht über Pflanzen so, wie wir etwa auch über einen Menschen sprechen können. Tiere und Pflanzen werden personifiziert, sagen wir wohl auch. Sie werden mit Recht personifiziert, weil das Kind noch nicht unterscheidet zwischen Ich und Welt; aus diesem Grunde soll das Kind die Welt ähnlich sehen dem, was es in sich selber erlebt. Wir müssen uns klar sein, daß das, was ich da schildere, nicht eine Verarmung des kindlichen Lebens ist im 9. Jahre, sondern eine Bereicherung.

Es wird Ihnen ganz paradox erscheinen, daß ich diesen letzten Satz eben ausspreche. Allein dieser letzte Satz so ausgesprochen, wie ich es jetzt getan habe, wirkt paradox. Aber dasjenige, was man oftmals über das kindliche Leben sagt, das wird durchaus in dem Sinne ausgesprochen, daß eigentlich das kindliche Leben nach und nach nicht reicher wird, sondern eigentlich verarmt. Bedenken Sie, was man heute oftmals sagt, wenn sich ein Kind an einer Tischecke einen Schmerz zufügt und in der Wut den Tisch schlägt. Man sagt dann, das Kind habe in seiner Seele etwas, das man Animismus nennt. Das Kind belebe den Tisch, schiebe gewissermaßen seine Seele in den Tisch hinein. Dies ist indessen eine unmögliche Theorie. Warum? Weil sich das Kind nicht als ein unmittelbar Lebendiges betrachtet, das sich in den Tisch hineinversetzt, den Tisch von sich aus personifiziert, sondern weil das Kind sich selber nicht lebendiger denkt als den Tisch. Das Kind schaut den Tisch an, und es hat noch nicht mehr an sich erlebt, als es äußerlich am Tisch erlebt. Nicht, daß das Kind den Tisch personifiziert, sondern, wenn ich mich so ausdrücken darf, es vertischt seine Persönlichkeit, es macht seine Persönlichkeit nicht reicher, als der Tisch ist. Wenn Sie daher dem Kinde Märchen erzählen, Fabeln erzählen, dann reden Sie ihm von so vielem, als das Kind von der äußeren Welt auffassen kann. Das muß bis zum 9. Lebensjahre geschehen. Von da ab können Sie beginnen, damit zu rechnen, daß das Kind Ich und Welt voneinander unterscheiden lernt. Das heißt, von da ab können wir erst über Pflanzen und Tiere naturgeschichtlich mit dem Kinde reden.

Ich habe mir wirklich viel Mühe gegeben, die Wirkung verfrühter naturgeschichtlicher Betrachtungen auf Kinder zu studieren. Verfrühte naturgeschichtliche Betrachtungen machen in der Tat das Kind später trocken, trocken bis dahinein, daß ein guter Beobachter es, ich möchte sagen, an der Anlage zur Vergilbtheit der Haut beim Menschen bemerken kann, wenn zu früh naturgeschichtliche Begriffe an das Kind herangebracht werden.

Im 9. Lebensjahre ist der Zeitpunkt gegeben, wo wir beginnen dürfen, naturgeschichtliche Begriffe an das Kind heranzubringen, aber auch erst noch lebendige Begriffe; womöglich ist noch zu vermeiden, Mineralisches, Totes an das Kind in dieser Zeit heranzubringen. Lebendiges, das außermenschliche Lebendige, es steht ja in zwei Gebieten, zwei Sphären vor uns, in dem tierischen Gebiete und in dem pflanzlichen Gebiete. Aber wenn wir nun dasjenige, wozu es die Menschen gebracht haben in der Beschreibung der Tiere, in der wissenschaftlichen Charakteristik der Tiere, in der wissenschaftlichen Beschreibung und Charakteristik der Pflanzen, wenn wir das in populären kurzen Büchern für die Kinder verarbeiten, versuchen, äußerlich populär zu besprechen, so kommen wir dadurch dem Kinde doch nicht bei. Es ist fast durch alle unsere naturgeschichtlichen Handbücher zu verfolgen, daß sie eigentlich nichts anderes sind als etwas filtrierte, naturwissenschaftliche Gelehrsamkeit, und das ist schrecklich. Freilich, auf der anderen Seite hat man dann versucht, aufzubauen auf naturwissenschaftlichem Anschauungsunterricht. Allein da gibt es ja wiederum methodische Bücher. Aber die leiden an dem entgegengesetzten Fehler. Da ist viel Trivialität drinnen. Da sucht man womöglich nichts mit dem Kinde zu besprechen, als was das Kind schon selber weiß, und sucht, wie man sagt, recht anschaulich nur aus der Natur des Kindes heraus zu schöpfen. Dadurch verfällt man in die Trivialität. Und manche der methodischen Handbücher, die da existieren, der methodischen Anleitungen, sie sind zum Verzweifeln eigentlich, weil sie so furchtbar trivial sind. Man fühlt: wenn so etwas in der Schule wirksam würde, würde alles Schädliche der Trivialität in den Menschen hineingepflanzt werden. Und die Trivialität, mit der man im Kindesalter wirtschaftet, die drückt sich später nun ebenfalls wie manches andere, was ich schon erwähnt habe, in einer Verödung des menschlichen Lebens aus; mindestens in einer solchen Ausgestaltung des Lebens, die es dem Menschen unmöglich macht, mit voller Freude in sein Kindesalter zurückzublicken.

Das aber ist eigentlich etwas, was der Mensch braucht. Es ist notwendig, daß wir das ganze Leben hindurch in der Lage sind, auf unser Kindesschulalter als auf etwas Paradiesisches zurückzublicken. Nicht deshalb, weil wir etwa da nur Freudiges erlebt haben. Darauf kommt es nicht einmal so stark an, daß wir da nur Freudiges erlebt haben. Es kann mancher im Kindesalter gehungert haben, es kann mancher von seinen Lehrern im Unverstande vielleicht verprügelt worden sein, lieblos behandelt worden sein – selbstverständlich darf niemals etwas anderes pädagogischer Grundsatz werden, als die Absicht, alle diese

Dinge in der bestmöglichen Weise zu bekämpfen –, aber es kann so etwas vorgekommen sein, und dennoch kann das Zurückerinnern an das Kindesleben eine Quelle von Belebung sein, wenn wenigstens von der einen oder von der anderen Seite her wir im Kindesalter die Möglichkeit empfangen haben, ein Verhältnis zur Welt zu gewinnen. Ein Verhältnis zur Welt müssen wir gerade dadurch gewinnen, daß in der richtigen Weise der naturgeschichtliche Unterrichtsstoff an das Kind herangebracht wird. Es hilft gar nichts, wenn wir dem Kinde die aufeinanderfolgenden Klassen der Tiere beschreiben oder die aufeinanderfolgenden Klassen und Arten und so weiter der Pflanzen beschreiben und dann, gewissermaßen um nicht trocken zu werden, auch einmal mit den Kindern einen Spaziergang machen, um die Pflanzen im Freien den Kindern zu zeigen; das nützt eigentlich gar nicht viel. Gewiß, nach der instinktiven Veranlagung wird ja der eine Lehrer mehr, der andere weniger bewirken. Er wird recht viel durch eine gewisse ihm selbst eigene Hinneigung zur Natur auch in den Kindern anregen können. Aber dasjenige, was aus Geisteswissenschaft in den Menschen und in sein Gemüt übergehen kann, das ist doch noch etwas ganz anderes, das bringt uns die Empfindung von einem lebendigen Zusammengehören des Menschen mit der ganzen übrigen Welt.

Man lacht heute darüber, daß eigentlich im ersten Drittel des 19. Jahrhunderts noch bei vielen Menschen ein Gefühl vorhanden war dafür, daß die ganze Tierwelt ein ausgebreiteter Mensch ist. Wir haben verschiedene Tierklassen. Die eine Tierklasse ist nach der einen Richtung einseitig gebildet, die andere Tierklasse nach der anderen Richtung. Wir können uns einen Überblick verschaffen über die verschiedenen Tierklassen, Tiergattungen, Tierarten und so weiter. Der Mensch enthält alles das an Kräften, an innerer Gestaltung, was über die Tiere verteilt ist. Davon ging die naturwissenschaftliche Betrachtung, sagen wir, noch eines *Oken* aus. Mit Feuer vertrat Oken so etwas. Man suchte draußen in der Natur niedere Tiere. Heute sagt die materialistische Naturwissenschaft, diese niederen Tiere, die seien in der Urzeit dagewesen, sie hätten sich allmählich vervollkommnet, und daraus sei der heutige Mensch entstanden, ein vervollkommnetes physisches Wesen. Auf die Einzelheiten brauchen wir hier nicht einzugehen, da wir es hier nicht mit gewöhnlicher Wissenschaft, sondern mit Pädagogik zu tun haben. Aber kann man denn nicht sehen, wie dasjenige, was menschliches Haupt ist, außen die knöcherne Schale, innen die weichen Teile, gerade gewissen niederen Tieren ähnlich sieht? Nehmen Sie Schnecken, nehmen Sie Muscheltiere, die sind ähnlich dem menschlichen Haupte. Und wenn Sie unsere mehr oder weniger entwickelten Vögel nehmen, so werden Sie sich sagen müssen: Da ist in Anpassung an die Luft, in Anpassung an die ganze übrige Lebensweise dasjenige ganz besonders ausgebildet, was beim Menschen zurücktritt als innere Lungenbildung und dergleichen. Wenn Sie sich das wegdenken, was beim Menschen in die Gliedmaßen fließt, wenn Sie sich denken die ganze Organisation mehr im Innern gehalten und angepaßt an die Lebensverhältnisse in der Luft, dann bekommen Sie die Organisation des Vogels. Vergleichen Sie die Organisation des Löwen oder der Katze mit der Organisation des Rindes, Sie werden überall sehen: bei der einen Tiergattung ist das eine Glied der Organisation mehr ausgebildet, bei der anderen Tiergattung ein anderes Glied der Organisation mehr ausgebildet. Jede Tiergattung ist auf eines hin besonders organisiert. Von der Schnecke können wir sagen: sie ist fast ganz Kopf, sie hat nichts anderes als Kopf. Nur ist sie ein einfacher, primitiver Kopf. Der menschliche Kopf ist komplizierter. Vom Vogel können wir sagen: er ist gewissermaßen ganz Lunge, entsprechend umgebildet, weil alles andere verkümmert ist. Vom Löwen können wir sagen: er ist gewissermaßen ganz Blutzirkulation und Herz. Vom Rind können wir sagen: es ist ganz Magen. Und so können wir draußen in der Natur die verschiedenen Gattungen und Arten so charakterisieren, daß wir hinschauen auf die einzelnen Organe. Das, was ich jetzt sage, das kann durchaus auch in sehr einfacher, primitiver Weise gesagt werden. Und dann, wenn man die Welt des Tierreiches überschaut und alles dasjenige, was da wie der große Fächer von Wesenheiten auseinandergebreitet ist, wenn man das dann vergleicht mit der menschlichen Organisation, wie im Menschen alles abgerundet ist, wie kein Organisationssystem sich vordrängt, eines an das andere angepaßt ist, da finden wir: Ja, bei den Tieren sind immer die Organsysteme an die Außenwelt angepaßt; beim Menschen sind nicht die Organsysteme an die Außenwelt angepaßt, sondern eins ans andere. Der Mensch ist eine abgeschlossene Totalität, eine abgeschlossene Ganzheit, was ich Ihnen hier nur skizzenhaft andeuten kann.

Denken Sie sich einmal, wir verwenden alles, was wir verwenden können, das naturgeschichtliche Kabinett der Schule, jeden Spaziergang, den wir mit den Kindern machen, alles dasjenige, was das Kind erlebt hat, wir verwenden alles, um in lebendiger Darstellung zu schildern, wie der ganze Mensch gewissermaßen ein Kompendium der Tierwelt ist, wie in ihm alles harmonisch gestaltet, abgerundet ist, wie die Tiere einseitige Ausbildungen darstellen und deshalb keines die volle Beseelung haben kann und wie der Mensch die Anpassung des einen Organsystemes an das andere darstellt und gerade dadurch die Möglichkeit, ein vollbeseeltes Wesen zu sein, erhält. Wir können uns, wenn wir selber ganz überzeugt und durchgeistigt sind von diesem Verhältnis des Menschen zur Welt der Tiere, dann aufschwingen, dieses Verhältnis auch lebendig zu schildern, so daß die Darstellung eine ganz objektive ist, aber daß zu gleicher Zeit der Mensch sein Verhältnis zur Welt fühlt. Denken Sie doch nur, was es denn für einen Wert hat, wenn man heute dem Menschen im materialistischen Zeitalter sagt, er sei die Krone der Erdenschöpfung. Er versteht es ja nicht im einzelnen. Er betrachtet sich. Er betrachtet das einzelne Tier. Er betrachtet nicht jedes einzelne Tier so, daß er versucht zu erkennen, wie dies Organsystem bei dieser, wie ein anderes bei der anderen Tierklasse einseitig ausgebildet ist. Er betrachtet auch nicht das Zusammenfassende im Menschen. Wenn wir dies tun, dann wird unser Erkennen unmittelbar ein Fühlen, ein Empfinden unserer Stellung zur Welt, dann hören wir auf, egoistisch nur in uns zu fühlen, dann geht unser Gefühl hinaus in die Welt.

Man versuche nur einmal in diesem Sinne zu unterrichten, und man wird sehen, welchen Wert ein solches Unterrichten für das Gemüt des Kindes hat. Es verwandelt sich solches Erkennen durchaus in Empfindung. Der Mensch wird unter dem Einfluß eines solchen Erkennens nach und nach bescheiden. Der Unterrichtsstoff wird wirklich als Erziehungsmittel verwendet. Was nützt es denn, wenn wir immer wieder sagen, wir sollen nicht bloß trocken unterrichten, nicht bloß dem Kinde Wissensstoff beibringen, wenn wir keine Möglichkeit haben, den Wissensstoff so umzuwandeln, daß er unmittelbar Erziehungsmittel wird? Manchmal, wenn immer wiederum betont wird, das zu viele Wissen, das wir dem Kinde beibringen, verhindere die richtige Entwickelung des Kindes, so möchte man sagen: Ja, aber warum werft ihr denn dann, wenn das Unterrichten nichts ist, nicht den ganzen Unterrichtsstoff aus der Schule heraus? Das kann man natürlich nicht tun. Der Unterrichtsstoff muß eben zum Erziehungsmittel gemacht werden. Der naturgeschichtliche Unterricht wird es mit Bezug auf die Tierheit durch eine Behandlung im angedeuteten Sinne und indem wir ihn nicht an das Kind herankommen lassen, bevor es das 9. Jahr überschritten hat.

Bei der Pflanzenwelt geht es uns nicht so, daß wir nun auch die einzelne Pflanzenart oder Pflanzengattung einseitig darstellen können und dann alles dasjenige, was da zusammengefaßt wird, etwa im Menschen wiederum sehen können. Die Betrachtungsweise, die so fruchtbar ist für die Tiere, die uns eine so gute Grundlage abgibt für eine künstlerisch lebendige Gestaltung des zoologischen Wesens, sie versagt beim Pflanzenreich. Das können wir nicht so betrachten; das geht nicht: da müssen wir etwas ganz anderes zu Hilfe nehmen. Dieses ganze Pflanzenwesen müssen wir als zur Erde, zur ganzen Erde lebendig hinzugehörig betrachten.

Unser Materialismus hat es dazu gebracht, die Erde wie eine Kugel aus Steinen, aus Mineralien bestehend zu betrachten, und die Pflanzen gleichsam so drinnen steckend. Wir dürfen dasselbe Prinzip nicht anwenden, sagen wir, auf das menschliche Haupt und seine Haare. Wir werden den Haarwuchs als etwas betrachten, was zum menschlichen Haupt gehört. So müssen wir die Erde mit ihrem Pflanzenwuchs als etwas betrachten, was zum Organismus Erde hinzugehört. Wir schaffen uns ein Abstraktum, wenn wir die bloß steinerne Erde betrachten, die höchstens noch die Schwerkraft ihr eigen nennt. Wir reden von der wirklichen Erde, wenn wir den Organismus Erde so betrachten, daß die Pflanzen zu ihm gehören, wie die Haare unseres Hauptes zu uns gehören. Dann aber, wenn man das so betrachtet, wachsen einem im Anschauen der Erde die Pflanzen mit der Erde zusammen, und man bekommt den richtigen Instinkt dafür, nun die Erde im Zusammenhang mit ihrer Pflanzenwelt wirklich ins Auge zu fassen. Das tun wir dann, wenn wir die Erde im Zeitenlaufe, im Jahreskreislaufe betrachten. Wenn wir tatsächlich Naturgeschichte der Pflanzen mit dem Kinde betreiben, müssen wir nicht Klasse neben Klasse, Art neben Art stellen. Wir müssen vielmehr alles zu Hilfe nehmen, was wir haben, das naturgeschichtliche Kabinett, die Spaziergänge, alles dasjenige, woran sich das Kind erinnert, alles dasjenige, was wir an frischen Pflanzen in die Klasse schleppen können, und dann dem Kinde schildern: Der Frühling zaubert diese oder jene Pflanze aus der Erde hervor, zaubert von den Pflanzen dies oder jenes hervor, da schaut es so aus – dann schreiten wir weiter in den Mai hinein, da wird die Erde so; dann schreiten wir weiter in den Sommer hinein, da wird die Erde so.

Wir versuchen, die Blüten der Pflanzen nicht anders ins Auge zu fassen als ein Kind der Zeitentwickelung der Erde im Jahreskreislauf.

Wir reden dem Kinde davon, wie im Herbste die Pflanzensamen wiederum zurück zur Erde gehen, wie der Kreislauf von neuem beginnt. Wir fassen die Erde als einen Organismus auf und verfolgen dieses lebendige Aufsprießen und wieder Zurückgehen der Pflanzen. Wir nennen dem Kinde den Namen – der ja etwas Konventionelles ist – erst dann, wenn wir es dazu hingeführt haben: »Sieh einmal, da hast du dieses Pflänzchen: das ist so und so – unter Bäumen oder von Bäumen entfernt. Da steht dieses Pflänzchen, weil im Mai diese Pflänzchen so und so gedeihen; das hat fünf Blättchen. Erinnere dich... da ist es: das, was da fünf gelbliche Blättchen hat, hängt mit dem ganzen Leben der Erde im Mai zusammen; das ist der Hahnenfuß!« und so weiter, so daß die ganze Naturgeschichte der Pflanzenwelt als das Jahresleben der Erde erscheint. Und dann geht man weiter über auf jene etwas mehr verborgenen Dinge, wie gewisse Pflanzen zur Weihnachtszeit blühen, wie andere Pflanzen überdauern, wie manche lange überdauern. Man geht über von dem Leben des einen Krautes, das im Jahreslaufe die Erde schmückt und wiederum weggeht, man geht über von da zum Wachstum des Baumes und so weiter. Niemals betrachtet man bloß Pflanze neben Pflanze, sondern die Erde mit ihrem Pflanzenwachstum, und das Pflanzenwachstum herausentstehend aus der lebendigen Erde.

Da haben Sie zwei wunderschöne Pole ins naturgeschichtliche Leben hineingestellt. Mit dem Tierreich etwas, was überall auf den Menschen hinweist. Der Mensch fühlt sich selber wie heraussynthetisiert aus den Einseitigkeiten des Tierreiches. Keine Tierspezies betrachten wir, ohne daß wir auf dasjenige im Menschen hinweisen, was diese Tierspezies besonders einseitig entwickelt hat. Das Tierreich wird uns ganz ein auseinandergelegtes Menschenreich, ein fächerförmig ausgebreitetes Menschenreich. Wie gesagt, die heutigen Menschen lachen über solche Dinge. Allerdings, das erste Drittel des 19. Jahrhunderts hat das manchmal bis zum Grotesken gebracht. Solche Leute wie Oken, sie haben ein solch groteskes Wort ausgesprochen, ich will das nicht verteidigen: Die Zunge ist ein Tintenfisch. Da hat Oken natürlich das richtige Prinzip im Auge gehabt. Er hat die Zunge des Menschen genommen, er hat in jeder einzelnen Art der Tierklassen etwas gesucht. Das hat er dann verglichen mit dem Organ des Menschen, und bei dem Tintenfisch fand er eben die größte Ähnlichkeit mit der Zunge: die Zunge ist ein Tintenfisch. Der Magen ist ein Wiederkäuer und so weiter. Das ist, wie gesagt, wiederum die Ausartung gewesen, das radikale Extrem. Man braucht ja nicht bis dahin zu gehen. Man konnte auch in der damaligen Zeit die Dinge noch nicht richtig finden; aber heute, heute können wir allerdings die gesamte Tierwelt wie fächerförmig ausgebreitet im Menschen schildern, den Menschen so als die Synthese der ganzen tierischen Welt hinstellen. Wir tragen alles, was dann in der Tierreihe mit den Kindern beobachtet wird, an den Menschen heran. Wir haben die Möglichkeit, dem Kinde, indem es die Augen nach außen richtet, gewissermaßen die Elemente seines Menschtums vor Augen zu stellen.

Im Pflanzenreich, da haben wir gerade das Entgegengesetzte. Da vergessen wir den Menschen ganz und betrachten das Pflanzenreich ganz und gar aus der Erde selbst herauswachsend, aus dem Planeten, auf dem wir herumwandeln. Das eine Mal bringen wir das Tierreich in engstes Verhältnis zum Menschen, das andere Mal bringen wir das Pflanzenreich in das engste Verhältnis zu dem, was außermenschlich, objektiv ist. Mit anderen Worten: auf der einen Seite rufen wir das empfindende Verstehen des Tierreiches und des Menschen selbst durch die Betrachtung des Tierreiches hervor; auf der anderen Seite erziehen wir den Menschen, die Erde in ihrer Objektivität zu betrachten, als einen Organismus, auf dem er herumläuft und von dem er lebt, und auf dem das, was er sieht in dem Wachsen der Pflanzen, in dem jährlichen Leben der Pflanzen, in dem besonderen Überdauern der Pflanzen dieses Jahres und so weiter, abgesondert von ihm ist. Durch diese zweifache Betrachtungsweise bringen wir ungeheuer viel von dem, was man Gleichgewicht zwischen dem Intellektuellen und dem Gemüthaften nennen kann, in diese Menschenseele hinein. Dies führt dazu, daß das bloße Intellektualistische, das so pedantisierend und austrocknend wirkt, zurücktritt. Wenn man begreift die Jahrespflanze, die krautartige Pflanze herauswachsend aus der Erde, die Wurzel in der Erde, Blättchen und Stengel heraus, die grünen Blätter bis herauf zur Blüte und Samenbildung, wenn man das lebendig empfindet im Zusammenhang mit der Erde und einem das noch besonders lebendig gemacht wird dadurch, daß man es im Jahreskreislauf erlebt; daß man erlebt, wie die Blüte hervorgeholt wird, wenn das Sonnenlicht sich, ich möchte sagen, in Liebe verbindet mit demjenigen, was aus der Erde herausquillt, wenn das ganz durchempfunden wird als empfindende Erkenntnis, als erkennende Empfindung, wenn man so vom Frühling in den Herbst hin empfindet das Werden von der Wurzel durch das Blatt bis zur Blüte und zum Samen, wenn man das alles empfindet, dann kommt einem etwas anderes. Sehen Sie, da ist die Erde, da die Pflanze, die Jahrespflanze. Die einjährige Pflanze, sie wurzelt in der Erde drinnen. Jetzt betrachten wir den Baum; hier ist er verholzt, da sind die Äste. Was da erscheint in einem Jahre, das empfindet man ja ähnlich wie die einjährige Pflanze, das sitzt so ähnlich an dem Baum, wie die einjährige Pflanze in der Erde sitzt. Gewissermaßen wird einem die Erde und dasjenige, was da Holz des Baumes ist, eine Einheit, und man bekommt die ungeheuer stark auf uns wirkende Vorstellung: indem der Baum mit seinem Holz herauswächst, türmt sich die Erde selbst auf und dasjenige, was unter der Erde ist; wo keine Bäume, sondern die Jahrespflanzen wachsen, da ist die Kraft, die sonst in den Baumstamm heraufquillt, in der Erde selbst drinnen. Man bekommt eine lebendige Empfindung, den Säftestrom des Baumstammes zu suchen unter der Oberfläche der Erde. Und so wie der Säftestrom des Baumstammes nun eben die Blüte des Jahres hervortreibt, so treibt der Säftestrom unten, den man identisch mit dem Säftestrom des Baumstammes weiß, die einjährige Pflanze hervor. Ich möchte sagen: die Anschauung des Baumstammes verwächst einem mit der Anschauung der Erde. In das Lebendige kommt man hinein.

Kann man mit einer lebendigen Charakteristik von Erde, Pflanzenreich, Tierheit und Menschentum in dem Kinde das, was sonst nur tot empfunden wird, einfach und elementar beleben – und zwar namentlich in der Zeit vom 9. bis gegen das 12. Jahr hin, wo das Kind besonders veranlagt ist, sich nach und nach von der Welt zu unterscheiden und doch begierig ist, im Unbewußten aufzunehmen auf der einen Seite den Zusammenhang des Menschen mit dem Tierreich, auf der andern Seite das, was absondert vom Menschen, was Erde und Erdenleben ist –, dann wächst mit dem Menschen etwas heran, was ihn auch in das richtige Verhältnis zum geschichtlichen Leben der Menschheit auf der Erde bringt. Dann erst entwickeln sich die Empfindungen, die dann in der richtigen Weise die Geschichte aufnehmen. Vor dem 10., 11. Jahr wird man selbstverständlich die Geschichte nur in der Form der Erzählung, des Biographischen getrieben haben. Im 10., 11. Jahr wird man die Geschichte durchaus so zum naturgeschichtlichen Unterricht hinzunehmen, daß man überall das, was man im Menschen heranzieht an Empfindungen, die aus dem naturgeschichtlichen Unterricht kommen, gewissermaßen intensiv zusammenhält mit dem, was nun auch die Begriffe, die Ideen, die Empfindungen des geschichtlichen Unterrichts beleben kann. Erst im 12. Jahr ist eigentlich die Möglichkeit gegeben, überzugehen zu dem, was das eigentliche Urteil ist. Davon wollen wir dann morgen sprechen.

Sehen Sie, es ist merkwürdig, die Unmöglichkeit, das Menschenleben richtig anzusehen und es richtig zu vergleichen mit dem Erdenleben, die rührt davon her, daß man eigentlich durch Jahrhunderte hindurch eine solche naturgemäße Erziehung nicht genossen hat. Die Menschen veräußerlichen sich sehr in ihrer Anschauung der Welt. Die Menschen sagen zum Beispiel ganz begreiflicherweise: Frühling, das ist der Morgen des Jahres; Sommer, der Tag des Jahres; Herbst, der Abend des Jahres; Winter, die Nacht des Jahres. Ist das aber in Wirklichkeit so? In Wirklichkeit ist es ganz anders. Wenn wir schlafen, dann ist alles das, was uns von der Pflanze unterscheidet, aus unserer menschheitlichen Organisation herausgewichen. Wir sind schlafend eigentlich gar nicht berechtigt, so auszusehen, wie wir sind. Eigentlich sehen wir nur deshalb gerade so aus, weil wir auf das Beseeltsein und das Durchgeistigtsein hin organisiert sind. Schlafend sind wir eigentlich Pflanzenwesen, sind wir auf der Höhe der Pflanzenwesen. Da sind wir als einzelner Mensch nichts anderes, als die Erde mit ihrem Pflanzenwachstum ist. Aber welcher Jahreszeit entspricht es, wenn wir schlafen? Wenn wir schlafen, entspricht dies dem Sommer, das heißt der Jahreszeit, in welcher die Pflanzen da sind. Und welcher Jahreszeit entspricht es, wenn wir wachen? Wie im Winter das pflanzliche Leben aufhört und sich gewissermaßen ins Innere der Erde zurückzieht, so zieht sich auch beim Menschen in der Zeit vom Aufwachen bis zum Einschlafen das pflanzliche Leben zurück und wird durch etwas anderes ersetzt. Wenn wir nicht nach einer vagen Analogie gehen, sondern nach der Wirklichkeit, müssen wir sagen: Den menschlichen Schlaf haben wir zu vergleichen mit der Sommerzeit, das menschliche Wachen mit der Winterzeit der Erde. Die Wirklichkeit ist somit gerade das Gegenteil dessen, was wir als vage Analogie annehmen.

Was ich Ihnen jetzt gesagt habe, das ist etwas, was Geisteswissenschaft immer behandeln muß, und ich möchte niemals dilettantisch, sondern immer ganz sachgemäß zu Werke gehen. Hier an dieser Stelle muß ich eigentlich etwas sehr Eigentümliches sagen. Ich habe nun nachgeforscht, ob jemandem, der in der äußeren Wissenschaft tätig ist, wenigstens eine Spur von dem aufgegangen ist, was ich hier als geisteswissenschaftliches Ergebnis ausgesprochen habe, daß nämlich die Erde eigentlich im Winter wacht und im Sommer schläft. Nun, den einzigen kleinen Hinweis, der richtig weiter verfolgt, zu dem eben Ausgesprochenen hinführen würde, habe ich tatsächlich in einem aus den fünfziger oder vierziger Jahren stammenden Basler Schulprogramm gefunden. In einem Basler Schulprogramm findet sich eine Abhandlung über den Schlaf des Menschen, und der Schlaf des Menschen wird dort in einer der gewöhnlichen Betrachtungsweise entgegengesetzten Art behandelt. Der Gerechtigkeit halber möchte ich auf dieses Basler Schulprogramm hinweisen. Im Augenblick ist mir der Name des Verfassers nicht gegenwärtig, ich hoffe aber, daß er mir noch einfallen wird, damit ich ihn bis morgen nachtragen kann.

NEUNTER VORTRAG

Basel, 4. Mai 1920

Dialekt und Schriftsprache

Die Frage, die gestern nach dem Vortrage an mich gestellt worden ist, schließt sich in unmittelbarer Weise an das Erörterte an und wird im Zusammenhange mit dem in den letzten Tagen Gesagten sehr gut gerade heute behandelt werden können. Ich habe ja gestern versucht, wenigstens andeutungsweise zu charakterisieren, wie der Inhalt des Unterrichts- und Erziehungsstoffes das Wesentliche eigentlich nicht sein kann. Ich sagte, wir können nicht unmittelbar aus dem, was wir als vorliegendes Material in irgendeiner Wissenschaft oder sonst haben, gewissermaßen eine Popularisierung herausnehmen, für Kinder zurechtrücken, so wie wir Pflanzenkunde oder Tierkunde zurechtrücken und sie dann inhaltlich einfach den Kindern beibringen. Ich habe darauf aufmerksam gemacht, wie uns die Unterrichtsaufgabe zu einer Erziehungsaufgabe nur dadurch werden kann im Grunde genommen, daß wir imstande sind, eigentlich den Anschauungsunterrichtsstoff, wie er auch geartet sein mag, zu gleicher Zeit in Erziehungsleben umzuwandeln. Und ich habe das gestern für die Pflanzenkunde und für die Tierkunde gezeigt, wenigstens andeutungsweise. In der Erziehungskunst haben wir immer mehr und mehr darauf hinzuarbeiten, daß wir insbesondere vom 6., 7. Jahre bis zur Geschlechtsreife alles an das Kind so heranbringen, daß die Kräfte, die im Kinde selbst sich entwickeln wollen, wirklich zur Entwickelung gebracht werden.

Nun, wenn wir das können wollen, müssen wir dazu imstande sein, dasjenige, was uns gewissermaßen das Kind schon mitbringt, in der entsprechenden Art zu benutzen. Und ich habe aufmerksam darauf gemacht, daß uns ja ein großer Teil der Kinder etwas mitbringt, was wir ganz gut im Unterricht, im Erziehen verwenden können, das ist die Tatsache, daß eben eine große Anzahl von Kindern die Sprache als Dialekt in die Schule hereinbringt. Die Kinder sprechen Dialekt, und sie sprechen Dialekt in einer solchen Weise, daß dieser Dialekt bei ihnen entstanden ist unter dem Einflusse des Nachahmungsinstinktes. Wir werden uns, wenn wir wirklich für solche Dinge Beobachtungsgabe haben, überzeugen können, daß die dialektsprechenden Kinder ein viel innigeres Verhältnis zur Sprache haben als die nicht dialektsprechenden Kinder. Wie wir in der Schule verwerten können dieses Element des Dialektsprechens zu dem Elemente des sogenannten Schriftsprachesprechens, darauf gerade bezog sich die gestern mir gestellte Frage.

Nun dürfen wir nicht übersehen, daß das innigere Verhältnis, das die dialektsprechenden Kinder zu ihrer Sprache haben, darinnen besteht, daß der Dialekt als solcher, indem Worte, Sätze, gestaltet werden, viel intensiver gefühlt und gewollt wird als die sogenannte Schriftsprache, die mehr beruht auf dem Vorstellen oder auf einem vom Vorstellen hauptsächlich eingenommenen Fühlen. Jedenfalls, das Gemütsleben ist weniger in der Schriftsprache, wenn das Kind sie vom Anfange an spricht, enthalten als im Dialekt. Und ebenso die Willensimpulse.

Das weist uns nun eigentlich von vornherein auf ein außerordentlich Wichtiges in allem Erziehen und Unterrichten hin, nämlich darauf, daß der Mensch, mehr als wir gewöhnlich annehmen, sein ganzes Wesen aus zwei Quellen schöpft, die wirklich sich zueinander verhalten wie Nordpol und Südpol. Wenn wir daher darauf hinausarbeiten, nach der einen oder nach der anderen Richtung die Erziehung oder den Unterricht zu gestalten, wenn wir vorzugsweise darauf hinausarbeiten, alles auf Anschauung zu begründen, alles darauf zu begründen, daß das Kind gewissermaßen urteilend Anschauungen, die ihm vorliegen, zusammenfaßt und sich dadurch allmählich heranbildet, so gehen wir nach einem Extrem. Bilden wir das Kind vorzugsweise dadurch aus, daß wir auf sein Erinnerungsvermögen oder auch auf die Hinnahme durch die Autorität rechnen, so gehen wir nach einem anderen einseitigen Extrem.

Das zeigt sich insbesondere bei der Sprache, daß zwei Extreme stets in der Menschennatur zusammengehören. Nämlich die Sprache selbst hat in sich ein deutlich wahrzunehmendes musikalisches Element, ein musikalisches Element, das mit der menschlichen Innerlichkeit streng zusammenhängt. Dann aber hat die Sprache zu gleicher Zeit ein plastisches Element, ein zeichnendes Element. Wir versuchen, ohne daß wir uns dessen bewußt werden, schon als ganz kleine Kinder im Sprechen dasjenige nachzuahmen, was wir durch die Sinne wahrnehmen. Insbesondere an der Sprache wird es nun klar, wie das Musikalische und das Plastische nach zwei ganz entgegengesetzten Richtungen hin arbeiten. Entwickeln wir bei einem Menschen mehr das musikalische Element, welches insbesondere in Anlehnung an das Autoritätsgefühl in der Schule seine Ausbildung finden wird, dann vernichten wir dadurch dasjenige, was im Kinde als plastischer Trieb ist. Sehen Sie, das musikalische Element der Sprache, das entwickelt sich unter dem Einflusse der Autorität so, daß das Kind fortwährend eigentlich den Instinkt hat, den Trieb hat, so zu sprechen bis in die geringsten Einzelheiten des Tonfalles hin, wie derjenige spricht, der als Autorität empfunden wird. Die Anpassung an das musikalische Element der Autorität, das ist – ob wir nun dogmatisch sagen: das ist richtig oder unrichtig –, das ist da, das ist einfach durch die Natur des Kindes da. Man wird sehr bald sehen, wenn man für so etwas Beobachtungsgabe hat, wie sich dieses musikalische Element der Sprache anpaßt an denjenigen, der das Kind erzieht oder unterrichtet.

Nun ist aber die einseitige Ausbildung dieses musikalischen Elementes der Sprache geradezu vernichtend für das plastische Element der Sprache. Der Mensch wird immer mehr und mehr dazu gedrängt, wenn er nur diesem musikalischen Element der Sprache folgt, die Sprache überhaupt zu verinnerlichen, nurmehr in einer gewissen Weise seinen Gefühlen, seinen Empfindungen zu folgen, indem er gleichsam unbewußt wiedererzeugt Tonfall, besondere Betonung, besondere Nuancierung der Vokale, wie er sie in Anpassung an den Menschen entwickelt, den er als Autorität empfindet. Das aber tritt erst dann so recht ein, wenn wir das Kind in der Volksschule herinnen haben. Weniger ist das der Fall, wenn das Kind in dem Lebensalter steht von der Geburt bis zur Volksschule hin, in dem es die Sprache zuerst lernt. Da ist das Kind Nachahmer, und es entwickelt die Sprache aus dem ganzen Menschenwesen heraus unter fortwährender Anpassung des übrigen Organismus an die menschliche Umgebung. Da greift vieles in das Sprechen ein, was dazu führt, daß das Sprechen sich plastisch gestaltet. Aber weil ja der Mensch Nachahmer ist, Nachahmer bis in das innerste Getriebe seines Wesens hinein, so bildet sich das plastische Element in dieser Zeit zu gleicher Zeit innerlich aus. Wir können auf einen durchgreifenden Unterschied in der Sprachentwickelung hinweisen. Von der Geburt bis zum Zahnwechsel bildet das Kind seine Sprache plastisch aus. Wenn dann das Kind das Glück hat, sich in diesem Lebensabschnitt an eine Dialektsprache anpassen zu können, die von vornherein schon innerlicher mit dem Menschen verbunden ist als die Schriftsprache, so ist das Kind viel mehr willensgemäß und autoritätsgemäß bei der Sprachbildung, intimer mit der Sprache verbunden als bei der Schriftsprache.

In der Volksschule selbst, da tritt dann eben an die Stelle des plastischen Elementes, wie ich gesagt habe, das musikalische Element. Es wirkt schon das Innerliche. Aber weil die Verinnerlichung, das musikalische Element als solches, dem plastischen entgegenwirkt, so ist es nötig, daß wir dasjenige, was das Kind schon hat, was es uns mitbringt, was es durch seine Kräfte bis zum 6. und 7. Jahre mit der Sprachentwickelung herangebildet hat, daß wir das wirklich im Volksschulerziehen und -unterrichten entsprechend benützen.

Nun hat das Kind im weitesten Umfange gerade an der Sprache etwas, wo sein Unbewußtes im hohen Grade gewirkt hat. Und wir müssen schon von der Tatsache lernen, daß bei primitiven Völkern oftmals eine viel reichlichere Grammatik ausgebildet ist als in den Sprachen, die schon einer höheren Zivilisation entsprechen. Man berücksichtigt das außerhalb des Kreises einer eigentlichen Geisteswissenschaft wenig, was man doch aber als ein gesichertes Ergebnis einer wirklichen Menschenbeobachtung betrachten muß: daß der Mensch aus seinem Inneren heraus Logik entwickelt, daß er die Sprache wirklich logisch gestaltet, daß wir nicht nötig haben, Grammatik ihm anders beizubringen als dadurch, daß wir dasjenige, was im Sprachaufbau schon fertig gebildet ist, zum Bewußtsein bringen. Mit dem Grammatiklernen und -lehren haben wir im wesentlichen die Tendenz zu verfolgen, das Aufwachen des Kindes zu fördern, das Bewußtwerden zu fördern – also innere Kräfte, die sich entwickeln können gerade um das 9. Lebensjahr herum – in dem Sinne, wie ich das charakterisiert habe. Wir müssen das Element des Sprachunterrichts dazu benützen, um fortwährend das Kind weiter aufzuwecken. Das werden wir besser können, wenn wir jede Möglichkeit, die sich uns ergibt, aus dem Dialekt heraus zu wirken, benützen. Dann, wenn das Kind von vornherein, vor dem 7. Jahre, die gebildete Umgangssprache oder die sogenannte Schriftsprache gelernt hat, dann kommen wir außerordentlich schwer jenem Unbewußten im Menschen bei, das dann schon in einem gewissen Sinne abgestorben ist, jenem Unbewußten, welches ein ganz naturgemäßes Verhältnis zu der logischen Formung der Sprache hat. So daß wir, wenn wir in der Klasse beisammen haben dialektsprechende Kinder und solche, die nicht den Dialekt sprechen, wir eigentlich immer den grammatischen Unterricht anknüpfen sollen an dasjenige, was uns die dialektsprechenden Kinder an die Hand geben.

Wir wollen versuchen, zuerst den Aufbau des Satzes und dann des Wortes aus dem Dialekt heraus zu suchen. Das können wir dann, wenn wir etwa einfach so vorgehen, daß wir das Kind aussprechen lassen, sagen wir, einen Satz, einen möglichst einfach gestalteten Satz. Er wird immer etwas in sich enthalten, was die Hauptsache ist, die innerliche Verlebendigung einer Tätigkeit. Und je mehr wir ausgehen von der innerlichen Verlebendigung einer Tätigkeit, desto mehr werden wir dazu kommen, das Aufwachen des Bewußtseins beim Kinde gerade durch den Sprachunterricht zu bewirken.

Ich möchte da etwas berühren, was außerordentlich interessant ist. Es gibt eine ausgebreitete, sehr scharfsinnige und geistreiche Literatur über die sogenannten subjektlosen Sätze: es regnet, es blitzt, es wetterleuchtet und so weiter. Sowohl Sprachgelehrte wie Philosophen haben sich an der Literatur über diese sogenannten subjektlosen Sätze beteiligt. Aber dasjenige, was das Wesentliche ist, findet sich eigentlich in dieser ganzen Literatur kaum gestreift. Das Wesentliche ist, daß diese Sätze eigentlich der kindlichsten Auffassung entsprechen. Diese Sätze entsprechen jenem Fühlen im Kinde, das dann bleibt bei einem noch nicht verbildeten Menschen, wo die Seele sich eins fühlt mit der äußeren Welt, wo sie noch nicht jenen Unterschied herbeigeführt hat zwischen dem Ich und zwischen der äußeren Welt. Wenn ich sage: es regnet – so liegt dem noch ein unbewußtes Gefühl davon zugrunde, daß dasjenige, was da draußen an Tätigkeit vollzogen wird, sich einfach fortsetzt in dem Raume, der innerhalb meiner Haut liegt, daß da nicht ein Ich sich entgegenstellt der Außenwelt. Man fühlt in der Welt, indem man sagt, es regnet, es wetterleuchtet, es blitzt; man fühlt sich nicht getrennt von der Welt. In einem gewissen Sinne sind diese sogenannten subjektlosen Sätze die ursprünglichsten Sätze der Menschennatur. Sie sind einfach die erste Stufe, auf der die Sprache sich entwickelt, ein als Tätigkeit angedeutetes zum Stehen zu bringen. Ursprünglich nehmen wir ja – das beachten wir nicht genügend – alle Welt eigentlich als Tätigkeit wahr. Wir übersehen in einem gewissen Sinne gerade im allerzartesten Kindesalter alles dasjenige, was hauptwörtlich, was substantivisch ist. Das nehmen wir als etwas Selbstverständliches hin. Dagegen fällt uns vor allen Dingen dasjenige auf, was tätig ist, was als Tätigkeit unsere eigene Tätigkeit aufnimmt. Sie werden sagen, dem widerspricht, daß das Kind ja zuerst »Papa« sagt oder »Dada« sagt. Das widerspricht dem nicht, denn, indem es gerade diese Lautfolge ausspricht, verlebendigt es die Tätigkeit, die die betreffende Persönlichkeit an es heranträgt. Überall werden Sie bemerken, daß das Sprechenlernen zunächst eine Verlebendigung der Tätigkeit ist, und daß das Substantivische erst hinterher kommt. Das ist etwas, was wir dann, wenn wir auf das Dialektische sehen, durchaus berücksichtigen können. Denn die Dialektworte – versuchen Sie sie nur einmal nachzuempfinden, gerade indem Sie sie das Kind aussprechen lassen und sie dann nachfühlen in sich selber –, die Dialektworte sind so, daß ein Hineinleben in die Gebärde, die das Dialektwort begleiten könnte, unendlich nahe liegt. Das Dialektwort fordert viel mehr heraus, daß der Mensch daran Anteil nimmt, daß er sich da hineinlebt. Und indem man das Dialektwort durchfühlen läßt, kann man geradezu an diesem Dialektwort dann auseinanderhalten, was schon eine Abstraktion ist, Subjekt und Prädikat. Das Prädikat ist hergenommen von der Tätigkeit; das Subjekt ist eigentlich immer etwas, was der Mensch nur durch seinen Intellekt auf Grundlage der Tätigkeit abstrakt bildet. Wenn wir geradezu uns Dialektsätze vorsprechen lassen und dann betrachten die Bilder, die dadurch geliefert werden, und daran durch Veranschaulichung desjenigen, was eigentlich der Mensch empfindet, Grammatik und Satzlehre entwickeln, dann benützen wir tatsächlich den grammatischen, den Satzlehreunterricht dazu, um das Kind immer mehr und mehr zum Erwachen zu bringen.

Und dann können wir sehr schön aufeinander wirken lassen dasjenige, was dialektisch vorgebracht wird, es übersetzen lassen in die sogenannte Schriftsprache, und daran zeigen in der unmittelbaren Empfindung, im lebendigen Wechselverkehr mit den Kindern, wie ein gewisses Aroma der Sprache abgestreift wird in der sogenannten gebildeten Umgangssprache, in der Schriftsprache. Wir können ja dann so recht erst übergehen auf dasjenige, was uns die Schriftsprache auch innerlich eigen machen kann, das ist eine gewisse Ausbildung, Heranschulung des Denkens. Denn bei der Schriftsprache müssen wir viel mehr auf die Ausbildung des zugrunde liegenden Gedankens sehen, als bei dem Dialekt. Der Dialekt unterrichtet uns ja unmittelbar davon, daß der Mensch nicht aus dem Denken heraus das Sprechen gebildet hat, sondern daß er an der Sprache das Denken gelernt hat, daß also die Sprache erst aus dem Unbewußten des Menschen herausgekommen ist. Und indem der Mensch an der Sprache beobachtet hat, sind ihm hervorgegangen aus der Sprache eigentlich erst die Gedanken. Wenn wir dies richtig empfinden, dann werden wir ein lebendiges Gefühl mit dem verbinden, was ich den Sprachgenius nennen möchte, weil es immer so genannt worden ist, was ich aber in einem viel konkreteren Sinne verstehen möchte, als es gewöhnlich verstanden wird. Die Sprache ist in vieler Beziehung viel, viel gescheiter als der einzelne Mensch. Wir können tatsächlich uns in frühester Kindheit in den ganzen komplizierten Sprachorganismus hineinfinden und erst später entdecken, welche wunderbaren Zusammenhänge, die man nur durch eine sehr scharfsinnige Logik enthüllen kann, aus unserer unbewußten Natur heraus in die Sprache hineinkommen. In der Sprache wirkt Geistiges. Aber man wird nicht zum Verstehen dieses Geistigen kommen, wenn man dieses Geistige nur in seiner abstrakten Form im Menschen wirksam betrachtet, so wie man das heute in dem materialistischen Zeitalter gerne tut.

Da darf ich wiederum etwas berühren, was gerade oftmals erzählt wird als Grundlage der analytischen Psychologie, der Psychoanalyse, was aber in einem ganz anderen Sinne erfaßt werden muß, als gewöhnlich die Psychoanalytiker das tun. Nehmen wir etwas, was immer im Leben vorkommen kann: Eine Dame ist eingeladen in einem Hause; sie geht zu einer Abendunterhaltung, die gerade veranstaltet wird in dem Hause, weil die Frau des Hauses selber an jenem Abend wegen einer Erkrankung ins Bad zu gehen hat. Die Dame geht zu dieser Abendunterhaltung. Noch am selben Abend muß die Frau des Hauses in ihr Bad abreisen. Die Abendgesellschaft geht fort, da der Mann seine Frau eben zur Bahn begleitet. Die Abendgesellschaft geht nun die Straße entlang. Um die Ecke kommt eine Droschke. Diese Droschke, die fährt zunächst sehr rasch. Die ganze Gesellschaft weicht aus nach links und rechts auf den Straßendamm. Nur die Dame, die an jenem Abend eingeladen war, die läuft vor den Pferden her, läuft und läuft, und ist trotz aller Grobiansausbrüche des Kutschers nicht dazu zu bringen, zur Seite zu laufen. Sie tut noch mehr. Als der Wagen über eine Brücke fährt, sie kennt wahrscheinlich die Situation ganz gut, da wirft sie sich ins Wasser hinein. Sie muß gerettet werden. Die ganze Gesellschaft weiß nichts anderes mit ihr anzufangen, als sie in das Haus zurückzubringen, in dem sie eingeladen war. Nun hören wir den Psychoanalytiker. Der sagt: Da ist eine isolierte Seelenprovinz. Diese Dame hat als Kind einmal einen Schreck erfahren durch ein Pferd, von dem es verfolgt wurde und dergleichen. Das ist dann hinuntergegangen in die Untergründe des Seelenlebens. Jetzt, an diesem Abend just, kommt das wieder herauf. Es ist eine geistvolle Theorie, eine Theorie, die sehr gefangennehmen kann. Aber vor dem, der gelernt hat, Wirklichkeit zu beobachten, der gelernt hat, gerade durch geisteswissenschaftliche Vertiefung in die Wirklichkeit sich hineinzuversetzen, für den kann diese Erfahrung nicht gelten, denn etwas ganz anderes ist richtig. Die Dame nämlich – man kann nicht anders, als die Wahrheit eben sagen – ist einfach in den Herrn des Hauses verliebt, und sie ist sehr froh, daß sie zu dieser Abendunterhaltung eingeladen worden ist gerade an dem Tage, wo die Frau des Hauses ins Bad gehen muß. Das alles würde sich die Dame nicht eingestehen; denn sie ist ja eine anständige Dame. Sie kann eine sehr, sehr anständige Dame in ihrem Oberbewußtsein sein; aber was sie sich nicht eingesteht, wirkte in ihrem Unterbewußtsein. Sie richtet daher alles so ein, daß nichts anderes dabei herauskommen kann, als daß die ganze Abendgesellschaft sie zu der Zeit wieder ins Haus zurückbringt, wo die Frau des Hauses ins Bad abgeschoben ist. Das hat sie ja gewollt vom Anfang an, aber sich nicht zum Bewußtsein gebracht.

Da sehen Sie das Beispiel, wie Denken, Schlauheit, Intelligenz wirken, ohne daß sie durch das Bewußtsein des Menschen wirken. Wer das Leben beobachten kann, der weiß, wie es Menschen gibt, die von langer Hand her irgend etwas, was sie erreichen wollen, einrichten und keine Ahnung davon haben in ihrem Bewußtsein, daß sie das so tun; aber es ist alles sehr systematisch nach einem bestimmten Ziele hin eingerichtet. Dessen müssen wir uns vor allen Dingen bewußt werden, daß Vernunft, Verstand, nicht nur etwas ist, was wir ausbilden, sondern daß das etwas ist, was in dem Wesen selber wirkt, was in uns längst wirkt, bevor wir es heraufholen in unser Bewußtsein.

Was wir als Sprachlehre dem Kinde beibringen, wirkt ja in dem Kinde längst, bevor wir es aus dem Bewußtsein herausholen. Wir sollen es daher gar nicht in der Absicht heraufholen, daß das Kind daran die Richtkräfte lernt für sein Sprechen oder für sein Schreiben, sondern wir sollen es herausholen unter dem Gesichtspunkt, daß das Kind aufwacht, daß es sich zum Bewußtsein bringt dasjenige, was unbewußt in ihm wirkt. Ob wir die eine oder die andere Absicht haben im Unterricht und Erziehen, darauf kommt ungeheuer viel an. Die Absichten im Unterrichten und Erziehen, die sind es, auf die wir immer wieder und wiederum hinschauen sollen. Und weil die Dialektsprache eben inniger zusammenhängt mit diesem Unbewußten, so können wir aus der Dialektsprache wirklich Grammatik und Satzlehre herausholen, indem wir auf dem bauen, was als Vernunft in der menschlichen Wesenheit selber lebt. Sind wir aber genötigt, mit Kindern zu arbeiten, die von vornherein die gebildete Umgangssprache oder die sogenannte Schriftsprache sprechen, dann müssen wir nun auch womöglich wenig darauf rechnen, daß der Intellekt eine Art Grammatik als Richtschnur ausbildet und man sich dann nach dieser Richtschnur richtet, indem man Dativ, Akkusativ und so weiter schreibt, indem man an einer bestimmten Stelle einen Punkt setzen läßt und so weiter, sondern da muß etwas anderes eintreten. Sind wir genötigt, Kinder zu unterrichten, die dialektfrei vom Anfange an sprechen, dann müssen wir den Unterricht in Grammatik vor allen Dingen künstlerisch wiederum einrichten, dann müssen wir an das Stilgefühl appellieren. Der Sprachinstinkt, der wird in die Volksschule mitgebracht. Das Stilgefühl für die Sprache, das müssen wir womöglich gerade bis in das 9. Lebensjahr hinein in dem Kinde ausbilden. Das können wir aber nicht anders, als indem wir geradezu auf die Ausbildung dieses Stilgefühles künstlerisch hinarbeiten. Wir werden es dadurch zuwege bringen – vielleicht wird dies allerdings in einer Zeit, die alle Autorität untergraben möchte, von manchen verpönt –, daß wir das, was in dem Kinde an natürlichen Trieben ist, der Autorität zu folgen, gerade benützen und darauf sehen, die Sätze und das, was wir überhaupt an das Kind heranbringen, möglichst künstlerisch zu gestalten, so künstlerisch gestalten, daß wir in dem Kinde das Gefühl von dieser künstlerischen Gestaltung wirklich hervorrufen. Wir können es dann, wenn wir dem Kinde zum Bewußtsein bringen, welcher Unterschied besteht zwischen einem Behauptungssatz, einem Fragesatz, einem Empfindungssatz, und es so sprechen lassen, daß der Empfindungssatz mit anderer Betonung gesprochen wird als der Behauptungssatz; wenn wir das Kind aufmerksam machen, wie der Behauptungssatz neutral, gleichgültig gesprochen wird, der Empfindungssatz gesprochen wird mit einer gewissen Gefühlsnuance, wenn wir auf dieses künstlerische Element der Sprache geradezu hinarbeiten, und dann erst aus diesem künstlerischen Element der Sprache heraus das Grammatische und Syntaktische entwickeln.

Wenn wir das, was uns Kinder an Dialekt mitbringen, auf der einen Seite benützen, um gleichsam den Naturinstinkt des Menschen für die Sprache zu entwickeln, und wenn wir auf der anderen Seite die dialektfreie Sprache benützen, um das innere Stilgefühl zu erwecken, dann werden wir dasjenige erreichen, was gerade im Sprachunterricht erreicht werden muß. Wir werden dann noch genauer davon sprechen. Ich möchte zunächst nur das Prinzipielle darüber andeuten.

Dieses Prinzip aber wird Ihnen sagen, daß wir überall das sich entwickelnde Kind im Sinne haben müssen. Wir fragen: Was tritt gerade in diesem Lebensalter, was tritt in jenem Lebensalter zutage? Wenn wir nicht das Gefühl haben: mit dem Zahnwechsel wird der Mensch gewissermaßen ein zweites Mal geboren, dann werden wir nicht den richtigen Elan zum Erziehen und Unterrichten mitbringen. Es ist ja natürlich die Geburt des physischen Leibes auffälliger als dasjenige, was um das 7. Lebensjahr geboren wird. In der Geisteswissenschaft charakterisiere ich das so, daß ich sage: mit der Geburt wird der physische Leib des Menschen losgelöst von dem Leibe, mit dem er bisher verbunden war, vom mütterlichen Leibe. Mit dem Zahnwechsel wird das, was ich den ätherischen Leib des Menschen nenne, losgelöst vom physischen Leib, mit dem er, dieser ätherische Leib, bis zum 7. Jahre ungefähr, also bis zum Zahnwechsel, innig verbunden war. Da drinnen hat er gearbeitet, um die zweiten Zähne herauszuholen aus diesem physischen Leib. Jetzt wird er frei geboren. Und dasjenige, was das Kind dann an Fähigkeiten für die Schule mitbringt, sind eigentlich die entbundenen, die geborenen Fähigkeiten des ätherischen Leibes. Das ist sozusagen das erste Geistige, das uns das Kind entgegenbringt als Geistiges selbst. Indem wir das Kind vor uns haben bis zum 7. Jahre, bis zum Zahnwechsel hin, haben wir es als physischen Leib vor uns. Alles übrige Geistig-Seelische wirkt in diesem physischen Leib, und wir gelangen an das Kind nur heran, indem das Kind selber den Trieb hat, nachzuahmen. In dem 7. Jahre wird der ätherische Leib, werden diejenigen Glieder der Menschennatur, welche Ätherisches zu ihrer Substanz haben, frei, können nun für sich leben.

Ich habe schon darauf aufmerksam gemacht: der Mensch besteht ja zu weit mehr als 75 Prozent eigentlich aus einer Wassersäule. Warum redet man denn immer in der Physiologie und in der Anatomie von so etwas, als ob der Mensch ganz aus einem festen Leibe bestände? Dasjenige, was in ihm vorgeht, geht ja ebenso in der Konfiguration des

Flüssigen vor. Es geht auch in der Konfiguration des Luftförmigen vor sich. Und dasjenige, was das Kind an geistig-seelischen Fähigkeiten vom Zahnwechsel an entwickelt, geht weder im Festen noch im Flüssigen noch im Luftförmigen vor sich, sondern geht in dem vor sich, was wir als Ätherisches im Leibe tragen, was wir als Wärmeartiges, als Lichtäther, als chemischen Äther und als Lebensäther in uns tragen. Es ist einfach Unsinn, zu sagen: Gedanken leben sich so aus, daß sie etwas sind wie Vorgänge in dem Nervensystem, wobei man sich die Nerven als halbfeste oder wenigstens weiche Gebilde denkt. Nein, Gedanken gehen vor, indem sie entwickelt werden unmittelbar, indem sie sich noch nicht zum Gedächtnisse umbilden, Gedanken gehen so vor, daß sie den physischen Leib nach dem 7. Jahre gar nicht mehr berühren. Indem der Mensch denkt, denkt er nur im ätherischen Element, das seinen Leib ausfüllt. Sie werden sagen: Ja, aber die Gedanken werden doch Erinnerungen, also bleiben sie doch im Menschen. Das ätherische Element ist ein flüchtiges Element, das sofort alle Gedanken auflösen würde, wenn die Gedanken nur in ihm leben würden. Ja, das Erinnern, das ist ein viel komplizierterer Vorgang als man gewöhnlich denkt! Man hat manchmal die auf Materialismus beruhende Vorstellung: Wir denken, dann suchen sich die Gedanken so irgendwo in der menschlichen Seele eine Wohnung, und dann holen wir sie uns wieder herauf, wenn wir uns an sie erinnern. Nein, so ist es nicht. Wer den Vorgang des Denkens beobachten kann, der findet Folgendes: Sehe ich etwas in der Außenwelt durch meine Sinne an, so schließe ich daran die Gedanken. Ich erlebe etwas in der Außenwelt – Farben oder was sonst vorgeht –, ich schließe daran den Gedanken. Wenn ich mich erinnere und einen Gedanken bilde, so kommt mir das, was mir sonst von der Außenwelt kommt, aus meinem eigenen Inneren herauf. Genau ebenso, wie ich den Gedanken neu fasse an der äußeren Welt, so fasse ich neu den Gedanken an dem, was mir aus meinem Inneren heraufkommt. Das Erinnern beruht nämlich nicht darauf, daß die Gedanken hinunterziehen in die Seele, sondern daß aus dem, was physisch wirkt auf Auge und Ohr, eine Fortsetzung in das Leibliche hineingeht, daß ein Parallelvorgang zu dem Denken da ist, und daß dieser Parallelvorgang Rhythmisches zurückläßt, welches dann wiederum heraufgeholt wird und innerlich ebenso wahrgenommen wird, wie sonst die Wahrnehmung äußerlich wirkt. Ich weiß nicht, ob Sie nicht schon alle – Sie werden es ja selbstverständlich getan haben – wahrscheinlich an sich selber beobachtet haben, wie die Menschenkinder sich helfen, damit ihre Erinnerungen wieder besser heraufkommen. Sie versuchen alles mögliche zu tun, um das bloße Denken durch das Sinnliche zu verstärken, wenn die Erinnerungen heraufkommen sollen. Denken Sie doch nur einmal, wie mancher paukt, wie er tatsächlich sucht, dasjenige, was er als Gedanke aufnimmt, auch körperlich sich einzuverleiben, wie er das körperliche Einverleiben parallel gehen läßt dem Denken. Wenn er bloß denkt, erinnert er sich nicht daran. Er erinnert sich nur, wenn er das hört, was er selber auswendig lernt, oder wenn er sonst in irgendeiner Weise sein Körperliches beteiligt an dem Auswendiglernen. Es muß, damit wir uns erinnern, eben ein Vorgang parallel gehen dem bloßen Denken. Denn das Denken ist unter allen Umständen, gleichgültig, ob es an der Außenwelt entwickelt wird oder ob es als Erinnerung entwickelt wird von Innen heraus, das Denken ist etwas Vorübergehendes. Kein Gedanke wird aufbewahrt, sondern etwas anderes wird aufbewahrt, an dem der Gedanke sich immer wieder neu entzündet. Es ist nicht anders, wenn ich mich erinnere und einen Gedanken fasse, als wenn ich mir an einem Vorgang in der Außenwelt einen Gedanken fasse. Das eine Mal ist es ein Vorgang der Außenwelt, an den es sich anschließt, das andere Mal ist es der Vorgang des inneren Erlebens. Jedenfalls, wenn ich mich erinnere, sind meine Organe in rhythmischer Bewegung, wiederholen meine Organe dasjenige, was sie ausgeführt haben unter dem Eindrucke des Erlebnisses. Wenn ich das Erlebnis zum ersten Mal habe, während ich die Außenwelt beobachte, entwickle ich den Gedanken nur an der Außenwelt. Erinnere ich mich, so entzündet sich der Gedanke an dem Innern, an den Organen, die wiederum so schwingen, wie sie dies taten, als ich das Erlebnis zum ersten Mal hatte.

Das sind Dinge, die man allerdings nicht so unmittelbar beweisen kann, wie man äußere Vorgänge beweisen kann, sondern das sind Dinge, die durch wirkliche Lebensbeobachtung nach und nach gewonnen und zur Gewißheit gemacht werden müssen. Aber Sie können es. Und dann, wenn wir diese besondere Artung des Denkens ins Auge fassen, das sich eigentlich vollzieht in dem flüchtigen Element des Äthers, wenn wir feststellen, daß geeignet sein müssen die physischen Organe, fortzuschwingen in demselben Sinne, wie der Äther schwingt, dann werden wir den ganzen Umschwung, den das menschliche Leben erfährt unter dem Zahnwechsel, so richtig begreifen. Bis zum Zahnwechsel wirkt ja der ganze Ätherleib. Wärmeäther, chemischer Äther, Lichtäther, Lebensäther wirken in den Organen drinnen, bauen die Organe auf, machen sie erst so, daß sie materiell mitschwingen können. Da ist der Ätherleib der Architekt, der Plastiker des physischen Leibes. Ist der physische Leib so weit entwickelt, daß er unter dem Einfluß des Ätherleibes, der dann denkt, der dann den Intellekt emanzipiert vom physischen Leib, mitschwingen kann wie eine Saite, wenn eine andere auf sie abgestimmte Saite angeschlagen wird, ist der physische Leib so weit, wie er eben ist, wenn der Zahnwechsel bereits eingetreten ist, dann können wir auch rechnen mit der Ausbildung des Ätherleibes als solchem, denn dann gestalten wir zugleich den physischen Leib, indem wir den Ätherleib gestalten. Aber man muß eine Empfindung haben für dieses Geborenwerden des Ätherleibes mit dem Zahnwechsel.

Man muß wiederum eine Empfindung dafür haben, daß etwas noch Höheres in der Menschennatur geboren wird mit der Geschlechtsreife, etwas, was bis dahin an der weiteren Umgestaltung des menschlichen Organismus arbeitet. Ob man das, was da geboren wird im 14., 15. Jahre des Menschen, nun Astralleib nennt und sich erfreut an dieser Bezeichnung Astralleib oder ob man diesen Ausdruck geschmacklos findet, darauf kommt es nicht an. Es kommt darauf an, daß man sich bewußt werde, daß geradeso, wie das intellektuelle Element durch den Ätherleib geboren wird um das 7. Lebensjahr herum, das ganze leibfreie Seelische um das 14., 15. Jahr herum geboren wird. Vorher ist unser Fühlen, unser Wollen eng verbunden dem physischen Organismus. Wie das Denken dem physischen Organismus verbunden ist bis zum 7. Lebensjahre, so ist bis zum 14., 15. Jahre, bis zur Geschlechtsreife, das Fühlen und das Wollen eng dem physischen Organismus verbunden. Und wir müssen darauf sehen, daß wir nun ja nicht vor der Geschlechtsreife, das heißt, vor dem Abgang aus der Volksschule, hineinbringen in das Denken, das ja Stück für Stück herauskommt mit der Entwickelung des Ätherleibes, daß wir nicht da hineinbringen etwas, was gewissermaßen aus einer zu frühen Selbständigkeit des Willens und des Gemütes herrührt. Wenn das Kind liebevoll herangebildet wird in der Anlehnung an seine Autorität, wenn das Kind Fühlen und Wollen lernt in der Anlehnung an den andern, an den erwachsenen Menschen, an den Erzieher und Unterrichter, dann wird im rechten Augenblicke, nämlich bei der Geschlechtsreife sein eigenes selbständiges Fühlen und Wollen geboren. Unser Fühlen und Wollen können wir erst dadurch in der richtigen Weise entwickeln, daß wir sie an dem andern, uns als Autorität geltenden Menschen richtig entwickeln. Kommen wir zu früh zum selbständigen Entwickeln des Willens, kommen wir namentlich zu gewissen, ich möchte sagen, geheimen Funktionen des Willens zu früh, so schadet uns das für das ganze Leben. Und wir kommen zu feineren Organisationen des Willens zu früh, wenn wir versucht werden, namentlich moralische und religiöse Impulse verfrüht dem eigenen Urteil zu unterwerfen.

Man kann nicht anders, als sagen, daß das Kind bis zur Geschlechtsreife lernen sollte, sittlich zu sein und religiös zu sein durch den Einfluß der sittlichen und religiösen Autoritäten. Erst mit der Geschlechtsreife beginnt das seelisch-geistige Wesen des Menschen so leibfrei zu sein, daß wir es dem eigenen Urteil überlassen können. Sehen Sie, wenn man solche Sachen heute ausspricht, dann hat man ja vor allen Dingen viel vom Zeitvorurteil gegen sich. Als ich in mehr oder weniger öffentlichen Reden gerade diese Sache vom naturgemäßen Autoritätsgefühl ausgesprochen habe in Deutschland, als alles da noch unter dem Einflusse einer Scheinrevolution stand, die ja keine wirkliche Revolution geworden ist, da erwiderte man mir überall aus jenen Untergründen heraus, die eigentlich möchten schon alle Autorität auch vom Kindesalter entfernen, die am liebsten möchten, daß alles Lehren und Erziehen aufhörte und die Kinder untereinander sich demokratisch erzögen und lehrten. Ich mußte darauf antworten, daß das nämlich die Kinder gar nicht begehren; richtig verstanden, wollen die Kinder geleitet sein, wollen eine Autorität lieben, und dasjenige, was sich in ihnen entwickelt als Liebe zur Autorität, das hängt mit ihrer eigenen Natur zusammen.

Wenn der Mensch geschlechtsreif wird, da entwickelt sich als eine Selbstverständlichkeit die Liebe zum anderen Geschlecht. Gewiß, sie individualisiert sich dann in der Liebe des einen Mannes zu einer Frau; aber dasjenige, was sich da individualisiert, was da als besonderes Faktum auftritt in seiner vollen Berechtigung, das ist zu gleicher Zeit der individuelle Ausdruck für eine allgemeine Menschheitsliebe, für die allgemeine Menschenliebe. Diese allgemeine Menschenliebe als besondere, sie entwickelt sich auch ebenso wie die Liebe zum anderen Geschlechte mit der Geschlechtsreife. Diejenige Liebe, die der Mensch zum Menschen hat, sie entwickelt sich in ihrer Selbständigkeit erst mit der Geschlechtsreife, denn diese Liebe, die muß ja frei von Autorität sein.

Diese Liebe ist eine wirkliche Hingabe. Bis zu der Geschlechtsreife muß die Liebe ein Bedürfnis sein, muß die Liebe etwas sein, was das eigene Wesen egoistisch verlangt. Darauf müssen wir rechnen, daß das Kind in der Volksschule egoistisch verlangt, lieben zu können, das heißt, die Autorität neben sich zu haben, der es anhängt, der es sich hingibt, weil es Wohlgefallen in dieser Hingabe hat, denn die Natur selbst drängt dazu. Da ist dasjenige, was vorzugsweise in der Liebe lebt – sei es in der Liebe zur anderen Menschheit, sei es in der Liebe zur Natur, in der Liebe zu den Sternen, in der Liebe zu den übersinnlichen Wesen und Göttern und dem Gotte –, es ist, was da im Menschen lebt als Liebe, es ist im Grunde genommen der Inhalt des astralischen Leibes beim Menschen. Das wird als selbständiges Wesen geboren mit der Geschlechtsreife. Bis zur Geschlechtsreife arbeitet es an der eigenen Menschennatur, so wie der ätherische Leib arbeitet an der eigenen Menschennatur bis zum 7. Jahre, bis zum Zahnwechsel.

Erst wenn man von diesen Dingen durchdrungen ist, wird man ein richtiges Verständnis dafür entwickeln, wie die Sprache – sofern sie uns das Kind in die Schule mitbringt, wenigstens im Dialekt –, sich eben noch unter dem Einfluß des physischen Leibes selbst entwickelt hat; wogegen wir vom 7. Jahre an nicht die Möglichkeit haben, in das vorstellungsmäßige Element der Sprache Stil hereinzubringen, wenn wir nicht selbst Stilgefühl entwickeln durch unser eigenes, individuell persönliches Verhältnis – bitte mißverstehen Sie mich nicht –, Liebeverhältnis zu dem Kinde. Aus diesem Liebeverhältnis kann natürlich auch ein Stilgefühl für die gebildete Umgangssprache, die Schriftsprache erwachsen. Aber das, was wir da erst anerziehen wollen – das Kind, das den Dialekt so gelernt hat, wie es gehen gelernt hat, trägt es für das Dialektische schon in sich –, das können wir aus dem Kind herausholen. Daher ist es auch nützlich, Kinder, die das Glück des Dialektsprechens nicht gehabt haben, in gewissem Sinne auf den Dialekt hinzuweisen, der in ihrer Umgebung gesprochen wird, sie an dem Dialekt geradezu lernen zu lassen. Der Dialekt ist auch gegenüber der Schriftsprache das Künstlerische; die Schriftsprache ist das Verstandesmäßigere, das Konventionellere. Dadurch benützen wir etwas, was wir, wie ich ja ausgeführt habe, gerade bei der Erziehung in Anspruch nehmen müssen: das künstlerische Element, das benützen wir gewissermaßen wie dem Kinde schon im Blute liegend, indem es den Dialekt formt.

Das sind die Dinge, die zunächst in Betracht kommen, wenn wir über Dialekt und Schriftsprache sprechen. Dahin ging die entsprechende Frage. Nun werde ich noch zu sprechen haben über das eigentliche Grammatik-Lehren, werde aber auch zu sprechen haben über die in meinem Sinne richtige Methode des Rechenunterrichtes und so weiter. Wir werden sehen, wie es geradezu zum Beispiel auch beim Rechenunterricht darauf ankommt, intim hineinschauen zu können in dasjenige, was nun eigentlich beim Menschen vom 7. bis 14., 15. Jahre vor sich geht. Wenn wir den Menschen gegen das, was da vor sich geht, entwickeln, dann schaden wir ihm für sein ganzes Leben. Wir können sehr leicht gegen die menschliche Natur erziehen und unterrichten, weil die menschliche Natur ein Zwiespältiges ist. Wir müssen uns eben klar sein darüber, daß wir dem Menschen schaden, wenn wir etwas nach der einen Seite hin wohl richtig machen, aber es bis zum Extrem ausbilden. Das eine muß immer an dem anderen abgeschliffen werden. Bei der Sprache müssen wir das plastische Element an dem musikalischen Element abschleifen. Wie es sich beim Rechnen verhält, werden wir noch sehen. Denn von all den Dingen, welche dem Menschen so furchtbar schaden, ist dasjenige, was aus dem Rechenunterricht kommt, bei vielen Menschen das Allerschädlichste. Die Art, nach der wir rechnen lernen, ist in der Regel gegen die menschliche Natur. Denn alles dasjenige, was heute bei vielen Menschen als eine Neigung zum Materialismus auftritt, das ist im Grunde genommen nichts anderes als ein Ergebnis eines verfehlten Rechenunterrichts so gerade um das 9. Lebensjahr herum. Und wiederum, was bei sehr vielen Menschen heute geradezu destruktiv auftritt für ihre ganze spätere seelische Entwickelung, das ist das, daß sie zu früh zum Urteilen kommen, daß wir an sie den Unterrichtsstoff so heranbringen, daß sie noch nicht reif sind für diesen Unterrichtsstoff. Sie nehmen eine Menge gebildeter Urteile auf, die dann in ihnen fortwirken. Da spricht man ja wohl auch davon, daß im Menschen ein Begriff, eine Vorstellung mit den anderen sich assoziiert. Es gibt kein unglücklicheres Sprechen als dieses über das Assoziieren der Vorstellungen. Denn wenn sich die Vorstellungen bei uns assoziieren, wenn eine sich mit der anderen zusammenballt und wir nachlaufen müssen, dann sind wir schon von unserem Vorstellungsleben besessen, dann haben wir es gar nicht mehr in unserer Gewalt. Es handelt sich eben darum, daß wir den Menschen durch Erziehung und durch Unterricht davor schützen, daß das Assoziationsleben über das Willensleben die Oberhand gewinne. Davon dann morgen weiter.

ZEHNTER VORTRAG

Basel, 5. Mai 1920

Synthese und Analyse im Menschenwesen und in der Erziehung

Sie werden gesehen haben, wie Geisteswissenschaft gerade darauf hinarbeitet, allen Unterrichtsstoff zu gleicher Zeit als Erziehungsmittel zu verwenden. Der Unterrichtsstoff wird seiner wissenschaftlichen Form entkleidet und so an das Kind herangebracht, daß aus diesem überall, ich möchte sagen, die auf die Entwickelung bereitenden Kräfte herausgeholt werden. Nun muß man, wenn man praktisch gerade in dieser Weise das, was wir als Unterrichtsstoff haben, fruchtbar machen will, darauf sehen, wie die Seelentätigkeit des Menschen, des Kindes vor allen Dingen, eigentlich verläuft. Wir haben, wenn wir auf die Seelentätigkeit des Menschen blicken, auf zweierlei zu schauen, erstens auf etwas, was im Menschen gewissermaßen hintendiert nach dem Analysieren, möchte ich sagen, und etwas, was hintendiert nach dem Bilden von Synthesen. Worinnen das Wesen der Analyse und der Synthese besteht, das weiß ja jeder aus der Logik oder auch aus der Psychologie. Aber es handelt sich nunmehr darum, diese Dinge nicht in der abstrakten Form bloß festzuhalten, in der sie gewöhnlich aufgefaßt werden, sondern sie lebensvoll ins Auge zu fassen. Analyse – wir können sie uns vergegenwärtigen dadurch, daß wir etwa sagen: Nun, wenn wir die Zahl 10 haben, 10 Dinge haben, so können wir uns diese 10 Dinge auch so vorstellen, daß wir uns 3 und 5 und 2 vorstellen und dazu die Vorstellung fügen: die 10 kann zertrennt, eben analysiert werden in 3 und 5 und 2.

Mit einer Synthese haben wir es zu tun, wenn man das Umgekehrte machen kann, wenn wir eben einfach addieren, wenn wir 3 und 5 und 2 addieren. Wie gesagt, wenn es so verobjektiviert, getrennt von uns ist, das Analysieren und das Synthetisieren, dann kennt man es ja. Aber wenn wir das menschliche Seelenleben lebendig erfassen, so finden wir, daß unsere Seele fortwährend in einem analytischen Prozesse ist, der immer wiederum hinweist auf einen Trieb, synthetische Prozesse zu bilden. Synthetische Prozesse bilden wir ja fortwährend, indem wir zum Beispiel einzelne Individuen einer tierischen Art auffassen und uns von ihnen einen gemeinsamen Begriff, den Artbegriff bilden. Da fassen wir zusammen, da synthetisieren wir. Das Analysieren, das liegt, ich möchte sagen, viel tiefer. Es liegt fast im Unbewußten der menschlichen Seelentätigkeit. Es ist immer ein Trieb vorhanden in der Seele, aus einer Einheit in eine Geteiltheit überzugehen. Gerade weil man das so wenig berücksichtigt, hat man auch so wenig begriffen von dem, was eigentlich die menschliche Freiheit in der Seele darstellt. Wenn die menschliche Seelentätigkeit ausschließlich eine synthetische wäre, oder besser gesagt, wenn der Mensch mit der Außenwelt so im Zusammenhang stünde, daß er nur synthetisieren, Artbegriffe, Gattungsbegriffe bilden könnte und auch das Leben so einrichten würde, daß er es möglichst nach Begriffen einzuteilen trachten würde, was ja eine Haupttätigkeit des Menschen ist, dann könnte der Mensch eigentlich kaum von Freiheit sprechen. Denn wie wir da verfahren, das schreibt uns eigentlich die äußere Natur gewöhnlich vor.

Dagegen liegt allem unserem Tun seelisch eine analytische Tätigkeit zugrunde, und die analytische Tätigkeit bewirkt es, daß wir schon im reinen Vorstellungsleben Freiheit entwickeln können. Wenn ich 2 und 5 und 3 zu addieren habe, die Summe zu bilden habe, da steht mir nichts frei. Da liegt eine Gesetzmäßigkeit zugrunde, wie viel 2 und 5 und 3 ist. Wenn ich aber 10 habe, so kann ich diese 10 darstellen in 9+1, 5+5, ich kann diese 10 darstellen in 3+5+2 und so weiter. Beim Analysieren bin ich in einer völlig freien inneren Tätigkeit. Beim Synthetisieren bin ich durch die Außenwelt genötigt, in einer bestimmten Weise Seelenleben zu entfalten. Wann analysieren wir denn im praktischen Leben? Wir analysieren im praktischen Leben, wenn wir uns auf einen gewissen Standpunkt zum Beispiel stellen und uns sagen: Wir wollen von einem gewissen Gesichtspunkte aus das oder jenes betrachten. Da zerlegen wir dasjenige, was wir über ein Ding wissen, in 2 Teile. Wir analysieren, sondern alles andere ab, und stellen uns auf einen gewissen Standpunkt. Ich will sagen: Ich betrachte einmal das frühe Aufstehen, abgesehen von allem übrigen, rein von dem Gesichtspunkte der – na, größeren Geneigtheit, eben frühe Morgenarbeit zu verrichten. Ich könnte auch unter einem anderen Gesichtspunkte dieses Aufstehen betrachten. Ich werde vielleicht so weit dann analysieren können, daß ich einen, den zweiten, den dritten Gesichtspunkt habe.

In dieser analytischen Seelentätigkeit bin ich in einer gewissen Beziehung frei. Und weil wir überall analytische Seelentätigkeit eigentlich fortwährend mehr oder weniger im Unbewußten entwickeln, sind wir freie Menschenwesen, und niemand wird über die Schwierigkeit des Freiheitsproblems leicht hinwegkommen, der nicht weiß, wie der Mensch für analysierende Tätigkeit veranlagt ist.

Nun aber gerade diese analysierende Tätigkeit, die berücksichtigen wir im Unterricht und Erziehungswesen gewöhnlich viel zu wenig. Wir verlegen uns darauf, daß ja die Außenwelt von dem Menschen verlangt eine synthetisierende Tätigkeit, und das hat, ich möchte sagen, aus einem gewissen pädagogischen Instinkt heraus, der aber einseitig ist, dazu geführt, hauptsächlich das Synthetisieren zu berücksichtigen, nicht so sehr das Analysieren. Das hat praktisch eine große Bedeutung. Denn sehen Sie, gerade wenn man das entfalten will, worauf ich zum Beispiel gestern aufmerksam gemacht habe, auszugehen in der Sprachlehre von dem Dialekt, da zeigt es sich, wie man notwendig hat, zu analysieren. Das Kind hat Fertiges im Dialekt, das es uns bringt. Indem wir das Kind Sätze sprechen lassen, müssen wir aus dem Fertigen mit dem Kinde die Sätze dann analysieren, um aus den Sätzen heraus die Gesetzmäßigkeit der Sprachbildung zu entwickeln. Wir müssen analysieren. Aber wir können die analytische Tätigkeit im Unterricht noch viel weiter ausbauen, viel weiter treiben. Ich mache Sie da vielleicht auf etwas aufmerksam, was Ihnen ja in der oder in jener Form bereits hinlänglich entgegengetreten ist. Sie werden aber sehen, daß wir gerade von diesem Gesichtspunkte aus die Sache weiter ausbauen müssen. Es handelt sich darum, daß man auch zum Beispiel bei dem Erklären der Buchstaben nicht in erster Linie von einer synthetischen Betätigung, sondern von einer analytischen Betätigung ausgeht. Sagen wir zum Beispiel, ich lasse das Kind ein Wort sprechen, das Wort Fisch, und dann schreibe ich ihm einfach auf die Tafel hin – indem ich darauf zähle, daß ich mit ihm, so wie ich es geschildert habe, Zeichnen getrieben habe –, ich schreibe ihm, bevor es irgend etwas von einem Buchstaben weiß, das Wort Fisch hin. Ich versuche sogar, dieses ganze Wortbild, ohne daß ich es in Buchstaben zunächst gliedere, einzuprägen. Ich versuche sogar, das Kind, nachdem es lange genug eben das Zeichnen getrieben hat, so wie ich es auseinandergesetzt habe, das Wort nachbilden zu lassen, ohne daß es zunächst eine Ahnung hat davon, daß da ein F-I-SCH drinnen ist. Einfach dasjenige, was ich auf der Tafel habe, das soll das Kind nachahmen. Und bevor ich zu den Buchstaben übergehe, versuche ich sogar öfter, das Kind fertige Worte nachmalen zu lassen. Und dann versuche ich die Analyse. Dann versuche ich, das Kind aufmerksam darauf zu machen, wie es das Wort beginnt: F, analysiere das F heraus, analysiere dann das I heraus und so weiter. Also es ist etwas, was einfach der menschlichen Natur entgegenkommt, daß man nicht von den Buchstaben ausgeht, sie synthetisch zusammensetzt zu Worten, sondern daß man vom ganzen Worte ausgeht und analysierend zu den Buchstaben geht.

Sehen Sie, das muß auch berücksichtigt werden gerade vom Gesichtspunkte der Entwickelung der menschlichen Seelenwesenheit in Vorbereitung für das spätere menschliche Alter. Denn Sie wissen ja alle, wir leiden heute eigentlich – vielleicht nehmen Sie mir das Wort »leiden« übel, aber ich muß es so empfinden –, wir leiden heute unter der materialistischen Weltanschauung. Diese Weltanschauung besteht nicht nur darin, daß man gewissermaßen nur das Materielle gelten läßt, sondern sie besteht ja darin, daß man die ganze Welt auf atomistische Tätigkeit zurückführt. Dabei kommt es nicht darauf an, ob man sich diese Atome so denkt, wie man sie sich noch in den achtziger Jahren des 19. Jahrhunderts gedacht hat, also kleine elastische Körperchen von einer unbekannten Materialität, oder ob man sie wie heute als elektrische Kraftentwicklung, elektrische Kraftzentren denkt. Es kommt einfach darauf an, daß man im Materialismus schon das Materielle, dies wird dann auch auf die Werkzeuge des Geistig-Seelischen übertragen, als aus kleinsten Teilen zusammengesetzt und abhängig von dieser Tätigkeit der kleinsten Teile denkt. Das ist ja heute schon so weit gekommen, daß man sich gar nicht mehr bewußt ist, daß man es da mit Hypothesen zu tun hat, sondern die meisten Menschen glauben, das sei ein sicheres wissenschaftliches Resultat, daß Atome den Erscheinungen der Außenwelt zugrunde liegen. Woher ist es gekommen, daß in unserem Zeitalter die Menschen, ich möchte sagen, die Neigung entwickelt haben für die Atomistik? Es ist daher gekommen, daß man in unserem Zeitalter mit den Kindern zu wenig analytische Tätigkeit entwickelt hat. Würde man mit den Kindern jene analysierende Tätigkeit entwickeln, die vom fertigen einheitlichen Wortbilde ausgeht und zu den Buchstaben hin analysiert, dann würde das Kind in dem Alter, wo es darnach begehrt, den Drang nach Analyse betätigen, und der bliebe nicht für die spätere Betätigung des Ausdenkens von Atomstruktur und so weiter. Es ist einfach die Unbefriedigtheit des analytischen Triebes, der unseren Materialismus so fördert. Würden wir in der Tat den analytischen Trieb in der Weise befriedigen, wie ich es hier angedeutet habe, durch die Analyse des ganzen Wortbildes in Buchstaben, dann würde man durchaus die Menschen ablenken von den Sympathien für die materialistische Weltanschauung.

Daher unterrichten wir in der Waldorfschule auch durchaus so, daß wir nicht von den Buchstaben ausgehen und synthetisieren, sondern daß wir vom fertigen Satz zunächst ausgehen, aus dem Satze die Worte heraus analysieren, die Worte dann wiederum nehmen, aus den Worten die Buchstaben analysieren, für die Buchstaben dann die Laute haben. Auf diesem Wege kommen wir eigentlich zu einer richtigen Verinnerlichung. Denn dasjenige, was Satz, Wort ist, das bringt das Kind mit. Dasjenige, was uns dann dienen soll, um das Bewußtsein zum Erwachen zu bringen, das vollziehen wir dadurch, daß wir Sätze und Worte analysieren.

Wenn man das Kind so nimmt, wie es Dialekt spricht, dann hat man es ja ohnehin nicht nötig, von einem Gegensatz auszugehen; denn das Kind bringt ja, viel mehr als man denkt, die Einheit von Sätzen mit sich. Dies wirkt zugleich so, daß in der Tat der Mensch, der so als Kind erzogen wird, daß wir seinem analytischen Hang entgegenkommen, eine größere Seelenwachheit entwickelt, als es in der Regel bei unserer heutigen Bevölkerung der Fall ist. Mit Bezug auf die Seelenwachheit haben wir gerade ungeheuer viel durch die Erziehung gesündigt. Man kann sagen: wahrhaftig, wir schlafen nicht bloß vom Einschlafen bis zum Aufwachen und wachen bloß vom Aufwachen bis zum Einschlafen, sondern, wenn auch in minderem Grade, in minderer Intensität, wechseln in uns in unserem Tagesleben fortwährend Wachtätigkeit, Schlaftätigkeit. Ja, sogar jedesmal, wenn wir einatmen und ausatmen, ist in diesem Ein- und Ausatmen zu gleicher Zeit eine Erhellung und eine Verdunkelung, wenn auch das nicht bemerkt wird; erstens, weil es schnell vor sich geht, zweitens aber, weil die Verdunkelung gegenüber der Erhellung sehr schwach ist; also Schnelligkeit des Vorübergehens und geringe Andeutungen in der Intensität machen, daß es nicht bemerkt wird. Aber in der Tat ist es so, daß wir jedesmal beim Einatmen in einer gewissen Weise einschlafen, beim Ausatmen in einer gewissen Weise aufwachen. Und wir dürfen daher sagen, daß sogar in dieser Beziehung Wachen und Schlafen fortwährend in uns abwechseln.

Aber auch in seelischer Beziehung wechselt das ab. Der Mensch ist mit Bezug auf diese oder jene Erfahrungen mehr oder weniger wach.

Nun können wir ganz gesetzmäßig sagen: Jedesmal in der analytischen Tätigkeit wachen wir auf, jedesmal in der synthetischen Tätigkeit schlafen wir ein. Das ist etwas, was natürlich nicht so aufgefaßt werden darf, daß nun Schlafen und Wachen genommen werden sollen wie in den gewöhnlichen Zuständen zwischen dem, was wir da in der Nacht tun. Aber mit entsprechender Abstumpfung der Intensität bedeutet Analysieren: Aufwachen; Synthetisieren: Einschlafen. Daher wird auch herangebildet die Neigung, mit wacher Seele der Welt gegenüberzustehen, wenn wir bei dem Kinde dem Analysiertrieb entgegenkommen, wenn wir es möglichst dazu veranlassen, in der verschiedensten Weise aus Einheiten Einzelheiten herauszuholen.

Das kommt insbesondere in Betracht beim Rechnen. Dieses Rechnen ist ja überhaupt etwas, dessen Beziehung zum ganzen Seelenleben des Kindes nicht gründlich genug ins Auge gefaßt wird. Das Rechnen muß erstens unterschieden werden vom bloßen Zählen. Manche Menschen haben sogar die Meinung, daß das Zählen schon ein Addieren vorstelle. Das ist es nicht. Das Zählen ist lediglich eine Benennung verschiedener Quantitäten, eine Benennung. Das Zählen muß eigentlich unbedingt dem Rechnen vorangehen, wenigstens bis zu einer gewissen Zahl. Man muß durchaus dem Kinde beibringen das Zählen. Dann aber handelt es sich darum, daß wir gerade das Rechnen benützen, um auf die in der Seele sich offenbaren wollenden Analysierkräfte den rechten Wert zu legen. Wir müssen versuchen, zunächst, sagen wir, auszugehen von 10 und nun zerlegen in verschiedener Weise, zeigen dem Kinde, wie 10 zerlegt werden kann in 5 und 5, oder zerlegt werden kann in 3 und 3 und 3 und 1, oder in anderer Weise zerlegt werden kann. Man tut ungeheuer viel, um dem entgegenzukommen, was eigentlich die menschliche Natur anstrebt aus ihren innersten Kräften heraus, wenn man im Rechnen zunächst nicht addiert so, daß man die Addenden links hat und die Summe rechts, sondern daß man die Summe links hat und die Addenden rechts. Man sollte ausgehen vom Analysieren der Summe und von da erst zurückgehen zum Addieren.

Diese Darstellung kann heute jeder, der will, als eine gewagte Behauptung hinnehmen. Wer sich indessen einen unbefangenen Blick für die Kräfte der Menschennatur erwirbt, wird die Berechtigung des Dargelegten einsehen und sich sagen können: Indem wir links die Summe haben und rechts die Addenden und zunächst dem Kinde beibringen, die Summe in beliebiger Weise zu zerlegen – kommen wir dem Analysiertrieb des Kindes entgegen, und erst dann demjenigen Trieb, der eigentlich nicht im Innern der Seele selber figuriert, sondern der erst figuriert im Verkehr des Menschen mit der Außenwelt. Dasjenige nämlich, was das Kind herausanalysiert aus einer Einheit, das ist im Grunde genommen nur für den Menschen selbst da. Dasjenige, was synthetisiert wird, ist immer für die äußere Menschennatur da. Sie werden sagen: Ja, aber eben hast du gesagt, die Gattungsbegriffe zum Beispiel, die seien ja das Ergebnis des Synthetisierens. Das sind sie auch. Aber wir dürfen sie nicht bloß als abstrakte Begriffe dann auffassen, wenn wir synthetisieren. Nicht wahr, die Leute glauben, wenn wir Allgemeinbegriffe bilden »Wolf« oder »Lamm«, dann sind das nur in unserem Verstande gebildete Allgemeinbegriffe. Das ist nicht der Fall. Denn dasjenige, was außer aller Substanz ist, was wir bloß in der Idee erfassen vom Wolf oder vom Lamm, das ist ein Reales. Wenn das nicht ein Reales wäre, wenn bloß die Materie ein Reales wäre, so müßte ja, wenn wir einen Wolf einsperren, und er nichts anderes bekommt als nur Lämmer, er nach einiger Zeit lammfromm werden. Das wird er ganz sicher nicht, weil er als Wolf noch etwas anderes ist als die Materie, aus der er besteht. Aber dasjenige gerade, was er noch anderes ist, wird uns klar durch den Begriff, den wir synthetisch zustande bringen; der ist etwas, was durchaus einer äußeren Realität entspricht. Dagegen dasjenige, was wir schließlich als Teile heraussondern aus irgend etwas, das entspricht in sehr vielen Fällen, namentlich dann, wenn es sich darum handelt, daß wir Gesichtspunkte und dergleichen finden, einem Subjektiven. Mindestens ist es zunächst eine subjektive Tätigkeit, wenn ich die Summe links zerteile in die Addenden, rechts habe ich die Addenden: dann ist einmal dasjenige gegeben, was rechts zu stehen hat. Habe ich links die Summe und gliedere dann, so kann ich unter den verschiedensten Gesichtspunkten gliedern. Dann können die Addenden die verschiedensten Gestalten bekommen. Das ist so wichtig, daß man diese Freiheit des Willens mit den Kindern entwickelt.

Ebenso versuche man beim Multiplizieren nicht auszugehen von dem Faktor und zunächst zum Produkt überzugehen, sondern auszugehen vom Produkt und aus diesem in beliebiger Weise den Faktor zu bilden und dann erst wiederum zurückzugehen zur synthetisierenden Tätigkeit. Dann bekommt der Mensch tatsächlich durch das Rechnen die Möglichkeit, jene rhythmische Betätigung des Seelenlebens zu entfalten, die in Analyse und Synthese besteht. Wir bringen gewissermaßen bei unserem Rechnenlernen sehr häufig zu stark das eine in Anschlag. Das ist dann geradeso für die Seele, als wenn wir bloß den Körper mit dem Einatmen überhäufen wollten und ihn nicht in der richtigen Weise ausatmen lassen wollten. Es handelt sich eben überall durchaus darum, daß wir auf die Individualität des Menschen in der rechten Weise eingehen können. Das ist es eben, was ich meine mit der Befruchtung, die die pädagogische Kunst durch die Geisteswissenschaft erfahren kann. Man muß aufmerksam werden auf dasjenige, was eigentlich aus der Individualität des Kindes erst heraus will. Es nützt sonst nichts, den abstrakten Grundsatz immer wieder und wiederum zu wiederholen, man solle nicht in das Kind etwas hineinpfropfen, sondern aus dem Kind etwas herausholen. Ja, man muß doch erst wissen, was man herausholen kann, muß sich das erst klargemacht haben. Das Kind hat zunächst die Sehnsucht, analytisch befriedigt zu werden und dann das Analysierte synthetisch wiederum zusammenzufassen. Das sind die Dinge, die eben konkret berücksichtigt werden müssen beim Hinschauen auf die Menschennatur, sonst werden noch so gute pädagogische Grundsätze immer etwas bleiben, was zwar recht viel Befriedigung macht im Anwenden – man glaubt dann auch, man genüge allen Anforderungen –, aber das eben nur aus dem Grunde, weil man nicht auf das Leben hinschaut, weil man eigentlich gar nicht darauf aus ist, hinzuschauen, was im Leben als Erziehungsergebnis auftritt. Da könnte man sagen: die Menschen sind ja so eigentümlich kurz geschürzt in ihrem Urteil.

Sehen Sie, wenn man in den siebziger Jahren in Österreich gelebt hat wie ich, da konnte man über die Grenzen hinüber von Preußen aus hören – und von gewissen Leuten in Österreich wurde es nachgesprochen, weil 1866 Preußen über Österreich gesiegt hat –: Ja, das kommt davon her, daß die österreichischen Schulen früher schlechter waren als die preußischen Schulen. Eigentlich habe der preußische Schulmeister gesiegt. Und überall in Preußen konnte man hören, der preußische Schulmeister habe gesiegt. Seit dem Oktober 1918 habe ich eine ähnliche Redensart, zu der vielleicht Veranlassung wäre, in Deutschland nicht gehört, obwohl man als Konsequenz die entgegengesetzte Redensart in Deutschland jetzt eigentlich hören sollte. Diese Dinge sind schon lehrreich. Sie zeigen eben, wie der Mensch nur allzusehr geneigt ist, Urteile zu entwickeln nicht nach den Tatsachen, sondern nach den

Sympathien und Antipathien, die er eben gerade empfindet. Das alles rührt aber davon her, daß sehr viele Dinge in der menschlichen Natur zurückbleiben, nicht ausgebildet werden, die als Kräfte ihre Ausbildung verlangen. Wir werden aber immer zurechtkommen, wenn wir auf das rhythmische Bedürfnis im ganzen Menschen Rücksicht nehmen, wenn wir also sagen: Wir dürfen nicht bloß Addieren, Subtrahieren, Multiplizieren, Dividieren beibringen; wir dürfen nicht bloß im Addieren antworten auf die Frage: Was geben so und so viel Addenden für Summen? – sondern vor allen Dingen müssen wir auf die Frage antworten: Wie läßt sich eine Summe in Addenden zerlegen? Beim Subtrahieren antworten auf die Frage: Wovon muß man 5 abziehen, damit man 8 bekommt? Man muß alle diese Redensarten in der Regel zuerst umgekehrt von der Art betreiben, wie sie dann synthetisch im Verkehr mit der Außenwelt angewendet werden. Da kann man auch, ich möchte sagen, parallel gehend den Rechenunterricht in den Dienst der Menschheitsentwickelung stellen und den Sprachunterricht, indem man von dem Ganzen zu den einzelnen Buchstaben übergeht. Und es ist tatsächlich erhebend, in unserer Waldorfschule zu sehen, wie sich die Kinder bemühen, wenn sie das ganze Wortbild haben, herauszukriegen: Wie lautet's so, wie klingt's so, was ist in der Mitte? – und in dieser Weise zu den Buchstaben überzugehen. Wenn man da atomisiert, analysiert, dann werden die Kinder ganz sicher zum Materialismus, zum Atomismus keine Neigung haben, so wie sie heute alle Menschen aus dem Grunde haben, weil sie in der Schule nur zum Synthetisieren angeregt werden und daher ihr analytisches Bedürfnis, ihr Zerteilungsbedürfnis dann für die Weltanschauung im Leben entfalten wollen. Das zeigt, wie intim zusammenhängt die besondere Einrichtung des Lehrstoffes, dem wir seinen wissenschaftlichen Charakter nehmen und so an das Kind heranbringen, wie es das Kind in seiner Entwickelung gerade fordert mit den Bedürfnissen, die in der kindlichen Natur von Jahr zu Jahr herauskommen.

Man wird mit all diesen Dingen aber nicht zurechtkommen, wenn man nicht auch das andere entsprechend berücksichtigt, daß die menschliche Natur, wie ich schon gestern sagte, ausgeht im Grunde von der Tätigkeit, und erst von der Tätigkeit aus zu dem übergeht, was dann das Ruhende ist. Geradeso wie das Kind vom Zappeln ausgeht und dann zum Ruhen kommt, so geht die gesamte Natur des Menschen von der Tätigkeit aus und muß sich das Geregelte, das Ruhige eigentlich erst erwerben. Aber das muß eben auch wirklich ganz systematisch herangebildet werden. Und da handelt es sich darum, daß wir gewissermaßen den Menschen selbst aus der Betätigung des Menschen heraus bilden. Da kann man insbesondere heute leicht sündigen. Ich habe es ja selbst versucht auseinanderzusetzen, wie wichtig es ist, schon gleich beim Beginn des Volksschulunterrichts auf das Musikalische, auf das Gesangliche zu sehen. Es ist eine Seite des Künstlerischen. Es muß dem musikalischen Bedürfnis des Kindes so viel als möglich entgegengekommen werden. Da könnte sehr leicht heute ein verheerendes Vorurteil entstehen. Sehen wir uns heute die Welt an – die meisten von Ihnen werden das ja bemerkt haben –, es existieren überall fast so viel Gesangsmethoden wie Gesangslehrer und namentlich Gesangslehrerinnen. Nach der Ansicht derjenigen, die diesen Gesangsunterricht treiben, ist immer die jeweilige gepflegte Methode die allerbeste. Diese Gesangsmethoden und Musikmethoden, wenn sie losgelassen werden auf Erwachsene, die schon über das eigentliche Entwickelungsalter hinaus sind, kann man ja als Steckenpferde denjenigen überlassen, die eben solche Methoden haben wollen. In der Regel gehen alle Methoden von einem schweren Fehler aus. Sie gehen davon aus, daß man eigentlich die menschliche Natur von den ruhenden Organen aus einstellen müsse, damit die Tätigkeit hervorgebracht werde, daß man gewissermaßen die Lunge und so weiter einstellen müsse, damit in entsprechender Weise die Tätigkeit, also jene Tätigkeit, die im Gesang zum Beispiel zum Vorschein kommt, zutage tritt. Das ist das Umgekehrte von dem, was sich aus dem Wesen des Menschen selbst ergibt. Fast alle die Gesangsmethoden, die mir zu Gesicht gekommen sind, gehen eigentlich aus von dem Materialismus unserer Zeit, von der Annahme, daß der Mensch so irgend etwas Mechanisches ist, das man einzustellen hat, und aus dem man dann herauszuholen hat, indem man es richtig einstellt, irgendeine Tätigkeit. Darum kann es sich eigentlich niemals handeln, wenn man auf das Wesen des Menschen wirklich eingeht. Ein richtiges Verhalten zum Gesanglernen, zur Ausbildung des musikalischen Gehöres setzt voraus, daß man vor allen Dingen die Kinder gewöhnt, richtig zu hören, und dann in ihnen den Nachahmungstrieb erweckt, der sich diesem richtigen Hören anpaßt. Es gibt auch da als die beste Methode nur dieses, daß der Lehrende mit einer gewissen Liebe vorsingen kann, eingehen kann auf dasjenige, was verfehlt wird, und der Schüler sein natürliches Bedürfnis entwickelt, nachzubilden dasjenige, was er vom Lehrer hört und korrigiert bekommt dasjenige, was er verfehlt. Aber im Singen selber muß sich das Kind aneignen dasjenige, was sich instinktiv als das Einstellen der Organe ergibt.

Ebenso muß für das richtige Einstellen des menschlichen Atmungsrhythmus das Sprechen dienen. Vor allen Dingen müssen wir in der Schule darauf halten, daß das Kind lernt, die Sprachtätigkeit in eine ruhige Regelmäßigkeit zu bringen. Wir müssen durchaus darauf bestehen, daß das Kind wirklich silbengemäß spricht, langsam spricht, daß es in der entsprechenden Weise die Silben rundet, daß es nirgends etwas abwirft vom Worte, daß es aber namentlich auch sich anpaßt dem, was man eine gebundene Sprache, Vers und dergleichen nennen kann, daß es sich anpaßt also der gestalteten Sprache, aus dem ganz empfindenden, nicht verstandesmäßigen, aber empfindenden Bewußtsein dem Tonfall der Verse folgt. Kurz, auch da handelt es sich darum, daß wir in der richtigen Weise dem Kinde vorsprechen und das Kind hört, hören lernt. Und dann – es ist schon so, daß sich der Kehlkopf und seine Nachbarorgane dem Gehöre beim kindlichen Alter noch anpassen. Wie gesagt, beim Erwachsenen mögen die Methoden, die heute so zahlreich figurieren, meinetwillen gehen; denn da wird auch dasjenige, was sich aus solchen Steckenpferden heraus ergibt, das Leben in der einen oder anderen Weise ordnen oder auch nicht ordnen. Von der Schule müssen alle diese künstlichen Methoden wegbleiben. Da muß vor allen Dingen das naturgemäße Verhältnis des Lehrenden zum Lernenden, des Erziehers zum zu Erziehenden da sein. Da muß in der Tat das liebevolle Sichhingeben des Kindes an den Lehrenden dasjenige ersetzen, was etwa künstliches Einstellen und künstliche Methoden sind. Da muß tatsächlich, ich möchte sagen, dasjenige, was an Imponderabilien wirkt, zugrunde liegen. Nichts wäre verhängnisvoller, als wenn die Musiktanten und Musikonkels mit ihren Methoden auch in die Schulen Einlaß fänden. In der Schule soll walten dasjenige, was Geist der Sache ist. Der aber kann nur kommen, wenn man selber in den Sachen drinnen steht, nicht wenn man ihn durch äußerliche Methoden an die Kinder heranbringen will.

Wenn mehr pädagogische Kunst auch in dieser Beziehung in der Schule sein wird, dann werden, wie ich glaube, die Neigungen der Menschen, allerlei Zeug zu lernen nach besonderen Methoden, nicht mehr so florieren, wie sie heute florieren. Wenn ein Kind vom 6., 7. Jahr ab auf natürliche Weise gesanglich und musikalisch unterrichtet wird,

wird es sich später kaum mehr auf all die vertrackten Methoden, die in unserer heutigen Zivilisation eine so große Rolle spielen, einlassen.

Das gehört aber, meine ich, auch heute zur pädagogischen Kunst, daß der Lehrer unbefangen hinschaut auf alles dasjenige, was aus der Unnatur des Zeitalters sich breit und geltend macht, und daß er das ausmerzt schon eben im Unterrichte und im Erziehen während der Schulzeit. Wir können in der Regel manche Dinge, wie zum Beispiel die eben erwähnten Methoden, außerordentlich schwer bekämpfen; denn die Leute, die solche Methoden betreiben, sind ja fanatisiert, und sie können nichts anderes sehen als das Weltreformerische ihrer Methoden, und es ist in der Regel ganz vergeblich, mit Menschen, die so etwas betreiben, vernünftig zu sprechen, unbefangen zu sprechen. Solche Dinge können eigentlich nur von der nächsten Generation aus in das richtige Fahrwasser geleitet werden. Da können wir in der Tat eingreifen. Ungeheures kann in sozialer Beziehung immer getan werden von der nächsten Generation aus. Es ist schon so, daß zur Unterrichtskunst und Erziehungskunst nicht nur gehört das methodisch-didaktische Anwenden von Kraftmitteln, sondern vor allen Dingen der Gesichtspunkt, der sich dem Lehrenden oder dem Erziehenden aus dem Interesse ergibt, das er an der allgemeinen Entwickelung der Menschheit empfindet. Der Lehrer müßte vor allen Dingen ein umfassendes Interesse haben an der ganzen Entwickelung der Menschheit. Er müßte intensiv sich interessieren für alles dasjenige, was in seinem Zeitalter vorgeht. Er dürfte am allerwenigsten sich abschließen in irgendeinem engbegrenzten oder enggeschürzten Interesse. Das, was wir entwickeln an Interessen, ich möchte sagen, für die Kulturimpulse des ganzen Zeitalters, das wirkt wiederum belebend zurück auf das ganze Gebaren und Gehaben des Lehrers. Und Sie verzeihen mir, wenn ich es schon ausspreche, daß manches von dem, was als Pedanterie in der Schule oftmals mit Recht empfunden wird, sogleich weichen würde, wenn die Lehrerschaft sich in erster Linie für die großen Tatsachen des Lebens interessieren würde, teilnehmen würde an den öffentlichen Angelegenheiten. Allerdings insbesondere in reaktionären Ländern wird das ja nicht gern gesehen, aber es ist zu gleicher Zeit ein pädagogisches, nicht bloß ein äußerliches Interesse.

Nun sehen Sie, vielleicht kann gerade in Anknüpfung an dasjenige, was ich eben gesagt habe, eine Frage berührt werden, die mir heute gestellt worden ist: Wohin tendiert die Sprache? Was soll geschehen, damit die alten entarteten Wörter nicht mehr ein Hindernis der Gedankenentwickelung bilden, sondern das neue Geistesleben aufbauen? Ein englischer Mathematiker, der sich bestrebte, alle Gedankenarten mathematisch-symbolisch zu schematisieren, sagte neulich in einem pädagogischen Referat: der Stil sei das Intellektuell-Ethische. Dies könnte, so scheint es mir, ein wahres literarisches Ideal aufstellen. Um wirklich ethisch zu sprechen, zu schreiben, müßte also jeder Mensch, wie ein jedes Volk, ein besonderes Vokabular für sich haben; denn in der Sprache, so wie sie jetzt ist, entwickelt die Dramatik nur die Wörter, selten aber einen allgemeinen menschlichen Begriff. Wie können wir die Sprache so umbilden, daß in der Zukunft daraus uns die individuelle Vorstellung und Empfindung sowie die Allgemeinheit der individuellen Begriffe hörbar oder sichtbar ist? Oder soll die Sprache überhaupt verschwinden und in der nächsten Zeit durch etwas anderes ersetzt werden?

Nun ist das wiederum ein ganzes Bündel von Fragen. Dennoch will ich heute schon – morgen und übermorgen soll dann noch das Genauere folgen – in bezug auf diese Fragen auf einiges eingehen. Es ist in der Tat nötig, darauf zu sehen, wie im Grunde genommen gerade dadurch, daß unsere zivilisierten Sprachen in einer gewissen Weise vorgerückt sind, ein äußeres Verhältnis der einen Sprache zu der anderen eingetreten ist. Es ist ja zum Beispiel ganz und gar etwas sehr Äußerliches, wenn wir so übersetzen, daß wir irgendeinen Text in einer Sprache nehmen und dasjenige Wort in der anderen Sprache aufsuchen, das in der Regel im Lexikon steht. Auf die Weise wird man in der Regel überhaupt dasjenige nicht bekommen, was in der Sprache über ein rein Äußerliches hinausliegt. Denn die Sprache ist ja nicht in erster Linie bloß dasjenige, was vom Verstande durchtränkt wird, die Sprache ist ja etwas unmittelbar Erlebtes, unmittelbar Empfundenes. Daher würde ja auch eine furchtbare Veräußerlichung der Menschen eintreten, wenn man so eine allgemeine Sprache, wie es das Esperanto oder ähnliche Dinge sind, unter die Menschheit bringen würde. Ich habe ausgezeichnete, schön klingende Gedichte in Esperanto gehört. Ich bin durchaus nicht voreingenommen, aber es würde zum großen Teil durch solch eine Universalsprache eben gerade verlorengehen das Empfindungsmäßige, Gemüthafte, Lebendige, das die Sprache durchlebt: das geht aber immer verloren dann, wenn man einfach lexikongemäß aus einer Sprache in die andere die Worte überträgt. Und so muß man schon sagen, in einem Sinne hat der Mann, der das hier ausgesprochen hat, sehr recht, obwohl es eigentlich nicht sehr gut ist, solche Dinge wieder auf Formeln zu bringen – Gedankenarbeit, die mathematisch schematisiert werden kann, und dergleichen Dinge, die auch eigentliche Steckenpferde sind. Aber das kann man schon sagen: es handelt sich darum, daß wir wiederum nötig haben, unsere Sprache überhaupt zu durchgeistigen. Unsere Sprache ist einmal stark – wie alle zivilisierten Sprachen – in das Phrasenhafte eingetreten. Gerade aus diesem Grunde ist es gut, wiederum an den Dialekt zu appellieren. Der Dialekt ist da, wo er gesprochen wird, eben noch lebendiger als die sogenannte gebildete Umgangssprache. Der Dialekt enthält noch viel mehr Persönliches, und er enthält geheim, möchte ich sagen, Persönliches, intim Persönliches. Sehen Sie, wer im Dialekt spricht, der wird gewissenhafter sprechen als derjenige, der in der Schriftsprache nur spricht. Man wird im Dialekte kaum in einem so umfassenden Sinne lügen, wie man es in der Schriftsprache tut. Diese Behauptung wird Ihnen paradox erscheinen, aber sie ist doch in einem gewissen Sinne wahr. Selbstverständlich will ich damit nicht sagen, es gäbe nicht auch klotzige Lügner, die im Dialekt reden, ich will das nicht sagen; aber es muß dann die Verdorbenheit ihres Gemütes größer sein, als sie zu sein braucht, wenn man nur in der gebildeten Umgangssprache lügt. Da braucht man weniger schlecht zu sein, um zu lügen, weil die Sprache mehr das Lügen gestattet, als wenn man im Dialekt lügt. Da muß man schon ein ordentlich schlechter Kerl sein, wenn man im Dialekt lügen soll; denn ein Dialektwort hat man viel lieber als ein Wort der gebildeten Umgangssprache. Man schämt sich, das Dialektwort bloß als Phrase zu nehmen, während das Wort der gebildeten Umgangssprache sehr leicht zur Phrase wird. Dies müssen wir eben überhaupt wiederum in den Menschen hineinbringen, daß er in seinen Worten wirkliche Erlebnisse hat. Dann aber muß eben Leben in die Sprache hineinkommen.

Heute wird es einem ja kaum mehr verziehen, wenn man Leben in die Sprache hineinbringen will. Ich habe es wirklich versucht in einer sehr homöopathischen Dosis in meinen Schriften. Sehen Sie, einfach um gewisse Dinge zu versinnlichen, brauchte ich in meinen Schriften einen Begriff für etwas, was sich zu der Kraft verhält wie das Wasser, das im Strom dahinfließt, zu der Eiskruste, die sich gebildet hat, ich gebrauchte das Wort »kraften«. Wir haben in der Regel nur das Wort Kraft; wir sprechen nicht von kraften. Und ähnliche Worte gebraucht man dann. Aber wiederum braucht man, wenn man Leben in die Sprache hineinbringen will, nicht eine tote, sondern eine lebendige Syntax. Man wird heute sogleich korrigiert, wenn man das Subjekt an eine andere Stelle stellt, als die Leute es gewohnt sind. Diese Sachen gehen aber eben im Deutschen noch. Im Deutschen kann man nämlich wirklich noch eine gewisse Freiheit just entfalten. Die westeuropäischen Sprachen – das ist ja rein was Fürchterliches, was da alles falsch ist! Alle Augenblicke heißt es: Das kann man nicht sagen, das ist nicht englisch, das ist nicht französisch. Das Analoge: Das ist nicht deutsch, gibt es nämlich gar nicht. Im Deutschen können Sie eigentlich das Subjekt an jeden Ort stellen. Sie können auch in irgendeiner Weise den Satz innerlich beleben und so weiter. Ich will wahrhaftig nichts Journalistisches sagen, aber ich will eine Tatsache konstatieren. Das ist eben der Prozeß des Absterbens der Sprache. Die Sprache beginnt zu sterben, wenn immer einem entgegentönt: Das kann man nicht sagen, das ist nicht richtig gesprochen. Das ist nämlich geradeso – es tritt einem nur nicht so paradox da entgegen –, wie wenn zu irgendeiner Türe hundert Menschen hereingehen würden, und ich, gestützt auf die Menschentypen, die allein nach meiner Ansicht richtig wären, sagen würde: Aha, das ist ein richtiger Mensch, das ist ein falscher Mensch. Das Leben duldet nicht, daß man typisiert. Da tritt es überall sogleich grotesk hervor, nicht wahr. Das Leben fordert, daß alles in Bewegung ist. Daher muß Syntax, muß Grammatik eben aus dem empfindenden Leben hervorgehen, nicht aus dem ertötenden Verstande. Dies wird uns zum lebendigen Fortbilden der Sprache wieder bringen.

Goethe hat sehr vieles Dialektische in die Sprache eingeführt. Man tut immer sehr gut, wenn man die Schriftsprache belebt vom Dialekte aus, weil eben beim Dialekt das Wort noch lebendiger durchglüht, durchwärmt empfunden wird. Das sind so die Dinge, die in Betracht kommen bei der Fortbildung der Sprache, bei der vorschreitenden Sprache. Aber es kommt eben auch in Betracht, daß wirklich eine Art ethisches Leben in das Sprechen hineinkommt. Das schließt ja wirklich nicht ein, daß man im Sprechen unhumoristisch werde. Der V-Vischer, der *Friedrich Theodor Vischer*, hat eine sehr schöne Abhandlung geschrieben über den Unterschied zwischen Frivolität und Zynismus. Da drinnen finden sich, außer dem, daß treffend charakterisiert ist der Unterschied zwischen Frivolität und Zynismus, auch sehr viele Bemerkungen über Sprachgebrauch, über das Hineinleben in die Sprache und so weiter. Es ist in der Tat schon so, daß eine gewisse Verpflichtung, die man sich auferlegt gegenüber dem Sprechen, eine gute ethische Schulung für das Leben überhaupt ist. Aber es muß Gefühl sein; es darf nicht von der Art sein, wie es aus der Konvention herauskommt. Es führt wirklich immer mehr und mehr vom Lebendigen der Sprache ab, wenn einem immer, wie dies in westeuropäischen Sprachen der Fall ist, entgegnet wird, diese oder jene Wendung sei falsch, und nur ein ganz bestimmter – würde man es mit dem Spanischen zu tun haben, könnte man sagen, in spanische Stiefel eingeschnürter – Schritt sei richtig.

ELFTER VORTRAG

Basel, 6. Mai 1920

Das rhythmische Element in der Erziehung

Wenn wir uns noch einmal die drei wichtigen Abschnitte des Volksschullebens vor Augen führen, so sind es diese: vom Eintritt in die Volksschule vom 6., 7. Lebensjahr bis zum 9.; vom 9. bis ungefähr 12. Jahre; und dann vom 12. bis ungefähr zu der Geschlechtsreife. Nun liegt die Sache so, daß dasjenige, was man menschliches Urteilsvermögen nennen könnte, selbständige Urteilsfähigkeit, eigentlich erst mit der vollen Geschlechtsreife im Menschen auftritt. Eine Art von Vorbereitung findet allerdings in der menschlichen Natur auf diese Urteilsfähigkeit hin eben vom 12. Lebensjahre ab ungefähr statt. Deshalb ist dies vom 12. Lebensjahre ab eine Art von drittem Abschnitt der Volksschulzeit, weil ja gewissermaßen schon hereinleuchtet dasjenige, was dann die Hauptsache in der menschlichen Wesenheit nach erlangter Geschlechtsreife ist, die selbständige Urteilsfähigkeit.

Nun kann man ja, wie ich schon einmal bemerkte, dasjenige, was Geisteswissenschaft vertreten muß über gewisse Glieder der menschlichen Wesenheit, anfechtbar finden. Man kann sagen: Wozu unterscheiden zwischen physischem Leib, Ätherleib, astralischem Leib und so weiter. Gewiß, wenn man bloß ein theoretisches Interesse an diesen Dingen hat, so wird dieses Interesse höchstens einmal einem Sensationsbedürfnis dienen können; aber man wird doch nicht sehr weit gehen können mit einem solchen Interesse. Anders ist es, wenn die Lebenspraxis ein solches Interesse herausfordert. Und das ist ganz gewiß der Fall in bezug auf die pädagogische Kunst. Denn jedesmal, wenn ein solcher Lebensabschnitt im menschlichen Gesamtleben auftritt, wird eigentlich aus der menschlichen Natur heraus richtig etwas geboren. Ich mußte ja darauf aufmerksam machen, wie dieselben Kräfte, die mit dem 7. Jahre, also mit der Volksschulzeit auftreten als Erinnerungskräfte, Gedankenkräfte und so weiter, gearbeitet haben am menschlichen Organismus bis zum 7. Jahre, so daß der stärkste

Ausdruck dieses Arbeitens das Erscheinen der zweiten Zähne ist. Gewissermaßen im Organismus arbeiten die Kräfte, um die es sich später handelt in der Volksschulzeit, als Vorstellungskräfte; im Organismus wirken sie in der menschlichen Natur verborgen; dann werden sie befreit, werden selbständig, und diese Kräfte, die da selbständig werden, die nennen wir die Kräfte des Ätherleibes. Wiederum mit der Geschlechtsreife werden andere Kräfte selbständig, die uns in die Außenwelt in der mannigfaltigsten Weise einführen. Aber in dem System dieser Kräfte ist zugleich enthalten das menschliche selbständige Urteilsvermögen. So daß wir sagen können: der eigentliche Träger des menschlichen Urteilsvermögens, dasjenige im Menschen, was die Kräfte enthält, die ein Urteil hervorbringen, das wird im Menschen im Grunde genommen erst mit der Geschlechtsreife geboren und bereitet sich langsam zur Geburt vor vom 12. Jahre ab.

Wenn man dies weiß und richtig würdigen kann, dann ist man sich auch bewußt, welche Verantwortung man übernimmt, wenn man den Menschen zu früh an selbständiges Urteil gewöhnt. Ja, in dieser Beziehung herrschen ja insbesondere in der Gegenwart die allerverderblichsten Vorurteile: man möchte so früh wie möglich den Menschen an selbständige Urteile gewöhnen.

Wir haben gesagt: der Mensch ist so zu halten bis zur Geschlechtsreife, daß er unter dem Einfluß der Autorität steht, daß er anerkennt irgend etwas deshalb, weil es die selbstverständlich neben ihm wirkende Autorität eben gebietet, eben so will. Wenn wir das Kind gewöhnen, in der richtigen Weise zu uns als Lehrer, als Erzieher zu stehen und hinzunehmen die Wahrheit, weil wir sie als Autorität vertreten, gerade dann bereiten wir das Kind in der richtigen Weise vor, später im Leben ein freies, ein selbständiges Urteil haben zu können. Wollen wir nicht als selbstverständliche Autorität neben dem Kinde stehen, wollen wir gewissermaßen verschwinden und fordern alles der kindlichen Natur ab, dann bearbeiten wir dieses Kind so, daß wir seine Urteilsfähigkeit zu früh herausfordern, ehe das, was wir also astralischen Leib nennen, mit der Geschlechtsreife erst selbständig frei erscheint; wir bearbeiten das, was wir so astralischen Leib nennen, indem es noch in der physischen Natur des Kindes drinnen wirkt. Dadurch prägen wir dem Kinde, wenn ich mich jetzt so ausdrücken darf, in sein Fleisch ein dasjenige, was wir ihm nur einprägen sollten in seine Seele. Dadurch aber bereiten wir in dem Kinde etwas vor, was sein ganzes Leben als ein Schädling in ihm leben wird. Denn es ist etwas ganz anderes, ob wir zum freien Urteil, nachdem wir gut vorbereitet sind, im 14., 15. Jahre heranreifen, wo der astralische Leib, der der Träger des Urteils sein kann, frei geworden ist, oder ob wir früher herangezogen werden zum sogenannten selbständigen Urteil. Im letzten Fall wird nicht unser Astralisches, das heißt unser Seelisches, herangezogen zum selbständigen Urteil, sondern da wird unser Leib herangezogen. Unser Leib aber wird herangezogen mit allen seinen naturgemäßen Eigenschaften, mit seinem Temperamente, mit seiner Blutbeschaffenheit, mit alledem, was in ihm Sympathie und Antipathie hervorruft, mit alledem, was ihm keine Objektivität gibt. Mit anderen Worten, wenn das Kind zwischen dem 7. und 14. Jahre schon selbständig urteilen soll, so urteilt es aus demjenigen Teil der Menschennatur heraus, der später niemals wiederum abgestreift werden kann, wenn wir nicht dafür sorgen, daß er selber in naturgemäßer Weise in der Volksschulzeit versorgt wird, nämlich durch Autorität. Lassen wir zu früh urteilen, so urteilt der Leib das ganze Leben hindurch. Dann bleiben wir ein schwankender Mensch in unserem Urteil, der abhängig ist von seinem Temperament, von allem möglichen in seinem Leibe. Werden wir so vorbereitet, wie es der Natur unseres Leibes entspricht, wie der Leib es fordert durch seine eigene Natur, werden wir zur rechten Zeit in Anlehnung an die Autorität erzogen, dann wird in der richtigen Weise frei dasjenige, was urteilen soll in uns, dann werden wir später auch im Leben ein objektives Urteil gewinnen können. So ist die beste Vorbereitung zur selbständigen, freien menschlichen Persönlichkeit die, wenn wir das Kind nicht zu früh zu dieser freien Persönlichkeit bringen, sondern im rechten Lebensalter.

Das ist eines von den Dingen, die viel verderben können, wenn sie nicht in der rechten Weise gerade in der pädagogischen Kunst angewendet werden. In unserer Zeit ist es nun eigentlich recht schwierig, auf dieses alles intensiv genug aufmerksam zu machen. Sie werden finden, wenn Sie über diesen Gegenstand, wie ich selbst hier spreche, zur heutigen Außenwelt sprechen, zu denjenigen, die ganz und gar unvorbereitet sind und auch keinen guten Willen mitbringen, daß Sie heute sehr, sehr werden vor tauben Ohren predigen. Wir leben eben einmal viel mehr, als wir es denken, im Zeitalter des Materialismus. Und dieses Zeitalter des Materialismus, es sollte eigentlich genau gekannt sein gerade von den Pädagogen. Der Pädagoge sollte sich genau bewußt sein, wie viel Materialismus in unserer ganzen Zeitkultur, namentlich aber in unserer Zeitgesinnung, schäumt.

Ich möchte von einer ganz anderen Seite her einmal das, was ich eben ausgesprochen habe, charakterisieren. Es ist etwas Eigentümliches in der neueren europäischen Zivilisation, daß etwa um das Jahr 1850, ohne daß es eigentlich sehr deutlich bemerkt worden ist, verlorengegangen ist in großem Ausmaße das unmittelbare, elementare Gefühl für Rhythmus. Deshalb haben wir jetzt, wo die Menschen schon wiederum ein paar Generationen über den Zeitpunkt hinaus sind, in dem dieses Gefühl für Rhythmus verlorengegangen ist, gar kein Bewußtsein davon, was das gerade in der Kindererziehung eigentlich bedeutet, daß unserm Zeitalter so sehr das Gefühl für Rhythmus mangelt. Da muß man, um das einzusehen, folgendes ins Auge fassen:

Der Mensch wechselt in seinem Leben täglich zwischen Schlafen und Wachen. Den sogenannten Wachzustand glaubt der Mensch gut zu kennen, denn er ist dann seiner selbst bewußt. Er erlangt durch seine Sinnesempfindungen ein Bewußtsein der Außenwelt. Kurz, den Wachzustand glaubt der Mensch zu kennen. Den Zustand vom Einschlafen bis zum Aufwachen, den kennt ja der Mensch nicht. Er hat ja in unserem heutigen normalen Leben kein Bewußtsein seiner selbst. Er hat auch nicht viel unmittelbar bewußte Wahrnehmungen der Außenwelt. Das ist also ein Zustand, der sich in das Leben hineinstellt wie ein unbewußter Zustand. Wir werden nur leicht eine Vorstellung gewinnen können von dem Zusammenwirken des Lebens in diesen zwei Zuständen, wenn wir auf zwei polarische Gegensätze hinweisen, die eben auch eine große Bedeutung für die ganze Erziehungskunst im menschlichen Leben haben. Es handelt sich um das Zeichnerische und das Musikalische, zwei Gegensätze, die wir schon erwähnt haben, und die wir heute von einem besonderen Gesichtspunkte aus noch einmal betrachten wollen.

Fassen wir das Zeichnerische ins Auge, zu dem ich jetzt auch das Malerische, das Plastische rechne. Erinnern wir uns dabei an alles, was wir in bezug auf das Zeichnerische schon vom Beginn der Volksschulzeit an für das Kind als notwendig erachtet haben. Was zeigt uns das Zeichnerische? Es zeigt uns, daß der Mensch diejenige Form, die er in der Außenwelt wiederfindet, aus seiner eigenen Natur heraus formt. Ich habe darauf aufmerksam gemacht, daß das Sich-Halten an das Modell nicht dasjenige ist, worauf es ankommt, sondern daß wir finden müssen aus unserer eigenen Natur heraus ein Gefühl, ein Empfinden für Form. Aber wir werden doch zuletzt gewahr werden, daß wir mit alledem, was wir im Zeichnen, im Malen, was wir überhaupt in all dem, was bildend im Raume ist, was von uns als Gestaltung im Raume bewirkt wird, in einem Elemente drinnen stehen, das uns im Wachzustande in der Außenwelt umgibt. Wir zeichnen Linien, wir malen Farben, wir bilden Formen nach. Linien stellen sich uns dar, obwohl sie als solche nicht in der Natur vorhanden sind; aber sie stellen sich uns durch die Natur dar, Farben, Formen ebenfalls.

Fassen wir das andere Element ins Auge, das Musikalische, das ja auch die Sprache durchdringt, durchtönt. Da müssen wir sagen: im eigentlich Musikalischen haben wir nur einen Ausdruck der menschlichen Seele. Alles dasjenige, was zuletzt im Musikalischen zum Vorscheine kommt, es hat ja nur im allerelementarsten ein solches Analogon in der äußeren Natur, wie das Plastische, wie das Bildnerische, wie das Zeichnerische. Es würde auch nicht möglich sein, in derselben Weise mit dem Musikalischen nur nachahmen zu wollen naturalistisch das Äußere, wie es möglich ist in einer Zeit, wo das Kunstgefühl für das Plastische oder Zeichnerische schwach ist, bloß das Äußere nachzuahmen. Und dennoch, hat denn die Musik keinen Inhalt? Die Musik hat ihren Inhalt. Der Inhalt des Musikalischen, er ist ja im wesentlichen das melodiöse Element der Musik. In Wahrheit ist das melodiöse Element der Inhalt der Musik. Melodien müssen einem einfallen. Wenn gegenwärtig von vielen Seiten her weniger Wert auf das melodiöse Element gelegt wird, so ist das eben auch nichts anderes als ein Charakteristikon des materialistischen Zeitalters. Es fällt den Leuten eben nicht genug ein. Das eigentlich melodiöse Element ist der Inhalt des Musikalischen. Woher stammt das melodiöse Element? Das melodiöse Element ist gut zu vergleichen dem plastischen Element. Nicht wahr, das plastische Element ist räumlich angeordnet, das melodiöse Element ist zeitlich angeordnet. Aber wer ein reges Gefühl für diese zeitliche Orientierung hat, der wird darauf kommen, daß im melodiösen Element eine Art zeitlicher Plastik enthalten ist. Das melodiöse Element entspricht in einer gewissen Weise dem, was Plastik der Außenwelt ist.

Nun gehen wir an etwas anderes. Sie alle kennen jenes flüchtige Element unseres Seelenlebens, das in dem Traum zutage tritt. Träume sollte man insbesondere bei der kindlichen Welt ins Auge fassen. Man sollte in einer gewissen Weise als Lehrer auch mit der Art des Träumens seiner Schüler bekannt sein. Davon werden wir noch sprechen; aber jetzt will ich nur im allgemeinen darauf hinweisen, daß ja jeder Mensch kennt dieses flüchtige Element des Traumes. Wenn man sich sachgemäß mit diesem Element des Traumes befaßt, dann gelangt man allmählich zu anderen Ansichten als die populären, die laienhaften, über den Traum sind. Die laienhaften Ansichten über den Traum nehmen den Inhalt des Traumes; denn das interessiert den Laien besonders, was der Inhalt des Traumes ist. Sobald man sich sachgemäß mit dieser wunderbaren, mysteriösen Traumwelt beschäftigt, wird die Sache anders. Da erzählt einem ein Mensch folgenden Traum. Ja, ich stieg einen Berghang hinauf; gerade bevor ich zum Gipfel kommen sollte, da war ein Hindernis, das konnte ich nicht überwinden. Ich konnte den Gipfel nicht erreichen. Ich versuchte das Hindernis zu überwinden, da stellten sich mir böse, feindliche Tiere, dämonisch aussehende Gestalten entgegen. – So etwas beschreibt einem ein Mensch. Ein anderer Mensch beschreibt einem Folgendes. Er sagt: Ich ging einen Weg, da kam ich an eine Höhle; in die Höhle ging ich hinein. Da wurde es plötzlich finster, ich konnte nicht weiter. Da stellten sich mir alle möglichen Hindernisse entgegen. Ich kam nicht weiter, ich erreichte mein Ziel nicht. – Und eine dritte, eine vierte Art kann noch erzählt werden. Die Bilder sind ganz verschieden. Der eine träumt von einem Anstieg an einen Berg, der andere von Hineingehen in eine Höhle, der dritte wieder von etwas anderem, denn es kommt auf die Bilder gar nicht an. Die Bilder sind etwas rein in den Traum Hineingewobenes. Das, worauf es ankommt, das ist, daß der Mensch eine Spannung erlebt, in die er allmählich hineingeht und die er zunächst nicht lösen kann, die sich erst im Aufwachen etwa löst. Dieses Einer-Spannung-Entgegengehen, dieses Auftreten der Spannung, dieses Beklommenwerden, das ist es, was in den verschiedensten Bildern zum Ausdrucke kommen kann.

Also darauf kommt es an, daß der Mensch im Traume auf- und absteigende Spannungen, Lösungen, Erwartungen, Enttäuschungen erlebt, kurz, daß er innere Seelenzustände erlebt, die sich in den mannigfaltigsten Bildern aussprechen können. Die Bilder sind gleichartig anschwellend und absteigend. Der Seelenzustand ist das Wesentliche, denn das hängt zusammen mit der ganzen Verfassung der Seele. Ob einer diese oder jene Bilder erlebt hat in der Nacht, das ist gleichgültig. Ob einer zuerst eine Spannung und dann eine Lösung, oder zuerst eine Erwartung und dann eine Enttäuschung erlebt hat, das ist nicht gleichgültig, denn davon hängt zuweilen sein ganzes Befinden am nächsten Tage ab. Oder es zeigt solch ein Traum, in welcher allgemeinen Seelenstimmung ein Mensch infolge von Schicksalserlebnissen ist und so weiter. Ich möchte sagen, die auf- und absteigende Kurve, die ist es, auf die es ankommt. Was da erscheint, was zum Bilde wird gerade an der Grenze des Aufwachens, das ist nur ein Gewand, das der Traum um sich webt. Aber wenn wir jetzt hineinschauen in dieses Traumleben, wenn wir die Frage aufwerfen: Was erlebt denn der Mensch bis zum Aufwachen hin? – dann sagen wir uns: Ja, bis zum Aufwachen hin erlebt er dieses Anschwellen von Gefühlen, Absteigen von Gefühlen, dann im Momente des Aufwachens kleidet sich ihm das in die entsprechenden Bilder hinein. Natürlich, man kann das, ich möchte sagen, an jedem charakteristischen Traum wahrnehmen. Ich will Ihnen einen charakteristischen Traum erzählen:

Ein Student steht an der Tür des Hörsaales. Er träumt, wie ein anderer Student auf ihn zukommt, ihn so stark beschimpft, daß, wie es unter Studenten selbstverständlich ist, eine Duellforderung daraus wird – träumt, wie die Sekundanten gewählt werden, wie sie in den Wald hinausgehen, wie alles vorbereitet wird. Erster Schuß – den hört er noch, er wacht auf –, er hat den Stuhl umgestoßen, der an seinem Bette stand; das war der Schuß. Das war das einzige äußere Ereignis. Also die ganze Bilderwelt des Traumes ist in diesem Momente durch seinen Kopf geschossen. Dasjenige aber, was sich mit diesen Bildern umkleidet, das ist ein dauernder seelischer Zustand.

Nun vergleichen Sie einmal ernsthaftig dasjenige, was da zugrunde liegt dem Träumen, dieses Anschwellen, Abtönen der Gefühle, dieses Spannen, Lösen vielleicht oder das Hinneigen zu irgend etwas, was dann in eine Kalamität hineinführt und so weiter. Vergleichen Sie das ganz ernsthaft mit dem, was zugrunde liegt dem musikalischen Elemente, dann werden Sie in den Traumbildern nur etwas Unregelmäßiges haben; in dem Musikalischen haben Sie dasjenige, was ganz in der gleichen Art dieses Anschwellen, Abtönen und so weiter darstellt. Und wenn Sie diesen Forschungsweg verfolgen, dann werden Sie finden: Plastik, Zeichnungen, das ahmt nach die Form, in die wir uns einleben vom Aufwachen bis zum Einschlafen im Tageszustand. Melodien als dasjenige, was mit dem Musikalischen zusammenhängt, die geben uns die Erlebnisse des scheinbar ganz unbewußten Zustandes, die kommen als Reminiszenzen in unser Tagesleben hinein. Die Menschen wissen so wenig von dem eigentlichen Ursprung der musikalischen Themen, weil sie das, was in den musikalischen Themen sich auslebt, in der Zeit vom Einschlafen bis zum Aufwachen erleben. Das ist für den Menschen heute als ein noch unbewußtes Element da, das sich nur verrät dann, wenn es sich im Traum zu Bildern formt. Aber dieses unbewußte Element, das im Traum waltet, das im musikalischen Elemente gerade im Melodiösen waltet, dieses unbewußte Element müssen wir gerade in der Unterrichtskunst aufnehmen, damit wir über den Materialismus auch durch die Erziehungskunst hinauskommen.

Wenn Sie nun den Geist des hier Vorgetragenen erfassen, so werden Sie sehen, wie überall versucht worden ist, dieses unbewußte Element aufzunehmen; erstens indem ich das künstlerische Element als notwendig bezeichnet habe gleich im Beginne der Volksschulzeit; zweitens indem ich auf so etwas insistiert habe, wie den Dialekt zu nehmen und einfach daraus die Grammatik zu enthüllen, die Sprache des Kindes überhaupt als etwas Fertiges zu nehmen und daran die Grammatik zu enthüllen. Bedenken Sie nur, was Sie da tun. In welchem Lebenszustande wird denn eigentlich die Sprache gebildet? Versuchen Sie zurückzudenken, bis wieweit Sie sich erinnern in Ihrem Lebenslauf – es wird nichts in die Zeit hinaufgehen, wo Sie noch gar nicht haben sprechen können. Das Sprechen erlernt der Mensch zu der Zeit, wo er noch ins Leben herein schläft. Wenn Sie von diesem Gesichtspunkte aus vergleichen die eigentümliche träumerische Seelenwelt des Kindes mit dem Träumen und mit dem Weben des Musikalischen, Melodiösen, so bekommen Sie ein Ähnliches. Sprechenlernen geschieht aus dem Unbewußten heraus, ist etwas wie ein Aufwachen aus einer Nacht; Träumen auch. Und Melodien, sie sind da, wir wissen nicht woher. In Wirklichkeit sind sie aus dem Schlafelement des Menschen heraus. In Wirklichkeit erleben wir die zeitliche Plastik vom Einschlafen bis zum Aufwachen. Nur ist der Mensch auf der gegenwärtigen Stufe seiner Entwickelung nicht dazu angetan, diese zeitliche Plastik zu erleben. Wie man sie erlebt, wie sie Tatsache wird, das finden Sie geschildert in meinem Buche »Wie erlangt man Erkenntnisse höherer Welten?« Das gehört nicht zu der Pädagogik selber. Daraus aber werden Sie ersehen, wie notwendig es ist, dieses unbewußte Element, das in dem Mitwirken des Schlafzustandes des Kindes wurzelt, voll zu berücksichtigen. Berücksichtigt wird es ja gewiß, wenn wir im musikalischen Unterrichte vorzugsweise das Thematische bevorzugen, so daß wir das Musikalische, insofern es beim Kinde vorhanden ist, schon genau so zu analysieren versuchen, wie das Sprachliche im Satze; mit anderen Worten, wenn wir das Kind sehr früh darauf führen, Thematisches im Musikalischen zu erkennen, tatsächlich zu empfinden das melodiöse Element wie den Satz; hier fängt es an, hier hört es auf, hier schließt es sich an, hier ist ein Punkt, hier beginnt ein Neues. In dieser Beziehung ein noch nicht bis zur Realität des Inhaltes gekommenes Musikalisches zum Verstehen zu bringen, das wirkt Wunder für die Entwickelung des Kindes. Denn dadurch wird das Kind zurückgewiesen auf etwas, was nun auch in der Natur des Menschen ist, aber was fast nie gesehen wird.

Sehen Sie, was eine Melodie ist, wissen alle Menschen; was ein Satz ist, wissen sie auch. Daß aber ein Satz, der aus Subjekt, Prädikat, Objekt besteht, in Wirklichkeit im Unbewußten eine Melodie ist, das wissen eben die wenigsten Menschen. Geradeso, wie man sich vergegenwärtigen kann, daß dasjenige, was als Anschwellen und Abklingen der Gefühle als Gefühlskurve erlebt wird im Schlafe, sich heraufbegibt ins Bewußtsein, sich umkleidet mit dem Bilde, so erleben wir in den Tiefen unseres Wesens den Satz musikalisch. Und indem wir uns an die Außenwelt anpassen, umkleiden wir das musikalisch Empfundene mit dem, was plastisches Bild ist. »Das Kind schreibt die Aufgabe« – Subjekt – Prädikat – Objekt. Im Innersten des Menschen wird empfunden ein Dreiklang. Dasjenige, was innerlichst empfunden wird, ist ein Dreiklang. Dieser Dreiklang, der wird angewendet, indem man den ersten Ton gewissermaßen hinausprojiziert auf das Kind, den zweiten Ton hinprojiziert auf das Schreiben, den dritten Ton hinprojiziert auf die Aufgabe. Und so wie diese drei empfunden werden und sich dann umkleiden mit den Bildern, die aber jetzt der Realität entsprechen – nicht wie beim Traum empfunden wird –, so lebt in unserem Oberbewußtsein der Satz, in unserem untersten Unterbewußtsein ein Musikalisches, eine Melodie. Und sind wir uns dessen bewußt, daß wir eigentlich in dem Augenblicke, wo wir vom Sinnlichen ins Übersinnliche kommen, abstreifen müssen den sinnlichen Inhalt und für den sinnlichen Inhalt dasjenige erleben, was uns gerade die Musik entzieht, das Thematische, das ja in seiner Gestaltung in Wirklichkeit im Schlafe erfahren wird; sind wir uns dessen bewußt, dann erst betrachten wir den Menschen wie eine Ganzheit. Dann werden wir erst gewahr, was es eigentlich bedeutet, wenn wir mit dem Kinde lebendig so Sprachlehre treiben, daß wir wenigstens noch eine Spur des melodiösen Elementes im

Satze zurücklassen, das heißt, daß wir nicht trocken prosaisch sprechen, sondern daß wir hier in dem Satze noch etwas Rezitatorisches haben, etwas Volltönendes haben, etwas von dem inneren melodiösen Elemente und auch von dem rhythmischen Elemente Nachklingendes haben.

Ungefähr um das Jahr 1850 ist das tiefere Gefühl der europäischen Menschheit für den Rhythmus verschwunden. Vorher hatte man noch in einer gewissen Beziehung das, wovon ich eben gesprochen habe. Wenn man gewisse Abhandlungen vornimmt, die dazumal erschienen sind über Musikalisches, über Gliederung von musikalischen Themen bei Beethoven und anderen, wird man gewahr werden, wie dazumal gerade diejenigen, die musikalische Autoritäten genannt wurden, oftmals in der unglaublichsten Weise zerschnitten und zerrissen haben das, was in den Dingen gelebt hat. Man wird sehen, wie das die Zeit des Tiefstandes war für das Erleben der Rhythmik.

Darauf müssen wir gerade als Pädagogen aufmerksam machen, weil von der Schule aus selbst der Satz wiederum zurückgeführt werden muß auf den Rhythmus. Wenn man dies ins Auge faßt, dann wird man auf die Fortdauer des künstlerischen Elementes im Unterrichte ein Augenmerk richten. Man wird das künstlerische Element nicht so bald wieder verschwinden lassen, auch wenn man genötigt ist, in das mehr Inhaltliche einzumünden.

Das hängt zusammen mit einer Frage, die mir gestern gestellt worden ist und auf die ich in diesem Zusammenhange gut eingehen kann. Die Frage ist die: Warum gewisse Kinder, die es ungeheuer schwer haben, orthographisch zu schreiben, gar nicht zur Orthographie herangezogen werden können? Ja, wer die Orthographie Goethes oder anderer Größen studiert, der wird ganz merkwürdige Eindrücke bekommen, denn da hapert es manchmal bei den Größen ganz merkwürdig in der Orthographie. Nun natürlich können wir uns in der Pädagogik nicht darauf einlassen, etwa zu sagen: Wir lassen den unorthographisch schreiben, denn wahrscheinlich ist er dann eine Größe, und da dürfen wir ihn nicht stören; wir müssen selbstverständlich die Sache so lenken, daß wir auf das nicht Rücksicht nehmen. Und daher ist für uns nur die Frage zu beantworten: Was liegt denn eigentlich vor, wenn so recht unorthographisch geschrieben wird? Sie brauchen nur vergleichend zu prüfen, und Sie werden sehen, daß das unorthographische Schreiben in der Regel darauf beruht – oder wenn es auf etwas anderem beruht, so ist dieses andere damit sehr verwandt –, daß solche Kinder, die unorthographisch zu schreiben verurteilt sind, wenig Ohr in bezug auf richtiges musikalisches Hören, also Hören von richtig Gesprochenem haben. Derjenige schreibt unorthographisch, der nicht präzise hören gelernt hat, der nicht gelernt hat, genau ein Wort in seinem plastischen Umfange zu hören.

Das kann auf verschiedenen Tatsachen beruhen. Es kann zum Beispiel darauf beruhen, daß ein Kind aufwächst in einer Familie oder Umgebung, wo undeutlich gesprochen wird. Dann lernt das Kind nicht hören, dann wird es auch nicht orthographisch schreiben lernen, wenigstens nicht leicht. Oder aber das Kind ist so veranlagt, daß es wenig Perzeption hat für das Gehörte. Das Kind hat nötig, aufmerksam darauf gemacht zu werden, daß es ordentlich zuhört. Aber manchmal ist – es muß mir ein solch offenes Geständnis schon verziehen werden – der Lehrer selbst an der schlechten Orthographie des Kindes schuld. Der Lehrer sollte vor allem darauf sehen, sich selber einer ganz, vor allen Dingen deutlichen, aber auch plastischen Sprache zu bedienen. Er braucht ja nicht geradezu immerfort zu sagen, wie es manche Schauspieler machen müssen, damit sie ordentlich Endsilben sprechen lernen, die meistens verschluckt werden: Freunderl, Mutterl. Aber es ist notwendig, daß der Lehrer sich gewöhnt, sich in jede Silbe wirklich sachgemäß hineinzuleben, so daß von dem Lehrer selbst die Silben deutlich gesprochen werden und das Kind öfter veranlaßt wird, genau in deutlicher, plastischer, die Silben vollendender Weise nachzusprechen. Wenn solches deutliches plastisches Sprechen geübt wird, dann wird man auch vieles erreichen, was in bezug auf das unorthographische Schreiben gewisser Kinder erreicht werden soll. Denn auch das hängt damit zusammen: was aus dem Unbewußten, aus dem Traumelemente, aus dem Schlafelemente – und das Schlafelement ist ja einfach das unbewußte Element – herausgeholt werden soll, das soll man nicht wollen auf eine künstliche Weise dem Menschen einimpfen.

Und worauf beruht denn das Zuhören? Darauf geht man gewöhnlich in der Psychologie nicht ein. Sehen Sie, wir schlafen abends ein, wachen des Morgens auf. Das wissen wir. Wir können es hinterher konstatieren, indem wir uns sagen: Da setzt in der nachherigen Erinnerung unser Bewußtsein aus. Was mit uns vorgeht vom Einschlafen bis zum Aufwachen, das ist der äußeren Wissenschaft, der Nicht-Geisteswissenschaft, nicht bewußt. Aber die innere Seelenverfassung, die ist keine andere, wenn Sie zuhören, als wenn Sie schlafen. Nur wechseln Sie da fortwährend zwischen Außer-sich-Sein und In-sich-Sein. Das ist außerordentlich bedeutsam, daß man sich dieser ondulierenden Tätigkeit des Seelenlebens bewußt werde: ich höre, da bin ich hingegeben an die Außenwelt; aber immer zwischen dem Hören habe ich Augenblicke, wo ich eigentlich in mir aufwache; und hätte ich sie nicht, so würde mir das Hören gar nichts helfen. Fortwährend findet im Zuhören, im Hinschauen, Aufwachen, Einschlafen statt, auch wenn wir wachen. Es ist ein fortwährendes Ondulieren: Aufwachen, Einschlafen, Aufwachen, Einschlafen. Das heißt, schließlich beruht unser ganzer Umgang mit der Außenwelt auf dieser Fähigkeit, in das andere übergehen zu können, wenn ich es paradox ausdrücken darf: in das andere hineinschlafen zu können. Was ist es denn schließlich anders, einem Gespräche zuhören, als in den Inhalt dieses Gespräches hineinzuschlafen? Und das Verstehen ist das aus diesem Gespräche Aufwachen. Nicht anders ist es. Das heißt aber, wir müssen versuchen, nicht aus dem Bewußtsein heraus dasjenige erreichen zu wollen, was eigentlich aus dem Unbewußten, aus dem Schlafen oder Träumen des Menschen herausgeholt werden soll.

Daher sollen wir auch nicht künstlich dem Menschen Orthographie beibringen, sondern Orthographie so beibringen, daß wir ihm das Wort richtig vorsprechen, ihn nachsprechen lassen und ihm so allmählich zum Aufschreiben des richtig Gehörten verhelfen. Wir sollen geradezu voraussetzen: wird unorthographisch geschrieben, so wird unrichtig gehört. Und wir haben das Gehör zu unterstützen, nicht irgend etwas einzustellen, was mehr im vollen Bewußtsein ist als eben das Gehör.

Dies sollen wir auch berücksichtigen bei solchen Dingen, wie ich sie ja gestern erwähnt habe, beim musikalischen Unterricht. Wir dürfen nicht künstliche Methoden in die Schule hineinlassen, wo das Bewußtsein malträtiert wird durch andere Mittel wie Atmungseinstellung und so weiter, während diese Atmungssachen kommen müssen von dem Zergliedern des Thematischen. Das Kind muß lernen, Melodienfolgen sachgemäß zu hören und muß sich anpassen können. Das muß ein unbewußter Prozeß sein. Das muß mit Selbstverständlichkeit geschehen. Wie gesagt, die Steckenpferde können wir den Musiklehrern und -lehrerinnen lassen für das spätere Alter, wenn weniger verdorben werden kann. Das Kind aber muß aus dem Unbewußten heraus in Anlehnung an die musikalische Analyse der Themata des melodiösen Elementes unterrichtet werden. Diese charakterisierten Methoden wirken gerade so schlimm, wie wenn ich beim Zeichnen anstatt ein Gefühl für eine Linie die Einstellung des Armes beibringen würde; ich würde dann sagen: ein Akanthusblatt, das wirst du dann zuwege bringen, wenn du dir angewöhnst, deinen Arm so und so zu stellen, ihn so und so zu führen. Das wäre das Analogon für die Methoden, die heute oftmals für das Musikalische figurieren. Durch allerlei Arten von Einstellungen und ähnliche Methoden wird nichts anderes getan, als daß man rein vom materialistischen Standpunkte aus den menschlichen Organismus eben als eine Maschine betrachtet, die man einzustellen hat, damit sie dies oder jenes richtig mache. Geht man vom geistigen Standpunkte aus, so geht man immer auf dem Umweg durch die Seele und läßt den Organismus sich angliedern an das richtig seelisch Empfundene.

Wir können sagen: Wenn wir das Kind im Zeichnerischen halten, dann geben wir ihm ein Verhältnis zur Umwelt. Wenn wir es im Musikalischen halten, geben wir ihm ein Verhältnis zu dem, was nicht unsere gewöhnliche Umwelt ist, was aber unsere Umwelt ist vom Einschlafen bis zum Aufwachen. Aus diesen beiden Polen setzt sich das zusammen, was in der richtigen Weise gerade durch so etwas wie zum Beispiel die Satzlehre, die Behandlung der Grammatik wirken muß, wo wir eigentlich immer ineinander verschlingen sollen das Gefühl für den Satzbau mit dem Verständnis der Satzgestaltung und so weiter.

Das sind Dinge, die wir durchaus wissen müssen, wenn wir richtig verstehen wollen, wie ungefähr um das 12. Jahr herum dasjenige langsam vorbereitet werden kann, was nun so recht das Intellektuelle des verständigen Elementes ist, nämlich das freie Urteil. Wir müssen das Kind vor diesem freien Urteil möglichst bewahren, bevor es in die Nähe des 12. Jahres gelangt. Wir versuchen ja das Urteil auf der Autorität aufzubauen, und die Autorität wirkt immer in einer gewissen Weise durch das Unbewußte auf das Kind. Dadurch sind wir aber schon drinnen in diesem unbewußten Wirken; damit haben wir schon in dem Verhältnis, das wir zum Kinde eingehen, selber ein Element, das dem Musikalisch-Traumhaften ähnlich ist.

Dann um das 12. Jahr herum beginnt die Zeit, wo wir von dem Botanischen, von dem Zoologischen übergehen können zu dem Mineralogischen, zu dem Physikalischen auf der einen Seite, wo wir übergehen können zu dem Geschichtlichen, zu dem Geographischen auf der anderen Seite. Nicht als ob diese Dinge erst mit dem 12. Jahre auftreten sollen, aber sie sollen vorher so behandelt werden, daß man bei der Behandlung weniger auf das Urteil rechnet als auf Empfindung, auf unbewußtes Aneignen. Man sollte gewissermaßen in Betracht ziehen, daß man Geschichte vor diesem 12. Jahre an das Kind so heranbringt, daß diese Geschichte durchaus abgeschlossene plastische Bilder erstens gibt, zweitens aber auch Spannungen und Lösungen der Gefühle anregt. So daß man vor der Zeit, die ich eben bezeichnet habe, vor dem Hinneigen zum 12. Jahre vorzugsweise darauf Rücksicht nimmt, wie das Gemüt des Kindes und das Anschauungsvermögen des Kindes berührt wird von dem, was man historisch geschichtlich vorbringt. Zusammenhängende Geschichte ist etwas, wofür das Kind erst gegen das 12. Jahr hin reif wird, ebenso zusammenhängende Geographie.

Nun werden Sie ja, indem Sie nun hinblicken auf das, was so an das Kind herangetragen werden soll, natürlich die Empfindung haben: wie gliedert sich in all das das religiöse Element hinein? Gerade indem man die Geschichte, indem man die Geographie herankommen sieht, indem man das Physikalische, das Mineralogische also herankommen sieht – das alles soll ja an das Kind gegen das 12. Jahr herankommen –, entsteht die Frage, wie das religiöse Element sich hineingliedert, das aufnehmen soll plastisch ein Bild der Welt überhaupt und das Empfinden geben soll zu einem Übersinnlichen. Sehen Sie, in dieser Beziehung ist man heute in einer recht schwierigen Lage. Und da darf ich ja aufmerksam darauf machen, daß wir in der Waldorfschule rein durch die äußeren Verhältnisse gezwungen, gerade auf diesem Gebiete durchaus nicht bloß pädagogisch-didaktischen Gesichtspunkten folgen konnten. Wir können heute noch nicht dasjenige, was Geisteswissenschaft geben kann für Pädagogik und Didaktik, anders verwenden im Unterrichten denn in seiner Konsequenz für die Unterrichtskunst. Das ist nämlich das Wesentliche der Geisteswissenschaft, daß sie zu gleicher Zeit künstlerische Impulse enthält, daß sie so in den Menschen übergeht, daß er etwas kann durch sie, nicht bloß etwas weiß, daß er geschickter – wenn ich mich im Extrem ausdrücken darf –, besser das Leben angreifen kann, daher im eminenten Sinne auch besser die pädagogische Kunst handhaben kann. Das ist das Eigentümliche der Geisteswissenschaft. Heute muß man noch absehen davon, etwas mehr von der Geisteswissenschaft in die pädagogische Kunst hineinzutragen als dieses Können. Wir haben in der Waldorfschule keine Weltanschauungsschule gründen können, sondern von vornherein wurde zur Bedingung gemacht von mir selber, daß evangelische Religion die evangelischen Religionslehrer unterrichten. Sie wird ausgesondert; wir kümmern uns nicht darum. Da geht der evangelische Religionslehrer hin, unterrichtet in der evangelischen Religion, da unterrichtet in der katholischen Religion der katholische Pfarrer oder wer dazu designiert wird, der Rabbiner die Juden und so weiter. Also es handelt sich für uns zunächst darum, daß uns die Öffentlichkeit heute nicht mehr gestattet, als Geisteswissenschaft in die pädagogische Kunst hineinzutragen. Die Waldorfschule ist keine Weltanschauungsschule. Es hat sich allerdings das Merkwürdige ergeben, daß aus dem allgemeinen Leben heraus heute eine Anzahl von Leuten sagte: Wir schicken aber unsere Kinder, weil wir eigentlich konfessionslos sind, weder zum evangelischen Religionslehrer noch zum katholischen, noch zum jüdischen. Wenn ihr uns nicht einen solchen Lehrer gebt, der aus heute ganz allgemein menschlichen Untergründen heraus auch Religion lehrt, dann schicken wir unsere Kinder in keine Religionsstunde. Und so waren wir genötigt, ganz in freier Weise denjenigen, die gewissermaßen anthroposophischen Religionsunterricht haben wollten, den wir niemand aufdrängten, denn die Waldorfschule ist keine Weltanschauungsschule, diesen anthroposophischen Religionsunterricht auch zu geben. Er wird gegeben, aber nicht weil wir für Anthroposophie als Weltanschauung agitieren. Es ist etwas ganz anderes, für Anthroposophie als Weltanschauung zu agitieren oder dasjenige, was anthroposophische Geisteswissenschaft geben kann, für die pädagogische Kunst fruchtbar zu machen. Wir agitieren nicht für dasjenige, was der Inhalt ist, wir agitieren für das Können, wenn wir das »agitieren« nennen wollen. Aber es hat sich ja mancherlei dabei gezeigt. So zum Beispiel, daß ziemlich scharenweise die Kinder den anderen Religionslehrern davongelaufen sind und zu dem unsrigen gekommen sind. Wir konnten nichts dafür. Es war mir höchst unangenehm so, nicht wahr, vom Standpunkte des guten Verhältnisses zur Außenwelt sogar höchst fatal; aber es ist eben so. Und auf der anderen Seite, nicht wahr, sagt man von jener Seite aus: Na, die anderen Religionsunterrichte werden doch einmal aufhören! Es ist gar nicht unsere Ansicht, denn die Waldorfschule soll keine Weltanschauungsschule sein. Heute kann man noch nirgends auf der zivilisierten Welt schon den Unterricht zu etwas Einheitlichem machen. Das wird man erst können, wenn die Dreigliederung des sozialen Organismus das Geistesleben auf sich selber stellt. Solange das nicht der Fall ist, solange wird man keinen einheitlichen Unterricht geben können. Also dasjenige, worum wir uns bemüht haben, das ist, Pädagogik und Didaktik durch Geisteswissenschaft zu befruchten. Dennoch werde ich aber, weil mir ein dahingehender Wunsch ausgesprochen worden ist, nun auch in den nächsten Tagen dasjenige aufnehmen, was Geisteswissenschaft zu sagen hat für den Geschichtsunterricht, für den Geographieunterricht, für den Religionsunterricht und so weiter.

ZWÖLFTER VORTRAG

Basel, 7. Mai 1920

Geschichts- und Geographieunterricht

Wenn man die Kinder in der angedeuteten Weise so weit gebracht hat in dem Lebensabschnitt gegen das 12. Jahr hin – einzelnes, wie zum Beispiel das Bruchrechnen, werden wir noch nachholen –, wird man sehen, daß sie dann reif sind, auf der einen Seite für die Aufnahme des eigentlichen Geschichtsunterrichtes und auf der anderen Seite des Geographie-, des physikalischen und des chemischen Unterrichtes. Zu gleicher Zeit reifen die Kinder in diesen Jahren zur Vorbereitung für eine wirkliche Lebenspraxis heran. Nach dieser Richtung möchte ich heute einige skizzenhafte Andeutungen machen.

Zum Auffassen des Geschichtlichen der Menschheit ist ja das Kind tatsächlich nicht früher reif als so gegen das 12. Jahr hin. In erzählender Form, in umrissenen biographischen Bildern, sogar in einer gewissen Art von moralischem Erzählen kann man aber das Geschichtliche durchaus vorbereiten. Zum eigentlichen Geschichtlichen aber wird das Kind gerade durch die Art des botanischen, des zoologischen Unterrichtes reif, wie ich es charakterisiert habe. Im Geschichtlichen kann man außerordentlich viel erreichen, wenn man durch das Botanische gewissermaßen die Erde als Einheit dargestellt hat, die über ihre Oberfläche hin und durch die verschiedenen Jahreszeiten die verschiedenen Pflanzen hervorbringt, und wenn man den Menschen aufgefaßt hat als eine Synthese, wie ich es dargestellt habe, der verschiedenen Tiergruppen, die jeweilen dasjenige, was dann beim Menschen harmonisch vereint ist, als Einseitigkeiten darstellen. Durch das Sich-Bewegen in solchen Vorstellungen wird das Kind für den geschichtlichen Unterricht reif.

Wenn wir mit der Geschichte an das Kind herankommen, handelt es sich nun aber darum, diesen geschichtlichen Unterricht auch dazu zu verwenden, gewisse Kräfte aus der menschlichen Natur herauszuholen, ihnen entgegenzukommen, gewissermaßen das zu erfüllen, was die menschliche Natur in dieser Lebensepoche will. Da aber stoßen wir bei dem, was uns gewöhnlich selbst als Geschichte dargeboten wird, auf einen kräftigen Widerstand. Denn was uns heute als Geschichte dargeboten wird, ist doch eigentlich im Grunde genommen die Erzählung von Ereignissen, oder aber es ist das Zusammenfassen von Ereignissen oder kulturhistorischen Erscheinungen unter einem gewissen kausalen Gesichtspunkt. Es ist dasjenige, was im Grunde genommen doch an der Äußerlichkeit des Geschehens hängenbleibt. Sie werden, wenn Sie unbefangen sind, nicht das Gefühl haben, daß Sie von dem, was eigentlich dem Menschenwerden zugrunde liegt, durch diese Geschichte eine richtige Vorstellung bekommen können. Wir haben ja in der neueren Zeit viel davon gehört, daß die Geschichte davon absehen soll, Kriege zu erzählen oder sonstige Ereignisse mehr äußerlicher Art zu erzählen, daß sie darauf gehen soll, den Kausalzusammenhang der Kulturerscheinungen darzustellen. Allein da ist denn doch noch stark die Frage, ob das unbedingt berechtigt ist, einen solchen Kausalzusammenhang anzunehmen, daß man zum Beispiel das, was in der zweiten Hälfte des 19. Jahrhunderts geschieht, mehr oder weniger zurückführt auf das, was in der ersten Hälfte des 19. Jahrhunderts geschehen ist, und so weiter zurück. Es könnte ja doch dasjenige, was dem Menschenwerden zugrunde liegt, sich in einer ganz anderen Weise in der Geschichte äußern. Und da handelt es sich wirklich beim Geschichtsunterricht darum, daß wir uns sozusagen nicht gehen lassen, daß wir nicht in irgendeiner Klasse es unternehmen, Geschichtsunterricht etwa so zu erteilen, daß wir selbst nur ein eng begrenztes Pensum zunächst unmittelbar beherrschen. Selbstverständlich legen wir die seminaristischen Vorbereitungen zugrunde, und das ist ganz richtig, und wir kennen die ganze Geschichte sozusagen, aber das meine ich jetzt nicht, sondern ich meine, wenn wir den Geschichtsunterricht beginnen für irgendeine Klasse, so beginnen wir gewöhnlich irgendwo irgendwomit, und wir überlassen es dann den späteren Zeiten, das Folgende selbst erst in der richtigen Weise aufzunehmen und dergleichen. Das ist dann die Ursache, daß wir den Geschichtsunterricht gewissermaßen bloß in der Zeitenfolge behandeln.

Diese Art, die rechnet eigentlich nicht mit den aus der Menschennatur heraus uns entgegenkommenden Kräften. Wir müssen da auf anderes Rücksicht nehmen. Wir müssen uns zum Beispiel klar sein darüber, daß das Wesentliche zunächst das ist, was wir Menschen, die wir in der unmittelbaren Gegenwart stehen, als »Geschichte« eigentlich noch erleben. Wenn wir so abstrakt einfach die Kinder zurückführen in die griechische Geschichte, selbst wenn die Kinder schon Gymnasiasten sind, so ist das eben ein abstraktes Zurückversetzen in einen früheren Zeitraum. Man versteht nicht konkret, warum man aus der Gegenwart heraus irgendwie nötig hat, die griechische Zeit zu verstehen. Man begreift aber sofort, um was es sich handelt, wenn man davon ausgeht, daß wir ja in der Gegenwart noch unmittelbare, lebendige Kräfte aus der griechischen Zeit darinnen haben. Davon müssen wir zunächst den Kindern eine Vorstellung geben. Wir können es auf verschiedenen Gebieten tun. Wir können es auch schon früher vorbereitet haben, aber wir müssen beim Geschichtsunterricht von dem ausgehen, was wir von einer bestimmten geschichtlichen Epoche noch in der Gegenwart darinnen haben.

Nun wird Ihnen ja ein unbefangener Überblick über unsere Kultur sehr leicht das Folgende ergeben. Wollte ich es im einzelnen ausführen, was ich skizzenhaft andeuten will, so wären dazu viele Stunden notwendig; aber das kann ja jeder selbst machen. Ich will nur die Leitlinien hier andeuten. Sehen Sie, alles, was wir an umfassenderen universellen Vorstellungen haben, wovon wir eigentlich vorstellungsgemäß als Menschen leben, das haben wir im Grunde genommen als Erbschaft des griechischen Zeitalters angetreten. Wir haben auch gewisse Kunstempfindungen, mit denen unsere Seele heute noch arbeitet, rein als Erbschaft des griechischen Zeitalters angetreten. Nehmen Sie die gewöhnlichsten Begriffe, die uns gang und gäbe sind, wie zum Beispiel der Begriff der Ursache, der Begriff der Wirkung, der Begriff namentlich des Menschen selber. Alles dasjenige, was unsere universellen Begriffe sind – die Griechen haben sich zu diesen Begriffen hingearbeitet. Nehmen Sie den Begriff der Geschichte selbst, die Griechen haben zuerst diesen Begriff der Geschichte aufgestellt. Also unser ganzes Vorstellungsleben, wir können es überblicken, und wir werden finden, es ist eine Erbschaft des griechischen Zeitalters. So können wir in einer ganz elementaren Weise uns zunächst mit den Schülern unterhalten über unseren universellen Vorstellungsschatz und gar nicht dabei Rücksicht darauf nehmen, daß das in Griechenland entstanden ist. Wir können uns durchaus von der Gegenwart mit unseren Schülern unterhalten und zunächst dabei stehen bleiben; dann versuchen wir irgendwie etwas Dramatisches, etwas Lyrisches mit den Kindern so durchzunehmen, daß wir zum Beispiel beim Dramatischen aufmerksam machen, wie ein Drama in Akte eingeteilt ist, wie ein Drama aufgebaut ist, wie es zu einer Verwicklung führt, wie bei ihm eine Lösung herbeigeführt wird. Wir können dabei in ganz elementarer Weise den Begriff der Katharsis entwickeln. Wir brauchen ja wahrhaftig dabei nicht komplizierte philosophische Vorstellungen in den Kindern zu entwickeln, aber wir können den Begriff der Katharsis entwickeln, indem wir dem Kinde zeigen, wie im Drama unsere Gefühle angespannt werden, wie wir wirklich in eine Art von Mitleid und Furcht versetzt werden und wie wir dadurch lernen, ein gewisses Gleichmaß des Fühlens gegenüber Furcht und Mitleid zu bekommen, wie ja das von den Griechen als das Wesentliche der dramatischen Kunst angesehen worden ist. Das taugt dann durchaus, wenn wir die Kinder schon für das 11., 12., 13. Lebensjahr ordentlich vorbereitet haben. Wir können dann irgend etwas von einem griechischen Kunstwerke, irgendeine Aphrodite-Gestalt oder dergleichen vor die Kinder bringen, können ihnen erklären, wie das Schöne in dieser Darstellung sich offenbart und so weiter. Wir können sogar so weit gehen, daß wir den Unterschied erklären zwischen dem Ruhenden der Kunst in der einzelnen Darstellung, zwischen dem Bewegten in der Kunst und so weiter. Wir können dann gewisse Vorstellungen über das öffentliche Leben, sagen wir, anknüpfend an dasjenige, was jetzt noch im öffentlichen Leben ist und was schon in der griechischen Zeit da war als politische Grundbegriffe, mit den Kindern besprechen. Und dann, wenn wir uns über so etwas unterhalten haben, dann versuchen wir, dasjenige, was der Grundcharakter der ganzen griechischen Geschichte ist, vor die Kinder wie einen großen Kreis zunächst hinzustellen, klarzumachen den Kindern, wie in Griechenland Menschen von einem gewissen Charakter gelebt haben, wie die Städte-Einrichtungen bei den Griechen waren. Dann aber haben wir hauptsächlich darauf hinzuweisen, wie dasjenige, worüber wir uns zuerst unterhalten haben, was heute noch lebendig ist, bei den Griechen entstanden ist; wie, sagen wir, bei den Griechen entstanden ist so etwas, wie eben die plastische Kunst, wie bei den Griechen entstanden ist die Einrichtung der Städte und so weiter. Also ausgehen von dem, was heute noch lebt, müssen wir und übergehen dazu, den Kindern zu zeigen, wie dies in dem griechischen Zeitalter zuerst in der Menschheitsentwickelung Fuß gefaßt hat, so daß das Kind einen ganz bestimmten Begriff erhält von dem Beitrag, den das griechische

Zeitalter als einen ewigen Beitrag für die Menschheitsentwickelung geleistet hat.

Das Kind muß durch eine solche Darstellung eine Idee davon bekommen, daß das geschichtliche Leben nicht eine ewige Wiederholung ist, sondern daß etwas ganz Bestimmtes in einem bestimmten Zeitalter für die Menschheit geleistet wird, was dann bleibt; wie spätere Zeitalter etwas anderes leisten, was dann wiederum bleibt. Dann bekommt das Kind auch eine gewisse feste Stellung in der Gegenwart. Es sagt sich: Unser Zeitalter hat auch etwas ganz Bestimmtes für die Ewigkeit zu leisten. Solch eine Geschichtsdarstellung, die wirkt dann wirklich auf das Gemüt, die wirkt dann begeisternd auch auf den Willen; und auf das Wie einer solchen Darstellung kommt eben außerordentlich viel an. Wir werden dabei Gelegenheit haben, an das Kind eine ganze Summe von Vorstellungen, eine ganze Summe von Eindrücken heranzubringen, von denen wir ihm dann zeigen: die Griechen waren es, die das eingeführt haben in den Schatz des Menschenlebens. Und wir haben Gelegenheit, eine längere Zeit aus jetzt noch Lebendigem heraus mit den Kindern zu sprechen so, daß in all dem, was wir darstellen, nichts Christliches noch liegt. Denn indem wir über das Griechentum so sprechen und so sprechen, daß das Griechentum als lebendig empfunden wird, ergehen wir uns in einer Materie, in der noch nichts Christliches drinnen liegt. Aber gerade dadurch, daß wir längere Zeit in dem Kinde Vorstellungen lebendig erhalten, die dem Christentum gegenüber noch ganz neutral sind, dadurch erringen wir uns die Möglichkeit, den Einschlag des Ereignisses von Golgatha, den Einschlag der Entstehung des Christentums mit aller Schärfe dann vor die Kinder hinzustellen. Und wir werden, wenn wir auf eine solche Art die griechische Geschichte geben, von einer Art Charakteristik des ganzen Griechentums dann übergehen zu den Einzelheiten. Wenn wir in dieser Weise die griechische Geschichte durchnehmen, werden wir gerade die richtige Vorbereitung für eine Empfindung des Christentums in den Kindern hervorrufen.

Nun wird ja mancher von Ihnen mit einem gewissen Recht zunächst das Folgende sagen: Ja, aber da regst du uns ja an, über die Einzelheiten der Geschichte zunächst zu schweigen und in Bausch und Bogen, im Großen das ganze Griechentum zu charakterisieren, das ist doch nicht eine richtige Methode, denn da geht man nicht aus von den einzelnen konkreten Ereignissen, um dann zusammenzusetzen die griechische Geschichte in ihrer Ganzheit aus den einzelnen Ereignissen und so weiter.

Ja, da berühren wir eine bedeutsame methodische Frage, die nicht aus Eigensinn und Vorurteil heraus beantwortet werden sollte, sondern die beantwortet werden sollte aus einer vollen unbefangenen Erfassung des Lebens. Ich frage Sie: Ist denn das Leben so, daß es immer das Ganze aus dem Einzelnen zusammensetzt? Bedenken Sie einmal, wenn Sie diese Anforderung an das gewöhnliche Wahrnehmungsleben stellen wollten, so müßten Sie den Menschen anleiten, einen menschlichen Kopf, ein menschliches Haupt aus den einzelnen Teilen des Gehirns und so weiter, zusammenzusetzen. Wir schauen ja im Leben Ganzheiten unmittelbar an. Wir gewinnen nur dadurch ein lebendiges Verhältnis zum Leben, daß wir Ganzheiten unmittelbar anschauen, und es handelt sich niemals darum, daß wir in willkürlicher Weise von dem Teile zu den Ganzheiten übergehen, sondern daß man dasjenige, was im Leben als eine Ganzheit auftritt, auch als eine Ganzheit charakterisiert. Ja, für den Griechen selber, da war es so, daß er in irgendeinem Jahrzehnt lebte, und daß er die Eindrücke, die dieses Jahrzehnt geben konnte, als einzelner Mensch erlebte. Dasjenige aber, was heute noch lebendig ist vom Griechentum, das hat sich zusammengefaßt, das bildet ein Ganzes und über das schauen wir hinweg, wenn wir nicht, ausgehend von diesem Lebendigen, den ganzen Kreis des Griechentums vor das Kind charakterisierend hinstellen.

Und noch eine mehr praktische Frage erledigt sich dadurch. Ich habe es immer wieder und wiederum erleben müssen, was es wirklich im einzelnen heißt: der Lehrer wird mit seinem Unterrichtsstoff im Jahre nicht fertig. Das ist eigentlich etwas, was in doppelter Hinsicht zu einem Unfug führt, denn erstens wird man eben nicht fertig, das ist der eine Unfug; zweitens aber wird oftmals, damit man fertig wird, in den letzten Wochen so überhudelt, daß das ganz vergebliche Arbeit ist, daß das überhaupt gar nichts heißt, was man in den letzten Wochen macht. Hat man aber zuerst einen großen Kreis umfaßt, hat man den Zeitraum, den man für die betreffende Klasse nehmen will – die Klassenabteilungen, den Lehrplan und die Lehrziele werden wir noch besprechen –, vor die Kinder hingestellt, dann schadet es gar nicht so viel, wenn man in der Betrachtung der Einzelheiten da oder dort über manches hinweggehen muß und dergleichen. Denn wie leicht ist es dem Menschen im Leben, wenn er einen Überblick über eine Sache hat, sich besonders in unserer Zeit in den Konversationslexika das einzelne nachzusehen. Keinen Überblick bekommen zu haben, das ist unter Umständen ein bleibender Verlust für das Leben. Denn einen rechten Überblick bekommt man nur unter der Anleitung einer lebendigen Persönlichkeit. Einzelheiten aufnehmen kann man auch aus einem Buche.

Dies muß man doch als ein sehr Wichtiges in der pädagogischen Kunst berücksichtigen. Das ist sogar etwas, was bei den Lehrerprüfungen im ausgesprochensten Maße berücksichtigt werden sollte. Würde mit Bezug auf die Lehrerprüfungen dasjenige durchgeführt, was ich versuchte – es ist ja natürlich das im Anfange – für die Waldorfschule in Stuttgart geltend sein zu lassen, so würde man eben sagen: Bei der Lehrerprüfung sollte es eben darauf ankommen, sich von der Gesamtverfassung des Lehrers in bezug auf ein Weltbild zu überzeugen und im übrigen die einzelnen Kenntnisse dem überlassen, was er für nötig findet für den einzelnen Unterricht von Stunde zu Stunde, von Tag zu Tag vorbereitend durchzunehmen. Daß man bei Lehrerprüfungen Einzelheiten verlangt, das ist überhaupt ein Unfug. Es kommt darauf an, den Gesamteindruck zu bekommen, ob irgend jemand als Lehrer geeignet ist oder nicht. Natürlich darf man diese Dinge auch nicht pressen. Man darf selbstverständlich nicht glauben, daß man alle diese Dinge bis ins Extreme treiben darf. Aber im wesentlichen gilt das, was ich gesagt habe.

Nun wird man all das, was ich charakterisiert habe, als heute noch lebendig, gewissermaßen als einen Übergangsimpuls zum Griechentum betrachten können. Dann aber wird man übergehen können zu dem, was auch heute lebendig ist, was aber im Griechentum noch nicht lebendig war. Man wird vor allen Dingen nun sich lebendig unterhalten können mit dem Schüler über einen solchen Begriff wie allgemeine Menschenwürde. Man wird sich unterhalten können über einen solchen Begriff wie individuelles Bewußtsein des Menschen, natürlich alles in elementarer Weise. Den Begriff der allgemeinen Menschenwürde, den hatten die Griechen nicht. Sie hatten den Begriff der Polis, den Begriff einer Gemeinschaft, der der Einzelne angehörte. Darnach waren die einzelnen eingeteilt: Herren, Sklaven. Den eigentlichen Fundamentalbegriff des Menschen hatten sie nicht. Darüber unterhält man sich nun mit den Schülern. Man unterhält sich ferner mit den Schülern über den Begriff des allgemein Menschlichen, der, weil wir wirklich in der heutigen Zeit nicht genug christlich sind, gar nicht so sehr in dem Menschen lebendig ist, aber, ich möchte sagen, durch die Naturgeschichte, die Geschichte sehr wohl in den Kindern lebendig werden kann. Dieser Begriff des allgemein Menschlichen kann etwa so erweckt werden: Man stellt vor die Kinder hin das Abendmahl des *Leonardo* – es ist ja eigentlich nur noch seinem Sinne nach da, es sind einige Farbflächen noch vorhanden in Mailand davon –, dasjenige, was Leonardo mit diesem Bilde einmal gewollt hat, davon kann man sich heute, ich möchte sagen, nur hellsichtig noch einen Begriff machen, aber der Gedanke des Bildes, er ist noch da. Er ist lebendig zu machen, indem man das Bild vor die Kinder hinstellt. Hat man da diese zwölf Apostel mit dem *Herrn* in der Mitte, dann ist man in der Lage, tatsächlich an diesem Bilde klarzumachen, daß zwölf Menschen da sind, zwölf Menschen, die vom Künstler selbst schon in ihren Stellungen mit den verschiedensten Gesinnungen dargestellt worden sind, vom hingebungsvollen Johannes bis zum verräterischen Judas. Man kann gewissermaßen alle menschlichen Charaktere an diesen zwölf Bildern entwickeln. Man kann den Kindern zeigen, wie die Menschencharaktere verschieden sind, und man weist dann darauf hin, wie in der Mitte der *Herr* sich verhält zu jedem einzelnen, und man wird den Kindern sagen können: Nehmt meinetwillen irgend jemanden, der aus einem fremden Himmelskörper herunterkommt – man braucht es nicht in der Weise zu sagen, aber man kann es so klarmachen –, nehmt irgend jemanden, der von einem fremden Himmelskörper herunterkommt und alle Bilder auf der Erde sieht – ein solches Wesen braucht nur die zwölf Menschen anzuschauen, und dann das verklärte Antlitz in der Mitte, und es weiß als ein ganz erdenfremdes Wesen: Das hat etwas zu tun mit dem, was der Erde Sinn gibt. Daß einmal eine Zeit da war in der Erdentwickelung, die Vorbereitung war, daß dann eine andere Zeit kam, auf die gewartet wurde und die gegenüber der Vorbereitung eine Art Erfüllung gibt, daß mit der ganzen irdischen Menschheitsentwickelung dieses Ereignis von Golgatha zusammenhängt, daß die Erde keinen Sinn hätte in ihrer Entwickelung, wenn dieses Ereignis nicht eingetreten wäre, das ist etwas, was man klarmachen kann. Das ist also, was auch heute noch lebendig ist, was sehr leicht belebt werden kann, insofern es in unserer halb heidnischen Zeit wiederum erstorben ist. Kurz, darum handelt es sich, daß man jetzt gewissermaßen das zweite Zeitalter des Menschen klarmacht. Das ist das Zeitalter, das im

Gegensatz zu dem Schaffen von Begriffen, von künstlerischem Empfinden zu alle dem, was eigentlich nur entstehen konnte, indem eine Aristokratie der Menschheit es ausbrütete, das im Gegensatze zu dem, was eben als Erbschaft geblieben ist, auftrat mit der Entstehung des Christentums: das allgemein Menschliche.

Nun kann man zeigen, indem man jetzt erst die römische Geschichte nachholt, wie die römische Geschichte nach irgend etwas hin tendiert, was eigentlich in sich selbst kaum eine Bedeutung hat; denn es wird dem unbefangenen Betrachter der römischen Geschichte klarwerden, wie groß eigentlich der Abstand dieses römischen Volkes von dem griechischen Volke ist. Das griechische Volk hat uns und den Römern – denn die Römer waren die Schüler der Griechen in wirklich allem bedeutenden Menschlichen –, das Griechentum hat uns und den Römern dasjenige gegeben, was geblieben ist. Die Römer für sich, sie waren ein phantasieloses Volk, ein Volk, welches eigentlich nur sich vorbereitet hat durch den Bürgerbegriff zum christlichen Menschenbegriff. Den Einschlag des Christentums in das Römertum kann man dem Kind in diesem Lebensalter durchaus schon beibringen und damit auch zeigen, wie die alte Welt Stück für Stück zugrunde geht und das Christentum Stück für Stück sich im Abendlande verbreitet. Ich möchte sagen: Das erste Jahrtausend des Christentums gewinnt dadurch einen gewissen einheitlichen Charakter. Es ist die Verbreitung des allgemeinen Menschenbegriffes. Und wenn man einen so lebendigen, einen so intensiven Begriff von dem Einschlag des Christentums in die Menschheitsentwickelung an die Kinder heranbringt, dann bekommt man auch die Möglichkeit, das ganze neue Zeitalter nun für die Menschenkinder zu charakterisieren.

Nachdem das erste Jahrtausend christlicher europäischer Entwickelung vorüber ist, beginnt doch wiederum etwas ganz Neues. Dieses ganz Neue bereitet sich langsam vor. Dasjenige tritt klar in die Menschheitsentwickelung ein, was, ich möchte sagen, das Allerprosaischste ist für uns. Für unsere Nachkommen in Jahrtausenden wird die Sache anders liegen, aber wir müssen selbstverständlich heute »Geschichte« für unsere Zeit lehren. Wir blicken also zurück ins Griechentum, in dasjenige, was heidnisch sein darf, künstlerisches Leben, Vorstellungsleben und so weiter, wir blicken zurück in das erste Jahrtausend christlicher Entwickelung und finden das europäische Gefühlsleben gerade darin entwickelt; und wir finden dann in dem, was nach dem ersten Jahrtausend christlicher Entwickelung eintritt, das europäische Willensleben, vor allen Dingen zunächst dadurch herankommend, daß die wirtschaftlichen Angelegenheiten für die Menschen Gegenstand eines ausgebildeten Nachdenkens werden, Gegenstand von Schwierigkeiten werden. Sie wurden früher in viel naiverer Weise besorgt, als sie nachher besorgt werden. Und mit dem zusammenhängend dann versucht man gerade zu schildern, wie die Erde ein einheitlicher Schauplatz wird für die Menschen, wie sie es wird durch die Entdeckungsfahrten, wie sie es wird durch die Buchdruckerkunst, und man versucht, diesen letzten Zeitraum als denjenigen zu erfassen, in dem wir eben noch drinnenstehen. Da wird man nicht mehr in einer solchen Weise große Gesichtspunkte, wie für die griechische Zeit und für die christlich-römische Zeit mit einer Nachwirkung in das mitteleuropäische Leben herein darstellen können; da wird man dann mehr oder weniger zerfallen lassen müssen dasjenige, was vom 11., 12., 13. Jahrhundert an und so weiter geschehen ist, in Einzelheiten. Aber gerade dadurch wird man von dem in dieser Zeit in die Geschichte eintretenden Völkerwillensleben die richtige Empfindung in dem Kinde erwecken.

Was erreicht man dadurch, daß man dieses tut? Sehen Sie, dadurch treibt man nicht Kausalgeschichte und auch nicht pragmatische Geschichte, all die schönen Dinge, die zeitweilig so bewundert worden sind. Was heißt denn Kausalgeschichte? Ich sagte es schon, es setzt voraus, daß immer das Folgende als die Wirkung des Vorhergehenden entstanden ist. Aber wenn man eine Wasseroberfläche hat, und man sieht aufeinanderfolgende Wellen – wird man denn jede folgende Welle als die Wirkung der vorhergehenden ansehen dürfen? Wird man denn da nicht in den Tiefen des Wassers die Ursache suchen müssen, die gemeinsame Ursache für die Folgen der Wellen? In der Geschichte ist es nicht anders. Man übersieht das Wichtigste, wenn man nur nach dem Zusammenhange von Ursache und Wirkung sieht. Man übersieht dasjenige, was in den Tiefen der Menschheitswerdenskräfte waltet, welche die einzelnen Erscheinungen im Laufe der Zeit an die Oberfläche bringen, so daß sie sich nicht bloß darstellen unter dem Gesichtspunkt von Ursache und Wirkung. Dasjenige, was in einem Jahrhundert geschieht, ist nicht bloß die Wirkung desjenigen, was im früheren Jahrhunderte geschehen ist, sondern es ist selbständig – nebenbei, daß es Wirkung ist –, es ist selbständig, ich möchte sagen, aus den Tiefen des Menschenwerdestromes an die Oberfläche getragen.

Davon kann man im kindlichen Lebensalter einen Eindruck hervorrufen. Und man muß ihn in dieser Zeit hervorrufen. Denn wenn man ihn nicht in diesem Alter hervorruft, dann bleibt der Mensch eigensinnig, bleibt bei seiner pragmatischen oder kausalen Geschichte. Er erstarrt dann in seiner Auffassung des geschichtlichen Werdens und ist später eigentlich wenig mehr geneigt, etwas aufzunehmen von dem, was eigentlich Zukunft hat und was ich im Gegensatz zu aller übrigen Geschichtsdarstellung nennen möchte die symptomatologische Geschichte. Wer symptomatologische Geschichtsbetrachtungen treibt, wird nicht glauben, man müsse an die geschichtlichen Ereignisse unmittelbar herangehen und sie schildern um ihrer selbst willen, sondern er wird sie als Symptome eines tieferen Werdens betrachten und sich sagen: Wenn in einem bestimmten Zeitalter, sagen wir, der *Gutenberg* auftritt und die Buchdruckerkunst findet, so hängt das zusammen mit etwas, was in den Tiefen der Menschheit geschieht. Und die Auffindung der Buchdruckerkunst ist nur ein Symptom dafür, daß die Menschheit in dieser Zeit reif geworden ist, von gewissen bloß konkreten Vorstellungen zu abstrakten überzugehen. Indem man dasjenige Leben antritt im Laufe der Zeit, das zusammengehalten wird mehr durch den Druck, als durch die unmittelbar gründlichen Inhalte, wird das Leben wesentlich verabstrahiert oder ins Abstrakte getrieben.

Wie im Verlaufe des geschichtlichen Werdens das Leben verabstrahiert, ins Abstrakte getrieben wird, davon machen wir uns in der Regel überhaupt keine Vorstellung. Denken Sie doch nur einmal, um ein kleines zu sagen, ich kann sagen: Mein Rock ist schäbig. Darüber hat heute jeder eine Vorstellung, wenn ich sage: Mein Rock ist schäbig. Aber er wird nicht sich klarwerden darüber, was das eigentlich heißt. Es heißt, daß das, was ich da meine, ursprünglich etwas mit den Schaben, mit den kleinen Insekten zu tun hat. Röcke hat man hängenlassen in Schränken, hat sie nicht ordentlich gebürstet, und da sind diese kleinen Insekten, diese Schaben, gekommen und haben den Rock zerfressen. Man hat Löcher. Und aus dem Zerstören von Röcken durch Schaben ist das Wort »schäbig« entstanden. Das ist der Übergang vom Konkreten zum Abstrakten. Dieser Übergang vom Konkreten zum Abstrakten vollzieht sich in der Menschheit immerfort, und auf den sollten wir eigentlich aufmerksam sein. Sehen Sie, in meiner Gegend, wo ich aufgewachsen bin, in dieser österreichischen Gegend, da redeten die Bauern sehr konkret vom Nachtschlaf. Der Nachtschlaf war für sie nicht jenes Abstraktum, an das wir heute denken, wenn wir sagen: der Nachtschlaf; sondern der Bauer rieb sich die Augen aus und das, was da in den Augenecken am Morgen drinnen war, was er herausrieb, diese konkrete Absonderung, die nennt er den Nachtschlaf, und einen anderen Begriff von dem Nachtschlaf hat er nicht, er muß erst auf den abstrakten Begriff des Nachtschlafes gebracht werden. Allerdings, diese Dinge sterben aus. Wir Älteren erinnern uns, wenn wir gerade unsere Jugend nicht in der Stadt zugebracht haben, sondern auf dem Lande, wie alles konkret war. Aber es ist sozusagen mit dem 19. Jahrhundert mehr oder weniger ausgestorben. Ich könnte Ihnen eine ganze Anzahl solcher Beispiele vorbringen, und Sie würden kaum glauben, daß in solch konkreter Weise auf dem Lande gedacht wird. Man kann sehr Merkwürdiges erleben. Es gibt einen österreichischen Dialektdichter, der sehr schöne Dinge gemacht hat, die die Stadtleute alle bewundert haben, aber eben nur die Stadtleute, denn die Landleute verstehen sie nicht, weil er alle Worte so gebraucht, wie sie die abstrakten Stadtleute gebrauchen. Das versteht der auf dem Lande aber gar nicht, weil der konkrete Dinge im Auge hat, so daß alles für ihn etwas ganz, ganz anderes bedeutet. Ich will nur daran erinnern, daß zum Beispiel, wenn dieser österreichische Dialektdichter in seinem Gedichte von der Natur spricht, er für den Bauern ganz unverständlich ist, weil der Bauer diesen Begriff der Natur, den der gebildete Mensch hat, überhaupt nicht hat, sondern unter Natur etwas sehr, sehr Konkretes versteht. So könnte man überall Beispiele anführen, welche zeigen würden, wie der Übergang vom Konkreten zum Abstrakten im ganzen Werdegang der Menschheit bedingt ist und wie über die ganze Menschheit eine Welle von Abstraktionsneigung sich ergießt mit der Buchdruckerkunst. Die Menschen filtrieren gewissermaßen unter dem Einfluß der Buchdruckerkunst ihre Begriffe.

Dann wäre es nicht schlecht, wenn man den Kindern aus der neueren Geschichte heraus gewisse Begriffe beibringen würde, die eigentlich dem Leben gegenüber objektiv machen. Es würde zum Beispiel viel weniger deklamiert werden von Bekämpfung des Kapitalismus und so weiter, wenn nicht die Menschen, die heute diese Dinge reden, so redeten, als wenn sie über diese Dinge gar nichts gehört hätten und gar keine Vorstellung davon hätten, daß es eigentlich gar nichts heißt, wenn man einfach wütend loszieht über den Kapitalismus; denn es hat gar nichts zu tun mit dem, was die Leute eigentlich wollen. Es beruht bloß darauf, daß die Leute über die Bedeutung von Kapitalismus und so weiter bloß keine ordentliche Vorstellung bekommen haben. Daher werden auch meine Bücher, wie »Die Kernpunkte der sozialen Frage«, so unverständlich gefunden, weil die aus dem Leben heraus geschrieben sind, nicht aus den phantastischen Einbildungen der heutigen Agitatoren.

Für eine lebensvolle Betrachtung des Geschichtlichen ist es so notwendig, daß man wirklich die äußeren Ereignisse so faßt, daß sie Symptome für ein verborgenes Inneres sind, auf das man aber ahnend immer mehr und mehr kommt, wenn man diese Symptome betrachtet. Betrachtet man die Geschichte einmal symptomatologisch, dann kommt man schon nach und nach darauf, daß zuerst ein Aufstieg, dann ein höchster Gipfel mit Bezug auf gewisse Ereignisse erreicht wird, dann wiederum ein Abstieg. Und hier ist das Ereignis von Golgatha. Wenn man die Geschichte so betrachtet, daß die äußeren Ereignisse Zeugen sind für innere Vorgänge, dann steigt man aus dem Geschichtlichen nach und nach in das Religiöse hinein, dann vertieft sich in der Tat die Geschichte von selbst in das Religiöse hinein. Und dann bekommt man schon einen Weg, der gefühlsmäßig zum Verständnisse führt desjenigen, was man ja schon früher an das Kind heranbringen kann, sagen wir die Evangelien oder das Alte Testament. Aber man kann es nicht früher zum inneren Verständnis bringen. Das ist auch gar nicht nötig. Man bringt es in erzählender Form vor das Kind, und wenn das Kind dann den lebendigen Geschichtsbegriff erhält, dann bekommt auch wiederum der biblische Stoff ein neues Leben. Und das ist gut, daß die Dinge in Etappen ihr volles Leben erst erreichen. Aber vor allen Dingen wird der religiöse Trieb, das religiöse Empfinden vertieft durch Geschichtsbetrachtung in Symptomen.

Nun sagte ich, man habe die Kinder vorzubereiten durch die Naturgeschichte auf die Geschichte, wenn man so vorgeht, wie ich es in den vorangegangenen Betrachtungen charakterisiert habe. Man hat aber die Kinder auch vorbereitet auf das Leben der Erde, indem man so Botanik getrieben hat, wie ich es charakterisiert habe. Dann kann man in diesem Lebensalter auch zum Geographischen übergehen. Dieses Geographische sollte sich aufbauen können auf allerlei in erzählender Form gehaltene Schilderungen von Gegenden, wobei auch ferne Gegenden, zum Beispiel amerikanische oder afrikanische Gegenden, geschildert werden können. Dadurch, wie auch durch die vorausgegangene Naturgeschichte, in der der Zusammenhang des Pflanzenreichs mit der ganzen Erde dargestellt wurde, ist das Kind vorbereitet, um gegen das 12. Jahr hin Verständnis zu haben für das eigentlich Geographische. Bei dieser Geographie kommt es jetzt darauf an, zu zeigen, wie von der Erde aus, von dem Klimatischen, von alledem, was die Erde an gesetzmäßiger Gestaltung und Struktur an ihren verschiedenen Orten hervorbringt, wie von dem das abhängt, was man in der Geschichte gerade entwickelt. Nachdem man einen Begriff gegeben hat vom Zusammenhang von Meer und Land, von dem Klimatischen im alten Griechenland, kann man nun zurückleiten auf dasjenige, was man rein als Symptom für den inneren Werdegang der Menschheit in bezug auf den Charakter des Griechentums entwickelt hat. Ein inniger Zusammenhang kann dann gefunden werden zwischen dem geographischen Bild, das man von der Erde gibt, und dem geschichtlichen Werden. Eigentlich sollten immer ineinandergreifen die Schilderungen der Erdengegenden und die Schilderungen, die man vom geschichtlichen Werden gibt. In der Geographie sollte im Grunde genommen Amerika nicht behandelt werden, bevor man in der Geschichte die Entdeckung Amerikas behandelt hat. Es ist notwendig, daß man in einer gewissen Weise berücksichtigt, daß der Horizont des Menschen im Laufe der Entwickelung sich ausgedehnt hat und daß man nicht zu stark, ich möchte sagen, das Menschengemüt zu einem Absoluten hinbringen soll.

So ist es auch in der sogenannten mathematischen Geographie nicht gut, wenn man von vorneherein dogmatisch von einer Zeichnung des kopernikanischen oder keplerischen Weltsystems ausgeht, sondern es ist angebracht, die Art und Weise, wie die Menschen zu solchem gekommen sind, für die Kinder auch wenigstens andeutend zu entwickeln. Dadurch bekommen die Kinder nicht Begriffe, die ihnen mehr sind, als sie ihnen nach dem, was sie in der Menschheitsentwickelung sind, sein sollten. Natürlich würde ein Mensch in dem Zeitalter der ptolemäischen Weltanschauung den Kindern die starren Begriffe des ptolemäischen Systems beigebracht haben; jetzt bringt er ihnen die des kopernikanischen Weltsystems bei. Es ist aber durchaus notwendig, daß man den Kindern wenigstens einen Begriff davon gibt, wie man sich auf irgendeine Weise von den Orten der Sterne am Himmel versichert und aus der Zusammenfassung der Orte einen Schluß bildet, der eigentlich erst das Weltsystem ist, damit sie nicht etwa glauben, solch ein Weltsystem sei dadurch errungen, daß sich irgend jemand auf einen Stuhl gesetzt hat außerhalb dieser Welt und sich dieses Weltsystem angeschaut habe.

Wie soll sich denn eigentlich ein Kind, wenn man ihm auf die Tafel das kopernikanische System wie eine Tatsache zeichnet, vorstellen, wie man dazu gekommen ist in der Menschheit? Das Kind muß eine lebendige Vorstellung haben davon, wie solche Dinge gebildet werden, sonst geht es durch sein ganzes Leben mit konfusen Begriffen, die es aber als etwas außerordentlich Sicheres ansieht. Dadurch wird der falsche Autoritätsglaube erzeugt – nicht aber dadurch, daß man auf das richtige Autoritätsgefühl beim Kinde vom 7. bis 14. oder 15. Jahre rechnet.

Und so ist es vor allen Dingen gut, wenn man sich durchdringt mit dem Bewußtsein davon, was es nicht bloß für die seelische Entwickelung des Kindes bedeutet, in dem richtigen Zeitmomente die richtigen Vorstellungen an das Kind heranzubringen, sondern was es für die ganze Wesenheit des Menschen bedeutet, auch für seine gesunde leibliche Organisation. Versuchen Sie einmal den Blick darauf zu richten, was es bedeutet, zwischen dem 7. und 12. Lebensjahre das richtige Maß von durch das Gedächtnis zu bewahrenden Stoffes an das Kind heranzubringen, oder das nicht zu tun. Versuchen Sie einmal sich darüber klarzuwerden, was es heißt, wenn Sie ein sogenanntes gutes Gedächtnis bei einem Kind mißbrauchen. Bei einem Kind mit einem guten Gedächtnis darf nicht damit gerechnet werden, daß dieses Kind mit dem Gedächtnis glänzt, sondern Sie müssen dafür sorgen, daß ein solches Kind öfters neue Eindrücke bekommt, durch die frühere Eindrücke ausgelöscht werden. Wenn Sie dem Gedächtnis zu stark zusetzen, bleibt das Kind untersetzt und wächst nicht so hoch, als es wachsen würde, wenn sein Gedächtnis in richtiger Weise behandelt würde. Menschen, denen man ansieht, sie haben zurückgehaltenen Wuchs, bei denen kann man sicher sein: das rührt von einem nicht richtigen Behandeln des Gedächtnisses her. Ebenso können Sie sicher sein, daß Menschen, welche in einer gewissen Weise unfähig sind, ihr Antlitz zu beherrschen, solche Menschen, die einen gewissen starren Eindruck machen, nicht genug künstlerische oder überhaupt ästhetische Anschauungseindrücke um das 9. Jahr herum bekommen haben.

Gerade im kindlichen Lebensalter ist die Wirkung des richtig seelisch Behandelten auf das Leibliche von einer ungeheueren Bedeutung. Und so ist es von ungeheurer Bedeutung, daß man immer wiederum dafür zu sorgen versucht, daß das Kind deutlich volltönend und vor allen Dingen, wie ich es genannt habe, gerundet sprechen lernt, daß es Sätze voll, Silben voll, vollendet aussprechen lernt. Denn beim

Menschen hängt das richtige Atmen von dem richtigen sachgemäßen Sprechen ab, und daher hängt mittelbar die richtige Ausbildung der menschlichen Brustorgane von dem richtigen Sprechen ab. Man sollte einmal eine Statistik der jetzt so wütenden Brustkrankheiten auch von diesem Gesichtspunkte aus aufnehmen. Man sollte sich fragen: Inwieweit ist Schuld an der Brusttuberkulose, daß viel zu wenig Rücksicht genommen wird in der Schule auf ein sachgemäß silbenvolles Sprechen, daß vor allen Dingen nicht Rücksicht darauf genommen wird, daß während des Sprechens wirklich das Kind voll atmet? Es darf dabei nicht das Sprechen vom Atmen ausgehen, sondern es muß das Atmen vom Sprechen ausgehen. Es muß richtig gesprochen werden. Das Gefühl für das richtige Sprechen, für die Längen und Kürzen der Silben und Worte muß entwickelt werden; dann richtet sich das Atmen darnach. Zu glauben, man müsse das Atmen trainieren, um zum richtigen Sprechen zu kommen, ist ein Unfug. Das Atmen, das richtige Atmen muß eine Folge des richtig empfundenen Sprechens sein. Dann wirkt es in der richtigen Weise auf das Atmen zurück. In solcher Weise sollte man heute überhaupt gründlicher den Zusammenhang des Leiblichen mit dem Geistig-Seelischen ins Auge fassen.

Da komme ich auf eine Frage, die mir gestellt worden ist und die eine große Bedeutung hat: die Linkshändigkeit oder die Beidhändigkeit.

Sehen Sie, es ist richtig, daß man im allgemeinen dasjenige, was im Grunde genommen allgemeine Menschengewohnheit geworden ist, die Rechtshändigkeit, die man benützt beim Schreibenlernen und bei anderen Geschicklichkeiten des Lebens, daß man diese Gewohnheit erweitere dadurch, daß man auch die linke Hand in einer gewissen Weise geschickt macht, es ist in einer gewissen Weise berechtigt. Allein, wenn man über solche Dinge diskutiert, so ist die Diskussion nur fruchtbar, wenn man einen tieferen Einblick in die menschlichen Lebensverhältnisse hat. Wenn wir einem Zeitalter entgegenleben, in dem im Menschen die volle Menschheit erweckt wird, wenn wir einem Zeitalter entgegenleben, in dem zu dem abstrakten Sinn, der heute so ausgebildet ist, wiederum auch die Kultur des Gemütsvermögens, des Gefühlslebens und Aktivität des Willenslebens kommt, dann läßt sich über manche Frage ganz anders sprechen, als sich heute über diese Frage sprechen läßt. Wenn die Menschen weiterhin so erzogen werden, wie unsere Menschen erzogen werden, so daß man immer in Abstraktionen steckenbleibt, der Materialismus ist ja gerade dasjenige, was in Abstraktionen steckenbleibt, was nicht bis zum Begreifen des Materiellen aus dem Geistigen kommt, dann wird man sich nach einiger Zeit, wenn man beide Hände zum Schreiben in gleicher Weise ausbildet, überzeugen können, daß ein gewisser Grad von Schwachsinnigkeit die Menschen ergreift, die da die beiden Hände in gleicher Weise benützen lernen, denn es hängt schon ein wenig die Art, wie wir heute als Mensch sind, zusammen damit, daß wir die rechte Hand in ausgiebigerem Maße benützen als die linke Hand. Es hängt das vor allen Dingen damit zusammen, daß ja der ganze Mensch in bezug auf gewisse Organe doch nicht symmetrisch gebaut ist, und daß es einen tiefen Eingriff bedeutet in die ganze menschliche Organisation, wenn man zum Beispiel zum Schreiben beide Hände gebraucht.

Ich würde über diese Dinge gar nicht sprechen, wenn ich nicht gerade viel darüber nachgeforscht hätte und wenn ich nicht zum Beispiel probiert hätte, was es heißt, die linke Hand zu benützen. Wenn man sich Menschenbeobachtung erworben hat, dann kann man auch durch das Probieren herausbekommen, was es bedeutet, die linke Hand zu benützen. Die linke Hand ist gut dann, wenn der Mensch einen gewissen Grad in der Unabhängigkeit des Geistig-Seelischen von dem Leiblichen erreicht hat; aber so in der Abhängigkeit, wie der heutige Mensch ist von dem Leiblichen, da entsteht eine ungeheure Revolution in dem Leiblichen selbst, wenn man die linke Hand in derselben Weise zum Beispiel zum Schreiben wie die rechte Hand verwendet. Es wird dadurch vor allen Dingen die rechte Körperseite, die rechte Kopfseite in einer solchen Weise belastet, wie es der heutige Mensch eben durchaus nicht gewöhnt ist. Die Erziehungsmethode, welche den Menschen zuerst so behandelt, daß sie diejenigen Erziehungsgrundlagen, die hier besprochen worden sind, auf ihn anwendet, die darf dann auch die Beidhändigkeit gebrauchen. Die heutige Kultur darf nicht abstrakt zum Gebrauch der beiden Hände einfach übergehen. Solche Dinge kann man ja natürlich nur aus Erfahrung sagen. Aber Statistiken würden das, was ich heute gesagt habe, ganz wesentlich beweisen.

Auch da muß man sagen: Es ist schon notwendig, in die geistige Welt hineinzuschauen, wenn man einen Begriff haben will von dem, wie namentlich in dem Kind stark wirkt das Geistig-Seelische zu gleicher Zeit mit dem Leiblich-Physischen. Aus dem Grunde muß ich mir so viel von der Eurythmie hauptsächlich in der Kindererziehung versprechen, und zwar weil die Eurythmie eine beseelte Bewegung ist und dadurch die Aktivität des Willens gehoben wird gegenüber der bloßen Passivität des Willens, die doch im wesentlichen erzogen wird gerade durch das bloß physiologische Turnen.

DREIZEHNTER VORTRAG

Basel, 10. Mai 1920

Das kindliche Spiel

Ich werde diese letzten Vorträge so gestalten, wie es sich ergibt durch diese oder jene Fragestellung, die an mich entweder schriftlich oder mündlich ergangen ist; ich werde auch versuchen, noch einiges ergänzend zu dem einen oder anderen hinzuzufügen, das ich schon vorgebracht habe. Zunächst möchte ich bemerken, daß jene Befruchtung, die für die pädagogische Kunst von seiten der Geisteswissenschaft ausgehen könnte, unter vielem anderen darin bestehen soll, daß die Erziehungskunst durch Geisteswissenschaft wirklich in die Lage kommt, sachgemäß den Blick auf die ganze Entwickelung des Menschen zu lenken.

Wir haben ja gesehen, wie so etwas wie Geschichtsbetrachtung eigentlich erst gegen das 12. Jahr für den heranwachsenden Menschen fruchtbar gemacht werden kann. Denn in der Geschichtsbetrachtung liegt schon eine Art Vorbereitung für das Lebensalter, das erst mit der Geschlechtsreife, also mit dem 14. oder 15. Jahr beginnt. Da beginnt beim Menschen im Grund erst die Fähigkeit, aus dem Innern heraus zu urteilen. Urteilsvermögen, nicht bloß intellektualistisches Urteilsvermögen, sondern umfassendes Urteilsvermögen nach allen Richtungen hin, kann sich erst nach der Geschlechtsreife entwickeln. Erst mit der Geschlechtsreife wird jenes übersinnliche Glied der menschlichen Wesenheit, das Träger der Urteilskraft ist, aus der übrigen menschlichen Natur heraus geboren. Man nenne dieses Glied, wie man will. In meinen Büchern habe ich es astralischer Leib genannt, aber auf den Namen kommt es nicht an. Ich sagte, nicht allein beim intellektualistischen Beurteilen merkt man dies, sondern bei jeder Art von Urteil im weitesten Sinne. Sie werden vielleicht etwas erstaunt darüber sein, daß ich das, was ich jetzt bezeichnen will, auch unter die Sphäre des Urteils fasse. Allein würden wir hier eine ausführliche Psychologie treiben können, so würde man das, was ich sage, auch psychologisch nachweisen können. Wenn wir zum Beispiel den Versuch machen, das Kind vor der Geschlechtsreife aus seinem eigenen Geschmacksurteil heraus rezitieren zu lassen, so verdirbt man Entwickelungskräfte der menschlichen Natur, die im Grunde erst später in Anspruch genommen werden sollen und die eben verdorben werden, wenn sie vor der Geschlechtsreife in Anspruch genommen werden. Auch das Fällen eines selbständigen Geschmacksurteils ist erst nach der Geschlechtsreife möglich. Wenn ein Kind vor dem 14., 15. Jahr zum Deklamieren angehalten werden soll, so geschehe es in Anlehnung an denjenigen, der eben als selbstverständliche Autorität neben dem Kinde steht. Das heißt, das Kind soll Gefallen finden an der Art und Weise, wie der andere rezitiert. Nicht soll das Kind angeleitet werden, selber aus seinem Geschmacksurteil heraus etwas so zu betonen, so etwas nicht zu betonen, den Rhythmus so oder so zu gestalten, sondern das Kind soll auf Autorität hin auch in bezug auf die Geschmacksführung sich leiten lassen. Gerade das Gebiet des intimen Kindeslebens soll man ja nicht vor der Geschlechtsreife aus dem Folgen der selbstverständlichen Autorität herauszuführen suchen. Ich sage immer »selbstverständliche Autorität«, weil ich durchaus nicht eine aufgezwungene oder gar eine blinde Autorität meine, sondern ich gehe ja von dem aus, was sich einer unbefangenen Beobachtung ergibt: Das Kind will vom Zahnwechsel bis zur Geschlechtsreife neben sich die Autorität haben. Es verlangt das. Es hat Sehnsucht danach. Und dieser Sehnsucht, die aus der Individualität des Kindes kommt, soll man entgegenkommen.

Wenn Sie solche Dinge im umfassenden Sinne ins Auge fassen, dann werden Sie sehen, daß in der Darstellung, in welcher ich hier versucht habe, einiges skizzenhaft über pädagogische Kunst zu sagen, immer Rücksicht auf die Gesamtentwickelung des Menschen genommen wird. Darum wird gesagt, man soll zwischen dem 7. und 14. Jahr nichts anderes in das Kind hineinbringen, als was für das ganze Leben dann fruchtbar sein kann. Man muß eben sehen, wie ein Lebensalter auf das andere wirkt. Ich werde gleich ein sprechendes Beispiel dafür geben. Das Kind mag längst aus der Schule fort sein, ist vielleicht längst erwachsen, da zeigt sich erst, was wir in der Schule aus ihm gemacht haben und was nicht. Aber es zeigt sich nicht nur in einer allgemeinen, abstrakten, es zeigt sich in einer ganz konkreten Weise.

Betrachten wir von diesem Gesichtspunkte aus einmal das kindliche Spiel, und zwar gerade jenes Spiel, das beim allerjüngsten Kind zwischen der Geburt und dem Zahnwechsel auftritt. Dieses Spiel beruht ja selbstverständlich nach der einen Seite hin auf dem Nachahmungstrieb. Die Kinder machen das nach, was sie bei den Erwachsenen sehen; aber sie machen es anders; sie machen es vor allen Dingen so, daß sie weit entfernt sind von dem Zweck und der Nützlichkeit, die der Erwachsene mit gewissen Handlungen verbinden muß. Das Spiel wird nur der formalen Seite nach eine Nachahmung der Erwachsenen-Tätigkeit darstellen, nicht der materiellen Seite nach. Die Nützlichkeit, das zweckmäßige Sichhineinstellen in das Leben bleibt fort. Das Kind empfindet eine Befriedigung an der Tätigkeit, die der Betätigung der Erwachsenen nahe verwandt ist. Nun kann man untersuchen: was ist denn da eigentlich tätig? Wenn man das, was in der Spielbetätigung zum Vorschein kommt, studieren will und dabei die wahre Wesenheit des Menschen so erkennen will, daß man praktisch an der Entwickelung des Menschen sich betätigen kann, so muß man fortwährend die einzelnen Tätigkeiten der menschlichen Seele ins Auge fassen, auch diejenigen, welche sich dann auf die leiblichen Organe übertragen, sich gewissermaßen auf sie ausgießen. So einfach ist das nicht. Das Studium der Spielbetätigung im ausgedehntesten Maße wäre jedoch für die pädagogische Kunst schon ganz außerordentlich wichtig. Nun hängt diese Spielbetätigung mit Mannigfaltigem zusammen. Da sollte man sich doch erinnern, daß einmal von einem tonangebenden Geistesmenschen das Wort geprägt worden ist: Der Mensch ist nur so lange ganz Mensch, als er spielt, und der Mensch spielt nur, so lange er ganz Mensch ist. Dieses Wort hat *Schiller* in einem Brief geprägt, als er Goethes »Wilhelm Meister« in gewissen Partien gelesen hatte. Das freie Spiel mit den Seelenkräften, wie es sich entfaltet in der künstlerischen Gestaltung des »Wilhelm Meister«, erschien Schiller als etwas, das er nur vergleichen konnte mit einem Erwachsenwordensein des kindlichen Spiels. Und im Grunde schrieb Schiller seine Briefe: »Über die ästhetische Erziehung des Menschen« ganz aus dieser Gesinnung heraus. Schiller schrieb ja aus der Gesinnung heraus, daß man als erwachsener Mensch mit der Betätigung, die man im gewöhnlichen Leben zu üben hat, eigentlich nie ganz Mensch ist. Entweder folgt man, meint Schiller, der sinnlichen Notdurft, demjenigen, was die Sinne fordern; dann steht man unter einem gewissen Zwang. Oder man folgt der logischen Notwendigkeit, die man von der Vernunft vorgeschrieben erhält, dann folgt man der Vernunftnotwendigkeit und ist wieder kein freier Mensch. Frei, meint Schiller, ist man eigentlich nur im künstlerischen Schaffen und im künstlerischen Sinnen. Das ist gewiß begreiflich bei einem Künstler wie Schiller, aber es ist einseitig, da es in bezug auf die Erfassung der Freiheit der Seele viel menschliches Erleben gibt, das ebenso nur innerlich verläuft, wie dasjenige, was Schiller unter Freiheit versteht. Aber die Lebensform, in der Schiller den Künstler befindlich denkt, ist tatsächlich so, daß der Mensch Geistiges erlebt, wie wenn es natürlich und notwendig wäre, und wiederum Sinnliches so, wie wenn es schon Geistiges wäre. Das ist ja gewiß beim künstlerischen Genießen und auch beim künstlerischen Schaffen der Fall. Man schafft im sinnlichen Material, aber man schafft nicht nach Nützlichkeit, nicht nach äußeren Zweckmäßigkeitsprinzipien. Man schafft so, wie es die Idee will – wenn man das Wort im weitesten Sinne gebraucht –, aber man schafft auch nicht in abstrakten Ideen nach logischen Notwendigkeiten, sondern beim künstlerischen Schaffen ist man so dabei, wie man bei Hunger und Durst dabei ist. Es ist eine ganz persönliche Notwendigkeit. Schiller fand, daß der Mensch sich so etwas erringen kann im Leben, daß aber das Kind auf naturgemäße Weise dieses Spiel hat, in welchem es gewissermaßen in der Welt der Erwachsenen lebt, aber nur so, daß es seine Individualität befriedigt, daß es sich auslebt im Geschaffenen, ohne daß das Geschaffene zu irgend etwas dient.

Nun, das war eine Betrachtung, die angestellt worden ist im Beginne des 19. Jahrhunderts und am Ende sogar des 18. Jahrhunderts von Schiller und die einen anregen kann, die Sache weiter zu verfolgen. In der Tat, die psychologische Bedeutung des Spieles, sie ist nicht so ganz einfach zu finden. Man muß ja sich sagen: Hat nun die besondere Art von Spieltätigkeit, die das Kind ausübt vor dem Zahnwechsel, eine Bedeutung für das ganze Menschenleben? Man kann, wie gesagt, sie so analysieren, wie das Schiller versucht hat unter der Anregung von Goethes gewissermaßen Erwachsenen-Kindlichkeit. Man kann aber diese Spieltätigkeit auch mit einer anderen Betätigung der menschlichen Wesenheit vergleichen. Man kann diese Spieltätigkeit des Kindes vor dem Zahnwechsel mit der Traumtätigkeit vergleichen. Da wird man sehr wohl gewisse bedeutsame Analogien finden. Nur just beziehen sich diese Analogien bloß auf den Verlauf, auf den Zusammenhang desjenigen, was das Kind in der Spielbetätigung tut. So wie das Kind im Spiel die Dinge zusammenstellt – was es auch immer zusammenstelle –, so stellt man, wenn auch nicht mit äußeren Dingen, sondern nur mit Gedanken, mit Bildern, im Traume die Bilder zusammen, wenn auch nicht in allen Träumen, aber in einer sehr wesentlichen Klasse von Träumen. Man bleibt im Träumen tatsächlich das ganze Leben hindurch in einem gewissen Sinne Kind. Man kann aber, um die Sache nun zu einem wirklichen Real-Erkennen zu bringen, dabei nicht stehenbleiben, das Spiel mit dem Traume zu vergleichen, sondern man muß sich fragen: Wann tritt denn im Leben des Menschen etwas ein, wodurch diejenigen Kräfte, die in diesem ersten kindlichen Spiel bis vor dem Zahnwechsel entwickelt werden, für das ganze äußere Menschenleben fruchtbar werden, wann hat man eigentlich die Früchte des kindlichen Spiels? Da meint man gewöhnlich, man müsse in der unmittelbar darauffolgenden Lebensepoche diese Früchte des kindlichen Spieles suchen, und das ist es eben, was Geisteswissenschaft erst zeigen soll, wie in einer Art von rhythmischen Wiederholungen das Leben abläuft. So wie man einen Pflanzenkeim hat, aus dem sich Blätter entwickeln in mannigfaltigen Gestalten, erst Kelchblätter, dann Blütenblätter und so weiter, und dann kommt erst wiederum der Keim, wie da dazwischen etwas liegt und die Wiederholung des Früheren nach einer Zwischenperiode auftritt, so ist es tatsächlich auch im Menschenleben.

Man ist durch die mannigfaltigste Betrachtungsweise dahin gebracht worden, das Menschenleben lediglich so aufzufassen, als wenn jedes folgende Zeitalter die Wirkung des vorangehenden wäre. Das ist nicht der Fall. Gibt man sich einer unbefangenen Beobachtung hin, so findet man, daß die eigentlichen Früchte derjenigen Lebensbetätigung, die im ersten Spiel auftritt, erst in den Zwanzigerjahren herauskommen. Was wir uns im Spiel von der Geburt bis zum Zahnwechsel erwerben, was da traumhaft vom Kinde dargelebt wird, das sind Kräfte der jetzt noch ungeborenen Geistigkeit des Menschen, der noch nicht in den Körper hinein absorbierten, oder resorbierten, wenn Sie besser wollen, Geistigkeit des Menschen. Das ist so: Ich habe Ihnen auseinandergesetzt, wie dieselben Kräfte, die an dem Menschen bis zum Zahnwechsel hin organisch arbeiten, dann selbständig sind, wenn sie die Zähne geboren haben, als Vorstellungs-, als Denktätigkeit; da wird gewissermaßen aus dem Leiblichen etwas herausgezogen. Das, was das Kind betätigt im Spiel, was auch noch nicht zusammenhängt mit dem Leben, dem keine Nützlichkeit innewohnt, das ist dagegen etwas, was noch nicht mit dem Leib zusammengewachsen ist; so daß das Kind eine seelische Betätigung hat, die im Leibe arbeitet bis zum Zahnwechsel und dann zum Vorscheine kommt als Kraft zur Bildung von Begriffen, die dann erinnert werden können. Auf der anderen Seite hat es eine geistig-seelische Betätigung, die gewissermaßen noch leicht ätherisch über das Kind hinschwebt, die sich im Spiel so betätigt, wie sich im ganzen Leben die Träume betätigen. Aber diese Tätigkeit wird beim Kinde eben nicht bloß im Traum, sie wird am Spiel, also doch an einer äußeren Realität, entwickelt. Was da an dieser äußeren Realität entwickelt wird, das tritt gewissermaßen zurück. Wie die keimbildende Kraft in der Pflanze im Blatt und im Blütenblatt zurücktritt und erst wiederum in der Frucht erscheint, so erscheint dasjenige, was da im Kinde angewendet und aufgewendet wird, erst wiederum etwa vom 21. oder 22. Jahre beim Menschen als der nun selbständig im Leben Erfahrungen sammelnde Verstand. Und da möchte ich Sie bitten: Versuchen Sie diesen Zusammenhang wirklich aufzusuchen, gehen Sie wirklich gewissenhaft Kinder durch, versuchen Sie das Individuelle ihres Spieles zu begreifen, überhaupt das Individuelle der freien spielerischen Betätigung der Kinder zu begreifen bis zum Zahnwechsel hin, und machen Sie sich Bilder von den Individualitäten der Kinder, und setzen Sie zunächst hypothetisch voraus: die individuelle Gestaltung, die im Spiel bis zum Zahnwechsel bemerkbar ist, die tritt in irgendeiner Weise im besonderen Charakter des selbständigen Urteilens des Menschen nach dem 20. Jahre wieder auf; das heißt, die Menschentypen nach dem 20. Jahre sind verschieden in bezug auf ihr selbständiges Urteilen, so wie die Kinder verschieden sind beim Spiel vor dem Zahnwechsel.

Denkt man so etwas aus der vollen Wirklichkeit heraus, dann bekommt man tatsächlich ein, ich möchte sagen, unbegrenztes Verantwortlichkeitsgefühl gegenüber dem Erziehen und auch dem Unterrichten; denn man kommt dazu, sich zu sagen: Was du jetzt mit dem Kinde tust, das formt den Menschen noch über die Zwanzigerjahre hinaus. Man sieht aus dem, daß man das ganze Leben, nicht bloß das Kindesleben kennen muß, wenn man eine richtige Erziehungskunst aufbauen will.

Die weitere spielende Tätigkeit von dem Zahnwechsel bis zur Geschlechtsreife ist etwas anderes. Gewiß, die Dinge sind nicht streng voneinander geschieden, will man aber etwas Ordentliches erkennen gerade für das praktische Leben, so muß man die Dinge ordentlich scheiden. Wer beobachten kann, wird finden, daß die spielende Tätigkeit des Kindes bis zum 7. Jahre etwas von einem individuellen Charakter hat. Das Kind ist gewissermaßen als Spielender eine Art Einsiedler. Es spielt für sich. Gewiß, es will auch Hilfe haben, aber dann ist es ein furchtbarer Egoist, es will eben auch allein die Hilfe haben. Ein geselliges Leben für das Spiel tritt mit dem Zahnwechsel ein. Die Kinder wollen dann mehr untereinander spielen. Das tritt mit dem Zahnwechsel ein, wenigstens ist das der typische Fall, obwohl es gerade einzelne Ausnahmen gibt. Da hört das Kind auf, der Einsiedler im Spiel zu sein; es will mit andern Kindern seine Spiele machen und etwas im Spiel bedeuten. Dieses Im-Spiel-etwas-bedeuten-Wollen, das ist es, was insbesondere zwischen dem Zahnwechsel und der Geschlechtsreife auftritt. In militaristischen Ländern – ich weiß nicht, ob die Schweiz auch zu ihnen gehört, das will ich nicht entscheiden –, in militaristischen Ländern machen die Knaben insbesondere die Soldatenspiele, die ja gesellige Spiele sind, bei denen die Knaben »etwas sein« wollen. Die meisten wollen mindestens General sein bei diesen Spielen; ein geselliges Element tritt ein in die kindlichen Spiele. Dabei bleibt der Charakter des Spiels gewahrt, indem das, was da im kindlichen Spiel geübt wird, sich nicht nach dem Zweckmäßigkeitsprinzip in das soziale Leben hineinstellt. Aber das Eigentümliche ist, daß man das, was als Geselliges auftritt, im Spiel vom Zahnwechsel bis zur Geschlechtsreife eigentlich wie das vorbereitende Element für das nächste Lebensalter findet. Es ist sehr eigentümlich, wie im nächsten Lebensalter mit der Geschlechtsreife das selbständige Urteil auftritt, wo der Mensch sich der Autorität entreißt, sein eigenes Urteil bildet, als einzelner Mensch dem andern gegenübertritt. Vorbereitend tritt im kindlichen Spiel, eben nicht ins äußere soziale Leben eingegliedert, sondern eben nur in der Spieltätigkeit, dieses gleiche Element gerade in der vorhergehenden Lebensepoche auf. Das, was also in der vorhergehenden Lebensepoche auftritt im kindlichen, geselligen Spiel, ist das vorläufige Sichlosreißen von der Autorität. Wir müssen daher sagen: Das Spiel gibt dem Kinde bis zum 7. Jahre, bis zum Zahnwechsel, etwas, was verleiblicht erst im 21. oder 22. Jahre ins Menschenleben eintritt, womit erworben wird die selbständige Individualität des Verstandes- und Erfahrungsurteils und so weiter. Dasjenige aber, was vom 7. Jahre bis zur Geschlechtsreife im Spiele sich vorbereitet, das tritt früher in der Entwickelung im Lebenslaufe auf, das tritt dann von der Geschlechtsreife bis zum 21. Jahre auf. Das ist ein Übergreifen. Es ist sehr interessant, darauf aufmerksam zu werden, daß wir das, was wir für unseren Verstand, für unsere Lebenserfahrung, für unsere gesellige Zeit als

Fähigkeiten haben, den ersten Kinderjahren verdanken, wenn das Spiel ordentlich geleitet wird. Das hingegen, was in unseren Lümmel- oder Flegeljahren in die Erscheinung tritt, verdanken wir der Zeit von dem Zahnwechsel bis zur Geschlechtsreife. Da überschneiden sich also die Zusammenhänge in dem menschlichen Lebenslauf.

Solches Übergreifen von Zusammenhängen im menschlichen Lebenslauf ist von fundamentaler Bedeutung, und das ist etwas, was der Psychologie entgangen ist. Denn das, was wir heute Psychologie nennen, gibt es auch erst seit dem 18. Jahrhundert. Vorher hatte man ganz andere Begriffskonfigurationen über den Menschen und die Menschenseelen. Aber das entwickelte sich durchaus in dem Zeitalter, in dem schon der materialistische Geist und das materialistische Denken kamen, und daher konnte sich Psychologie trotz aller bedeutsamen Anfänge nicht so entwickeln, daß eine richtige Seelenwissenschaft entstanden wäre, die der Wirklichkeit gemäß mit dem ganzen Menschenleben rechnete. Ich muß gestehen, ich habe mir sehr, sehr viel Mühe gegeben, auch das Allerbeste, was nur zu finden ist, in der Herbartschen Psychologie zu entdecken. Die Herbartsche Psychologie ist scharfsinnig. Die Herbartsche Psychologie bemüht sich tatsächlich, aus elementaren Bestandteilen des Seelenlebens heraus auf eine gewisse Gestaltung der Seele hinzuarbeiten. Es ist außerordentlich viel Schönes in der Herbartschen Psychologie; allein man muß doch hinschauen darauf, was diese Herbartsche Psychologie bei guten Herbartianern für eigentümliche Ansichten hervorgerufen hat.

Ich kannte einen ganz hervorragenden Herbartianer sehr nahe, den Ästheten *Robert Zimmermann,* der auch eine »Philosophische Propädeutik« mit einer Psychologie für Gymnasiasten geschrieben hat und Herbart für das 19. Jahrhundert einen Kantianer von 1828 genannt hat. Der setzte in seiner psychologischen Schilderung als Herbart-Schüler tatsächlich das Folgende auseinander: Wenn ich Hunger habe, so strebe ich nicht danach, das Nahrungsmittel zu erhalten, welches den Hunger befriedigt, sondern eigentlich nur danach, daß die Vorstellung des Hungers aufhört und von der Vorstellung der Sättigung abgelöst wird. Ich habe es nur zu tun mit einer Bewegung von Vorstellungen. Es ist eine Vorstellung da, welche gegen Hemmungen aufkommen muß, die sich gegen Hemmungen heraufarbeiten muß. Und das Essen sei eigentlich nur ein Mittel, um übergehen zu können von der Vorstellung des Hungers zu der Vorstellung der Sättigung.

Wer nun die Wirklichkeit der menschlichen Natur nicht etwa im materialistischen Sinne, sondern gerade im spirituell-geistigen Sinne ins Auge fassen kann, der wird sehen, daß in dieser Art der Anschauung eben etwas einseitig Rationalistisches und Intellektualistisches steckt und daß es notwendig ist, daß wir über dieses einseitig Intellektuelle hinauskommen und den ganzen Menschen gerade psychologisch erfassen. Dann werden wir von der Psychologie aus gar manches für die pädagogische Kunst fordern müssen, was sonst für diese pädagogische Kunst nicht zum Vorschein kommen kann. Was wir in dem Menschen heranerziehen, heranunterrichten, dürfen wir nicht so betrachten, daß es für das Kind gerade richtig sein soll, sondern das soll ein Lebendiges sein, das sich umbilden kann. Denn wir sehen ja, es gibt solche Zusammenhänge, wie ich sie dargestellt habe. Man muß rechnen damit, daß man das, was man in der Volksschule heranbildet bis zur Geschlechtsreife, in einer ganz anderen Form vom 15. bis zum 21., 22. Jahre im Menschen aufgehen sieht.

Der Volksschullehrer ist für den Gymnasiallehrer oder für den Universitätslehrer unendlich wichtig, ja, er ist wichtiger, weil der Universitätslehrer gar nichts machen kann, wenn ihm der Volksschullehrer nicht richtig vorgebildete Kräfte hinaufschickt. Das ist tatsächlich von einer großen Bedeutung, daß man mit diesen zusammengehörigen Lebensabschnitten wirklich rechnet. Man wird dann sehen, daß reale Anhaltspunkte nur aus der Geisteswissenschaft heraus zu gewinnen sind.

Nun aber bedenken Sie, was alles in der Schule getrieben wird, weil man in Abhängigkeit lebt von gewissen Vorurteilen. Sicherlich, es ist schon manches aus gewissen Instinkten heraus besser geworden; es muß aber radikal besser werden – man definiert zum Beispiel noch zu viel. Man sollte, so viel es geht, vermeiden, vor den Kindern irgendwelche Definitionen zu geben. Definitionen legen immer die Seele fest, und ein Definitionsbegriff bleibt das Leben hindurch und macht das Leben zu etwas Totem. Wir sollen aber so erziehen, daß das, was wir in die kindliche Seele hineintragen, lebendig bleibt. Nehmen wir an, jemand bekommt als Kind im 9. Jahre oder im 11. Jahre von dem oder jenem einen Begriff, also im 9. Jahre, sagen wir, von einem Löwen, im 11. oder 12. Jahre von der griechischen Kultur. Schön, das bekommt es. Aber diese Begriffe sollen nicht so bleiben. Es sollte das gar nicht möglich sein im Leben, daß einer sagt mit 30 Jahren: Ich habe diesen oder jenen Begriff vom Löwen, den habe ich in der Schule gelernt. Ich habe diesen oder jenen Begriff vom Griechentum, das habe ich in der Schule gelernt. Das müßte eigentlich etwas werden, was überwunden wird. Geradeso wie das andere an uns wächst, so soll dasjenige, was uns der Lehrer gibt, auch wachsen, soll ein Lebendiges sein. Wir sollen solche Begriffe vom Löwen, solche Begriffe vom Griechentum bekommen, die durch sich selber im 30., 40. Jahre nicht mehr das sind, was sie gewesen sind in der Schule, sondern die so lebendig sind, daß sie sich mit dem Leben umgestalten. Dazu müssen wir charakterisieren und nicht definieren. Wir müssen versuchen mit Bezug auf die Bildung der Begriffe, dasjenige nachzumachen, was wir beim Malen oder auch beim Photographieren tun können; da können wir uns nur auf eine Seite hinstellen und einen Aspekt geben oder auf die andere Seite hinstellen und einen anderen Aspekt geben und so weiter. Erst wenn wir von mehreren Seiten einen Baum photographiert haben, können wir eine Vorstellung davon gewinnen. Man ruft zu stark die Idee hervor: durch die Definition habe man etwas. Man sollte versuchen, auch mit Gedanken, mit Begriffen so zu arbeiten wie mit dem photographischen Apparat, und soll auch kein anderes Gefühl hervorrufen als dieses, daß man von verschiedenen Seiten her ein Wesen oder ein Ding charakterisiert, nicht definiert. Definitionen sind eigentlich nur dazu da, daß man sie, wenn man will, an den Anfang stellt, damit man in diesem einen Punkt sich mit dem Lehrer verstehen kann. Dazu sind Definitionen im Grunde da. Es ist etwas radikal gesprochen, aber im wesentlichen doch so. Das Leben liebt keine Definitionen. Und im Geheimen sollte der Mensch immer empfinden, wie er durch das falsche Definieren Postulate zu Dogmen macht. Das ist sehr wichtig, daß der Lehrer das weiß. Statt daß wir sagen: Zwei Wesen, die zu gleicher Zeit nicht an ein und demselben Orte sein können, nennen wir undurchdringlich – wobei wir bewußt den Begriff der Undurchdringlichkeit aufstellen und dann für diesen Begriff die Sache suchen –, statt daß wir so vorgehen, sagen wir: Körper sind undurchdringlich, weil sie nicht zu gleicher Zeit an ein und demselben Orte sein können. Wir dürfen nicht Postulate zu Dogmen machen, sondern wir haben nur ein Recht zu sagen: Wir nennen diejenigen Körper undurchdringlich, die nicht zu gleicher Zeit an einem und demselben Orte sein können. Wir müssen uns der bildenden Kraft unserer Seele bewußt bleiben und müssen in dem Kinde auch nicht die Vorstellung erwecken, daß es, bevor es innerlich das Dreieck erkannt hat, das Wesentliche vom Dreieck in der äußeren Welt begreifen kann.

Daß man charakterisieren soll und nicht definieren, hängt zusammen mit der Erkenntnis, daß dasjenige, was in einem Menschenzeitalter auftritt, vielleicht erst in einem sehr fernen Zeitalter in seinen Früchten erkannt wird und daß man deshalb nicht tote, sondern lebendige Begriffe, lebendige Empfindungen dem Kinde übermitteln soll. Und so soll man auch versuchen, Geometrie zum Beispiel so lebendig als möglich zu gestalten. Ich habe vor einigen Tagen über das Rechnen gesprochen – über das Rechnen mit Brüchen und mit ähnlichem will ich dann, bevor morgen der Kursus zu Ende geht, einige Bemerkungen machen –, aber über das Geometrische möchte ich heute noch einiges anfügen, das sich ganz gut anschließt erstens an eine Frage, die mir gestellt worden ist, und zweitens an dasjenige, was ich eben jetzt ausgesprochen habe.

Das Geometrische wird von demjenigen, der selbst gewisse Erfahrungen mit der Geometrie gemacht hat, wirklich so empfunden werden können, daß es allmählich aus dem Ruhenden ins Lebendige hereingeholt werden sollte. Eigentlich reden wir doch von etwas sehr allgemeinem, wenn wir sagen: Die Winkelsumme eines Dreiecks ist 180 Grad. Das ist bei jedem Dreieck der Fall, nicht wahr. Können wir uns aber jedes Dreieck vorstellen? Wir werden nicht immer aus der heutigen Bildung heraus anstreben, unseren Kindern einen beweglichen Begriff des Dreiecks beizubringen; es wäre aber gut, wenn wir unsern Kindern einen beweglichen Begriff des Dreiecks beibrächten, nicht einen toten Begriff, nicht bloß ein Dreieck, das ja dann immer ein spezielles, individuelles Dreieck ist, hinzeichnen lassen, sondern ihnen sagen: Hier habe ich eine Linie. Ich bringe das dann so weit, daß ich auf irgendeine Weise – ich kann Ihnen natürlich nicht alle Einzelheiten in diesem kurzen Vortragskurse entwickeln – dem Kinde den Winkel von 180 Grad in drei Teile teile. Ich kann auf unendlich viele Weisen diesen Winkel in drei Teile teilen. Ich kann dann jedesmal, wenn ich diesen Winkel in drei Teile geteilt habe, zum Dreieck dadurch übergehen, daß ich dem Kinde zeige, wie der Winkel, der hier ist, hier auftritt; so werde ich, indem ich die Sache auf dieses übertrage, ein solches Dreieck bekommen. Indem ich übergehe von den drei fächerförmig nebeneinanderliegenden Winkeln, kann ich unzählige Dreiecke, die sich da bewegen, vorstellen, und diese unzähligen Dreiecke haben selbstverständlich die Eigenschaft, daß ihre Winkelsumme 180 Grad ist, denn sie entstehen ja aus der Teilung der 180 Grade der Winkelsumme. So ist es gut, in dem Kinde die Vorstellung des Dreiecks hervorzurufen, das eigentlich

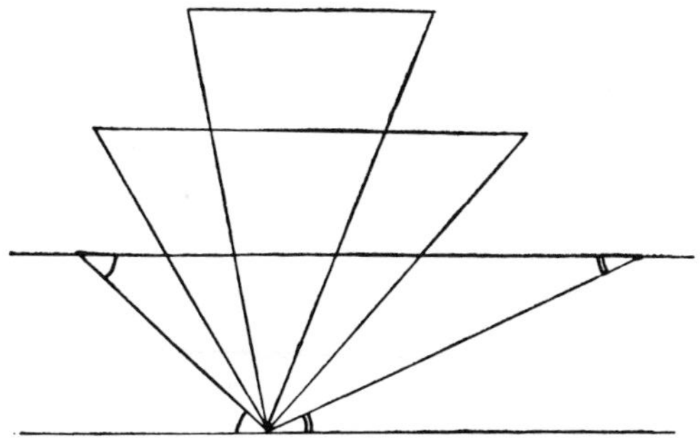

in innerer Beweglichkeit ist, so daß man gar nicht die Vorstellung bekommt eines ruhenden Dreiecks, sondern die Vorstellung eines bewegten Dreiecks, das ebensogut ein spitzwinkliges wie ein stumpfwinkliges, wie ein rechtwinkliges sein kann, weil ich gar nicht die Vorstellung des ruhenden Dreiecks fasse, sondern die Vorstellung des bewegten Dreiecks.

Denken Sie sich, wie durchsichtig die ganze Dreieckslehre würde, wenn ich von einem solchen innerlich bewegten Begriffe ausgehen würde, um das Dreieckmäßige zu entwickeln. Dies könnten wir dann auch sehr gut als Unterstützung benützen, wenn wir nun in dem Kinde eine ordentliche Raumempfindung, eine konkrete, eine wahre Raumempfindung heranbilden wollen. Wenn wir in dieser Weise den Begriff der Bewegung für die Ebenenfigur gebraucht haben, dann bekommt die ganze geistige Konfiguration des Kindes eine solche Beweglichkeit, daß ich dann leicht übergehen kann zu jenem perspektivischen Elemente: ein Körper geht an dem anderen vorn vorbei oder rückwärts vorbei. Dieses Übergehen, Vorwärts-Vorbeigehen, Rückwärts-Vorbeigehen, das kann das erste Element sein zum Hervorrufen einer entsprechenden Raumempfindung. Weiter: Wenn man lebensgemäß dieses Vorne- und Rückwärts-Vorbeigehen namentlich eines Menschen, das Unsichtbarwerden hinter einem Körper und das Unsichtbarmachen vor einem Körper erörtert hat, dann kann man dazu übergehen – es bleibt nämlich sonst doch abstrakt und tot, wenn es bloß ein perspektivisches Raumgefühl ist –, das Raumgefühl innerlich lebendig werden zu lassen. Das bekommt man aber nur dadurch heraus, daß man zum Beispiel sagt: Sieh einmal, ich traf an einem bestimmten Orte morgens um 9 Uhr zwei Menschen; die saßen dort an dem Orte auf einer Bank. Nachmittags um 3 Uhr komme ich wieder hin, da sitzen wiederum die zwei Menschen auf der Bank – es hat sich nichts geändert. Gewiß, so lange ich den Tatbestand um 9 Uhr und um 3 Uhr betrachte, bloß äußerlich, so lange hat sich nichts geändert. Aber gehe ich ein auf das Innere, komme ich ins Gespräch mit dem einen Menschen und mit dem anderen Menschen, so mache ich vielleicht die Entdeckung, daß, nachdem ich weggegangen war, der eine sitzenblieb, der andere aber wegging. Der eine Mensch ist drei Stunden lang weggewesen und wiederum zurückgekommen, sitzt neben dem anderen dort, hat aber innerlich etwas durchgemacht, ist innerlich etwas ermüdet nach sechs Stunden. Den Tatbestand aber lerne ich nicht erkennen in seinem Zusammenhang nach dem Raum, wenn ich nur nach dem äußeren Tatbestand urteile, und nicht auf das Innere, Wesentliche eingehe.

Man kann selbst über das Räumliche, über die räumliche Beziehung zwischen den Wesen nicht urteilen, wenn man nicht auf das Innerliche eingeht. Nur wenn man auf dieses Innerliche eingeht, kann man vor den herbsten Illusionen in bezug auf Ursache und Wirkung bewahrt bleiben. Es passierte einmal folgendes: Ein Mann geht am Rande eines Flusses. An einer Stelle steht ein Stein. Der Mann stolpert über den Stein und verschwindet in den Wellen und wird nach einer gewissen Zeit herausgezogen. Nehmen wir an, es wird sonst nichts getan als der nüchterne Tatbestand aufgenommen: Der Mann so und so ist ertrunken. Vielleicht ist dies aber gar nicht wahr. Vielleicht ist der Mann nicht ertrunken, sondern er ist gestolpert, weil ihn auf der Stelle der Schlag getroffen hat, und er schon tot ins Wasser gefallen ist. Das Ins-Wasser-Fallen war eine Folge des Todes. Es ist dies eine wahre Geschichte, die untersucht worden ist. Sie zeigt, wie notwendig es ist, vom Äußeren auf das Innere einzugehen.

So ist es auch notwendig, wenn man im Räumlichen das Verhältnis der Wesen zueinander beurteilen will, auf das Innere der Wesen einzugehen. Und das richtig, lebendig erfaßt, bringt uns dazu, das Raumgefühl in den Kindern dadurch zu entwickeln, daß wir tatsächlich das Bewegungsspiel selber zum Entwickeln des Raumgefühles verwenden, indem wir das Kind Figuren laufen lassen oder dergleichen oder indem wir das Kind beobachten lassen, wie Menschen hintereinander oder voreinander vorbeilaufen und dergleichen.

Dann aber ist es von ganz besonderer Wichtigkeit, nun wirklich aus dem, was auf diese Art beobachtet wird, zum Festhalten des Beobachteten überzugehen. Namentlich ist für die Entwickelung des Raumgefühles – das bezieht sich jetzt auf die Frage, die mir gestellt worden ist – von großer Bedeutung, wenn ich auf verschiedene gekrümmte Flächen durch Körper von verschiedener Krümmung Schatten werfen lasse und nun versuche, ein Verständnis für die besondere Konfiguration des Schattens hervorzurufen. Man kann geradezu behaupten: Wenn ein Kind imstande ist zu begreifen, warum eine Kugel unter gewissen Verhältnissen einen Ellipsenschatten wirft – das ist etwas, was vom Kind schon vom 9. Jahre ab erfaßt werden kann –, dann wirkt dieses Sichhineinversetzen in Flächenentstehungen im Raume auf die ganze innere Beweglichkeit des Empfindungs- und Vorstellungsvermögens des Kindes ungeheuer. Man sollte deshalb die Entwickelung des Raumgefühls in der Schule als etwas Nötiges ansehen. Wenn man sich nun frägt: Was tut das Kind bis zum Zahnwechsel hin, bis zum 7., 8. Jahre selbst, indem es spielerisch zeichnet? Es entwickelt tatsächlich das, was als Erfahrung, Verstand in den Zwanzigerjahren dann reif wird. Das entwickelt sich aus dem Fluktuieren der Gestalt, so daß das kindliche Zeichnen spielt, aber indem es spielt, erzählt das kindliche Zeichnen; und wir werden das kindliche Zeichnen besonders gut verstehen, wenn wir es so auffassen, daß es eine Wiedergabe ist von dem, was uns das Kind erzählen will. Es will sich aussprechen.

Schauen wir diese Zeichnungen des Kindes an. Das, was man ein richtiges Raumgefühl nennen könnte, haben die Kinder vor dem 7., 8. Jahre, selbst vor dem 9. Jahre gerade noch nicht. Dazu kommt es erst später, wenn sich allmählich die andere Kraft in die kindliche Entwickelung hineinfindet. Bis zum 7. Jahre arbeitet an der kindlichen Organisation das, was später Vorstellung wird; bis zur Geschlechtsreife arbeitet an der kindlichen Organisation der Wille, der dann, wie ich Ihnen gesagt habe, sich staut und in dem Knaben-Stimmeswandel eben zeigt, wie er in den Körper geschossen ist. Dieser Wille ist dazu geeignet, das Raumgefühl in sich zu entwickeln. So daß man durch all das, was ich jetzt gesagt habe, durch dieses Entwickeln eines Raumgefühls an Bewegungsspielen, durch die Anschauung dessen, was geschieht, wenn Schattenfiguren entstehen, namentlich durch das, was in der Bewegung entsteht und festgehalten wird, indem durch dieses alles der Wille entwickelt wird, der Mensch zu einem viel besseren Verständnis der Dinge gelangt als durch das Verstandesmäßige, selbst wenn es der spielerische kindliche Verstand ist, der flächenhaft sich ausdrückt, der erzählend sein will.

Nun möchte ich heute am Schluß der Stunde gerade in Anknüpfung an das Gesagte für diejenigen, die es sehen wollen, die kindlichen Zeichnungen eines sechsjährigen Knaben, der allerdings einen Maler-Illustrator zum Vater hat, hier auflegen. Ich bitte, sie ein wenig zu betrachten, um aufmerksam darauf zu werden, wie außerordentlich beredt dieser sechsjährige Knabe in dem, was er hier schafft, ich möchte sagen, sich in der Tat eine ganz individuelle Sprache schafft, eine ganz individuelle Schrift für das, was er erzählen will oder auch nacherzählen will. Manche von diesen Bildern, die man, wenn man will, richtig expressionistische Bilder nennen kann, sind einfache Nacherzählungen dessen, was dem Knaben vorgelesen worden ist, was er gehört hat und dergleichen; manches ist, wie Sie sehen werden, außerordentlich ausdrucksvoll, großartig ausdrucksvoll. So zum Beispiel weise ich Sie hin auf dasjenige, was Sie hier sehen werden als einen König und eine Königin. Das sind Dinge, die zeigen, wie erzählt wird in diesem Alter. Versteht man, wie in diesem Alter erzählt wird, was gerade hier so charakteristisch hervortritt, weil der Knabe schon mit Farbstiften zeichnet, und nimmt man das in allen Einzelheiten auf, so wird man finden, daß in der Tat diese Zeichnungen der Abdruck des kindlichen Wesens sind, wie ich es Ihnen bisher geschildert habe, und daß man diesen Umschwung, der mit dem Zahnwechsel auftritt, ins Auge fassen muß, wenn man verstehen will, wie man das Raumgefühl hervorzurufen hat.

VIERZEHNTER VORTRAG

Basel, 11. Mai 1920

Weitere Gesichtspunkte und Fragenbeantwortungen

Es würde mir sehr leid tun, wenn aus der einen oder anderen Bemerkung heraus die Ansicht entstanden wäre, daß das, was hier vorgebracht worden ist in bezug auf pädagogische Kunst, nach irgendeiner Richtung hin dogmatisch wirken sollte, das heißt, in irgendeiner Weise vereinseitigen könnte. Allem hier Gesagten liegt die Meinung zugrunde, daß Geisteswissenschaft als solche die pädagogische Kunst befruchten könne. Dann aber ist gerade das besonders Befruchtende wohl darin zu suchen, daß Erziehung und Unterricht durch diese Befruchtung einen lebendigen Charakter bekommen würden, und deshalb glaube ich, daß solche allgemeinen Richtungen, wie sie hier vorgezeichnet worden sind, im einzelnen tatsächlich in der mannigfaltigsten Weise eingeschlagen werden können. Für den Ausbau wäre es daher schon gut, wenn gegenseitige Verständigung, gegenseitiger Meinungsaustausch eintreten könnte unter den verehrten Zuhörern und auch unter anderen, die in irgendeiner Weise für die Fortbildung der Erziehungskunst, wie sie hier gedacht wird, gewonnen werden können. Denn es handelt sich ja in der Tat heute darum, aus einem lebendigen Erfassen der Menschheitsentwickelung im ganzen und der Zeitentwickelung im besonderen gerade in der Pädagogik auf unmittelbar von der Zeit Gefordertes zu kommen. Es handelt sich heute weniger darum, daß wir formale Erziehungsgrundsätze neu gewinnen, sondern es handelt sich darum, daß wir gerade mit Hinblick auf die pädagogische Kunst den Gesichtskreis, den wir haben, mit Bezug auf die Menschheitsentwickelung und so weiter, erweitern.

Wo steht die Menschheit heute in ihrer Entwickelung? Was müssen wir dem Kinde beibringen, wenn wir gerecht werden wollen diesem Standpunkt, den die Menschheit in ihrer Gesamtentwickelung heute einnimmt und immer deutlicher einnehmen wird in der nächsten Zukunft? Wenn man nicht dasjenige, was sich in der letzten Zeit zugetragen hat, als eine Art von Feuerzeichen betrachten kann, die deutlich darauf hinweisen, daß gerade mit Bezug auf die Erziehungskunst manches zu erneuern ist, dann versteht man eigentlich die gegenwärtige Zeit schlecht. Unzähliges einzelnes wäre natürlich zu erwähnen. Bedenken Sie nur, wie nahe es liegt nach den Angaben, die ich gemacht habe, beim Rechnen neben der gewöhnlich bloß beobachteten synthetischen Methode aufzusuchen die analytische Methode, von der Summe und vom Produkt, nicht allein von den Addenden und von den Faktoren auszugehen. Wie naheliegend wäre es, in ausführlicher Weise gerade von diesem Gesichtspunkte aus die Bruchrechnung zu behandeln und alles, was damit zusammenhängt. Ich will über diese Einzelheiten nur etwa das Folgende sagen. Ich will Sie darauf aufmerksam machen, daß ja in dem Augenblicke, wo wir vom Rechnen von ganzen Zahlen zum Rechnen mit Brüchen übergehen, wir ganz naturgemäß ins Analysieren hineinkommen, denn Zahlen bis zu Brüchen verfolgen, heißt eben analysieren; so daß es gerechtfertigt ist, beim Bruchrechnen ein anderes Element in die Unterrichtsmethode einzuführen als beim Rechnen mit gewöhnlichen Zahlen.

Es ist ja gewiß von der einen Seite her nicht gerade anzufechten, wenn im Laufe des 19. Jahrhunderts die Rechenmaschine in der Schule eingeführt worden ist; aber diese Rechenmaschine sollte nicht zu einer zu starken materialistischen Überschätzung des Anschauungsprinzips führen. Wir sollten uns klar sein darüber: Anschaulichkeit ist schon recht, aber es handelt sich doch darum, daß durch den Unterricht menschliche Fähigkeiten entwickelt werden sollen. Die Zeit vom Zahnwechsel bis zu der Geschlechtsreife ist vor allen Dingen dazu da, daß das Gedächtnis herangebildet werde. Unterschätzung des Gedächtnisses auf Grundlage der Anschauung, auf Kosten der Anschauung, die Bevorzugung der Anschauung auf Kosten des Gedächtnisses, beides sollte man eigentlich vermeiden. Man sollte allerdings zunächst in einfacher Weise – aber dazu genügen im Grunde für denjenigen, der lebendigen Unterricht zu erteilen in der Lage ist, die zehn Finger an der Hand –, man sollte innerhalb, sagen wir, der Zähl-Zahl 10 allerlei Gruppierungen vornehmen, welche die Rechnungsoperationen und das Verhältnis der Zahlen untereinander veranschaulichen. Aber dann müßte man sich klar darüber sein, daß man es mit dem Rechnen doch so halten sollte, wie es im Leben, im seelischen Leben der Menschheit überhaupt ist.

Was eigentlich eine Zahl wirklich ist, was ein Bruch ist, darüber gibt es ja ausführliche Philosophien, ganze Abschnitte in philosophischen Untersuchungen. Damit ist ja zum Ausdruck gebracht, daß man als Kind über Zahlen, über Brüche unterrichtet wird, daß man aber doch im späteren Leben, sogar wenn man Philosoph ist, sagen kann: Man muß nun erst untersuchen, was eine Zahl in Wirklichkeit bedeutet, was ein Bruch ist. Wenigstens auf das eine muß das hinweisen: daß man es nicht nötig hat, durch sogenannte Anschauung alles bis ins Minuziöseste hinein klarmachen zu wollen, sondern daß man vieles heranzubringen hat an das Kind, was eben dem Gedächtnis einverleibt und dann später erst durchdrungen wird, wenn man dazu reif ist. Von einem anderen Gesichtspunkte aus habe ich ja auf eine solche Sache schon hingewiesen. Beim Bruchrechnen ist es etwas anders. Weil das Entstehen des Bruches gewissermaßen etwas Analytisches ist, muß man diesem analytischen Bedürfnis, das ich in den vorigen Stunden erwähnt habe, entgegenkommen. Daher ist es gut, die Bruchrechnung so anschaulich wie möglich zu machen. Das kann vielleicht gerade dadurch geschehen, daß man einen großen Würfel teilt in kleine Würfel – sagen wir, einen großen Würfel teilt in sechzehn Würfel, dadurch übergeht zu dem Begriff des Viertels zuerst, indem man ihn in vier Teile teilt, dann jedes Viertel wiederum in vier. Man kann ja sehr hübsch allerlei Beziehungen der Sechzehntel, Achtel und so weiter den Kindern klarlegen, wenn man den Würfel teilt. Wendet man dann später dazu verschiedene Farbengebung der Teile an, dann kann man, indem man die gegliederten Würfelteile wiederum zusammensetzt in verschiedene Methoden, schon daran außerordentlich viel anschaulich machen.

Nun möchte ich aber, daß namentlich der Übergang von den gewöhnlichen Brüchen zu den Dezimalbrüchen nicht in einer unrationellen Weise, in einer unwirklichkeitsgemäßen Weise an die Kinder herantritt. Die Kinder sollten vom Anfange an ein Gefühl dafür bekommen, daß das Benutzen des Dezimalbruches eigentlich auf menschlicher Konvention, auf einer Art menschlicher Bequemlichkeit beruht, und sie sollten ein weiteres Gefühl davon bekommen, daß das Ansetzen des Dezimalbruches eigentlich nichts weiter ist als ein Fortsetzen derselben Methoden, welche unseren Zahlen überhaupt zugrunde liegen, indem wir bis 10 zählen und dann die 10-Zahl neuerdings in der 20 (= zweimal 10) enthalten ist – dann wird bei 20 eine neue Zehnerreihe angeschlossen und so weiter. Rechnen wir nach links mit demselben Prinzip, mit dem wir rechnen, wenn wir Dezimalbrüche nach der rechten Seite hin ausbilden, so kann das Kind einen Begriff davon bekommen, daß das eigentlich relativ ist, daß ich eine Einheit auch haben könnte, indem ich den Dezimalbruch um zwei Stellen nach rechts setze. Dieses Konventionelle, das in den Einteilungen steckt, sollte den Kindern durchaus vom Anfange an beigebracht werden. Dann würde manches auch wiederum Konventionelle sich hineinfügen in die soziale Ordnung. Mancher falsche Autoritätsglaube würde schwinden, wenn alles dasjenige, was im Grunde genommen auf Übereinkunft beruht, von vornherein auch als solches durch Übereinkunft Festgestelltes an das Gemüt des Kindes herangebracht würde. Vor allem aber wird geisteswissenschaftliche Durchdringung diese Erziehungskunst so zu gestalten versuchen, daß das Kind in der Zeit vom Zahnwechsel bis zur Geschlechtsreife mit Berücksichtigung all dessen, was wir über die Lebensepochen und das Hervortreten der Fähigkeiten in den Lebensepochen gesagt haben, dazu kommt, eine Vorstellung von dem praktischen Leben zu haben. Jeder einzelne Gegenstand sollte dazu verwendet werden, das Kind hineinzuführen in eine Anschauung über das praktische Leben. Wir werden ja, wenn wir das Kind in der richtigen Weise verstehen, den physikalischen, chemischen Unterricht gegen das 12. Jahr hin auftreten lassen, den mineralischen Unterricht um diese Zeit auftreten lassen in dem Sinne, wie wir das hier ausgeführt haben. Wir werden aber auch den Rechenunterricht um diese Zeit oder vielleicht schon um das 11. Jahr herum so gestalten, daß er nunmehr schon etwas von dem enthält, was aller mineralische, aller physikalische, aller chemische Unterricht an Charakter annehmen soll: die Richtung aufs Praktische. Im Rechnen sollte das Kind durchaus eine Vorstellung davon bekommen, wie man Wechsel diskontiert, wie man den Diskont berechnet, wie man Bücher anlegt, wie man Briefe, die über geschäftliche, rechnerische und sonstige Verhältnisse sich ergeben, von einem Geschäft an das andere richtet. Ferner sollte der Unterricht zwischen dem 12. und 14., 15. Jahre so eingerichtet werden, daß das Kind, wenn es etwa 15 Jahre alt geworden ist und die Volksschule verläßt oder in eine höhere Schule hinaufrückt, von den wichtigsten Lebenszweigen eine wirkliche, reale Vorstellung hat.

Ich weiß, daß gegen diesen Grundsatz gewöhnlich eingewendet wird: Ja, woher soll zu alledem die Zeit genommen werden? Woher soll die Zeit dazu genommen werden, daß das Kind eine wirkliche Vorstellung davon hat, wie Papier fabriziert wird, wie man Seife, wie man Zigarren fabriziert und so weiter? Dennoch, wenn man die Sache ordentlich einrichtet, so kann man das Typische zusammenfassen, zum Beispiel typische Industrien oder Verkehrsverhältnisse darstellen. Man kann es dahin bringen, daß das Kind nicht wie jemand durch die Welt geht, dem für alle möglichen Verhältnisse Scheuleder angelegt sind, sondern daß es weiß, um was es sich eigentlich handelt in der allernächsten Umgebung, der es gegenübersteht. Wir erleben es ja wirklich, daß Stadtkinder keine Ahnung davon haben, wie die Gerste sich vom Weizen unterscheidet. Wir erleben es auf der anderen Seite, daß Kinder, in deren Nähe vielleicht nicht gerade eine Seifenfabrik ist, keine Ahnung davon haben, wie Seife fabriziert wird; aber manchmal, wenn eine Seifenfabrik in der Nähe ist, wissen trotzdem die Kinder nicht, wie Seife fabriziert wird, weil nicht darauf gesehen wird, daß der Mensch tatsächlich mit dem bekanntgemacht werde, was eben die Menschheit heute in ihrer Umgebung hat, und wodurch sie zu dem Standpunkt der Kultur- und Zivilisationsentwickelung kommt, auf den sie gekommen ist. Es ist wahrscheinlich wenig Neigung gerade in der Gegenwart vorhanden, mit Imponderabilien in der Menschheitsentwickelung überhaupt zu rechnen.

Bedenken Sie, wie viele Menschen heute in einen Tramwagen ein- und wiederum aussteigen, ohne auch nur eine oberflächliche Idee davon zu haben, wie ein solcher Wagen eingerichtet ist und in Bewegung gesetzt wird und so weiter. Natürlich darf man bei dem, was ich jetzt sage, nicht radikalisieren, aber im wesentlichen gilt es doch: Wir bedienen uns heute fortwährend der Kulturmittel, ohne daß wir eine Ahnung haben, was in diesen Kulturmitteln wirkt. Wir sind nicht zum geringen Grunde gerade aus diesen Ursachen heraus ein nervöses Geschlecht geworden. Denn wenn wir fortwährend von Verhältnissen umgeben werden, die wir nicht durchschauen, werden wir verwirrt, wenn auch die Verwirrung nur auf unser Unterbewußtsein wirkt. Natürlich kann der Mensch nicht alle Einzelheiten des heutigen komplizierten Lebens kennen; aber dennoch, das ist zu erreichen gerade in der Zeit, wo sich die Fähigkeit des Menschen gegen das 12. Jahr hin gestaltet, daß das Urteilsvermögen hereinleuchtet, das mit der Geschlechtsreife herauskommt. In dieser Zeit ist es möglich, daß man das Kind bekannt macht mit dem Wichtigsten, was uns das praktische Leben entgegenbringt. Es sollte heute nicht gewissermaßen alles dasjenige, was nicht mit unserem eigenen Berufe zusammenstößt, für den Menschen ein Mysterium sein. Ein Mysterium ist es für den Menschen, wie Bücher geführt werden, wenn er nicht selber Buchhalter ist; ein Mysterium ist es für den Menschen, wie Schule gehalten wird, wenn er nicht selber gerade Lehrer ist und so weiter. Dasjenige, was unsere Zeit so sozial zersplittert, muß überwunden werden. Wir müssen uns wieder verstehen lernen. Wir müssen die Fähigkeiten, ins praktische Leben hineinzuschauen, die in den Kindern vorhanden sind, nicht brach liegen lassen. Statt manches Firlefanzaufsatzes, der in der Schule geschrieben wird, Beschreibungen von allem Möglichen – ich weiß nicht, was hier in der republikanischen Schweiz zuweilen für Aufsätze gemacht werden, das heißt, ich sehe es ja aus den Schulprogrammen, aber ich will mich nicht darauf einlassen –, aber statt alldem, was zum Beispiel in den ehemaligen monarchistischen Staaten an Aufsätzen geschrieben worden ist über »Geburtstag des Monarchen« und so weiter, müßten Aufsätze geschrieben werden, in die das geschäftliche Leben, Kaufmännisches und Industrielles unmittelbar hereinspielt. Das ist durchaus nicht etwa ein Element, welches den Idealismus oder die geistige Gesinnung zugrunde richten muß. Geistige Gesinnung braucht nicht durch fortdauerndes Betonen des Idealismus und des Ideals gepflegt zu werden, sondern geistige Gesinnung wird dadurch gepflegt, daß man den Menschen veranlaßt, aus dem Geiste heraus zu wirken, daß man in ihm dasjenige, was geistig heraus will von Jahr zu Jahr, wirklich an die Oberfläche trägt. Da gliedert sich dann der große Gesichtspunkt mit dem einzelnen zusammen.

Es ist die Frage gestellt worden: Wie ist das manchmal sehr späte Hervorbrechen der sogenannten Weisheitszähne geisteswissenschaftlich zu erklären? Hat das Auftreten dieser Weisheitszähne ebenso mit dem Freiwerden gewisser Erkenntniskräfte zu tun, wie dies beim Zahnwechsel der Fall ist?

Nicht wahr, wir müssen uns über Folgendes klar werden: Der Zahnwechsel bezeugt, daß gewisse Kräfte, die vorher den Organismus durchdrungen haben, durchkraftet haben, nun frei werden, sie werden dann, wie ich Ihnen dargelegt habe, Vorstellungskräfte, freie Vorstellungskräfte. Aber alles, was so im Organismus vorgeht, darf nicht streng abgegrenzt und abgezirkelt sein, das wäre gerade gegen den Sinn der Entwickelung. Dasjenige, was bis zu einer Epoche der Menschheitsentwickelung das Hauptsächlichste ist, von dem muß ein Rest zurückbleiben. Den Weisheitszahn bekommen wir eben später, weil noch immer ein Rest von dem im Organismus weiter wirken muß, was bis zum 7. Lebensjahre besonders radikal wirkt. Es muß ein Rest zurückbleiben. Wenn plötzlich alles abgeschlossen würde, würden wir Menschen einen sehr starken Ruck bekommen jedesmal, wenn wir zum Nachdenken übergehen wollen. Wenn wir zum Nachdenken übergehen wollen, dann kommen diese Kräfte, die vorher im Organismus bis zum 7. Jahre tätig waren, unter Willkür zur Anspannung. Das, was da als eine notwendige Brücke sein muß zwischen dem abgesonderten Geistig-Seelischen und dem Organischen, das muß bis zu einem gewissen Grade bleiben. Wir müssen frei werden für das Vorstellen, aber wir müssen doch zusammenhängen mit unserem Organismus. Das drückt sich darinnen aus, daß das Hervorbrechen des Weisheitszahnes so spät geschieht. Es bleibt eben etwas von der Kraft, die für das Vorstellen frei wird, doch noch in der organischen Entwickelung zurück.

Etwas Ähnliches können wir für alles Mögliche in der Menschenbildung entdecken, wie für diesen Weisheitszahn. Eine andere Frage, ebenso interessant wie diese, die gestellt worden ist, ist diese: Inwiefern können die Lehrer aus geisteswissenschaftlich-pädagogischer Kunst heraus durch die Erziehung dazu beitragen, daß die Kinder später ihre Anlagen richtig erkennen und somit ihren richtigen Platz im sozialen Leben finden?

Darauf muß gerade aus dem Geist der Geisteswissenschaft – wenn ich den Ausdruck gebrauchen darf – geantwortet werden, daß solche Fragen eigentlich wegfallen, denn sie sind rationalistisch, materialistisch gestellt. Das Kind muß bewahrt bleiben davor, sich irgendwie solch eine abstrakte Frage vorlegen zu können: Wie stelle ich mich nach meinen Anlagen auf den richtigen Platz des Lebens? Das Kind muß ganz allmählich mit allen möglichen Übergängen empfindungsgemäß zu dieser Entscheidung kommen. Und liegt eines Tages die abstrakte Frage vor unserer Seele: Wie sollen wir denn unsere Anlagen im Dienste der Menschheit verwerten? – so ist das schon eigentlich eine seelische Krankheit. In dieses ganze Einstellen in den Gang der Menschheitsentwickelung, in das Verhältnis zu unseren Mitmenschen müssen wir langsam und allmählich wie von selbst hineinwachsen. Das werden wir, wenn wir so erzogen werden, wie es hier angegeben worden ist. Dann werden wir gar nicht in diese krankhafte Frage hineinfallen können: Wie stelle ich meine Anlagen in soziale Dienste oder sonst hinein? Wir werden zum Beispiel dadurch, daß wir in gesunder Weise das Praktische eben kennen, schon beim Verlassen der Volksschule im Grunde genommen so dastehen, daß uns das Leben entgegenträgt die Art, wie wir uns in es hineinstellen sollen. Daß solche Fragen auftauchen und ganz ernsthaftig als etwas angeführt werden, was in unserer Zeit eine Rolle spielen kann, bezeugt, wie wir in unserem Zeitalter ins intellektualistische und damit ins materialistische Fahrwasser gekommen sind.

Deshalb möchte ich darauf hinweisen, wie konkrete allgemeine Grundsätze immer in ihren praktischen Konsequenzen im einzelnen ausgebaut werden können, wenn man dazu nur den guten Willen hat. Ich möchte im einzelnen auch noch auf diese Frage antworten: Ich wurde gefragt, wie es bestellt ist mit solchen Schwächen im orthographischen Schreiben, die beruhen auf Worten, wo das Wortbild, das Geschriebene, nicht eindeutig bestimmt hat, zum Beispiel ob ein h da ist oder ein e da ist zur Dehnung und dergleichen.

Ich habe gesagt, daß dem orthographischen Schreiben eine Einschulung im deutlichen Anhören zugrunde liegen muß. Dieses Schulen im Anhören wird das orthographische Schreiben unterstützen. Das deutliche Anhören, wenn es gepflegt wird, schult dann auch das genaue Sehen. Es unterstützen sich die Fähigkeiten gegenseitig; wenn man die eine in der richtigen Weise entwickelt, dann verlangt die andere auch in der richtigen Weise entwickelt zu werden. Man bekommt dann zum Beispiel durchaus eine Tendenz, das Wortbild als solches auch dem Sinn des Gesichtes, dem inneren Gesichte nach zu behalten, wenn man sich gewöhnt, genau zuzuhören. Das genaue Zuhören unterstützt das genaue Sehen, so daß für diejenigen Worte, bei denen die Orthographie scheinbar willkürlich ist, wie bei Dehnungszeichen und dergleichen, wir das Kind in bezug auf das orthographische Schreiben unterstützen können, indem wir es veranlassen, deutlich, mit plastischem Hineingehen in die Silben die Worte nachzusprechen.

All das, was ich sage, bitte ich aber eben nicht so zu nehmen, daß es etwa zu Dogmen werden könnte, sondern so zu nehmen, daß der Geist, der da in den Auseinandersetzungen lag, in der allerverschiedensten Weise angewendet werden kann. Ich kann mir schon gut vorstellen, daß jemand zum Beispiel über die Stellung der Griechen im allgemeinen Gang der abendländischen Kultur eine andere Anschauung hat, als die, welche ich beispielsweise bei meiner Auseinandersetzung der geschichtlichen Methode vor einigen Tagen zugrunde legte; da kann jemand eine ganz andere Ansicht haben, kann aber diese Ansicht mit derselben Methodik vorbringen, die ich vorgebracht habe. Mir kommt es nicht darauf an, etwas Dogmatisches über die Griechen vorzubringen, sondern ich wollte zeigen, wie man eine bestimmte Anschauung über dies oder jenes im Sinne einer symptomatologischen Geschichtsauffassung beizubringen hat. Denn ich glaube, daß es der Lehrer insbesondere in der Gegenwart notwendig hat, darauf aufmerksam zu sein, wie wir gar sehr des Hereinfließenlassens des Geistes und der Begeisterungsströmung in unsere menschliche Gesamttätigkeit bedürfen, um in der Erziehung den Menschen kennenzulernen. Vorurteilsfrei müssen wir auf das hinsehen, was uns beim Kinde schon entgegentritt, wenn wir es so erziehen wollen, wie es erzogen werden muß, wenn die nächste Generation schon ein wenig über die sozialen Schäden hinüber sein soll, die so furchtbar in die Gegenwart hineinragen.

Wer in der Lage ist, dieses Menschenleben unbefangen zu beobachten, der sieht, daß bei der Ausbildung des Intellektes schon beim Kinde sich das zeigt, was der Menschennatur so furchtbar eigen ist: die Bequemlichkeit. Was wir notwendig haben, um den Intellekt auszubilden, das ist – bitte jetzt nicht über das Paradoxon etwa innerlich zu lachen –, das ist Willensentwickelung des Menschen. Der Intellekt wird gesund, wenn wir den Willen gesund erziehen, durch jene Methoden, die ich geschildert habe, durch möglichst frühe Einführung der Kunst in den Volksschulunterricht; denn die Kunst stärkt den Willen. Wir unterrichten den Willen und pflegen damit ganz besonders den Intellekt. Und erweitern wir umgekehrt den Gesichtskreis des Kindes durch Vorbringung von hochsinnigen, weitschauenden Vorstellungen, wie man es im Geschichts- und im Religionsunterricht tun kann, dann wirkt man auf den Willen. Das ist das Sonderbare, daß die richtige Erziehung des Intellekts auf die Aktivierung des Willens, die richtige Erziehung des Willens auf die Aktivierung des Intellektes wirkt. Über alle diese Dinge ist durch den Materialismus der letzten Jahrhunderte eine furchtbare Finsternis gebreitet worden. Man bemerkt es heute noch kaum, wie sich in der tiefsten Menschennatur eine gewisse innere Bequemlichkeit des Seelenlebens gegen die Aktivität des Denkens geltend macht. Der Egoismus sollte studiert werden, weil er sich in der heutigen Zeit so raffiniert geltend macht, weil er so stark wirkt, wenn die Gemüts- und Gefühlsbildung in Betracht kommt. Darauf muß immer wieder und wiederum hingewiesen werden. Eine richtige Willensinitiative kann nur zustande kommen, wenn man den Menschen den Blick erweitert und auf das hinlenkt, was geistig wirkt in der Welt, geistig wirkt von den Sternen hinunter, geistig wirkt aus der Weltgeschichte, geistig wirkt im tiefsten innersten Menschenherzen. Nur indem man den Menschen eine geistige Weltanschauung erschließt, kann man ihren Willen aktivieren. Das sollte eben eingesehen werden. Wir müssen hinauskommen über gewisse Dinge. In unserer Gesinnung, die wir namentlich auch mit Bezug auf die erzieherische Kunst entwickeln, steckt noch zu viel – ich möchte nicht zurückhalten mit diesem Radikalismus wenigstens –, steckt noch zu viel Robinson.

Der Robinson und alles, was mit ihm zusammenhängt, ist das Symptom für das Heraufziehen alles Philiströsen, alles eng Pedantischen, alles Engmaschigen in der menschlichen Lebensanschauung und insbesondere in unserer Einwirkung auf die Kinder: Dieser Robinson wurde so recht dargestellt für die bürgerlich-engherzige Weltanschauung des 18. Jahrhunderts und hat überall Nachahmung gefunden. Kaum war der englische Robinson da, gab es einen tschechischen, einen polnischen, einen deutschen, einen kroatischen Robinson. Man weiß nicht was noch – in allen europäischen Sprachen waren die Robinsonaden da. Robinson ist ja diejenige Persönlichkeit, die keine Persönlichkeit ist, weil sie gewissermaßen wie eine menschliche Maschine in Not und äußerliche Veranlassungen versetzt werden soll, damit sie Stück für Stück das, was nur dann gesund in der menschlichen Entwickelung entstehen kann, wenn es aus der innersten Aktivität heraus sich entwickelt, aus der äußeren Not heraus entwickeln soll. Seite für Seite des Robinson könnte man durchgehen und die Philisterhaftigkeit, die gerade in diesem Robinson zum Ausdruck gekommen ist, darlegen; könnte jenen jämmerlichen Rationalismus einer religiösen Weltauffassung darlegen, der da sagt: Wir haben einen einheitlichen Gott, und der Mensch ist ein guter Mensch, wenn er nur nicht verdorben wird durch diese oder jene Faktoren. Diese Philisterauffassung, die durchaus absieht davon, daß der Mensch lebendigen Geist braucht, der seine Seele durchzieht, den er in der Geschichte, den er überall auch bis in die Sterne hinauf wirksam sieht, dieser Robinson haust auch dort, wo er nicht gelesen wird, als Gesinnung. Diese Philistergesinnung muß aus der Menschheit wiederum heraus; denn sie ist es, welche durch die feinsten Kanäle in alles mögliche geronnen ist, was uns heute von da oder dort entgegentönt und das Leben so gestaltet, daß eigentlich überall nur Sinn ist für Mittelmäßigkeit, für das Nichtübersteigen eines gewissen Niveaus. Der Robinson ist es, der den Sinn für das Nichtüberragende, für das Nichtgeniale, für das Durchschnittsmäßige großgezogen hat. Ich weiß, daß man eigentlich in sehr, sehr viele Herzen hineinstößt und es bitter empfunden wird, wenn man gerade auf die Robinsonaden, auf das intellektuelle Abenteuer der europäisch-amerikanischen Zivilisation aufmerksam macht, das in der Überschätzung des Robinson liegt. Aber man muß sich schon auch diesem Gefühl ein bißchen überlassen, daß man halt hineingewachsen ist in dasjenige, mit dem man groß geworden ist. Man ist aufgewachsen mit der Robinson-Gesinnung, und man muß sich schon ein bißchen besinnen, um das loszukriegen, was in die moderne Menschheit mit dieser Robinson-Gesinnung hineingewachsen ist.

Gewiß, in einer Beziehung war dieser Robinson eine Art Protest gegen etwas, was in der christlichen Entwickelung immer mehr und mehr heraufgekommen ist. Die christliche Entwickelung geht ja im Grunde genommen davon aus, so wie sie geworden ist, nicht wie sie im ursprünglichen Christentum lag, daß die menschliche Natur verdorben ist. Der Rationalismus, die Aufklärerei des 18. Jahrhunderts, aus der der ganze Robinson heraus auch gedacht und geschrieben ist, geht davon aus, daß die menschliche Natur doch eigentlich gut ist, daß nur ihre bösen Feinde hinweggeräumt werden müssen, damit ihr Gutes herauskommt. Beides sind furchtbare Einseitigkeiten. Begreiflich ist es schon, daß gegenüber dem Vorurteil von der Verdorbenheit, von der Grundverdorbenheit der menschlichen Natur, das andere Vorurteil auftauchte von der Grundgutheit der menschlichen Natur. Im Grunde ist ja auch das nichts anderes, was als der letzte Rest des Philistertums, aber eines argen Philistertums, in dem begeisterten und begeisternden Philister *Jean-Jacques Rousseau* lebt. Es ist die Meinung, daß, wenn man den Menschen nur wie ein Naturkind aufsprießen läßt, er schon alles machen wird, wie sich sozusagen um Robinson herum, auch noch unter der Einwirkung eines baptistischen französischen Priesters, alles in der allerbesten Weise mit Nüchternheit macht. Gewiß, so ist ja ungefähr die Meinung; aber wir werden die Menschen vom gegenwärtigen Kulturstandpunkt aus nicht weiterbringen, wenn wir irgendeiner dieser Einseitigkeiten verfallen. Die eine wie die andere Einseitigkeit muß in einer gewöhnlichen Synthese Lösung finden. Der Mensch ist ja ganz gewiß von Natur aus gut, das heißt, seinem Wesen nach gut; denn das Kind spricht, so wie es als nachahmendes Geschöpf in die Welt hereintritt, gewissermaßen überall das Urteil aus: Ich glaube an die Güte der Welt, die mich aufgenommen hat. Das ist ein unbewußtes Urteil des Kindes. Aber so wahr es ist, daß der Mensch seiner Wesenheit nach gut ist, so wahr ist es, daß der Mensch seiner Wesenheit nach, ich möchte sagen, wie das Produkt eines Lebendigen ist. Fleisch unmittelbar geschlachtet, ist gut; nach acht Tagen ist es nicht mehr gut. Es ist deshalb schlecht, weil es stinkig geworden ist; es muß eben etwas zu seiner Verbesserung getan werden, wenn man es nach acht Tagen noch genießen will. Der Mensch ist seinem Wesen nach gut. Aber er wird, wenn er so bleibt, wie er ist, wenn er aus der geistigen Welt vom vorgeburtlichen Dasein herunterschreitet in die physische Welt, er wird schlecht, wenn in ihm nicht die Kraft geweckt wird, sich selber zu verbessern.

Da haben Sie beides: Der Mensch ist gut seinem Urwesen nach, aber in ihm müssen die Kräfte erweckt werden, sich die Güte zu erhalten. Und der Mensch ist nicht von Grund aus verdorben, aber er verdirbt, wenn man in ihm nicht die Kräfte erweckt, durch die er sich seine ursprüngliche Kraft erhalten kann. Es ist ebenso falsch zu sagen, der Mensch bringe seine Güte unbedingt zum Vorschein, wenn er sich selbst überlassen bleibe, wie es falsch ist zu sagen, der Mensch sei von Grund aus verdorben. Richtig ist es, daß der Mensch seinem Wesen nach gut ist. Es müssen aber die Kräfte in ihm immer neu geweckt werden, die dieses Gute zur fortschreitenden Entwickelung bringen, weil sonst die menschliche Natur verdorben wird, wenn sie nicht durch die eigene Aktivität in die Richtung nach dem Guten hin erhalten wird. Diese Gesinnung müssen wir eigentlich in uns tragen gegenüber der Entwickelung der Menschheit. Sie wird dann auf die Kinder übergehen, wenn wir sie selber haben, wenn wir das Märchen so erzählen, den Maikäfer so schildern, den Stern so beschreiben, daß etwas zu merken ist im Einzelnen oder im Zusammenhang des Ganzen, wie wir davon überzeugt sind, daß das, was gerade der Mensch im Weltenzusammenhang bedeutet, von dem Urelement heraus gut ist, daß aber diese Güte fortwährend gepflegt werden muß und daß von der Pflege des Menschen das Gutsein der ganzen Welt abhängt; daß es in den Menschen hineingelegt ist, an der Entwickelung der ganzen Welt mitzugestalten.

In dieser Beziehung sind wir abgekommen von dem, was aus einer Urweisheit heraus – wie es eine solche ja in der Menschheit wirklich gegeben hat – unsere Altvordern gehabt haben. Es ist merkwürdig, wie selbst noch im älteren Griechenland, gar nicht zu reden von Ägypten, wo das selbstverständlich war, alles Unterrichten, alles Einwirken aber auch des Priesters, des religiösen Menschen auf das Volk, mit dem Begriff des Heilens zusammengebracht worden ist. Wissen übermitteln, das war überhaupt ein Begriff in alten Zeiten, der ganz gleichbedeutend war mit Heilen. Der Arzt war im Grunde genommen nur, ich möchte sagen, ein etwas anderer Priester und der Priester ein etwas anderer Arzt. Daß das Doktor-Sein irgend etwas mit Verbessern zu tun hat, das wurzelt ja sogar heute noch im Volke. Der »Dr. Mammoniae«, der ist selbstverständlich eine Art Eitelkeitsprodukt der Gegenwart. Die gegenwärtige Menschheit ist bis in solche Dinge hinein außerordentlich eitel. Denn dasjenige, was Gelehrsamkeit ist, was Erkenntnis behandeln und mitteilen ist, Lehrerberuf, Arztberuf, alles mögliche, das floß für die ursprünglichen Instinkte der Menschheit in Eins zusammen. Mit alledem war der Begriff des Heilens verknüpft. Warum? Weil eine ganz bestimmte Anschauung dem zugrunde lag, eine Anschauung, die wir leider heute in unserer materialistischen Zeit nicht haben, zu der wir aber wiederum hinsteuern müssen. Es ist die Anschauung, daß in der geschichtlichen Entwickelung der Menschheit, auch insofern die Naturkräfte in diese geschichtliche Entwickelung der Menschheit hereinspielen, immerfort ein Niedergangselement liegt, ein Element, das in die Dekadenz hineinführt, und daß der Mensch dazu berufen ist, aus seiner Kraft heraus den Niedergang fortwährend in einen Aufstieg zu verwandeln.

Das kulturhistorische Werden droht beständig krank zu werden. Der Mensch muß aus seinem Lehren, aus seinem Wirken heraus dasjenige, was fortwährend im Kulturwerden krank werden will, heilen. Das ist etwas, das durchschaut werden muß. Die Geschichte enthält Niedergangskräfte, und von den Niedergangskräften darf nicht erwartet werden, daß sie die Menschheit erhalten können. Wenn der Marxismus heute davon lebt, daß alles auf wirtschaftlichen Kräften aufgebaut ist und das Geistige eine Art Überbau ist, dann beruht das ganz gründlich auf dem Materialismus der letzten Jahrhunderte. Denn was würde aus diesen rein wirtschaftlichen Produktionskräften, wenn sie sich, ohne daß von dem Menschen aus eine fortwährende Verbesserung geschehen würde, selbst überlassen würden? Sie führten die Menschen nur in das Krankmachen des sozialen Lebens hinein. Trotzkismus und Leninismus bedeutet Krankmachen der ganzen Kulturentwickelung Europas.

Der Osten wird, wenn der Marxismus doch verwirklicht wird, wenn es ihm gelingt, bis in die Schule hineinzudringen, er wird ein künstliches Kranksein der europäischen Kultur; denn er rechnet damit, daß aus dem Außermenschlichen heraus allein Kultur werden könnte. Kultur kann aber nur werden, wenn der Mensch dasjenige, was im Außermenschlichen fortwährend in den Niedergang strebt, von sich aus fortwährend heilt. Das müssen wir uns wieder erringen, vor allen Dingen in der Schule, daß der Lehrer, der durch die Schulpforte eintritt, sich als eine Art Arzt der menschlichen Geistesentwickelung verhält, der durch das werdende Kind der Kulturentwickelung das Arzneimittel einflößt. Das ist keine Eitelkeit, das ist kein Hochmut, wenn der Lehrer in dieser Weise sich als den fortwährenden Arzt der Kultur fühlt. Denn wird das in der richtigen Weise gefühlt, dann trägt es auch in unser Gemüt hinein das Bedürfnis, gerade wenn man Lehrer ist, hinzuschauen auf die großen Interessen der Menschheit, auf dasjenige, was immer als die durchgreifenderen, die großen Interessen die Menschheit bewegt hat. Der Horizont des Lehrers kann nicht groß genug genommen werden. Der hohe Sinn des Lehrers, er kann nicht hoch genug sein. Gerade wenn wir uns bewußt werden, was mit der Erziehung für die Menschheit geleistet werden soll, dann wird Hochsinnigkeit des Horizontes auch immer die nötige Bescheidenheit in sich schließen, das nötige Verantwortungsgefühl zugleich bringen.

Meine sehr verehrten Anwesenden, Sie werden gesehen haben, daß stets in diesen Stunden versucht worden ist, wahrzumachen für die geisteswissenschaftliche Grundlegung einer Erziehungskunde dasjenige, was ja schließlich auch *Herbart* gesagt hat: Er könne sich keinen Unterricht denken, der nicht zugleich Erziehung wäre, und er könne sich keine Erziehung denken, die des Unterrichts entbehren könne. Aber es handelt sich darum, daß wir uns mit dem Geiste durchdringen, der lebendig genug ist, daß wir alles dasjenige, was uns geboten wird als Unterrichtsstoff von der fortschreitenden Entwickelung der Menschheit, in die Schule so hineintragen können, daß es unter unseren Händen Erziehung wird für das Kind. Es ist eine hohe Aufgabe, welche die Menschheit in ihrer Ganzheit uns stellt. Wozu es die Menschheit gebracht hat, das müssen wir durchschauen, das müssen wir umwandeln in unseren Händen, daß es geeignet werde für das jüngste Kind! Wir werden es können, wenn wir den Geist in solcher Lebendigkeit erfassen, wie er in der Geisteswissenschaft übertragen werden soll und wie er hier übertragen ist, wenn von einer Befruchtung der Erziehungskunst durch die Geisteswissenschaft gesprochen wird.

Ich möchte nicht in einer Art von Schlußwort, meine sehr verehrten Anwesenden, diese Vorträge zum Abschluß bringen, sondern möchte sie eben gerade ausklingen lassen in das Wort, das ich nun nicht sentimental, sondern aus der Sache heraus vor Sie hinzustellen versuchte, das Wort: Erziehen kann nur in der richtigen Weise ausgeübt werden, wenn es aufgefaßt wird als ein Heilen, wenn der Erzieher sich bewußt wird: ich soll ein Heiler sein. Wenn diese Vorträge ein wenig dazu beigetragen haben, das erzieherische und unterrichtende Bewußtsein zu vertiefen, so daß wiederum gefühlt werden kann, oder vielmehr, daß wir nach und nach dazu kommen können wiederum zu fühlen, wie wir Heiler, wie wir Geistesärzte werden müssen, wenn wir im richtigen Sinne Lehrende und Erziehende sein wollen, dann haben diese Vorträge wenigstens andeutend ihr Ziel erreicht; und ich möchte nur wünschen, daß an das, was der verehrte Vorsitzende dieser Vorträge gesagt hat, sich anschließen möge: ein Verarbeiten des Stoffes. Ich werde meinerseits jederzeit, wenn man an mich herantritt, gern bereit sein, zu tun, was Sie haben wollen, damit das, was ich jetzt nur in höchst unvollkommener Form in 14 Andeutungen geben konnte und wovon ich so gerne möchte, daß es in das Bewußtsein der Menschheit hereintrete, nun auch wirklich mehr und mehr in das Bewußtsein eintritt.

Fragenbeantwortung im Anschluß an den ersten Vortrag

Es ist ja sehr natürlich, daß bei einem solchen Vortragskursus in einem ersten Vortrage nicht alles gesagt werden kann, daß sich manches, was in der Einleitung nur angedeutet ist, gerade in der Folge derselben ergeben wird, und daß daher auch solche Fragen gestellt werden können, die in den folgenden Vorträgen aus dem Zusammenhange heraus zur Beantwortung kommen. Dennoch möchte ich bitten, daß schon heute Fragen gestellt werden. Sie könnten das ja auch so machen, daß die Fragen aufgeschrieben werden, und dann ist es möglich, die folgenden Vorträge so zu halten, daß die Fragen im Laufe des Kursus im Zusammenhange dann beantwortet werden. Also es ist durchaus nicht unnötig oder überflüssig, solche Fragen auch heute oder besonders morgen, wo man sich einiges überlegt hat, zu stellen.

Es liegt nun bereits eine schriftliche Frage hier vor, mit der Bitte um eine Andeutung, wie ein einseitig für Mathematik und Naturwissenschaft begabter Knabe, im dritten Lebensalter, also nach der Geschlechtsreife stehend, der gar keine Begabung für fremde Sprachen hat, behandelt werden kann.

Nun, das ist allerdings gerade eine solche Frage, die mit sehr vielem, das ich ausführlich behandeln werde, zusammenhängt. In den nächsten Vorträgen werde ich ausführlich behandeln diese besonderen spezialisierten Begabungen und werde auch zeigen, wie man solche spezialisierten Begabungen nach der einen Seite in den Dienst der Gesamtentwickelung des Menschen stellen kann, auf der anderen Seite aber sie harmonisieren kann, dadurch, daß man in einer Weise gerade pädagogisch vorgeht. Also im einzelnen wird darüber schon viel gesprochen werden in der nächsten Zeit. Aber ich möchte, um dem Fragesteller gegenüber nicht ganz unhöflich zu sein, das Folgende darüber sagen.

Die einseitige Begabung der Knaben – sie ist in seltener Weise auch bei Mädchen vorhanden, aber da ist sie ja so selten, daß die Betreffenden in der Regel sogar ausführlich Biographien, die man studieren kann, bekommen, weil sie dann berühmte Mathematiker werden –, diese einseitige Begabung für Mathematik und Naturwissenschaften, die beruht im wesentlichen darauf, daß ein scheinbar recht unbedeutendes Organ des Menschen fein ausgebildet ist. Vielleicht wissen die meisten von Ihnen, daß in solchen Familien, wie zum Beispiel in der Familie der Bernoulli, durch acht Generationen hindurch einzelne Mitglieder der Familie ganz besonders begabt waren für Mathematik. Andererseits, nicht wahr, weiß man ja auch, daß in der Familie der Bach eine ganze Menge großer und kleiner Bache und Bächlein waren, die allerbegabtest in musikalischer Beziehung waren. Bei solcher Begabung für Mathematik und für die mathematische Gestaltung der Naturwissenschaft – manchmal sind gerade physikalisch und mathematisch sehr gut begabte Knaben nicht geeignet für die Beobachtung, sagen wir zum Beispiel in der Botanik oder in der Zoologie, sie sind manchmal gute Kristallographen zugleich, aber sie sind nicht sehr begabt für die Beobachtung der eigentlichen physikalischen Eigenschaften der Mineralien, das alles kann man in den verschiedensten Nuancierungen erleben –, da ist ganz besonders stark ausgebildet ein scheinbar unbeträchtliches Organ, nämlich die sogenannten drei halbzirkelförmigen Kanäle in dem menschlichen Hörorgan. Diese drei aufeinander senkrecht stehenden kleinen Gehörknöchelchen, die können beim Menschen so gestimmt sein, daß sie ein sehr ausgeprägtes Raum- und Zahlengefühl mit sich führen, oder aber, daß das weniger der Fall ist, so daß also diese Begabung besonders damit zusammenhängt. Nun aber, wenn der menschliche Organismus nach dieser einzelnen Lokalität hin – wenn ich mich so ausdrücken darf – besonders ausgebildet ist, so bedingt das, daß herausgeholt ist diese besondere Begabung aus dem eigentlichen Gehörorgan. Nämlich im Gehörorgan, in der Totalität des Gehörorgans sind zusammengefügt die eigentlichen Organe für das Hören, die wiederum einen inneren Zusammenhang haben mit den Organen des Sprechens, und die Organe für den Gleichgewichts- und Zahlensinn. Diese sind gewissermaßen zusammengeschweißt. Ist der Mensch einseitig nach den Gehörsknöchelchen hin ausgebildet, die in den drei halbzirkelförmigen Kanälen zutage treten, so geht diese Begabung auf Kosten der anderen Begabung für das Hören der Sprachlaute und so weiter, und namentlich für das Hören des Sprachaufbaues. Diese Begabung ist zu kurz gekommen, und die Folge davon ist, daß dann gerade solche mathematisch gut begabten Kinder weniger sprachbegabt sind. Da hilft dann nichts anderes, als daß man versucht, gewissermaßen früher anzufangen gerade bei solchen Kindern, sobald man bemerkt, daß die mathematische Begabung zu stark nach der Einseitigkeit hinspielen könnte, mit dem Sprechenlernen es so zu halten, daß man möglichst, ohne auf das Intellektuelle einen starken Wert zu legen, also möglichst ohne auf den grammatikalischen Satzbau und dergleichen einen starken Wert zu legen, das Sprechenlernen heranzuerziehen an der rhythmischen Sprache. Wenn man versucht, solche Kinder auswendig lernen zu lassen, ohne daß sie besonders auf den Inhalt eingehen, sondern nur Freude am Rhythmus der Sprache haben, Gedichte in der fremden Sprache, kleine Gedichte auswendig lernen zu lassen und dann erst dasjenige, was sie zuvor bloß lautlich aufgenommen haben, umzusetzen in das Verstehen, also das Verstehen aus dem zu holen, was sie schon in sich tragen, dann erfährt man, daß sie in der Tat, wenn man nur früh genug beginnt, die Einseitigkeit überwinden können. Es ist überhaupt notwendig, wie wir in den folgenden Vorträgen sehen werden – wir haben in der Waldorfschule in Stuttgart durchaus zu dieser Praxis gegriffen –, es ist durchaus notwendig, gerade um das siebente, achte Lebensjahr nicht von einer intellektuellen Erziehung auszugehen, sondern von einer mehr ins Künstlerische hineingehenden Erziehung. So daß man zum Beispiel nicht das Schreiben auf intellektuelle Weise beibringt aus den Buchstabenformen heraus, sondern beibringt nach und nach aus einer Art primitiven Zeichnens. Man entwickelt dadurch mehr den Willen als den Intellekt, während man beim heutigen Schreiben zu stark zum Intellekt spricht, und dadurch nimmt man den ganzen Menschen in Anspruch. Dadurch werden einzelne einseitige Begabungen in einer gewissen Weise ausgeglichen. So also ist das zu erreichen.

Wenn nun auch gefragt wird, wie das Gedächtnis für das orthographische Wortbild zu wecken ist, so glaube ich – ich werde auch darüber noch in den nächsten Vorträgen viel sprechen –, daß dazu notwendig ist eine gute Beobachtung der Verschiedenheit der menschlichen Kräfte in den drei aufeinanderfolgenden Lebensepochen bis zum Zahnwechsel, bis zur Geschlechtsreife, dann über die Geschlechtsreife hinaus bis in das 20. Lebensjahr hinein. Man muß einen Beobachtungssinn für diese drei Lebensepochen in der Verschiedenheit ihrer spezifischen Lebenskräfte entwickeln. Man wird nämlich merken – ich glaube über diese Sache ganz besonders sachgemäß sprechen zu können aus Gründen heraus, die Sie vielleicht zwischen den Zeilen dessen, was ich sagen werde, merken werden –, man kann merken, daß Leute, welche bis zu ihrem fünfzehnten Lebensjahr gar keinen Sinn haben für das orthographische und namentlich grammatikalische Wortbild oder Satzbild, für ihre Muttersprache nicht einmal, geschweige denn für eine fremde Sprache, daß sie, wenn man sie so behandelt, daß man sie auf das Rhythmische, Taktmäßige hinweist, dann wie aus Untergründen der Seele nach dem fünfzehnten Jahre das von selbst nachholen. Es ist deshalb wirklich recht unangemessen, zu großen Wert darauf zu legen, wenn man Kinder, bei denen man sonst eine gute Begabung bemerkt, zurückläßt aus dem Grunde, weil sie etwa für orthographische Wortbildung oder für Grammatikalisches oder dergleichen nun keine besondere Begabung zeigen. Studieren Sie, was Goethe zusammengeschrieben hat in seiner Knabenzeit und wie er mit wenigem auf ganz intimem Fuße mit der Grammatik und namentlich auch mit der Orthographie gestanden hat, als er schon ziemlich erwachsen war, so werden Sie doch ein sehr anderes Urteil gewinnen, als man sehr häufig hat, wenn man sieht, daß nun ein Bube oder Mädchen, das schon dreizehn Jahre alt geworden ist, noch nicht einmal orthographisch schreiben kann. Anstatt immer zu bedauern, sie können nicht orthographisch schreiben, und immerfort zu fragen: Was soll man denn tun, damit sie nun orthographisch schreiben lernen? – wäre es viel günstiger, darüber nachzudenken: Wo stecken denn eigentlich die wirklichen Fähigkeiten, wenn sie nicht da drinnen sind? – und aufzusuchen gerade das Gebiet, wo die wirklichen Fähigkeiten stecken, um dann auf irgendeine Weise die Brücke zu finden, um eventuell auch dasjenige noch hineinzubringen, was in solche Leute hineingebracht werden muß.

Sie werden immer sehen, wenn Sie bei einseitig mathematisch begabten Kindern stark das künstlerische Element betonen in der Erziehung, daß sich das immer ausgleichen wird.

Aus der Fragenbeantwortung im Anschluß an den vierten Vortrag

Dr. Steiner (auf Einwendungen antwortend, die mündlich vorgebracht wurden): Ich möchte heute nur weniges noch sagen: Es ist ja ungeheuer naheliegend, davon auszugehen, daß zum Beispiel Zeichnungen der Kinder erinnern an Zeichnungen wilder Völker. Dem liegt aber eine völlig unbegründete Hypothese zugrunde, daß nämlich die Völker, bei denen wir heute diese Zeichnungen finden, die Urvölker gewesen seien. Wir finden allerdings, daß wir die Zeichnungen der Kinder vergleichen können mit Zeichnungen, die, wie wir sagen, primitive Völker machen. Diese Völker sind aber nicht primitiv, sondern dekadent. Dazu macht die naturwissenschaftliche Anthropologie noch den Fehler, daß sie die Völker, die heute wild und barbarisch leben, gewissermaßen wie diejenigen ansieht, von denen wir alle mehr oder weniger abstammen. Die Erziehungskunst darf nicht aufbauen auf einen solchen wissenschaftlichen Fehler; denn wenn sie das tut, wird sie eben diesen Anklang kindlicher Eigenheiten an Eigenheiten von heute lebenden wilden Völkern überschätzen; und dieser Anklang ist auch in der neuesten Zeit gründlich überschätzt worden. Die Tatsachen kann man selbstverständlich zugeben, aber die Verbindung der Tatsachen beruht auf einer Verkennung des wirklichen Zusammenhanges zwischen der Entwickelung des einzelnen Menschen mit der ganzen Menschheitsentwickelung. Auch das ist nicht ausschlaggebend, daß wir heute Kinderverse finden, die weit in die Zeit, die ich hier als den 5. Zeitraum angegeben habe, zurückgehen. Weiter gehen diese Kinderverse nicht zurück. Würden wir durch Geisteswissenschaft weiter zurückgehen, als es die äußere Anthropologie kann, so würden wir finden, daß wir heutige Kinderverse durchaus nicht anführen dürfen für das, was in früheren Zeiten der Menschheitsentwickelung vorhanden war.

Auf nichts anderes möchte ich heute hinweisen, als daß von der äußerlichen Anthropologie, die den Menschen von der Gegenwart in die Urzeit zurückverfolgt, die im heutigen Menschen einen Nachklang des Urmenschen sieht, der Weg beschritten werden muß zu einer geisteswissenschaftlichen Betrachtung der Menschheitsentwickelung. Auf diesem Weg muß man natürlich auch ein Gefühl entwickeln für das, was nur historisch von der instinktiven Urkultur der Menschheit übriggeblieben ist. Ich erinnere an die Veden-Literatur, an die ungeheuer bedeutsamen Taosprüche des Laotse und so weiter. Gerade der, welcher eine geisteswissenschaftliche Betrachtung der Menschheitsentwickelung vermittelt, wird alles das, was historisch überliefert ist, berücksichtigt haben, bevor er zu dem gelangt, was ich hier erwähnt habe.

Gestern habe ich nicht umsonst gesagt, es wäre selbstverständlich viel bequemer, in das allgemeine Horn hineinzublasen, als sich so vielen

Dingen entgegenstemmen zu müssen. Gerade das ist aber heute ein gefährlicher pädagogischer Grundsatz: den Parallelismus zu ziehen zwischen dem, was Kinder tun, mit dem, was die heutigen wilden Völker tun oder was uns heute frühere Zeiten – was man heute »frühere Zeiten« nennt – vormachen. Denn es handelt sich tatsächlich darum, daß wir wirklich finden die Quellen des geistigen Lebens, und wir müssen sie ja im Kinde erst suchen.

Dann das andere. Beachten Sie, bitte, daß ich doch gesagt habe, es findet sich heute der abstrakte Grundsatz – ich habe ihn sogar als mustergültig bezeichnet –, aus dem Kinde heraus zu entwickeln. Das können wir heute in allen Varianten hören, und wir können den Glauben finden, daß man es tue. Aber versuchen Sie nur einmal erst darauf einzugehen, was es heißt, die kindliche Natur nicht als ein unbekanntes Mystisches hinzunehmen, das dann aus sich heraus entwickelt werden soll, sondern sich selbst erst bereit zu machen durch das, was wir in uns als Selbsterziehung erlangen, was wir nur durch Geisteswissenschaft erlangen können. Versuchen Sie durch Geisteswissenschaft einen Blick zu erlangen für das, was wirklich in den Kindern lebt! Ich habe durchaus nichts gegen den Grundsatz, man solle nichts von außen an das Kind heranbringen, sondern alles in dem Kinde sehen; man muß aber erst lernen, in dem Kinde zu sehen. Dazu muß der Mensch erst durchsichtig werden. Und das, was ich gebe, führt ja nur dahin, wirklich die verschiedensten Seiten der Menschennatur zu sehen. Man verdeckt sich aber die verschiedenen Seiten der Menschennatur durch vieles von dem, was heute aus der gewöhnlichen materialistischen Gesinnung heraus stammt. Denn dasjenige, was man heute vielfach geistig-seelisch nennt, ist ein Abstraktes, ein Intellektualistisches. Manches von dem, was natürlich notwendig ist, um die Dinge zu belegen, die ich ausgesprochen habe, wird ja erst in den folgenden Betrachtungen wirklich zutage treten. Aber weder habe ich etwas dagegen, wenn man sagt, man soll dasjenige, was im Kinde ist, vor allen Dingen schätzen und bewerten und es aus dem Kinde herausholen, noch habe ich etwas dagegen, wenn jemand sagt, man soll nicht das, was in uns ist, in das Kind hineinbringen. Im Gegenteil, die beiden Grundsätze betrachte ich als etwas ganz Selbstverständliches. Es handelt sich mir nur darum, zu zeigen, wie es möglich ist, diese beiden Grundsätze im umfassenden Sinne wirklich zu beachten.

Aus der Fragenbeantwortung im Anschluß an den sechsten Vortrag

Damit ich nichts schuldig bleibe, möchte ich jetzt noch einige von den Fragen beantworten, die mir gestellt worden sind. Zunächst möchte ich auf die Frage der Psychoanalyse, die ja so oft von den verschiedenen Seiten her gestellt wird, eingehen. Diese Psychoanalyse ist so recht das Kind unserer materialistischen Zeit. Unsere materialistische Zeit kommt nicht einmal dazu, den Einklang zu suchen zwischen dem schaffenden Geiste, der, ich möchte sagen, der Künstler unseres Leibes ist, und zwischen der körperlichen, physischen Organisation. Beide stehen nebeneinander, das Körperlich-Physische und das Geistig-Seelische, und die Theorien bemühen sich, Brücken zwischen beiden zu schlagen. Was haben wir in der neueren Zeit alles erlebt an solchen Brücken, die geschlagen werden sollen zwischen dem Geistig-Seelischen und dem Physisch-Leiblichen, von den Anschauungen des Cartesius bis herauf zu dem psycho-physischen Parallelismus und so weiter! Alle diese Theorien sind im Grunde nur aus der Ohnmacht geboren, den Menschen als ein Ganzes zu überschauen. Man sieht nicht, wie alles Physische aus dem Geistigen heraus plastiziert wird, und wie alles Geistige im Grunde genommen in diesem physischen Leben gleichzeitig sich offenbart nach der anderen Seite als ein Physisches. Man muß nur verstehen, wie man im Grunde genommen nur durch Abstraktion das eine von dem anderen trennt. Und so ist es denn gekommen, daß gewisse Erscheinungen, die man verstehen kann, wenn man diese Harmonie zwischen dem Physischen und Psychischen durchschaut, in der neueren Zeit ganz verkannt wurden.

Nehmen Sie einmal an, ein junger Mensch habe ein ihn erschütterndes Erlebnis. Jedes erschütternde Erlebnis wirkt namentlich vor dem 20. Jahr zugleich organisch – in späteren Lebensjahren findet eine solche Wirkung auch noch statt, wenn auch in geringerem Ausmaße. Irgend etwas geht auch im Physischen vor. Von diesen Zusammenhängen wird heute eigentlich nur das, was sich an der äußersten Oberfläche abspielt, durchschaut. Man sieht wohl darauf hin, wie der Mensch erbleicht, wenn er Angst hat, und wie er errötet, wenn er sich schämt. Man sieht aber nicht, wie ein erschütterndes Erlebnis, das vielleicht durch Wochen das menschliche Gemüt in eine bestimmte Empfindungsrichtung bringt, auch im ganzen menschlichen Organismus etwas rein physisch in eine andere Richtung bringt, als dies gekommen wäre, wenn dieses erschütternde Erlebnis nicht stattgefunden hätte. Das menschliche Organ wird zunächst eine ganz normale Struktur haben. Diese normale Struktur reagiert nun zunächst gegen die Erschütterung. Nach einer bestimmten Anzahl Jahren wird sich, da das menschliche Leben rhythmisch verläuft, eine gewisse Art der Wiederholung der ursprünglichen Organerschütterung einstellen. Wenn man einen 38jährigen Menschen kennenlernt, bei dem irgendwelche seelische Anomalien auftreten, wird man diesen Vorgang nur verstehen, wenn man sich sagt: Das Erlebnis, das in diesem Fall in der Seele auftritt, weist auf ein früheres Erlebnis hin, das ebenso viele Jahre vor dem 35. Jahr liegt, als die Wiederholung nach dem 35. Jahr liegt. Der eigentliche Grund der seelischen Anomalie, die wir bei dem 38jährigen Menschen beobachten, kann somit in einem Erlebnis liegen, das der betreffende Mensch in seinem 32. Lebensjahr gehabt hat. Das Heraufkommen des Erlebnisses im 38. Jahr versteht man, wenn man den Zusammenhang zwischen der seelischen Erschütterung, die im 32. Jahr stattfand, und gewissen physischen Organen erkennt. In einem anderen Fall kann es so sein, daß das gegenwärtige Erlebnis auf ein anderes Erlebnis hinweist, das ebenso viele Jahre vor dem 28. Jahr stattfand, als Jahre seit dem 28. Jahr verflossen, bis die Wiederholung des Erlebnisses auftrat. Eine Beobachtungsgabe muß man sich aneignen, um den Zusammenhang zwischen dem Seelisch-Geistigen und der Organologie zu erkennen. Was tut statt dessen unsere Zeit? Wenn man Arzt ist und noch so materialistisch denkt, kann man doch nicht leugnen, daß es immerhin ein Seelenleben gibt. Der Materialismus zeichnet sich nun gerade dadurch aus, daß er nichts von der Materie versteht, und in der Zeit des Materialismus kann die Tragik erlebt werden, daß dieser Materialismus die materiellen Prozesse nicht versteht. Und gerade deshalb bezieht man nicht das seelische Erlebnis auf das Materielle. Man sagt dagegen fälschlicherweise: Eine isolierte Seelenprovinz, die durch lange Jahre da war, die wirkt jetzt wiederum herauf, die muß man heraufziehen, bewußt machen, während es darauf ankäme, den organischen Gesundheitszustand des Menschen zu studieren, nicht psychoanalytisch an ihm herumzuprobieren.

So ist es auch mit der Anwendung der Psychoanalyse auf die Pädagogik. Nur weil man das, worauf in diesem Vortrag der besondere Wert gelegt wird, nämlich das einheitliche Zusammenwirken des Geistig-Seelischen mit dem Körperlich-Physischen, nicht durchschaut, spricht man von der Anwendung der Psychoanalyse in der Pädagogik. Man kann nicht einseitig etwa nur das Geistig-Seelische behandeln. Davon wollen wir dann noch genauer sprechen.

Jetzt möchte ich noch auf etwas anderes hinweisen, auf die Klippe des Pubertätsalters. Da darf ich kurz sein. Diese Klippen des Pubertätsalters treten nur dann auf, wenn eben nicht ordentlich erzogen wird. Wenn die Kinder in dieser Weise innerliches Erschauen und innerliches Erleben haben, wie ich es heute geschildert habe, dann wirkt das auf die ganze seelische und physische Organisation des Kindes so zurück, daß andere Empfindungen und ein anderes Verhältnis zur Außenwelt auftreten, als wenn ich gerade im 7., 8. Lebensjahre das Kind zu intellektuell oder zu wenig künstlerisch entwickle. Die Sünden des Erziehens im 7. und 8. Lebensjahre erscheinen in den unrichtigen Empfindungen des Pubertätsalters. Heute macht man allerdings die kuriosesten Erfahrungen, und wenn man darüber sprechen würde, was einem heute oftmals von Müttern oder Vätern von ihren Kindern erzählt wird, dann würde man eben sehen, wie der Materialismus in alle Gemüter eingegriffen hat. Es kommen heute Leute und sagen von ihrem 5- oder 6jährigen Kinde, es habe sexuelle Ungezogenheiten. Dies zeigt, daß man nicht mehr unterscheiden kann. Wenn ein Messer ein Rasiermesser geworden ist, ist es eben kein Taschenmesser. So sind Handlungen, die beim Kinde auftreten und die äußerlich sexuelle Triebe zu verraten scheinen, gar nicht sexuelle Handlungen, sondern fordern lediglich, daß man das Kind in naturgemäßer Weise erzieht; dann treten irgendwelche abnormale Empfindungen im Pubertätsalter ganz gewiß nicht auf. Wer das Leben kennt, weiß, daß es ebensowenig ein sexueller Akt ist, wenn das Kind sich in der Nähe der Sexualorgane kratzt, wenn es dort eine kleine entzündliche Stelle hat, die vielleicht äußerlich wenig bemerkbar ist, als wenn es sich an der Nase oder an der Wange kratzt. Damit ist mehr gesagt und auf mehr hingewiesen, als man gewöhnlich annimmt, und das muß man eben durchschauen. Und dann wird man nicht in solches Zeug verfallen wie Freud, der nun, statt die Dinge anzuschauen wie sie sind, nämlich, daß es einerlei ist, ob das Kind sich an der Wange kratzt oder woanders, wenn das

Kind noch nicht das Pubertätszeitalter erlangt hat, aus dem heutigen Materialismus heraus behauptet, es sei ein sexueller Akt, wenn sich das Kind am Schnuller ergötze. Ja, meine sehr verehrten Anwesenden, von dieser Theorie aus kann man eben alles unter einen Gesichtspunkt bringen. *Goethe* wollte das mit einem seiner sehr humoristischen Gedichte treffen, indem er den Beweisen, die Welt bestehe aus so und so gearteten Atomen und den Weltanschauungen, wonach alles als Wille oder als unbewußtes Sein konstruiert wird, entgegenstellt: »Die Welt ist ein Sardellensalat«. (Goethe: Lyrische Gedichte.) *Gustav Theodor Fechner*, der Humorist hat wirklich auch eine gute Tat begangen. In seinem Büchelchen: »Der Mond aus Jodin« – es ist schon in den zwanziger Jahren des 19. Jahrhunderts erschienen –, bewies er auch einmal nach dem Muster der Beweise, die man für vieles hat, daß der Mond lediglich aus Jod besteht. Dieses Büchlein sollte man heute als eine Illustration mancher Weltanschauungsdenkweise überall auflegen, statt es mehr und mehr verschwinden zu lassen.

(Auf einen Einwand, Dr. Steiner habe nur Freud, nicht die anderen Richtungen berührt:)

Als Antwort auf Ihre Frage wäre es ja notwendig, daß ich eine ganze Reihe von Vorträgen hielte. Da dies nicht möglich ist, möchte ich nur noch das Folgende sagen: Wie stark in unserer Zeit, ich möchte sagen, der Fanatismus für gewisse Richtungen ist, das tritt einem ganz besonders bei den Anhängern der Psychoanalyse entgegen. Bei der Beantwortung einer Frage habe ich für ein gewisses Beispiel auf die Freudsche Meinung in bezug auf die Sexualität hingewiesen. Es ist ja natürlich schon richtig, daß andere Psychoanalytiker sehr stark von dieser einseitig sexualistischen Deutung abgegangen sind. Insbesondere ist gerade in den letzten Monaten von einzelnen Psychiatern sehr, sehr stark gewissermaßen abgeschwenkt worden von der ursprünglichen Freudschen Richtung, sogar von der Jungschen Richtung – aber derjenige, der die Psychoanalyse im Zusammenhang mit der ganzen Zivilisationsentwickelung der neueren Zeit beurteilen kann, der wird in der Psychoanalyse niemals etwas Neues sehen, respektive nicht den Keim zu einem Neuen sehen können, sondern die letzte Konsequenz des Materialismus. Für den Materialismus ist es eben charakteristisch, daß er, statt in lebendiger Anschauung auf den Zusammenhang des Geistig-Seelischen mit dem Physischen einzugehen, das Physische nur aus der alleräußersten Anschauung heraus charakterisieren will, wie es in der Physik, Chemie gilt, und daß er auf der anderen Seite stehenbleibt bei der abstrakten Charakteristik des Geistig-Seelischen. Und das wird, indem man einfach kontinuierlich die seelischen Bestände fortverfolgt durch das Leben des Menschen, in der Psychoanalyse bis zum äußersten Extrem getrieben. Es wird nicht und braucht nicht im mindesten geleugnet zu werden, daß die positiven Dinge, die man im Auge hat, wenn man heute von der Psychoanalyse redet, als solche richtig sind. Gewiß, es ist durchaus richtig, daß gewisse seelische Erlebnisse fortwirkend in einer bestimmten Umformung wiederum durchschaut, erkannt, beobachtet werden können. Aber es handelt sich darum, daß in der Zeit, die dazwischen liegt, eine solche Wechselwirkung stattgefunden hat zwischen dem, was da in der Psychoanalyse als isoliertes Seelisches betrachtet wird, und den Organwirkungen, daß beim Neuauftreten eine starke Einseitigkeit herauskommt, wenn man auf diese Organwirkungen nicht hinzuschauen vermag.

Diese Theorien, von denen die Psychoanalyse auch eine ist, denen haftet in der Gegenwart etwas sehr Eigentümliches an. Man kann mir glauben, daß ich mich gerade mit den Dingen, die vorgebracht worden sind, sehr eingehend beschäftigt habe. Es handelt sich darum, einzusehen, daß heute die Tendenz besteht, Theorien, die für ein gewisses, eingeschränktes Gebiet richtig sind, zu Unrecht als allgemeine Gesetze zusammenzufassen. Die Psychoanalyse ist hierfür ein Schulbeispiel. Eine Zusammenfassung zu einem Gesetz oder einer Theorie ist nur dann berechtigt, wenn die Anwendbarkeit in allen Konsequenzen im Praktischen verfolgt werden kann. Gerade das kann aber der Psychoanalytiker bei seiner Theorie nicht. Weil der Psychoanalytiker den wahren Zusammenhang zwischen Physischem und Psychischem nicht kennt, setzt er gegenwärtige psychische Tatbestände einseitig in Beziehung mit früheren psychischen Tatbeständen. Dies tritt gerade bei *Jung* so stark hervor. Jung steht ganz abseits von einer umfassenden Betrachtung der Welterscheinungen. Nun ist ja anzuerkennen, daß Jung gewisse Komplexe gelten läßt und sie sogar in der seelischen Evolutionsreihe zurückverfolgt. – Der sogenannte Ödipus-Komplex, wie ihn einzelne Psychoanalytiker beschreiben, ist etwas sehr Interessantes selbstverständlich und auch sehr gefangennehmend. Der Fehler liegt aber darin, daß man in der dargestellten Erscheinungsreihe nicht den notwendigen Umfang aller anderen Erscheinungen umfaßt, mit denen die dargestellte Erscheinungsreihe zusammenhängt. Was ich meine, läßt sich durch ein einfaches Bild veranschaulichen. Wenn Sie eine abgeschnittene Rose und einen Kristall auf einen Tisch stellen, so können Sie sagen, beides seien Gegenstände. Diese Gleichstellung von Rose und Kristall unter dem Begriff Gegenstand ist aber nur unter einem äußerlichen Aspekt berechtigt. Die abgeschnittene Rose ist keine Wirklichkeit, und Sie können sie nicht so betrachten wie den Kristall, der in einer gewissen Weise ein Abgeschlossenes ist. Natürlich muß auch der Kristall von einem noch weiteren Gesichtspunkt im Einklang mit seiner eigentlichen Umgebung betrachtet werden. – Man muß eben überall den Umfang der Erscheinungen suchen, in den sich ein Komplex, den man hat, einordnet. Man kann nicht nur das, was unmittelbar vor einem liegt, berücksichtigen. Auch eine Baumblüte zum Beispiel kann nicht für sich allein als Gegenstand betrachtet werden, höchstens der Baum; von einem weiteren Gesichtspunkt muß sogar die Erdbeschaffenheit, die Luftbeschaffenheit und so weiter hinzugenommen werden.

Die Psychoanalyse macht vor allen Dingen den Fehler, daß sie Erscheinungen isoliert betrachtet, die nur, wenn sie an andere Erscheinungsreihen angeschlossen werden, erklärbar sind. Durch diese einseitige Betrachtung entstehen Fehler. Ich habe auf das sexuelle Beispiel nur aus dem Grunde hingewiesen, weil in der Literatur zum Beispiel das Fischsymbol als Zeichen für das männliche Sexualorgan erklärt und in einer Weise belegt wird, in der wissenschaftlich nicht belegt werden darf. Solche Erklärungen sind einfach grotesk. Auch die Erscheinung des sogenannten Ödipus-Komplexes kann nicht nur in einer bestimmten Strömung, das heißt isoliert betrachtet werden, sondern man muß sie mit anderem in Zusammenhang bringen und sich zu einer Betrachtung der Gesamtmenschheitsentwickelung aufschwingen.

(Auf eine weitere Einwendung, die Geisteswissenschaft betreffend:)

Wenn Sie meine Geisteswissenschaft ins Auge fassen wollen, so können Sie diese eben nicht bloß aus diesen pädagogischen Vorträgen ins Auge fassen, sondern Sie müssen sie gründlicher studieren. Das ist eine mehr oder weniger groteske Behauptung, daß meine Geisteswissenschaft irgend etwas zu tun hat mit der des 19. Jahrhunderts.

Die Geisteswissenschaft, die ich vertrete, kann man nicht als solche aus diesen pädagogischen Vorträgen bloß ersehen, sondern diese pädagogischen Vorträge sind eben nur eine Konsequenz dieser Geisteswissenschaft.

Aus der Fragenbeantwortung im Anschluß an den neunten Vortrag

Dr. Steiner (zur Frage, warum die Mundart so oft als etwas Minderwertiges zugunsten der Schriftsprache hintangesetzt werde):

Es ist keine ganz leichte Frage, so scheinbar einfach sie auch ist ...

Es ist ja ganz gewiß vielfach eine Unart bloß, daß man die gebildete Umgangssprache, die aber auch nur eine Dialektsprache ist, die sich durch allerlei historische Verhältnisse eine gewisse Herrschaft erworben hat, für vornehmer hält. Das ist ja bei sehr vielen zugrunde liegend, daß man den Dialekt als nicht vornehm genug hält. Sehen Sie, ich selber, der ich Österreicher bin, ich habe da ja ganz besonders viel zu kämpfen gehabt, denn wir Österreicher sprechen immer syntaktisch und grammatikalisch richtig, wenn wir in unserem Dialekte sprechen; wir haben geradeso wie die schweizerische Sprache auch manche Abwandelungen, aber wir sprechen nie falsch, wenn wir im Dialekte sprechen. Nun war es gerade in meinem Schulzeitalter wirklich so recht Sitte, daß man in der Schule nicht mehr Dialekt sprechen durfte. Aber das hatte nur zur Folge, daß wir das lernten, was die berüchtigte österreichische Schulsprache ist. Es gibt in Österreich: Dialekte, eine gebildete Umgangssprache, eine Schriftsprache, aber außerdem noch die eigentliche Schulsprache, das Schulhochdeutsch. Das besteht darinnen, daß meist alle langen Vokale kurz und alle kurzen Vokale lang ausgesprochen werden. So daß wir, wenn wir im Dialekte reden, ganz richtig sagen: d'Sunn, und der Sun (der Su) – der Sohn, lang und kurz, ganz richtig. Kommen wir an die Hochschule, dann lernen wir unweigerlich zu sagen: die Sone und der Sonn und ähnliche Dinge mehr. Ich darf Ihnen sagen, daß ich wirklich lange Zeit gebraucht habe, um aus den Redegewohnheiten dieser österreichischen Schulsprache herauszukommen; manchmal werden Sie sie schon noch bemerken!

Also da zeigt sich in dem Falle – vielleicht war es später besser, aber in meiner Schulzeit war es so – so recht, daß man selbst ein ganz verdorbenes Surrogat von Sprache lieber mitnimmt, als die ordentliche Dialektsprache, die keine Fehler macht.

Das, glaube ich, wird auch nicht anders, als wenn man tief durchdrungen sein wird von der ganzen Bedeutung des außer-intellektualistischen Elementes für die Erziehung. Ich glaube tatsächlich, daß man ehren wird dasjenige, was einem mit dem Dialekte gegeben ist, erst dann, wenn man es vom pädagogischen Gesichtspunkte aus ehren wird. Denn es ist ja wohl auch das Absehen vom »Schwizerdütsch« bei sehr vielen doch in nichts anderem gelegen als darinnen, daß die Schule nicht in der richtigen Weise da gewirkt hat. Würde die Schule in der richtigen Weise wirken, dann, glaube ich, würde es das eben doch nicht in dem Maße geben, wie Sie es ganz mit Recht hervorgehoben haben.

Dr. Steiner (zur Frage, warum die deutsche Sprache im Gegensatz zu andern Kultursprachen eher geneigt sei, sich fremden Sprachen gegenüber aufzugeben):

Es wird schon manches ein wenig damit zusammenhängen, daß die gebildete Umgangssprache im Deutschen doch eine gewisse andere Stellung hat zu dem Dialekt, als es andere gebildete Umgangssprachen haben. Im Deutschen sind wir nämlich in bezug auf die Lautverschiebungen in der gebildeten Umgangssprache am allermeisten fortgeschritten. Nicht wahr, es gibt ja dieses Lautverschiebungsgesetz, da müssen wir sehen, daß zum Beispiel das Englische auf einer noch früheren Stufe stehen geblieben ist, über die das Hochdeutsche hinausgeschritten ist. Nun ist das Lautverschiebungsgesetz nicht bloß in dem bestehend, was wir nennen könnten Umgestaltung der Sprachelemente, sondern das Lautverschiebungsgesetz ist verbunden zugleich mit einer Verabstrahierung der Sprache. Wir haben, indem die deutsche Sprache sich fortgebildet hat, eigentlich schon seit dem 5., 6. nachchristlichen Jahrhundert gerade in der hochdeutschen Sprache das durchgemacht, daß wir die Möglichkeit bekommen haben, in ganz anderer Weise gerade abstrakte Begriffe und Ideen mit Worten zu belegen, als die anderen Sprachen. Diese Dinge werden natürlich nur von unbefangenen Leuten zugegeben. Aber wenn man zum Beispiel deutsche Philosophen ins Englische oder Französische übersetzen will, so kann man sie nicht übersetzen, wenn man wirklich richtig übersetzen will. Also die deutsche Sprache hat als Sprache etwas, was sich schon nach dem Abstrahieren hin entwickelt hat. Sie hat dadurch die Möglichkeit, gerade das Abstrakte mit einer außerordentlichen Festigkeit zu behandeln. Die deutschen Dialekte, die passen sich ja viel mehr an das Fremde an, aber sie passen sich an, ich möchte sagen, unter dem Einflusse eines gewissen sozialen Elementes, was wir ja gleich berühren können. Aber das »Hochdeutsche« hat es außerordentlich schwer, sich an andere Verhältnisse anzupassen, weil das Hochdeutsche nach dem Abstrakten hin sich entwickelt hat und darum nicht so leicht die Möglichkeit hat, einfach das eigene Wort an die Stelle eines anderen Wortes zu setzen, wie das umgekehrt der Fall ist.

Bei dem Dialekte, da ist es so, daß man merkwürdigerweise beobachten kann, wie der Dialekt viel freier wird dem Ausländischen gegenüber, also der fremden Sprache gegenüber. So zum Beispiel gibt es im österreichischen Dialekt ein merkwürdiges Wort – ich schreibe so, wie es ungefähr gesprochen wird – »baschürli«. Man würde zum Beispiel, wenn ein kleines Mädchen einem ein Sträußchen überreicht, und das recht zierlich macht, sagen: das Mädchen hat es »baschürli« übergeben. Das ist ein Fremdwort, das aufgenommen worden ist, das aber ganz aus der eigenen Sprache umgestaltet worden ist, denn das ist nichts anderes als possierlich. So würde ich Ihnen noch Unzähliges angeben können. Beim Dialekte findet man, wenn er etwas aufnimmt – er nimmt aus sozialen Verhältnissen heraus dann auf –, daß er es verarbeitet, umgestaltet.

Die hochdeutsche, gebildete Umgangssprache, die ist wirklich etwas vereinsamt geblieben. Und jetzt, nicht wahr, ist sie ja in Gefahr, nach und nach etwas zu werden im europäischen Leben wie eine Art tote Sprache, wie das Lateinische war. Das ist etwas, was sich die Leute noch nicht klarmachen, weil sie hinaus sich entwickelt auch über den anderen Gang des europäischen Lebens. Also es liegt schon etwas in den historischen Verhältnissen, daß das Deutsche sich anders verhält als die anderen Sprachen. Die anderen Sprachen finden eben überall die gleichen Dinge. Da benennen sie sie gleich. Der Deutsche hat herausgenommen aus seiner Sprache so vieles, was er, ich möchte sagen, in einsamer Sprachhöhe benennt, und daher kann er nicht mehr sein Wort hergeben, wenn er woanders hinkommt, denn es bedeutet eben einfach nicht dasselbe. Wenn Sie irgendein gewöhnliches Tagesding in England mit demselben deutschen Worte bezeichnen, so ist es eben nicht mehr richtig bezeichnet. Nicht wahr, die Sprachen haben ja aus verschiedenen Untergründen ihre Worte gebildet. Wir Deutschen sind in der Sprache Plastiker. Wir bilden das Wort »Kopf«. Ja, das ist dasselbe, was hergenommen wird von der Form; es ist nicht unnötig, hinzuweisen auf den Kohlkopf; es ist die Form gemeint, wenn wir vom

Kopf sprechen. Wir bilden das Wort »Fuß« – das hängt zusammen mit Furche, die wir plastisch graben, wenn wir gehen. Wir bilden plastisch Sprache. Nehmen Sie »tête«, »testa«, – das ist »Zeugnis ablegen«, das ist aus dem Tun heraus gebildet, da wird bezeugt. So werden Sie finden, daß die romanische Sprache aus ganz anderen Untergründen heraus bildet als die deutsche Sprache. Und mit diesen Dingen hängt dann die Schwierigkeit zusammen, nicht wahr, die wir haben im Deutschen, wenn wir dasselbe Ding auf Deutsch irgendwie bezeichnen wollen. Wir haben es viel leichter mit dem Dialekt als mit der gebildeten Umgangssprache. Die Dinge sind eben durchaus nicht so einfach, die gerade im sozialen Leben spielen. Das ist die Sache.

*Einleitende Worte zur Eurythmie-Aufführung am 15. Mai 1920 in Dornach**

Meine sehr verehrten Anwesenden, mit der eurythmischen Kunst, von der wir Ihnen auch heute wiederum eine Probe vorführen dürfen, möchten wir in die Geistes-Entwickelung der Menschheit etwas hineinstellen, das sich von drei Gesichtspunkten aus beurteilen läßt: erstens vom rein künstlerischen Gesichtspunkte aus; zweitens von einem pädagogisch-didaktischen und drittens von einem hygienischen Gesichtspunkte aus.

Als Kunst ist die Eurythmie etwas, was eine Art von stummer, sichtbarer Sprache darstellt – was aber, trotzdem sie auftritt in Form von Gebärden, in Form von Bewegungen des menschlichen Organismus in Gruppen oder im einzelnen Menschen, was aber doch nicht verwechselt werden darf mit Mimischem oder etwas Pantomimischem, auch nicht mit einer bloßen Tanzkunst. Sondern als Sprache bedient sich die Eurythmie des ganzen Menschen als ihres Ausdrucksmittels, und zwar so, daß diese sichtbare stumme Sprache eben gewonnen worden ist durch das Studium der Gesetze der Lautsprache.

Die Lautsprache ist ja eine Art von Ausdrucksmittel für dasjenige, was im Menschen selber liegt. Es ist zwar durchaus richtig, wenn *Schiller* gesagt hat: »Spricht die Seele, so spricht, ach, schon die Seele nicht mehr.« In gewissem Sinne ist das richtig. Die Sprache ist neben dem, daß sie die Seele des Menschen an die Außenwelt heranträgt, herantragen soll, zugleich ein Verständigungsmittel von Mensch zu Mensch, und dadurch etwas Konventionelles; sie ist auch der Träger der Gedanken, durch die sich die Menschen verständigen sollen. Die Sprache ist in gewissem Sinne eine soziale Erscheinung. Und je mehr die Sprache als Verständigungsmittel und als Ausdrucksmittel der Gedanken dienen muß, desto weniger ist eigentlich die Sprache dann noch künstlerisches Ausdrucksmittel. Denn das Künstlerische muß ja

* Zu dieser und der folgenden Aufführung vom 16. Mai waren die Teilnehmer des pädagogischen Kurses eingeladen.

aus dem Menschen, aus dem ganzen Menschen heraus kommen, heraus entspringen.

Die Sprache hat zwei Seiten: erstens die soziale Seite. Der Mensch muß sich hingeben an die soziale Welt, indem er spricht. Und nur dadurch behält die Sprache etwas, was mit der ganzen menschlichen Wesenheit eine intime, eine innerliche Beziehung hat, daß ja vom aufwachsenden Menschen die Sprache nicht gelernt wird, ich möchte sagen, aus den Kinderträumen heraus, sondern sie wird gelernt in der Zeit, in der der Mensch mit all dem, was er ist, sich anpassen will an die Umgebung. Und dadurch wird – durch dieses Sich-selbstverständliche-Anpassen an die Umgebung, die Sprache bewahrt davor, ein bloßes Verständigungsmittel zu sein.

Wenn aber dann der Dichter, der Künstler in Worten sich ausdrücken will, dann bedarf er, ich möchte sagen, all desjenigen, was hinter der Sprache dann immer schwebend ist, er bedarf des Bildes, und vor allen Dingen des musikalischen Elements. Es ist gar nicht dasjenige das eigentlich Dichterische, das eigentlich Künstlerische des Gedichtes, was wortwörtlicher Inhalt ist, sondern es ist die Art der Gestaltung des Inhaltes das Wesentliche der Dichtung. Mehr als bei irgend etwas anderem, muß man gerade bei der Dichtung darauf Rücksicht nehmen, was *Goethe* in das schöne Faust-Wort prägte: »Das *Was* bedenke, mehr bedenke *Wie.*« Die Art, wie der Dichter den Stoff formt, das ist es, worauf es ankommt, ganz besonders in der Dichtung.

Das kann man viel mehr herausbekommen, wenn man sich nicht desjenigen Ausdrucksmittels bedient, das eben zu stark den Gedanken aufnehmen muß, um rein kunstgemäß sich offenbaren zu können, sondern wenn man sich des ganzen Menschen bedient – des ganzen Menschen als eines Ausdrucksmittels! Zu diesem Zwecke wurde studiert durch sinnlich-übersinnliches Schauen, in welchen Bewegungstendenzen der menschliche Kehlkopf, die menschliche Zunge, die anderen Sprachorgane sind, wenn der Mensch in der Lautsprache sich offenbart. Diese Bewegungstendenzen, die sich dann beim wirklichen Sprechen umsetzen durch die Laute, in die Zitterbewegung, in die Schwingungsbewegung der Luft, diese Bewegungstendenzen werden studiert. Sie werden dann übertragen auf andere Organe des Menschen, vor allen Dingen auf diejenigen Organe auch, welche am besten sich vergleichen lassen mit den primitiven Bewegungsorganen des Sprachorganismus: sie werden übertragen auf Arme und Hände.

Es überrascht manchmal beim ersten Ansehen der eurythmischen Kunst, daß der einzelne Mensch sich mehr als anderer Glieder, der Hände, der Arme bedient. Man würde verstehen, daß dies eine Selbstverständlichkeit ist, wenn man bedächte, daß ja schon im gewöhnlichen Sprechen dann, wenn der Mensch mehr als das Konventionelle geben will in der Sprache, wenn er seine Individualität, sein Empfinden, sein Gefühl mit der Sprache zugleich zum Ausdrucke bringen will, daß er ja dann schon sich genötigt fühlt, in diese frei beweglichen Organe, in diese geistigeren Organe, möchte ich sagen, hineinzugehen. Nun wird ja natürlich in der Eurythmie der ganze Mensch, nicht bloß Arme und Hände, berücksichtigt. Es werden vor allen Dingen Ausdrucksbewegungen im Raume zu Hilfe gezogen, namentlich bei Gruppen, aber auch bei einzelnen Menschen.

Aber das Wesentliche dabei ist, daß diese Bewegungen am Menschen und in Gruppen nichts Willkürliches sind, sondern dieselben Bewegungen, die sonst dem zugrunde liegen, was die Lautsprache hervorbringt, sind auf den ganzen Menschen übertragen.

Ich muß daher immer wieder und wiederum sagen: wir sehen auf der Bühne im Grunde genommen einen Gesamtkehlkopf, dargestellt durch den ganzen Menschen. Das gestaltet Ordnung, Rhythmus, Takt, das gestaltet das Musikalische, aber auch das Bildhafte sowohl als das eigentlich Dichterische, wo das Dichterische Kunst ist. Das wird wirklich aus der ganzen Menschengruppe herausgeholt.

Wir begleiten dann durch Musik oder durch Rezitation dasjenige, was in stummer und sichtbarer Sprache in der Eurythmie dargestellt wird. Dabei sind wir genötigt – Musik und Sprache sind ja nur andere Ausdrucksmittel für das menschliche Seelenleben als die Eurythmie –, insbesondere bei der Rezitationskunst wiederum zurückzugreifen zu dem guten, alten Rezitieren, das Goethe im Auge hatte, als er nicht bloß den wortwörtlichen Inhalt, selbst im Drama, einstudierte mit seinen Schauspielern, sondern wie ein Kapellmeister mit dem Taktstock in der Hand, den Gang des Jambus mit ihnen einstudierte. Wir sind genötigt, abzusehen von dem, was eine unkünstlerische Zeit, wie es die unsrige ist, gewohnt ist als Bedeutsames anzusehen in der Rezitation, nämlich das Hervorkehren des wortwörtlichen Inhaltes. Wir sind genötigt, zurückzugehen auf dasjenige, was ja noch im primitiven Rezitieren sich als das Künstlerische zeigt. Man sieht das heute kaum noch, insbesondere Stadtmenschen sehen das heute kaum noch; aber es hat sich noch manches erhalten an Lebendigem von Leuten meines Alters aus ihren Kinderjahren an Erinnerungen an herumziehende Rezitatoren, die zu sehen waren, die solche »Moritaten« rezitierten; die hatten sie auf Tafeln aufgezeichnet, und dann sprachen sie den Text dazu. Sie sprachen ihn aber nie anders, als daß sie zugleich mit dem Fuße den Takt anklingen ließen, bei einer temperamentvollen Stelle hin und her marschierten, damit andeutend, daß es ihnen gar nicht darauf ankam, bloß den Inhalt zu erklären, sondern daß es ihnen darauf ankam, den Schritt des Verses, die innere Gestaltung besonders ins Auge zu fassen.

Sie werden sehen, daß wir daher überall versuchen, dieses tiefer Künstlerische wiederum hervorzuheben. Da, wo wir selbst im Humoristischen, im Grotesken, im Possierlichen das Dichterische wiederzugeben versuchen durch Eurythmie, geben wir nicht etwa in Gebärdensprache oder durch Pantomimen den wortwörtlichen Inhalt wieder. In den Formen, die als musikalische, dichterische Formen nur eben im Raume, nicht in der Zeit, ausgebildet werden, da geben wir also nicht den Inhalt des Gedichtes, sondern dasjenige wieder, was der Dichter, der Künstler, aus dem Inhalt gemacht hat.

Das sind so einige Andeutungen, die ich über das künstlerische Element in der Eurythmie geben möchte. – Dadurch, daß der Mensch selbst das Werkzeug ist – nicht die Violine, nicht das Klavier, nicht Farben und Formen und so weiter –, dadurch ist diese Eurythmie in ganz besonderem Maße geeignet, wirklich, ich möchte sagen, aus den treibenden Weltenkräften heraus dasjenige zu gestalten, was im Menschen selbst wieder durch diese treibenden Weltenkräfte wie in einer kleinen Welt veranlagt ist.

Die zweite Seite der Eurythmie ist die didaktisch-pädagogische Seite. Es ist meine Überzeugung, daß das bloße Turnen, das sich in einer materialistischen Zeit herausgebildet hat in bezug auf seine Gesetze, zu stark Rücksicht nimmt auf das bloße Anatomisch-Physiologische im Menschen. Man wird später, wenn man einmal objektiver diesen Dingen gegenübersteht, erkennen, daß dadurch ja der Mensch in einer gewissen Weise gekräftigt wird, aber daß diese Kräftigung nicht zu gleicher Zeit eine Kräftigung ist der Seelen- und Willensinitiative.

In didaktisch-pädagogischer Beziehung wurde die Eurythmie zugleich ein beseeltes Turnen, ein beseeltes Bewegungsspiel. Und in den kleinen Anfängen, die wir Ihnen mit Kindern heute vorführen können, werden Sie sehen, wie jede Bewegung dann auch von den Kindern so ausgeführt wird, daß sie seelegetragen ist.

Dadurch wird zu der Ausbildung des Körperlichen hinzu entwickelt dasjenige, was ich nennen möchte: Initiative des Seelenlebens, Initiative des Willens – dasjenige, was wir so sehr brauchen und was die bloße Turnerei nicht ausgebildet hat in dem heranwachsenden Menschen! Es ist schon außerordentlich wichtig, daß das erkannt wird.

Wir sind ja hier genötigt, wenn wir Ihnen Kinderübungen vorführen, dazu zu sagen: die Kinder werden in den spärlichen Stunden, die ihnen übrigbleiben von der Schulzeit, zur Eurythmie angeleitet; aber das ist gar nicht richtig. Gerade jene Pädagogik, welche zugrunde liegt diesen Bestrebungen, die hier von Dornach ausgehen, die bis zu einem gewissen Grade in Stuttgart in der Waldorfschule verwirklicht werden konnten, diese Bestrebungen, die laufen alle gerade darauf hinaus, an die Kinder gerade nichts außerhalb der eigentlichen Schulzeit von Lernen heranzubringen!

Deshalb ist es von solcher Wichtigkeit, daß die Eurythmie in ihrer Bedeutung so durchschaut wird in Hinsicht auf ihre pädagogisch-didaktische Seite, daß man sie einfach in den Lehrplan der Schule hineinwebt. Dann wird es eben so sein, daß die Kinder alles dasjenige haben, was einer normalen geistig-seelisch-körperlichen Entwickelung dienstbar sein kann, gerade auch von diesem eurythmischen Gesichtspunkte aus.

Und das Dritte ist ein hygienisches Element. Der Mensch ist ja eine kleine Welt, der Mensch ist ein Mikrokosmos. Und im Grunde genommen beruht alles Ungesundsein darauf, daß sich der Mensch herausreißt aus den großen Gesetzen des Weltenalls. Alles Ungesundsein – man möchte es bildhaft darstellen, indem man sagt: Wenn ich meinen Finger von meinem ganzen Organismus wegnehme, ist es nicht mehr ein Finger: er verdorrt; er hat nur seine innere Gesetzmäßigkeit im Zusammenhange mit dem ganzen Organismus. So hat der Mensch auch nur seine innere Wesenheit im Zusammenhange mit der ganzen Welt erlangt. Er hängt ja wirklich mit dem, was in ihm geschieht, mit der ganzen Welt zusammen! Bedenkt man nur das Alleräußerste, was zeigt, wie der Mensch mit der Welt zusammenhängt, wie er nicht bloß dieses Wesen ist, das innerhalb der Grenzen seiner Haut eingeschlossen ist; bedenken Sie nur einmal: dieselbe Luft, die Sie jetzt unmittelbar in sich haben, war vorher noch außer Ihnen. Aber jetzt, nachdem Sie

sie eingeatmet haben, bildet sie in ihrer Gesamtheit drinnen einen Teil Ihres Organismus. Und dasjenige, was Sie in sich haben, wird wieder ausgeatmet, ist wiederum draußen, sobald Sie es ausgeatmet haben; Sie können sich nicht herausschälen, als ob wir bloß innerhalb unserer Haut lebten, nur das hätten, was innerhalb unserer Haut eingeschlossen ist. Wir leben in unserer Umgebung nicht bloß mit der Luft, sondern wir leben mit allem, was das Weltenall erfüllt.

Nun kann man alles Ungesunde im Menschen gerade daherleiten, daß dasjenige, was vom Menschen selbst getrieben wird, wenn es nicht angepaßt wird, wenn es dem Zeitalter oder der ganzen menschlichen Wesenheit nicht angemessen ist, durchaus nicht beitragen kann zur Harmonie und Ergänzung, die zwischen dem Menschen und der ganzen übrigen Welt herrschen muß. Aber gerade dadurch, daß jede Bewegung in der Eurythmie so natürlich aus dem ganzen Menschenorganismus herausgeholt ist, wie die Bewegungen des Kehlkopfes und seiner Nachbarorgane für das gewöhnliche Lautsprechen, für die Lautsprache, dadurch ist dasjenige, was in der Eurythmie ausgeführt wird, etwas, was den Menschen in einen Einklang bringen wird und bringen kann mit der ganzen Welt, mit dem ganzen Makrokosmos.

Es ist also im wesentlichen ein gesundendes Element, das kann man schon so sagen, was der Mensch haben kann, was er erwerben kann auch als Kind von den eurythmischen Bewegungen, die nur natürlich sachgemäß und nicht dilettantisch ausgeführt werden dürfen.

Das ist etwas, was durchaus unter einem solchen Gesichtspunkt einer seelisch-geistig-körperlichen Gesundheitspflege betrachtet werden kann.

Das sind also die drei Gesichtspunkte, von denen aus man Eurythmie ins Auge fassen kann und von denen aus sie sich in ehrlicher Weise hineinstellen wird in unsere Geistesbewegung.

Trotzdem muß natürlich immer gesagt werden – wenn auch vielleicht Zuschauer da sind, die schon öfter da waren und gesehen haben werden, wie wir uns in der Formengebung, in der Raumesgestaltung der Gruppen in ihrem Verhältnis zueinander, wie wir uns bemüht haben in der letzten Zeit, vorwärtszukommen –, trotzdem muß betont werden, daß die Eurythmie trotz allem an die Nachsicht appellieren muß in bezug auf alles das, was wir heute schon bieten können. Die Eurythmie steht erst im Anfange, ist ein Versuch eines Anfanges, aber sie stellt einen Versuch dar, der nach unserer Überzeugung immer weiter wird vervollkommnet werden können; wenn auch vielleicht andere kommen müssen, um dasjenige, was wir mit unseren schwachen Kräften aufnahmen, weiter auszubilden. Trotz allem aber könnte man heute doch schon sehen bei dem, was dem Wollen nach gezeigt wird, daß diese Eurythmie, weil sie künstlerische Quellen in ihrer Ursprünglichkeit eröffnet, weil sie sich des ganzen Menschen als eines Ausdrucksmittels bedient, und weil sie didaktisch-pädagogisch für die Entwickelung des Seelisch-Geistig-Körperlichen des Kindes arbeitet – weil sie den Menschen in eine Bewegung hineinversetzt oder in Bewegungssysteme hineinversetzt, was wesentlich ein Gesundendes ist, daß sie in der Tat als Schwesterkunst neben die anderen, zum Teil älteren Schwesterkünste sich einmal voll berechtigt wird hinstellen können, besonders wenn die Zeitgenossen ihr Interesse der Eurythmie werden entgegenbringen.

Einleitende Worte zur Eurythmie-Aufführung am 16. Mai 1920 in Dornach

Meine sehr verehrten Anwesenden! Gestatten Sie, daß ich auch heute, wie ich das immer vor diesen eurythmischen Versuchen getan habe, ein paar einleitende Worte voraussende. Dies geschieht nicht, um irgend etwas von dem Dargestellten zu erklären – denn natürlich muß Künstlerisches durch seine unmittelbare Offenbarung selbst wirken, und es wäre unkünstlerisch, einen solchen Versuch auf irgendeine theoretische Erklärung oder irgendeine ideelle Erklärung zu stützen; aber ich darf wohl sagen, daß diese eurythmische Kunst ein Versuch ist, zu gewissen, im Menschen selbst liegenden Kunstquellen hinabzusteigen und nach gewissen künstlerischen Ausdrucksformen zu suchen, welche es besonders gut möglich machen, die Anforderungen aller Kunst zu enthüllen: das Künstlerische zu holen in das Sinnlich-Übersinnliche.

Dieser Ausdruck »sinnlich-übersinnliches Schauen« ist ja von *Goethe* geprägt, aus allen Tiefen seiner Weltanschauung und seiner künstlerischen Gesinnung heraus. Der ganzen Gestaltung unserer eurythmischen Kunst liegt dieses Sinnlich-Übersinnliche zugrunde.

Sie werden auf der Bühne allerlei Bewegungen sehen, die durch den einzelnen Menschen ausgeführt werden, die ausgeführt werden durch Menschengruppen. Und man könnte zunächst den Eindruck haben, als ob da der Versuch gemacht würde, Dichterisches oder Musikalisches, von dem ja die eurythmische Darstellung begleitet werden muß, für die die eurythmische Darbietung nur ein anderer Ausdruck ist – man könnte den Eindruck haben, als ob willkürliche Gesten, erfundene Gesten, Mimisches zu dem Dichterischen, zu dem Musikalischen hinzukämen. Das ist durchaus nicht der Fall. Sondern es ist abgelauscht eben durch ein sorgfältiges sinnlich-übersinnliches Studium wirklich dem menschlichen Laut-Sprechen dasjenige, was als Bewegungstendenz zugrunde liegt den Sprachorganen selber.

Im gewöhnlichen Sprechen werden ja die Lippenbewegungen, die Bewegungstendenzen des Gaumens und so weiter unmittelbar auf die

Luft übertragen und gehen da über in feine Zitterbewegungen, die dem Hören zugrunde liegen. Diese Zitterbewegungen sind es selbstverständlich nicht, um die es sich handelt, sondern um dasjenige, was gewissermaßen als die Resultierende einem ganzen System von solchen Zitterbewegungen zugrunde liegt.

Das wurde studiert und ist von den Sprachorganen übertragen auf den ganzen Menschen, nach dem Goetheschen Metamorphosenprinzip, wonach zum Beispiel die ganze Pflanze nur ein kompliziertes ausgestaltetes Blatt ist.

So könnte man sagen: Dasjenige, was Sie auf der Bühne sehen, das sind ganz und gar nicht willkürliche Bewegungen, sondern es sind streng gesetzmäßige Bewegungen, so gesetzmäßig namentlich auch in ihrer Aufeinanderfolge, wie die Bewegungen der Sprachorgane selbst beim Sprechen sind durch Töne, durch Laute oder beim Singen und dergleichen.

Dadurch ist diese bewegte Plastik in der Tat etwas, dem eine innere Notwendigkeit innewohnt, so wie der Aufeinanderfolge der Töne im musikalischen Schaffen. Und es handelt sich hier tatsächlich um eine sichtbare Sprache, um eine ganz gesetzmäßige sichtbare Sprache, die als Eurythmie dargeboten wird.

In diese sichtbare Sprache wird sich allerdings erst das gegenwärtige Zeitalter hineinfinden müssen. Denn das gegenwärtige Zeitalter, das hat ja wirklich sehr viel Unkünstlerisches in sich. Dasjenige, was zum Beispiel noch zur Zeit der Romantik üblich war, daß man auch mit einer großen Hingabe lauschte Dichtungen, die man gar nicht wortwörtlich verstand, sondern die man anhörte bloß auf den Rhythmus, auf den Takt, auf die innere Gestaltung des Lautwortes, das ist ja wesentlich heute zurückgegangen.

Wir werden selbst bei der Rezitation, die ebenso wie die Musik zu begleiten hat die eurythmischen Darbietungen, wir werden sehen in der Rezitation, weil man anders gar nicht hervorheben könnte dieses künstlerisch-eurythmische Element, daß das eigentlich künstlerische Element ja schon in der Dichtung selbst ist; denn nicht der wortwörtliche Prosainhalt ist ja das Wesentliche der Dichtung, sondern dasjenige, was die formale Gestaltung ist, die der Künstler eben selbst hervorbringt. So werden Sie namentlich sehen, daß überall da, wo, wie wir das jetzt in ausgiebigem Maße versuchen, wo Formen, Raumformen durch Gruppen hervorgebracht werden, daß da überall etwas zum Ausdrucke kommt, was nicht etwa ein mimischer Ausdruck des

Inhaltes der Dichtung ist, sondern was aus dem Charakter der Behandlung des Gedichtes folgt, die der Dichter dem wortwörtlichen Inhalte hat angedeihen lassen. Selbst wenn es sich um Groteskes, Possierliches handelt, wie wir es ja versuchen zur Darstellung zu bringen im zweiten Teil heute, da werden Sie sehen, daß es uns wirklich nicht um eine naturalistische Darstellung, nicht um die Nachahmung von irgendeinem Inhalte geht, sondern darum, den Zusammenhang, den harmonischen Zusammenhang zu gestalten, daß das Einzelne nicht durch seinen Inhalt wirken, sondern das Ganze durch die in sich zusammenstimmende Form wirken will.

Im ganzen darf man sagen, daß deshalb hier in der Eurythmie zurückgegangen wird auf die Quellen des Künstlerischen, weil ja dieses Künstlerische beruhen muß darauf, daß nicht etwa Gedanken auf uns wirken. Wenn wir Wissenschaft pflegen im heutigen materialistischen Sinne, dann wirken bloß Gedanken auf uns. Dadurch können wir aber auch nur in den sinnlichen Gehalt der Welt eindringen. Hier aber handelt es sich darum, daß in der Eurythmie das Künstlerische insoferne wirkt, zum Beispiel als sinnlich-übersinnlicher Charakter, als ja der ganze Mensch das Werkzeug ist oder Gruppen von Menschen das Werkzeug sind für dasjenige, was zum Ausdrucke gebracht werden soll.

So daß man sagen kann: Der Mensch, der beseelte Mensch, der durchgeistigte Mensch legt Seele und Geist in jede Bewegung hinein – solche Seele und Geist, wie wir sie noch aus der wahrklingenden Dichtung heraushören. Das alles zeigt uns, wie das Sinnliche, als das wir ja den Menschen in seinen Gliedern sehen, zugleich auf seinen Flügeln das Geistige trägt. Es ist also wirklich Sinnlich-Übersinnlich. Und es kommt so schön dann zum Ausdrucke, was Goethe im Grunde von jeder Kunst verlangt, indem er sagt: »Wem die Natur ihr offenbares Geheimnis zu enthüllen beginnt, der empfindet eine tiefe Sehnsucht nach ihrer würdigsten Auslegerin, der Kunst.«

Die Kunst ist für Goethe in gewissem Sinne ein Gemütserlebnis der Natur. Und wie könnte man dieser Natur besser entsprechen, als indem man die im Menschen liegenden Bewegungsmöglichkeiten selbst zur Offenbarung bringt, den ganzen Menschen aus seinem Willen heraus so sich bewegen läßt, daß durch ihn eine sichtbare Sprache zum Ausdrucke kommt. Das Gedankliche, das sonst die Kunst ablehnt, wird ja gerade dadurch ausgeschlossen: es kommt nur Wille in den Bewegungen zum Ausdrucke. Und dadurch, daß die Persönlichkeit des

Menschen, aber auf unpersönliche Art, in diese Bewegungen übergeht, dadurch kommt gerade ein eminent Künstlerisches, ein Sinnlich-Übersinnliches in den Darstellungen zum Ausdrucke.

Dann hat ja diese unsere Eurythmie auch einen bedeutsamen pädagogisch-didaktischen Effekt, indem sie ja tatsächlich zu gleicher Zeit ein beseeltes Turnen ist. Wenn man einmal objektiver über diese Dinge denken wird, dann wird man einsehen, daß dasjenige, was seit langer Zeit als Turnen geschätzt wird – was wir durchaus nicht missen wollen –, daß das eine besondere Förderung erfährt, wenn wir ihm an die Seite stellen, wie wir es für die Kinder in der Waldorfschule in Stuttgart tun – dieses beseelte Turnen.

Einiges von dieser Kinder-Eurythmie werden Sie ja heute im zweiten Teil unserer Darbietungen auch sehen können.

Es ist das gewöhnliche Turnen allerdings körperstärkend; wir wollen es deshalb auch nicht entbehren für die Körperstärkung; aber das beseelte Turnen, das nicht bloß auf den Körper geht, sondern auf Leib, Seele und Geist geht, das ist insbesondere erzieherisch wirkend auf den Willen, auf die Willensenergie. Und die Willensenergie, das ist etwas, was künftige Generationen in dem immer schwerer werdenden Leben wahrhaftig brauchen werden!

Dann hat unsere Eurythmie eine wichtige hygienische Seite. Es sind ja die Bewegungen des Menschen, wie sie hier hervorgeholt werden aus seinen Bewegungsmöglichkeiten, zugleich diejenigen, durch die sich der Mensch am besten einordnet in den ganzen Rhythmus, in die ganze Harmonie der Welt. Alles Ungesunde beruht ja im Grunde genommen darauf, daß der Mensch sich aus diesem Rhythmus herauslöst. – Hier wird nichts Reaktionäres getrieben, daher bitte ich, das, was ich sage, nicht aufzufassen, wie wenn ich mich auflehnen wollte gegen notwendige Kulturerscheinungen. Wir haben vieles in unserer Zeit, was selbstverständlich notwendig ist, was wir brauchen, was wir durchaus nicht beseitigen können –, wenn wir dies ins Auge fassen, da müssen wir sagen: Es ist viel Veranlassung für die gegenwärtigen Menschen, sich herauszugliedern aus dem notwendigen Rhythmus, aus der notwendigen Harmonie der Welt; im Grunde genommen jedesmal, wenn wir in der Eisenbahn fahren oder gar wenn wir im Auto sitzen, nicht zu reden von anderen Dingen, die in unserer Zeit geschehen und uns herausbringen aus dem Rhythmus der Welt: sie schleichen sich nach und nach in des Menschen Gesundheit hinein, sie untergraben sie in einer

Art, die gar nicht bemerkt wird. Nur von dem, der den intimeren Zusammenhang des Menschen mit der Welt kennt, wenn er dies alles ins Auge faßt, kann es gesehen werden. Die Welt drängt heute danach, dem Menschen wiederum etwas Gesundendes zu geben.

Wo sucht man oftmals das Gesunde? Ja, meine sehr verehrten Anwesenden, ich weiß, daß ich damit sehr vielem entgegenrede; aber das sind Dinge, über die man schon objektiver denken wird: Man versuchte – und das ist ja geschehen, schon bevor diese schreckliche Weltkatastrophe hereinbrach –, man versuchte zum Beispiel »Olympische Spiele« da oder dort aufzuführen. Das ist ein schrecklicher Gedanke, der ganz außerhalb jedes wirklichen Verständnisses steht! Olympische Spiele gehörten für den griechischen Körper. Man beachtet bei solchen Dingen nicht, daß ein jedes Zeitalter seine besonderen Anforderungen hat.

Das ist es aber, was wir gerade versuchen in unserer eurythmischen Kunst: nicht aus der abstrakten Theorie heraus irgend etwas Altes wiederum vor die Menschheit hinzustellen oder für die Menschheit zu fordern, sondern wir müssen dasjenige, was das gegenwärtige Zeitalter fordert, aus der Menschennatur heraus bekommen, müssen für den Menschen etwas finden, was gerade für die gegenwärtige Menschheitsorganisation geeignet ist.

Gewiß, solche Dinge lassen sich nicht anatomisch oder physiologisch nachweisen, weil man heute nicht alte Griechen sezieren kann; aber derjenige, der geisteswissenschaftliche Mittel hat, um in die Zeitentwikkelung hineinzuschauen, der weiß, daß der heutige Mensch schon seiner physischen und dann besonders seiner seelisch-geistigen Organisation nach etwas anderes fordert. Die Anfänge solcher Forderungen, die das Zeitalter selbst stellt, sollen mit der Eurythmie aufgefunden werden; ihnen soll mit Eurythmie entsprochen werden.

Sie wissen, sehr verehrte Anwesende, daß dasjenige, was wir bieten können, heute erst im Anfange steht, daß es ein Versuch ist, vielleicht nur der Anfang eines Versuches. Wir sind auch überzeugt davon, weil wir ehrlich bestrebt sind, aus den Anforderungen des Zeitalters heraus zu wirken, daß, wenn vielleicht nicht mehr wir, sondern andere dasjenige, was heute als ein Versuch hingestellt werden muß, ausbauen, daß eine vollkommenere Kunstrichtung entsteht, die sich würdig wird hinstellen können neben die älteren Schwesterkünste.

In diesem Sinne bitte ich Sie, mit Nachsicht diese unsere Vorstellung anzuschauen.

ANHANG

Diskussion
im Anschluß an den letzten Vortrag

Dankesworte eines Teilnehmers

Dankesworte des Veranstalters

Schlußwort von Rudolf Steiner

Zeitungsbericht

Vorbemerkung des Herausgebers

Im Anschluß an den letzten Vortrag Rudolf Steiners wurde die Frage nach einer baldigen Drucklegung sämtlicher Vorträge erörtert. Offensichtlich ist dieses Vorhaben nicht realisiert worden, denn nachweislich erschienen sie dann erst in den Jahren 1929/30 in der Zeitschrift «Die Menschenschule».

Die Danksagungen wurden eingeleitet mit einem längeren Beitrag von dem Basler Lehrer J. Weber-Greminger. Dieser hatte sich bereits im Frühjahr 1920, auf Anregung von Willy Storrer (Brief vom 20. Januar 1920), in seiner Eigenschaft als Kursleiter des «10. Staatsbürgerkurs Baselstadt» an Rudolf Steiner gewandt mit der Bitte, für die Teilnehmer des Staatsbürgerkurses einen Vortrag über die soziale Frage und die soziale Dreigliederung zu halten. Dieser Vortrag hat am 18. April 1920 in Dornach stattgefunden und war verknüpft mit einer Besichtigung des ersten Goetheanum-Baues. «Niemand geht unbefriedigt von dannen», hieß es damals in der Programmankündigung. Der Vortrag ist abgedruckt in dem Band «Vom Einheitsstaat zum dreigliedrigen sozialen Organismus», GA 334, S. 173–193.

DISKUSSION

Basel, 11. Mai 1920

Lehrer: Es ist von verschiedenen Seiten angeregt worden, ob es nicht möglich sei, die Vorträge, die Herr Dr. Steiner hier gehalten hat, vervielfältigen zu lassen, und ob vielleicht die Anwesenden dann sich so verständigen könnten, daß sie die Druckkosten der Vervielfältigung zum Teil oder ganz, je nachdem, übernehmen können. Ich möchte diese Anregung hier zur Diskussion stellen.

Rudolf Steiner: Mitgeschrieben sind sie ja jedenfalls. Nur handelt es sich darum, daß die ganze Vervielfältigung immerhin eine finanzielle Frage ist und, nicht wahr, wenn es in einer beschränkten Weise gemacht wird, so ist es ja immerhin nicht leicht, sie billig herzustellen. Es ist ja tatsächlich jetzt so sehr schwierig, die finanzielle Frage da zu lösen. Wenn sich die Möglichkeit herausstellt, daß die Kosten der Vervielfältigung wirklich gedeckt werden, dann kann man ja immerhin daran denken.

Der Vorsitzende, Herr Ruof: Ich denke doch, daß man über die Sache am besten reden wird unter den Kollegen und Kolleginnen. Es wird sich dann herausstellen, ob das Interesse wirklich so vorhanden ist und ob wir darauf eingehen können, die Kosten der Drucklegung möglichst auf uns zu nehmen oder wenigstens teilweise auf uns zu nehmen. Das wird sich alles erst später genau zeigen können.

Student Englert beantragt, daß zunächst eine Umfrage gemacht wird, um herauszufinden, wieviele Leute gewillt sind, sich diese Vorträge überhaupt anzuschaffen. Hiernach kann man sich dann auch richten. Wenn so viele Exemplare gekauft werden, daß die Kosten herauskommen, dann kann man es wagen und sonst eben bleibenlassen.

Der Vorsitzende will eine Umfrage durchführen bei den Kursteilnehmern, ob sie die Vorträge gedruckt haben wollen.

Dankesworte eines Teilnehmers

Herr J. Weber-Greminger

Sehr verehrte Anwesende: Ich glaube, wir dürfen doch nicht auseinandergehen ohne ein Wort herzlichen Dankes an den Herrn Referenten. Er hat angefangen mit dem Bekenntnis, daß er die Pädagogik als eine Kunst betrachtet, und damit hat er die ganze Sache auf eine hohe Warte gestellt. Er bringt uns ein Vertrauen entgegen: er deklariert uns als Künstler. Das ist ein Großes, das uns heben und zugleich erniedrigen kann. Wenn wir unsere Arbeit mit Kunst vergleichen, unser Werk mit dem Werk eines Künstlers vergleichen, wie ein solches hinter dem Herrn Vortragenden prangt (Böcklins «Heiliger Hain»), dann kommen wir uns als erbärmliche Stümper vor. Da ist es nötig, daß von Zeit zu Zeit so ein Tau auf unsere Seelen falle. Und diesen Tau hat uns Herr Dr. Steiner gegeben. Er hat uns zugebilligt das Schiller-Wort:

«Der Menschheit Würde ist in eure Hand gegeben,
bewahret sie, sie sinkt mit euch, mit euch wird sie sich heben.»

Es ist jetzt eine schwere Zeit; an alles, an jeden Stein wird jetzt geklopft: Ist die Sache noch gesund, oder ist sie morsch geworden und zum Untergange reif? Kollegen und Kolleginnen, Basel-Stadt bringt für die Erziehung seiner Jugend ungeheure Opfer, über zehn Millionen Franken jedes Jahr. Jedes Schülerlein, das die ganze Volksschule durchläuft, kommt uns im Jahr auf 5000 bis 6000 Franken. Jeder Schüler, der die mittlere Schule durchläuft – also auch diese hier – kommt uns auf 10 000 bis 12 000 Franken, und jeder Student auf 20 000 bis 25 000 Franken, bis er ausgebildet ist. Hat da das Volk und der Staat nicht ein Anrecht gegenüber diesen aufgewendeten Mitteln, ganz abgesehen von dem, was das Vaterhaus und was die Öffentlichkeit sonst noch für unsere Jugend tut, auch Resultate zu fordern? Sind sie immer entsprechend? Wir werden nicht mit gutem Gewissen ja sagen können. Wo fehlt es manchmal? Auch bei uns. Nicht am Willen liegt es, aber an der Kraft, am Können. Wir strengen nicht immer die letzte Faser an. Und wir glauben oft, wenn die Schulstubentür zu ist, dann sei unsere Arbeit aus und fertig. Wir können ja dann das Gehalt holen.

Meine Kollegen und Kolleginnen: Jeder junge Verbrecher, der in unserer Stadt verurteilt wird, ist ein Vorwurf an uns. Jeder Jüngling, der in die Welt hinauskommt und abirrt und in einer leichtfertigen halben Stunde seine Gesundheit zerstört, zwanzigjährige Erzieherarbeit, Vater-, Mutter-, Lehrer- und Pfarrerarbeit zerstört in einer Stunde, jeder solche Jüngling, jede solche Tochter, sie sind ein Vorwurf an uns.

Dieses Gewissen wollte uns Herr Dr. Steiner wecken, und dafür sind wir ihm von Herzen dankbar.

Wenn ich Chef eines Erziehungsdepartements der Schweizerischen Eidgenossenschaft wäre, so würde ich – erschrecken Sie nicht – so würde ich Herrn Dr. Steiner zum Seminardirektor eines Schweizerischen Lehrerseminars machen. Er brächte den rechten Geist mit, und die Vorbildung und die Kraft, die jungen Leute emporzuziehen!

Nun aber, er ist Gast im Schweizerland und muß Angriffe auf Angriffe ertragen, die der schweizerischen Gastfreundschaft unwürdig sind. Hat ein Mann, wie Herr Dr. Steiner, der solche Grundsätze verfolgt, wie er sie uns nun an 14 Abenden vorgeführt hat, wirklich keinen Platz mehr im freien Schweizerland? Dagegen lehnen wir uns auf, laut und leise, und wo Gelegenheit ist, tue ich das kund. Meine Kollegen und Kolleginnen, wir kennen nun Herrn Dr. Steiner, den seelenguten, grundgütigen Mann. Nein, den lassen wir nicht aus der Schweiz herausekeln. Wir haben ihn nötig. Er hat uns vieles, vieles zu sagen.

Mit diesen Worten, mit herzlichem Dank an Herrn Dr. Steiner möchte ich Sie bitten, zu seinen Ehren für das, was er uns geboten hat, von den Sitzen sich zu erheben.

Dankesworte des Veranstalters

Vorsitzender, Herr Ruof

Ich möchte Herrn Weber danken für das, was er vorausgenommen hat, und für die herzlichen Worte. Ich bin mir voll bewußt, daß ich diesen Dank nicht so herzlich hätte aussprechen können, wie es dem älteren Kollegen gegeben ist.

Auf Wunsch und Anregung soll auch eine eurythmische Darstellung in Kinder-Eurythmie im Goetheanum in Dornach gegeben werden, die für die Kollegen und Kolleginnen von besonderem Interesse sein wird. Es interessiert uns doch wesentlich mehr, was mit Kindern in der Schule gemacht werden kann, als das, was Erwachsene können. Wie weit sich die Eurythmie für Kinder anwenden läßt, und was da in kurzer Zeit erreicht wird, werden uns die Vorstellungen in Dornach zeigen. Und wenn erst dann die Eurythmie in die Schule eingefügt werden könnte, so würden wir sehen, welch gewaltigen Erfolg diese Eurythmie hat. Das, was jetzt geboten wird, wozu es die Kinder in der Freizeit schon bringen nach dem ermüdenden Schulunterricht, zwingt uns alle Ehre und Anerkennung ab.

Es wird dann die Gelegenheit geboten sein zur Erlernung der Eurythmie für die Kollegen und Kolleginnen in einem Eurythmie-Kursus, den Frau Kisseleff erteilen wird. Über das Lokal werden wir uns noch einigen. Freikarten zu der Aufführung in Dornach am Samstag sind am Büchertisch zu haben. Einige Karten stehen auch für den Sonntag zur Verfügung, falls jemand am Samstag verhindert wäre.

Damit geht also unser Vortragskurs zu Ende. Ich wiederhole noch einmal meinen Dank, den ich an Herrn Dr. Steiner bereits ausgesprochen habe und danke auch allen anwesenden Kollegen und Kolleginnen, die bis zum Schlusse ausgeharrt haben. Es ist immerhin eine ziemlich große Anforderung gewesen, daß wir alle freie Zeit in Anspruch nehmen mußten. Ich hätte die Zeit lieber etwas verteilt, aber es war eben unmöglich.

Schlußwort von Rudolf Steiner

Ich habe auf die lieben Worte der beiden Vorredner nur zu sagen, daß sie überzeugt sein können, daß ich die schönen Worte, die gesprochen wurden, voll zu würdigen weiß. Sie können auch überzeugt sein, daß derjenige, dem es ernst um die Verbreitung des Geisteslebens, um die Pflege des Geisteslebens ist, daß der das Vertrauen, das ihm in dieser Weise entgegengebracht wird, zu würdigen versteht. Und aus diesem Gefühl heraus sage ich den beiden Herren, die so schön dieses Vertrauen heute zum Ausdruck gebracht haben, auch meinerseits den allerherzlichsten Dank.

Zeitungsbericht

Tagblatt für das Birseck, Birsig- und Leimental
Arlesheimer Bezirksblatt und Basellandschaftlicher Volksfreund
49. Jg. Nr. 114, Samstag, 15. Mai 1920

Der pädagogische Kursus von Dr. Rudolf Steiner

in der Aula der oberen Realschule in *Basel* ging am letzten Dienstag zu Ende. In 14 Vorträgen hatte Herr Dr. Steiner aus dem weiten Gebiet der von ihm vertretenen Geisteswissenschaft konkretes Material zu einer Erneuerung der pädagogisch-didaktischen Kunst beigebracht. An zahlreichen Beispielen wies er die Möglichkeit auf, Pädagogik als *Kunst* auszuüben und den Unterrichtsstoff dabei selbst als Erziehungsmittel zu verwenden. Vor allem gelang es ihm, die Notwendigkeit klar zu machen, daß pädagogische Kunst nur auf der Grundlage einer realen Erkenntnis von dem Wesen und den Entwicklungsstufen des werdenden Menschen möglich ist. Eine solch reale Erkenntnis des werdenden Kindes will die anthroposophisch orientierte Geisteswissenschaft geben, die im Bau der Freien Hochschule für Geisteswissenschaft «Goetheanum» bei Dornach ihren architektonischen Ausdruck gefunden hat. – Die am Kursus teilnehmenden Lehrer brachten den Ausführungen großes Interesse entgegen und drückten den Wunsch nach deren möglichst baldiger Drucklegung aus. Im Namen der Anwesenden sprach Herr *Weber-Greminger*, Basel (Leiter der Staatsbürgerkurse) Herrn Dr. Steiner in warmen Worten den Dank der Kursbesucher aus. Die Schlußworte Herrn Webers verdienen im Hinblick auf die gerade jetzt von gewisser Seite fieberhaft betriebenen Angriffe und Verleumdungen gegen das Werk und die Person Dr. Steiners hier wörtlich niedergelegt zu werden. Es ist daraus zu ersehen, wie gerade eine objektive Bekanntschaft mit dem Inhalt der anthroposophischen Geisteswissenschaft spontan die Einsicht hervorruft: Hier sind geistige Kräfte vorhanden, die stark genug sind, eine wahrhafte Erneuerung der verfahrenen, zerrütteten Verhältnisse auf fast allen Gebieten des Lebens herbeizuführen. Und unmittelbar erkennen kann man, wie nur Beschränktheit und böser Wille durch Verzerren und Herumbiegen der objektiven Tatsachen in solch unqualifizierbarer Weise gegen die im «Goetheanum» repräsentierte geistige Arbeit Sturm laufen kann, wie dies jetzt von Zentren aus geschieht, die aus verständlichen Gründen allen Anlaß haben, eine solche bewußt herbeigeführte Gesundung des sozialen Lebens zu verhindern.

Herr Weber erklärte u.a.:

«Ich glaube, wir dürfen doch nicht auseinandergehen ohne ein Wort herzlichen Dankes an den Herrn Referenten. Er hat angefangen mit dem Bekenntnis, daß er die *Pädagogik* als eine *Kunst* betrachtet und damit hat er die ganze Sache auf eine hohe Warte gestellt. Er bringt uns sein Vertrauen entgegen: er deklariert uns als Künstler. Das ist ein Großes, das uns heben und zugleich erniedrigen kann. Wenn wir unsere Arbeit mit Kunst vergleichen, unser Werk mit dem Werk eines Künstlers, wie eines hinter dem Herrn Vortragenden prangte (Böcklins «Heiliger Hain») vergleichen, dann kommen wir uns als erbärmliche Stümper vor. Da ist es nötig, daß von Zeit zu Zeit so ein Tau auf unsere Seelen falle. Und diesen Tau hat uns Herr Dr. Steiner gegeben. Er hat uns gezeigt das Schiller-Wort:

‹Der Menschheit Würde ist in eure Hand gegeben,
bewahret sie, sie sinkt mit euch, mit euch wird sie sich heben.›

Es ist jetzt schwere Zeit. An alles wird jetzt, an jeden Stein wird jetzt geklopft: Ist die Sache noch gesund, oder ist sie morsch geworden und zum Untergange reif? Kollegen und Kolleginnen, Basel-Stadt bringt für die Erziehung seiner Jugend ungeheure Opfer, über zehn Millionen Franken jedes Jahr. Jedes Schülerlein, das die ganze Volksschule, Primarschule und Sekundarschule allein, durchläuft, kommt uns auf 5000 bis 6000 Franken. Jeder Schüler, der die mittleren, oberen Schulen – also auch diese Schule (obere Realschule) – durchläuft, auf 10 000 bis 12 000 Franken, und jeder Student auf 20 000 bis 25 000 Franken, bis er ausgeschult ist. Hat da das Volk und der Staat nicht ein Anrecht, gegen diese aufgewendeten Mittel, ganz abgesehen von dem, was das Vaterhaus und was die Öffentlichkeit sonst noch für unsere Jugend tut, auch *Resultate* zu fordern? Sind sie immer entsprechend? Wir werden nicht mit gutem Gewissen ja sagen können. Wo fehlt es manchmal? Auch an uns. Nicht am Willen liegt es, aber an der Kraft, am Können. Wir strengen nicht immer die letzte Faser an. Und wir glauben oft, wenn die Schulstubentür zu ist, so sei dann unsere Arbeit aus und fertig. Wir können ja dann den Gehalt holen.

Meine Kollegen und Kolleginnen! Jeder junge Verbrecher, der auf dem «Bäumlein» verurteilt wird, ist ein Vorwurf an uns. Jeder Jüngling, der in die Welt hinauskommt und abirrt und in einer leichtfertigen halben Stunde seine Gesundheit zerstört, zwanzigjährige Erzieherarbeit, Vater-, Mutter-, Lehrer- und Pfarrerarbeit zerstört in einer Stunde, wo er an anderen Orten sein sollte, jeder solche Jüngling, jede solche Tochter, sie sind ein Vorwurf an uns.

Dieses Gewissen wollte uns Herr Dr. Steiner wecken, und dafür sind wir ihm von Herzen dankbar. Wenn ich Chef eines Erziehungsdepartements der Schweizerischen Eidgenossenschaft wäre, so würde ich – erschrecken Sie nicht – so würde ich Herrn Dr. Steiner zum Seminardirektor eines Schweizerischen Lehrerseminars oder Lehrerinnenseminars machen. *Er* brächte den rechten Geist mit und die Vorbildung und die Kraft, die jungen Leute emporzuziehen! Nun aber, er ist *Gast* im Schweizerland und muß Angriffe auf Angriffe auf sich erdulden, die der schweizerischen Gastfreundschaft unwürdig sind. Hat ein Mann wie Herr Dr. Steiner, der solche Grundsätze verfolgt, wie er sie uns nun an 14 Abenden vorgeführt hat, wirklich keinen Platz mehr im freien Schweizerland? *Dagegen lehnen wir uns auf*, laut und leise, und wo Gelegenheit ist, tue ich das kund. Meine Kollegen und Kolleginnen, wir kennen nun Herrn Dr. Steiner, den seelenguten, grundgütigen Mann. Nein, *den* lassen wir *nicht* aus der Schweiz herausekeln! Wir haben ihn nötig. Er hat uns vieles, vieles zu sagen!

Mit diesen Worten, mit herzlichem Dank an Herrn Dr. Steiner möchte ich Sie bitten, sich zu seinen Ehren für das, was er uns geboten hat, von den Sitzen sich zu erheben.»

Die Teilnehmer des Kurses versammeln sich nun noch zu einer Aussprache, in der erörtert werden soll, wie die pädagogische Arbeit im Sinne Dr. Steiners in der Richtung auf eine erneuerte Erziehungspraxis aufgenommen werden kann. Der Kurs findet seinen Ausklang in einer (öffentlichen) Vorstellung Eurythmischer Kunst vom nächsten Samstag, den 15. Mai, in der die pädagogische Fruchtbarkeit dieser neuen Kunst durch Kinderdarbietungen anschaulich gemacht werden soll.

[Willy Storrer]

Hinweise zu dieser Ausgabe

*

Namenregister

*

Übersicht über die
Rudolf Steiner Gesamtausgabe

HINWEISE

Zu dieser Ausgabe

Auf Einladung des Erziehungsdepartements von Basel hatte Rudolf Steiner am 27. November 1919, also wenige Wochen nach Eröffnung der Waldorfschule in Stuttgart, einen Vortrag über «Geisteswissenschaft und Pädagogik» für die Basler Lehrerschaft gehalten (vorgesehen für GA 297). Da dieser, wie die Basler Nationalzeitung berichtete, ein «warmes Interesse gefunden hatte, sah sich eine Gruppe von über 60 Basler Lehrern veranlaßt, Dr. Steiner einzuladen, eine ganze Vortragsreihe zu halten» (zitiert nach der Wochenschrift «Dreigliederung des sozialen Organismus», 1. Jg. Nr. 43).

Nachdem Rudolf Steiner diesem Vorhaben zugestimmt hatte, erging eine entsprechende Einladung an die gesamte Lehrerschaft Basels und Umgebung. Seitens des Basler Erziehungsdepartements, namentlich durch Regierungsrat F. Hauser, wurde die Aula des De Wette-Schulhauses in Basel zur Verfügung gestellt. Die sich insgesamt über 14 Abende (Beginn jeweils um 17.15 Uhr) hinstreckende Vortragsreihe, die unter dem Thema stand «Die Erneuerung der pädagogisch-didaktischen Kunst durch Geisteswissenschaft», begann am 20. April und fand ihren Abschluß am 11. Mai 1920. Wie die Vorträge von den Teilnehmern aufgenommen wurden, entnehme man den im *Anhang* aufgenommenen Beiträgen.

Textgrundlagen: Die Vorträge wurden von der Berufsstenographin Helene Finckh (1883-1960) mitstenographiert und in Klartext übertragen. Diese Klartextübertragung liegt der vorliegenden Ausgabe zugrunde. Für die 4. Auflage wurde der Text nochmals kritisch durchgesehen. Inhaltliche Korrekturen sind in die *Hinweise zum Text* aufgenommen worden. Ebenfalls wurden die Inhaltsangaben und die Hinweise überarbeitet und ergänzt. Der Anhang sowie das Namenregister wurden neu hinzugefügt.

Der Titel des Bandes entspricht seit der 2. Auflage demjenigen, unter dem die Vortragsreihe angekündigt war.

Die Titel zu den einzelnen Vorträgen stammen von den Herausgebern der ersten Buchausgabe von 1945.

Tafelzeichnungen: Zu diesem Kurs liegen weder Originalzeichnungen Rudolf Steiners noch Skizzen der Stenographin vor.

Frühere Veröffentlichungen: Sämtliche Vorträge wurden erstmals veröffentlicht in der Zeitschrift «Die Menschenschule. Allgemeine Monatsschrift für Erziehungskunst im Sinne Rudolf Steiners», Basel, III. Jg. 1929, Heft 2-12 und IV. Jg. 1930, Heft 1-6. Die erste Buchausgabe erschien, auf Grundlage des Druckes in der «Menschenschule», im Troxler Verlag, Bern 1945.

Die Herausgabe der 2. und 3. Auflage (Rudolf Steiner Gesamtausgabe 1958 und 1977) besorgte Hans Rudolf Niederhäuser.

Hinweise zum Text

Werke Rudolf Steiners, die innerhalb der Gesamtausgabe (GA) erschienen sind, werden nachfolgend mit der jeweiligen Bibliographie-Nummer (GA ...) angeführt. Siehe auch die Übersicht am Schluß des Bandes.

zu Seite

9 Vor Beginn des Vortrages sprach Herr Ruof die folgenden Begrüßungsworte: «Ich möchte Herrn Dr. Steiner im Namen aller Anwesenden danken dafür, daß er in so liebenswürdiger Weise auf unsere Anfrage eingegangen ist und sich zur Verfügung gestellt hat, trotzdem Herr Dr. Steiner sehr viel anderes zu tun hat. Es ist nun nicht möglich, diese freie Zeit, die so beschränkt ist, von Herrn Dr. Steiner allzulange in Anspruch zu nehmen. Er hat auch andernorts seine Kenntnis zur Verfügung zu stellen, und es ist daher in der Einladung schon angedeutet, daß die Kurse in beschränkter Form, das heißt in vierzehn Tagen vielleicht eben allabendlich werden abgehalten werden. Ihre Freizeit wird dadurch zwar etwas stark in Anspruch genommen, aber vielleicht ist es doch möglich durchzuführen, damit der Kurs nicht zu sehr zerrissen wird und dann vielleicht acht Tage oder noch länger kein Vortrag sein wird, weil Herr Dr. Steiner einige Tage verreisen muß. Es wird also heute der erste Vortrag sein, morgen der zweite, ausgenommen Samstag, bis zum ersten Mai. Herr Regierungsrat Hauser ist bereitwillig darauf eingegangen, uns das Lokal so lange zur Verfügung zu stellen. Am Schlusse des Vortrags wird Gelegenheit zu einer Diskussion sein. Damit erteile ich Herrn Dr. Steiner das Wort.»

10 *Johann Friedrich Herbart*, 1776–1841, Philosoph und Pädagoge; lehrte in Göttingen; zeitweise Hauslehrer in Bern. Gilt als Begründer der wissenschaftlichen Pädagogik, die ihrerseits eng verknüpft sein muß mit der praktischen Philosophie (Ethik) und der Psychologie. Werke: «Allgemeine Pädagogik» (1806), «Lehrbuch zur Psychologie» (1816), «Umriß pädagogischer Vorlesungen» (1835).

Franz Exner, 1802–1853. Philosoph, Professor in Prag und Wien, setzte, seit 1840 Ministerialrat im österreichischen Kultusministerium, mit Bonitz den «Entwurf der Organisation der Gymnasien und Realschulen in Österreich» durch. Schrieb u.a. «Die Psychologie der Hegelschen Schule», Leipzig 1842 bis 1844, 2 Hefte.

In früheren Auflagen hieß es statt Exner *Oetzler*. Hier handelt es sich vermutlich um einen Hörfehler des Stenografen. Im Zusammenhang mit dem von Rudolf Steiner Dargestellten ließ sich keine Persönlichkeit namens Oetzler ausfindig machen.

11 *Landerziehungsheime*: Ihre Gründung geht auf Hermann Lietz (1868–1919) zurück. Das erklärte Ziel war, die Erziehung der anvertrauten Kinder «zu harmonischen, selbständigen Charakteren, zu deutschen Jünglingen, die an Leib und Seele gesund und stark, die körperlich, praktisch, wissenschaftlich und künstlerisch tüchtig sind, die klar und scharf denken, warm empfinden, mutig und stark sein wollen» (H. Lietz). Dies wollte man erreichen, indem man Bildungsstätten fern vom Trubel der Städte in ländlicher Umgebung errichtete. 1898 erfolgte die Gründung des ersten Landerziehungsheimes durch H. Lietz in Ilsenburg am Harz, es folgten die Gründungen der Heime in Haubinda/Thüringen 1901 (dieses hat auch Rudolf Steiner einmal besucht) und Schloß Bieberstein in der Rhön. Einige seiner Mitarbeiter verselbständigten sich später (Wyneken, Geheeb, Kramer) und gründeten eigene Schulen. Siehe Hermann Lietz, «Deutsche Land-Erziehungsheime. Erziehungsgrundsätze und Organisation», Leipzig 1906.

12 *Korrektur Z. 10 v. u.:* In früheren Auflagen hieß es: «... an den großen Gestalten der Pädagogen des 19. Jahrhunderts».

Johann Friedrich Herbart: Siehe Hinweise zu S. 10.

Tuiskon Ziller, 1817–1882, Professor und Leiter des pädagogischen Seminars in Leipzig, begründete die Herbart-Zillersche Schule. Er forderte eine «Konzentration des Unterrichts» um die gesinnungsbildenden Fächer und gestaltete die «formalen Stufen» für die Unterrichtslektion (Analyse, Synthese, Assoziation, System, Methode) aus. Werke: «Einleitung in die allgemeine Pädagogik», Langensalza 1901, «Grundlegung zur Lehre vom erziehenden Unterricht», Leipzig 1884, «Allgemeine philosophische Ethik», Langensalza 1886.

Friedrich Adolf Wilhelm Diesterweg, 1790–1866, zunächst Hauslehrer, dann Gymnasiallehrer, leitete ab 1820 das neugegründete Lehrerseminar Mörs, ab 1832 das in Berlin. Förderer der Volksschule; setzte sich für deren Ausgestaltung im Geiste Pestalozzis ein. Führte die Ideen der Aufklärung konsequent weiter und galt als Verfechter eines demokratischen Liberalismus. Verfasser zahlreicher Lehrbücher. Werke: «Über Erziehung» (1820), «Das pädagogische Deutschland» (1835/36) u.a. Siehe auch «Sämtliche Werke», hg. v. H. Deiters u.a., Ost-Berlin 1961 ff.

Johann Heinrich Pestalozzi, 1746–1827, führte zunächst in der Schweiz (auf dem Neuenhof) eine Armenanstalt für Kinder, die er in Verbindung von Land- und gewerblicher Arbeit unterwies und erzog. Ab 1780 schriftstellerisch tätig; er wandte sich in seinen kulturkritischen Schriften gegen die unmenschlichen Verhältnisse seiner Zeit. 1798 bemühte er sich um durch Kriegswirren verwaiste Kinder in Stans. Ab 1799 war er pädagogisch tätig in Burgdorf, ab 1805 in Yverdon. Mit seiner dortigen Arbeit wurde er weltweit bekannt. Insbesondere bemühte er sich um die Verbindung von Schule, Lehrerbildung, Pensionsanstalt und Waisenhaus. Mit seinen pädagogischen Schriften hat er das Schulwesen maßgebend beeinflußt und gestaltet. Werkauswahl: «Abendstunde eines Einsiedlers» (1870), «Lienhard und Gertrud» (1781–87), «Meine Nachforschungen über den Gang der Natur in der Entwicklung des Menschengeschlechts» (1797), «Wie Gertrud ihre Kinder lehrt» (1801).

18 *Jean Paul* (eigentl. Jean Paul Friedrich Richter), 1763–1825, Dichter, Pädagoge und Publizist. Verfasser mehrerer Bildungsromane: «Die unsichtbare Loge» (1796), «Hesperus, oder 45 Hundsposttage» (1795), «Titan» (1800–03), «Flegeljahre» (1804), «Levana» (1807).

28 *«Von Seelenrätseln»* (1917), GA 21. Siehe insbesondere Kap. IV, 6 «Die physischen und die geistigen Abhängigkeiten der Menschen-Wesenheit».

35 *Auffassung des Musikalisch-Schönen durch Richard Wagner und ... den Wiener Hanslick*: Eduard Hanslick (1825–1904) setzte sich in seiner Schrift «Vom Musikalisch-Schönen», Leipzig 1854, ausführlich mit dem kompositorischen Schaffen Richard Wagners (1813–1883) auseinander. Siehe auch Rudolf Steiners Ausführungen in seinem Vortrag vom 29. 12. 1910 in «Okkulte Geschichte», GA 126, S. 52 f.

45 *Pestalozzi, Diesterweg:* Siehe die Hinweise zu S. 12.

49 *Wladimir Iljitsch Lenin* (eigentlich Uljanow), 1870–1924, Sozialrevolutionär, bedeutendster Theoretiker des dialektischen Materialismus. Aus russischem Bauernadel stammend; Führer der Bolschewisten, wurde im November 1917 (Novemberrevolution) Vorsitzender der Volkskommissare. Gründer der Sowjetunion (1922), deren Regierungschef er bis zu seinem Tode blieb.

Leo Trotzki (Leib Bronstein), 1879–1940, engster Mitarbeiter von Lenin, maßgebend für den Aufbau der Sowjetunion als Militärmacht. Wurde 1929 von Stalin verbannt, emigrierte nach Mexiko, wo er 1940 ermordet wurde.

Richard Avenarius, 1843–1896, Philosoph, lebte zuletzt in Zürich. Begründete den Empiriokritizismus, gegen den sich Lenin in seiner Schrift «Materialismus und Empiriokritizismus» wendet. Avenarius schrieb u.a. «Kritik der reinen Erfahrung», 2 Bde., 1888–1890.

Ernst Mach, 1838–1916, Physiker und Philosoph, einer der Begründer des Empiriokritizismus. In der Erkenntnistheorie erneuerte er die Anschauungen Berkeleys und Humes. Seine erkenntnistheoretischen Anschauungen waren von großem Einfluß auf die theoretische Physik (Machsche Zahl). Schrieb u.a. «Die Mechanik in ihrer Entwicklung» (1883); «Erkenntnis und Irrtum. Skizzen zur Psychologie der Forschung» (1905).

Karl Vogt, 1817–1895, Zoologe und Geologe, Professor in Gießen, Bern und Genf. Galt als einer der Hauptvertreter des Materialismus und Darwinismus. Rudolf Steiner zitierte häufig aus dessen Schrift «Köhlerglaube und Wissenschaft. Eine Streitschrift», Gießen 1855.

Friedrich Adler, 1879–1960, Philosoph, Führer der österreichischen Sozialdemokraten, einer der Theoretiker des Austromarxismus. Er versuchte, den Marxismus durch die «Machistische Philosophie» zu ergänzen. Am 21. Oktober 1916 erschoß er den österreichischen Ministerpräsidenten Graf Stürgkh, wurde zum Tode verurteilt, 1918 freigelassen. Später war er einer der Führer der «Sozialistischen Arbeiterinternationale».

Karl Graf von Stürgkh, 1859-1916, österreichischer Politiker. 1909–1911 Unterrichtsminister, dann Ministerpräsident. Wurde von Friedrich Adler (s.o.) erschossen.

«Staatsphilosophie» des Bolschewismus: Rudolf Steiner stützt sich hier auf einen Aufsatz von Nicolai Berdjajev über «Die politische und die philosophische Wahrheit», der in der von Elias Hurwicz herausgegebenen Schrift «Rußlands politische Seele» 1918 in Berlin veröffentlicht wurde. In Rußland erschien dieser Aufsatz bereits im Jahre 1909 in dem Sammelband «Wjechi» (d.h. «Grenzpfähle»). Auf S. 93 der deutschen Ausgabe heißt es u.a..: «Dann ging sie (die russische Intelligenz, Anm. d. Hg.) sogar zu dem schwer verdaulichen Avenarius über, weil die abstrakteste, ‹reinste› Philosophie von Avenarius ohne dessen Wissen und Schuld plötzlich als eine Philosophie des ‹Bolschewismus› hingestellt wurde.»

51 *der Goetheschen Farbenlehre:* Siehe die Bände III und IV von «Goethes Naturwissenschaftlichen Schriften», eingeleitet, kommentiert und herausgegeben von Rudolf Steiner in «Kürschners Deutsche National-Litteratur» (1883–1897). Fotomechanischer Nachdruck in fünf Bänden, Dornach 1975, als Ergänzung zur Rudolf Steiner Gesamtausgabe, GA 1a-e.

52 *der ausgezeichnete Arzt Schmid:* Dr. Karl Schmid, «Über Herzstoß und Pulskurven», abgedruckt in «Wiener Medizinische Wochenschrift» Nr. 15-17, 1892.

52 *Moritz Benedikt*, 1835–1920, Kriminalanthropologe. Siehe «Das biomechanische (neovitalistische) Denken in der Medizin und in der Biologie», Jena 1903, VIII. Die Biomechanik des Blutstroms.

53 *Carl Georg Lange,* 1834–1900. Siehe «Die Gemütsbewegungen, ihr Wesen und ihr Einfluß auf körperliche, besonders auf krankmachende Lebenserscheinungen», Würzburg 1910, 2. Aufl.

59 *mit dem biogenetischen Grundsatz Haeckels:* Gemeint ist das «Biogenetische Grundgesetz» von Ernst Haeckel (1834–1919), Zoologe und Professor in Jena. Rudolf Steiner hat in seiner im Jahre 1900 erschienenen Schrift «Haeckel und seine Gegner» hierzu folgende Anmerkung gemacht: «Haeckel hat die allgemeine Geltung und weittragende Bedeutung des biogenetischen Grundgesetzes in einer Reihe von Arbeiten nachgewiesen. Die wichtigsten Aufschlüsse und Beweise findet man in seiner ‹Biologie der Kalkschwämme› (1872) und in seinen ‹Studien zur Gasträa-Theorie› (1873–84). Seitdem haben diese Lehre andere Zoologen ausgebaut und bestätigt. In seiner neuesten Schrift ‹Die Welträtsel› (1899) kann Haeckel von ihr sagen (S. 72): ‹Obgleich dieselbe anfangs fast allgemein abgelehnt und während eines Dezenniums von zahlreichen Autoritäten heftig bekämpft wurde, ist sie doch gegenwärtig (seit etwa 15 Jahren) von allen sachkundigen Fachgenossen angenommen›». Siehe Rudolf Steiner, «Methodische Grundlagen der Anthroposophie. Gesammelte Aufsätze zur Philosophie, Naturwissenschaft, Ästhetik und Seelenkunde 1884–1901», GA 30, S. 198. In seiner Schrift über Haeckel zitiert Rudolf Steiner aus den Schriften Haeckels das biogenetische Grundgesetz wie folgt: «Die kurze Ontogenese oder die Entwicklung des Individuums ist eine schnelle und zusammengezogene Wiederholung, eine gedrängte Rekapitulation der langen Phylogenese oder der Entwicklung der Art.» (vgl. «Methodische Grundlagen ...», GA 30, S. 163).

62 *meine «Geheimwissenschaft»:* Rudolf Steiner, «Die Geheimwissenschaft im Umriß» (1910), GA 13.

63 *einen Brief ... von einer Lehrkraft:* Um wen es sich hier handelt, ist nicht bekannt. Ein entsprechender Brief liegt im Archiv nicht vor.

Stuttgarter Waldorfschule: Sie wurde als einheitliche Volks- und höhere Schule von Emil Molt, Direktor der Waldorf-Astoria-Zigarettenfabrik, und Rudolf Steiner, der die Leitung bis zu seinem Tod im März 1925 innehatte, im Jahre 1919 begründet. Siehe Rudolf Steiners Vorträge über menschenkundliche sowie methodische und didaktische Fragen in den Bänden GA 293 bis 310 der Rudolf Steiner Gesamtausgabe.

64 *durch einen seminaristischen Kursus:* In den Wochen vor der Eröffnung der Waldorfschule in Stuttgart hielt Rudolf Steiner einen pädagogischen Kurs für die von ihm ausgewählten Lehrer, um sie auf ihre neue Aufgabe vorzubereiten. Dieser vom 21. August bis 6. September dauernde Kurs war wie folgt gegliedert: Täglich morgens um neun Uhr Vorträge über «Allgemeine Menschenkunde als Grundlage der Pädagogik» (GA 293); in der zweiten Vormittagshälfte folgten die Vorträge «Erziehungskunst. Methodisch-Didaktisches» (GA 294), am Nachmittag dann «Erziehungskunst. Seminarbesprechungen und Lehrplanvorträge» (GA 295). Rudolf Steiners Notizbuchaufzeichnungen zu diesem Kurs sind publiziert in der Schriftenreihe «Beiträge zur Rudolf Steiner Gesamtausgabe», Heft 31, Michaeli 1970. Eine Chronik zur Gründungszeit in Heft 27/28, Michaeli 1969.

65 *aus dem biogenetischen Grundgesetz Ernst Haeckels:* Siehe den Hinweis zu Seite 59.

66 *Friedrich August Wolf*, 1759–1824, Philologe. Die Darstellung der Entwicklungsstufen des Kindes anhand der Kulturepochen ist enthalten in «Friedr. Aug. Wolf über Erziehung, Schule, Universität. (‹Consilia Scholastica›.) Aus Wolf's literarischem Nachlasse», zusammengestellt von Wilhelm Körte, Quedlinburg und Leipzig 1835, S. 69ff. In einer «Notiz» zu seinem Aufsatz «Die Erziehung des Kindes vom Gesichtspunkte der Geisteswissenschaft» führt Rudolf Steiner die entsprechenden Passagen aus Wolfs Werk wörtlich an. Siehe Rudolf Steiner, «Lucifer-Gnosis. Grundlegende Aufsätze zur Anthroposophie und Berichte aus ‹Luzifer› und ‹Lucifer-Gnosis› 1903–1908», GA 34, S. 346-348.

70 *Korrektur* Z. 13/14 v.u.: In früheren Auflagen hieß es «... ist ein Abglanz – nicht mehr geistig, nur leiblich ...». Hier handelt es sich um eine sinngemäße Korrektur; siehe hierzu die Ausführungen Rudolf Steiners zu Beginn des gleichen Abschnittes.

75 *Emil Molt*, 1876–1936, Direktor der Waldorf-Astoria-Zigarettenfabrik in Stuttgart. Kommerzienrat. Er richtete für die Angehörigen seines Unternehmens Arbeiterbildungskurse ein. Hieraus entstand schließlich der Gedanke, eine Schule für die Kinder der Arbeiter einzurichten. Für den Aufbau und die Leitung dieser «Waldorf-Schule» berief er Rudolf Steiner. Molt war 1919 einer der engagiertesten Vertreter der Dreigliederungsidee Rudolf Steiners. Siehe Emil Molt, «Entwurf einer Lebensbeschreibung», Stuttgart 1972, sowie einige seiner Aufsätze in der Schriftenreihe «Beiträge zur Rudolf Steiner Gesamtausgabe», Heft Nr. 103, Dornach, Michaeli 1989.

76 *Ich war ja allerdings in Stuttgart genötigt:* Über den Aufbau der Waldorfschule und Rudolf Steiners Verhandlungen mit der Stuttgarter Schulbehörde siehe die Darstellungen in: Rudolf Steiner, «Konferenzen mit den Lehrern der Freien Waldorfschule in Stuttgart», Erster Band, GA 300a, S. 20ff.

78/79 *die sogenannte «Bim-Bam-Theorie» ... Die «Wau-Wau-Theorie»*: Die «Wau-Wau-Theorie» basierte darauf, daß man annahm, daß die Sprachbildung «davon ausgegangen sei, dasjenige, was man äußerlich schon als Laut hört wie den Laut gewisser Tiere ... durch die innere Fähigkeit unserer Sprachorgane nachzuahmen ... Der große Sprachforscher Max Müller hat diese Theorie, weil er das Unbefriedigende einer solchen Spekulation einsah, verspottet und sie die ‹Wau-Wau-Theorie› genannt. Dafür hat er eine andere Theorie aufgestellt, welche die Gegner nun ihrerseits ... ‹mystisch› genannt haben. Max Müller meint nämlich, daß einem jeden Ding in sich selber sozusagen etwas zukomme, was wie Klang sei. Alles habe in gewisser Weise einen Klang, nicht nur ein Glas, das man fallen läßt, nicht nur die Glocke, die angeschlagen wird, sondern jedes Ding ... Und die Gegner Max Müllers haben ihm seinen Spott zurückgegeben, indem sie nun seine Theorie die ‹Bimbam-Theorie› nannten.» Aus: Rudolf Steiner, «Die Geisteswissenschaft und die Sprache», Vortrag vom 20. Januar 1910 in «Metamorphosen des Seelenlebens. Pfade der Seelenerlebnisse» Zweiter Teil, GA 59, S. 12 f. Max Müller (1823–1900) war einer der bedeutendsten Orientalisten seiner Zeit. Ferner war er Sprachforscher. Er lehrte in Oxford. Siehe seine Schrift «Die Wissenschaft der Sprache», Leipzig 1892.

85 *wie aus der Schmetterlingspuppe der Schmetterling ausfliegt, ... so fliegt die unsterbliche Seele aus dem Leibe:* Dieses Bild schildert Rudolf Steiner in mehreren Vorträgen, wobei der Akzent auf immer wieder anderen Gesichtspunkten liegt. Eine Übersicht hierüber ist enthalten in Heft 104 der Schriftenreihe «Beiträge zur Rudolf Steiner Gesamtausgabe», Dornach, Ostern 1990.

93 *was wir die Eurythmie nennen:* Von Rudolf Steiner ab 1911 entwickelte Bewegungskunst, die auch in der Pädagogik und in der Therapie eingesetzt wird. Einführende Ansprachen und Vorträge Rudolf Steiners sind enthalten in der Taschenbuch-Sonderausgabe: Rudolf Steiner, «Eurythmie – die neue Bewegungskunst der Gegenwart», Tb 642.

94 *nach dem Goetheschen Metamorphoseprinzip:* Siehe J. W. v. Goethe, «Zur Morphologie I: Die Metamorphose der Pflanzen» (1817), in «Goethes Naturwissenschaftliche Schriften», mit Einleitungen und Erläuterungen im Text herausgegeben von Rudolf Steiner in «Kürschners Deutsche National-Litteratur» (1883–1897) Bd. 1. Fotomechanischer Nachdruck in fünf Bänden, Dornach 1975, GA 1a, S. 17ff. Im gleichen Band, S. 97ff., befindet sich auch Goethes Gedicht «Die Metamorphosen der Pflanzen».

96 *Herman Grimm*, 1828–1901, Kultur- und Kunsthistoriker, ab 1872 Professor für Kunstgeschichte in Berlin. Über seine Begegnungen mit Herman Grimm siehe Rudolf Steiner, «Mein Lebensgang», GA 28. Siehe auch Rudolf Steiners Aufsätze über Herman Grimm in «Methodische Grundlagen der Anthroposophie 1884–1901. Gesammelte Aufsätze zur Philosophie, Naturwissenschaft, Ästhetik und Seelenkunde», GA 30, S. 365-367 u. 469-471.

Zu Herman Grimms «Verzweiflung» über die Gymnasiasten siehe Herman Grimm, «Fünfzehn Essays. 4. Folge. Aus den letzten fünf Jahren», 5. Der Anteil des Enthusiasmus. Gütersloh 1890, S. 61. Wörtlich heißt es dort: «Immer wieder muß ich über die Unfähigkeit der jungen Leute staunen, das, was ihnen vorgelegte, sehr verständliche Kupferstiche, nach Werken Raphael's z.B., ihnen vor die Augen brachten, nur zu erkennen. Meine Aufforderung, sie möchten mir über das Ganze, oder über einzelne Figuren etwas sagen, ist anfangs meist eine vergebliche: Sie sehen die Dinge, ohne irgend zu wissen, was sie vor sich haben. Ich wünsche nicht, daß Kunstgeschichte auf den Gymnasien getrieben werde; aber ich frage, wie ein nach dieser Richtung hin hervortretender so großer Mangel an Anschauungsvermögen bei den den Gymnasien entstammenden Studierenden zu erklären sei.»

Raffael Santi, 1483–1520, italienischer Renaissance-Maler. Eine chronologische Übersicht über Vorträge Rudolf Steiners, in denen sich Ausführungen über Raffael und sein Werk befinden, ist publiziert in der Schriftenreihe «Beiträge zur Rudolf Steiner Gesamtausgabe», Heft 82, Dornach, Weihnachten 1983.

118 *Mir ist bekannt geworden ein Knabe:* Es handelt sich hier um einen Sohn des Philosophieprofessors Franz Brentano (1838–1917), bei dem Rudolf Steiner in Wien Vorlesungen über «Praktische Philosophie» gehört hat.

123 *Friedrich Nietzsche*, 1844–1900, Philologe und Philosoph. Die Schrift «Die Geburt der Tragödie aus dem Geiste der Musik» erschien 1872. Siehe auch Rudolf Steiner, «Friedrich Nietzsche, ein Kämpfer gegen seine Zeit» (1895), GA 5.

127/131 *Lorenz Oken*, 1779–1851, Zoologe und Professor der Medizin. Siehe «Lehrbuch der Naturphilosophie», Buch XIV: Zoologie. Jena 1831. Zehnte Klasse. Knochentiere, Zungentiere, Fische, S. 466 ff. Rudolf Steiners Zitat «Die Zunge ist ein Tintenfisch» gibt zusammenfassend das wieder, was Oken in dem genannten Kapitel abhandelt.

135 *In einem Basler Schulprogramm findet sich eine Abhandlung über den Schlaf des Menschen:* Diese Abhandlung war bisher nicht zu ermitteln.

166 *Friedrich Theodor Vischer*, 1807–1887, Schriftsteller, Philosoph, Ästhetiker. Von Rudolf Steiner in seinen Schriften und Vorträgen häufig zitiert. Über Frivolität und Zynismus siehe Vischers Schrift «Mode und Zynismus», Stuttgart 1878.

175 *in meinem Buche:* «Wie erlangt man Erkenntnisse der höheren Welten» (1904/05), GA 10.

191 *Leonardo da Vinci*, 1452–1519, italienischer Renaissance-Maler. «Abendmahl» im Refektorium von Santa Maria delle Grazie (1495–98) in Mailand.

194 *Johann Gutenberg* (eigentlich J. Gensfleisch), um 1400–1468, Erfinder der beweglichen Druckletter (Einzelbuchstabe) um 1445. Siehe Rudolf Steiner, «Gutenbergs Tat als Markstein der Kulturentwicklung», Autoreferat einer Festrede, gehalten zur Feier des 500. Geburtstages des Erfinders der Buchdruckerkunst, vor über siebentausend Setzern und Druckern am 17. Juni 1900 in Berlin; in «Gesammelte Aufsätze zur Kultur- und Zeitgeschichte 1887–1901», GA 31. Auch als Einzelausgabe erschienen.

195 *einen österreichischen Dialektdichter:* Josef Misson, 1803–1875, Ordenspriester und Dialektdichter. Über sein Leben und seine Dichtung «Da Naz, a niederösterreichischer Bauernbui, geht in d'Fremd» (Wien 1850) berichtet Rudolf Steiner ausführlich in «Vom Menschenrätsel. Ausgesprochenes und Unausgesprochenes im Denken, Schauen, Sinnen einer Reihe deutscher und österreichischer Persönlichkeiten» (1916), GA 20, S. 123 ff.

196) *«Die Kernpunkte der sozialen Frage* in den Lebensnotwendigkeiten der Gegenwart und Zukunft» (1919), GA 23.

204 *Friedrich Schiller*, 1759–1805. Das frei wiedergegebene Zitat findet sich in den «Briefen über die ästhetische Erziehung des Menschen» (1795) im 15. Brief und lautet wörtlich: «Denn, um es endlich einmal herauszusagen, der Mensch spielt nur, wo er in voller Bedeutung des Wortes Mensch ist, und er ist nur da ganz Mensch, wo er spielt.» Über Schiller siehe Rudolf Steiners neun Vorträge «Schiller und unser Zeitalter», in «Über Philosophie, Geschichte und Literatur. Darstellungen an der Arbeiterbildungsschule und der Freien Hochschule in Berlin 1901 bis 1905», GA 51, S. 217-283.

206 *Korrektur, Z.13 v.u.:* dargelebt, in früheren Auflagen: dargelegt.

209 *in der Herbartschen Psychologie:* Siehe Hinweis zu Seite 10.

Robert Zimmermann, 1824–1898, Ästhetiker und Philosoph. Von 1861 bis 1895 Professor der Philosophie an der Wiener Universität. Einer der bedeutendsten Vertreter der Herbartschen Schule. Schrieb u.a. «Anthroposophie im Umriß. Entwurf eines Systems idealer Weltansicht auf monistischer Grundlage», Wien 1882. Seine «Philosophische Propädeutik» erschien 1852. Das von Rudolf Steiner angeführte Problem wird von Zimmermann behandelt in dem Kapitel «Empirische Psychologie», Dritter Abschnitt. Vom Streben. § 200-221. S. 335 f. (Dritte Aufl. Wien 1867).

221 *Wir bedienen uns heute fortwährend der Kulturmittel, ohne daß wir eine Ahnung haben, was in diesen Kulturmitteln wirkt:* Zu diesem Thema siehe auch den Vortrag vom 3. September 1919 in «Erziehungskunst. Methodisch-Didaktisches», GA 294.

226 *Dieser Robinson wurde so recht dargestellt für die bürgerlich-engherzige Weltanschauung des 18. Jahrhunderts:* Daniel Defoe «The Life and Strange Surprising Adventures of Robinson Crusoe of York, Mariner», Erstausgabe London 1719. – Die archetypische Situation des Schiffbrüchigen auf einsamer Insel wurde in zahlreichen Werken nachgestaltet; sie erhielten daher den Namen «Robinsonaden».

227 *Jean-Jacques Rousseau*, 1712–1778, Kulturphilosoph. Rudolf Steiner bezieht sich hier auf dessen Buch «Emile, ou de l'éducation».

233 *in der Familie der Bernoulli:* Bedeutende Basler Mathematiker-Familie des 17. und 18. Jahrhunderts.

in der Familie der Bach: Als erster Musiker der um 1590 in Thüringen eingewanderten Familie Bach ist Hans Bach, gestorben 1626, nachgewiesen. Dessen Urenkel, Johann Sebastian Bach (1685–1750), ist der bedeutendste der über 50 Musiker der Bach-Familie.

235 *Zeile 11 v. o., Grammatikalisches*: Sinngemäße Korrektur des Herausgebers. In früheren Auflagen hieß es: orthographische Sätze.

Laotse, chinesischer Theosoph des 6. Jahrh. v. Chr., schrieb das «Tao-teh-king», das das «Tao» (Vernunft, Logos) als höchstes Wesen, als Urgrund der physischen und moralischen Welt annimmt, in das der Mensch zurückkehren muß.

238 *Cartesius* (René Descartes), 1596–1650, gilt als Begründer der neueren Philosphie. Siehe auch Rudolf Steiner, «Die Rätsel der Philosophie» (1914), GA 18.

240 *Sigmund Freud*, 1856–1939, Psychiater, ab 1902 Professor in Wien. Gilt als der Begründer der Psychoanalyse. Siehe seine «Vorlesungen zur Einführung in die Psychoanalyse» (1917). Siehe auch Rudolf Steiner, «Zwei Vorträge über Psychoanalyse» vom 10. u. 11. November 1917 in «Individuelle Geistwesen und ihr Wirken in der Seele des Menschen., GA 178, S. 123-169.

241 *«Die Welt ist ein Sardellensalat»:* Siehe Goethe, Gedichte, «Parabolisch und Epigrammatisch: ‹Eins wie's andere›».

Gustav Theodor Fechner, 1801–1887, Physiker, lehrte in Leipzig, Begründer der Psychophysik. Siehe «Dr. Mises Beweis, daß der Mond aus Jodine bestehe», Leipzig 1832.

242 *Carl Gustav Jung*, 1875–1961, Psychologe, lehrte in Zürich und Basel. «Die Beziehungen zwischen dem Ich und dem Unbewußten» (1926).

249 *wenn Schiller gesagt hat: «Spricht die Seele ...»:* Siehe: Gedichte, Votivtafeln Nr. 41, Sprache.

250 *was Goethe ... prägte:* «Das *Was* bedenke ...»: «Faust» II, Laboratorium.

256 *Dieser Ausdruck «sinnlich-übersinnliches Schauen»:* Siehe Goethe: «Ich sah nämlich, nicht mit den Augen des Leibes, sondern des Geistes, mich mir selbst denselben Weg, zu Pferd wieder entgegenkommen.» In «Dichtung und Wahrheit», 3. Teil, 11. Buch. Vergleiche auch «Goethes Naturwissenschaftliche Schriften», eingeleitet und herausgegeben von Rudolf Steiner in «Kürschners Deutsche National-Litteratur» (1883–1897), Band I: «Bildung und Umbildung organischer Naturen» (Kapitel «Entwurf einer Einleitung in die vergleichende Anatomie», S. 262): «Wir lernen mit Augen des Geistes sehen, ohne die wir, wie überall, so besonders auch in der Naturforschung, blind umhertasten.»

Außerdem im gleichen Band (Kapitel «Verfolg. Entdeckung eines trefflichen Vorarbeiters. Wenige Bemerkungen», S. 107): «Wie vortrefflich diese Methode auch sei, durch die er (K. Fr. Wolff) so viel geleistet hat, so dachte der vortreffliche Mann doch nicht, daß ein Unterschied sei zwischen sehen und sehen, daß die Geistesaugen mit den Augen des Leibes in stetem lebendigen Bunde zu wirken haben, weil man sonst in Gefahr gerät, zu sehen und doch vorbeizusehen.» Die fünf Bände von «Goethes Naturwissenschaftlichen Schriften» erschienen 1975 in unverändertem Nachdruck als Ergänzung zur Rudolf Steiner Gesamtausgabe (GA 1a-e).

257 *Goetheschen Metamorphosenprinzip:* Siehe «Goethes Naturwissenschaftliche Schriften», Band I, Kapitel «Zur Metamorphologie. Die Metamorphose der Pflanzen», S. 17 ff.

258 *«Wem die Natur ...»:* Siehe «Goethes Naturwissenschaftliche Schriften», Band V, «Sprüche in Prosa» (11. Abteilung: Kunst, S. 494).

NAMENREGISTER

in ( ) = im Text nicht genannt

RUDOLF STEINER GESAMTAUSGABE

Gliederung nach: Rudolf Steiner – Das literarische
und künstlerische Werk. Eine bibliographische Übersicht
(Bibliographie-Nrn. *kursiv* in Klammern)

A. SCHRIFTEN

I. Werke

Goethes Naturwissenschaftliche Schriften, eingeleitet und kommentiert von R. Steiner, 5 Bände, 1884–97, Neuausgabe 1975 (*1 a–e*); separate Ausgabe der Einleitungen, 1925 (*1*)
Grundlinien einer Erkenntnistheorie der Goetheschen Weltanschauung, 1886 (*2*)
Wahrheit und Wissenschaft. Vorspiel einer ‹Philosophie der Freiheit›, 1892 (*3*)
Die Philosophie der Freiheit. Grundzüge einer modernen Weltanschauung, 1894 (*4*)
Friedrich Nietzsche, ein Kämpfer gegen seine Zeit, 1895 (*5*)
Goethes Weltanschauung, 1897 (*6*)
Die Mystik im Aufgange des neuzeitlichen Geisteslebens und ihr Verhältnis zur modernen Weltanschauung, 1901 (*7*)
Das Christentum als mystische Tatsache und die Mysterien des Altertums, 1902 (*8*)
Theosophie. Einführung in übersinnliche Welterkenntnis und Menschenbestimmung, 1904 (*9*)
Wie erlangt man Erkenntnisse der höheren Welten? 1904/05 (*10*)
Aus der Akasha-Chronik, 1904–08 (*11*)
Die Stufen der höheren Erkenntnis, 1905–08 (*12*)
Die Geheimwissenschaft im Umriß, 1910 (*13*)
Vier Mysteriendramen: Die Pforte der Einweihung – Die Prüfung der Seele – Der Hüter der Schwelle – Der Seelen Erwachen, 1910–13 (*14*)
Die geistige Führung des Menschen und der Menschheit, 1911 (*15*)
Anthroposophischer Seelenkalender, 1912 (*in 40*)
Ein Weg zur Selbsterkenntnis des Menschen, 1912 (*16*)
Die Schwelle der geistigen Welt, 1913 (*17*)
Die Rätsel der Philosophie in ihrer Geschichte als Umriß dargestellt, 1914 (*18*)
Vom Menschenrätsel, 1916 (*20*)
Von Seelenrätseln, 1917 (*21*)
Goethes Geistesart in ihrer Offenbarung durch seinen Faust und durch das Märchen von der Schlange und der Lilie, 1918 (*22*)
Die Kernpunkte der sozialen Frage in den Lebensnotwendigkeiten der Gegenwart und Zukunft, 1919 (*23*)
Aufsätze über die Dreigliederung des sozialen Organismus und zur Zeitlage 1915–1921 (*24*)
Kosmologie, Religion und Philosophie, 1922 (*25*)
Anthroposophische Leitsätze, 1924/25 (*26*)
Grundlegendes für eine Erweiterung der Heilkunst nach geisteswissenschaftlichen Erkenntnissen, 1925. Von Dr. R. Steiner und Dr. I. Wegman (*27*)
Mein Lebensgang, 1923–25 (*28*)

II. Gesammelte Aufsätze
Aufsätze zur Dramaturgie 1889–1901 (*29*) – Methodische Grundlagen der Anthroposophie 1884–1901 (*30*) – Aufsätze zur Kultur- und Zeitgeschichte 1887–1901 (*31*) – Aufsätze zur Literatur 1886–1902 (*32*) – Biographien und biographische Skizzen 1894–1905 (*33*) – Aufsätze aus «Lucifer-Gnosis» 1903–1908 (*34*) – Philosophie und Anthroposophie 1904–1918 (*35*) – Aufsätze aus «Das Goetheanum» 1921–1925 (*36*)

III. Veröffentlichungen aus dem Nachlaß
Briefe – Wahrspruchworte – Bühnenbearbeitungen – Entwürfe zu den Vier Mysteriendramen 1910–1913 – Anthroposophie. Ein Fragment aus dem Jahre 1910 – Gesammelte Skizzen und Fragmente – Aus Notizbüchern und -blättern – (*38–47*)

B. DAS VORTRAGSWERK

I. Öffentliche Vorträge
Die Berliner öffentlichen Vortragsreihen, 1903/04 bis 1917/18 (*51–67*) – Öffentliche Vorträge, Vortragsreihen und Hochschulkurse an anderen Orten Europas 1906–1924 (*68–84*)

II. Vorträge vor Mitgliedern der Anthroposophischen Gesellschaft
Vorträge und Vortragszyklen allgemein-anthroposophischen Inhalts – Christologie und Evangelien-Betrachtungen - Geisteswissenschaftliche Menschenkunde – Kosmische und menschliche Geschichte – Die geistigen Hintergründe der sozialen Frage – Der Mensch in seinem Zusammenhang mit dem Kosmos – Karma-Betrachtungen – (*91–244*)
Vorträge und Schriften zur Geschichte der anthroposophischen Bewegung und der Anthroposophischen Gesellschaft (*251–265*)

III. Vorträge und Kurse zu einzelnen Lebensgebieten
Vorträge über Kunst: Allgemein-Künstlerisches – Eurythmie – Sprachgestaltung und Dramatische Kunst – Musik – Bildende Künste – Kunstgeschichte – (*271–292*) – Vorträge über Erziehung (*293–311*) – Vorträge über Medizin (*312–319*) – Vorträge über Naturwissenschaft (*320–327*) – Vorträge über das soziale Leben und die Dreigliederung des sozialen Organismus (*328–341*) – Vorträge für die Arbeiter am Goetheanumbau (*347–354*)

C. DAS KÜNSTLERISCHE WERK

Originalgetreue Wiedergaben von malerischen und graphischen Entwürfen und Skizzen Rudolf Steiners in Kunstmappen oder als Einzelblätter: Entwürfe für die Malerei des Ersten Goetheanum – Schulungsskizzen für Maler – Programmbilder für Eurythmie-Aufführungen – Eurythmieformen – Entwürfe zu den Eurythmiefiguren, u.a.

Die Bände der Rudolf Steiner Gesamtausgabe
sind innerhalb einzelner Gruppen einheitlich ausgestattet.
Jeder Band ist einzeln erhältlich.